ROSWELL TELEPHONE DIRECTORY

WINTER 1954-1955

The Mountain States Telephone and Telegraph Company

SAUCERIAN PUBLISHER
Original Sources in Ufology

ISBN: 978-1-955087-30-8

2022, Saucerian Publisher

Al rights reserved. No part of this publication maybe reproduced, translate, store in a retrieval system, or transmitted in any form or by any means, electronic, mechanical, photocopying, recording or otherwise, without prior written permision from the publisher.

PROLOGUE

It is generally a good idea to return to the classics in any genre. This also goes for UFO literature. Rereading a book, or reviewing old documents after ten or twenty years is a rewarding experience. You will discover new data and ideas you didn´t notice before. The reason, of course, is that you are, in many ways, not the same person reading the book the second or third time. Hopefully you have advanced in knowledge, experience, intellectual and spiritual discernment. A good starting point is to reread the contactee classics material in order to understand the deeper mystery involved in what happened during that era.

Between mid-June and early July 1947, rancher W.W. "Mac" Brazel found strange debris on his property in Lincoln County, New Mexico, approximately 75 miles north of Roswell. Also, several "flying disc" and "flying saucer" stories were circulated at that time in the national. Brazel believed the debris could be the remains of an alien spaceship. He brought some of the material to Sheriff George Wilcox of Roswell. The latter, in turn, brought it to the attention of Colonel William Blanchard, the commanding officer of the Roswell Army Air Field (RAAF).

But behind all the UFO mania lies an uncomfortable truth. The events that transpired that summer are anything but clear-cut, with admitted coverups and conflicting explanations: It was a saucer! It was a spy craft! It was the Soviets!

The reader could check out who was living in the City of Roswell, NM, at the dawn of the UFO Age. Six years before, in 1947, Roswell Army Air said it had "come into the possession" of a flying saucer. The story appeared in the local Roswell Daily Record and across the wire Hours later, the U.S. Air Force in Fort Worth would issue a suspicious denial, saying it was all a mistake. But, how a weather balloon could be an exotic, unknown aircraft?

This book is a facsimile reproduction of the original *ROSWELL TELEPHONE DIRECTORY. WINTER 1954-1955* by the Mountain States Telephone and Telegraph Company. This is a rare and hard-to-find title, and it is almost impossible to get a copy. Because this material is culturally important, we have made it available as part of our commitment to protect, preserve and promote knowledge in the world.

This book has been formatted from their original version for publication. **IMPORTANT, although we have attempted to maintain the integrity of the issues accurately, the present reproduction could have blurred pages and poor pictures due to the age of the original scanned copy.**

Editor
Saucerian Publisher

TELEPHONE DIRECTORY

Winter 1954-55

for

ROSWELL

REVISED TO NOVEMBER 10, 1954

EMERGENCY CALLS

IMPORTANT! Make certain now how you can use your telephone to report fire, marauders, or accident. Plan to stay on the line until sure that someone understands the address at which help is needed.

	To Report a Fire	For Police Assistance	Sheriff
ROSWELL (Non-Dial Telephones)	250	2900	950
SOUTH OFFICE, ROSWELL	Dial 7-2373 And then ask for Fire Department	Dial 7-4411 And then ask for Police Department	------

If unable to complete fire, police, or other emergency calls by calling the number, call or dial Operator (figure "0")—ask for "FIRE" or "POLICE" and give her the address where the assistance is desired, your name and telephone number.

For New Mexico Highway Patrol 3646

For the Telephone Number or Address of the nearest
FEDERAL BUREAU OF INVESTIGATION (F.B.I.) OFFICE,
call (Long Distance) ....Albuquerque 7-1555

TELEPHONE SERVICE CALLS

Call or Dial Operator (figure "0")

Long Distance	Ask for Long Distance
Information—For numbers not listed in this directory	Ask for Information
Assistance Operator—For assistance in reaching the number you are calling	Ask the Operator
Business Office—Service applications, moves, bills, listings, etc. Roswell	4100
South Office, Roswell	Ask for Tel. Bus. Ofc.
Repair Service—To report a telephone out of order	Ask for Repair Service
Time-of-Day Service	Ask for Time

Charles F. Halverson, *District Manager*
324 N. Richardson Ave., Roswell, New Mexico

E. J. Graham, *New Mexico Commercial Manager*
231 Don Gaspar, Santa Fe, New Mexico

This Directory is the property of—

THE MOUNTAIN STATES TELEPHONE AND TELEGRAPH COMPANY

Copyright 1954 by The Mountain States Telephone and Telegraph Company

USING THE TELEPHONE IN SOUTH OFFICE, ROSWELL

For Emergency and Telephone Service Calls See Page 1

INSTRUCTIONS TO SOUTH OFFICE, ROSWELL CUSTOMERS

South office telephones may be dialed in accordance with the following instructions. For calls to other Roswell numbers, dial Operator (figure "0"), and ask for the number desired.

---

1. **BE SURE OF THE NUMBER**—If you do not find it in the directory, dial Operator (figure "0"), and ask for Information. Please do not call Information for numbers listed in the directory.

2. **LIFT THE RECEIVER AND LISTEN FOR DIAL TONE**—a steady "humm-m-m-ing" sound. DO NOT START TO DIAL UNTIL YOU HEAR THIS TONE.

3. **LEAVE THE RECEIVER OFF AND PLACE YOUR FINGER IN THE OPENING WHERE YOU SEE THE FIRST FIGURE OF THE NUMBER YOU WISH TO CALL.**

4. **TURN THE DIAL AROUND UNTIL FINGER STRIKES THE FINGER STOP**—Remover finger from opening and allow dial to return to normal. DO NOT INTERFERE WITH THE RETURN MOVEMENT OF THE DIAL.

5. **PROCEED IN THE SAME WAY TO DIAL THE REMAINING FIGURES OF THE NUMBER IN THE ORDER IN WHICH THEY APPEAR.**

THE RINGING SIGNAL OR THE BUSY SIGNAL should be heard soon after the dialing is completed. The ringing signal is an intermittent "burr-burr'rring" sound that indicates the called telephone is being rung. The busy signal is a fast "buzz-buzz-buzz" which indicates the called line is busy.

IF YOU MAKE A MISTAKE IN DIALING or if your finger slips or does not strike the stop, or if you do not hear the ringing or busy signal within a few seconds, replace the receiver for a moment. Then lift the receiver and when you hear the dial tone, place your call again.

EMERGENCY OR OTHER CALLS IN THE DARK may be made by locating the finger stop on the dial and placing your finger in the first opening below it. Remove the receiver, wait for dial tone, and turn the dial around to the finger stop. Then release the dial and when the operator answers, give her your telephone number, make known the facts, and she will assist you.

TO MAKE SUCCESSIVE CALLS replace the receiver for a moment. Then lift the receiver and when you hear the dial tone, dial again.

CALLS FROM PAY STATIONS—Follow instructions shown on the telephone.

PARTY LINE AND EXTENSION TELEPHONE USERS—Always listen in before dialing to avoid interfering with other parties who might be using the line. If another party interferes while you are dialing, tell him that the line is in use, then hang up for a few seconds and dial the number again.

TO CALL ANOTHER PARTY ON YOUR LINE—Dial Operator (figure "0"), give the number to her and state that it is the number of another party on your line. If, however, you wish to dial the call yourself, dial Operator (figure "0"), and ask for the special code required. She will call you back, give you the code number and instruct you in its use.

IMPORTANT—If, when calling from a party line, you always get a busy signal after dialing a certain telephone number, it may indicate that you are calling another party on your line.

OUT-OF-TOWN TELEPHONE CALLS

CALL BY NUMBER whenever you know it — IT'S FASTER!

When you place long distance calls by number, the operator can frequently complete your call *twice* as fast. If you don't know the number, the operator will give it to you in the course of handling the call—then you can jot it down for use next time. If you'd like a handy booklet for listing frequently-called numbers, "The Blue Book of Telephone Numbers" is free. For your copy, just ask at the Telephone Business Office.

DIAL OPERATOR (FIGURE "0")

Tell the Operator:

1. The City or Town you want.

2. The out-of-town telephone number, if available, or the name under which it is listed. FOR EXAMPLE: — "Calling Omaha, Nebraska, Walnut 2-3456." (If you don't know the telephone number) "Calling Omaha, Nebraska—anyone at Mr. J. Lowell's residence, 34 Blank Street."

3. Your telephone number (and name if required) when requested by the operator.

STATION-TO-STATION CALLS

The above is a station-to-station call because you have not asked the operator to connect you with a particular person or a particular telephone or department reached through a private switchboard. The charge for a station-to-station call is slightly less than for a person-to-person call and begins when the called telephone or private switchboard attendant answers.

PERSON-TO-PERSON CALLS

When you want to be connected with a particular person or with a particular telephone or department reached through a private switchboard, simply give the operator the same information as for a station-to-station call except that you would give the name of the person or department wanted, also the extension number if known. The charge is slightly more than for a station-to-station call and begins when you reach the person, extension or department you want.

RATE PERIODS

DAY RATES apply from 4:30 A.M. to 6:00 P.M. on all days except Sundays.

REDUCED NIGHT RATES apply from 6:00 P.M. to 4:30 A.M. and all day Sundays.

COLLECT CALLS

You may "Reverse" charges, that is, have them billed to the called telephone. Simply tell the operator you want to place the call "Collect." If the called party agrees to pay the cost, charges will be billed to his telephone. There is a small additional charge on station-to-station calls when the initial rate is 20 cents or less.

TO OBTAIN A RATE FOR AN OUT-OF-TOWN CALL

Dial Operator (figure "0") and ask for the rate.

TO PLACE A TELEPHONE CONFERENCE CALL

Dial Operator (figure "0") and ask for rates and other details.

TELEPHONE BUSINESS OFFICES

	Address	Telephone Number
Roswell	322 N. Richardson Ave.	4100
South Office, Roswell	322 N. Richardson Ave.	Operator (figure "0") Ask for Tel. Bus. Ofc.

ROSWELL, NEW MEXICO

A

A A A ALFALFA MILLING CO S of Roswell --- 4880
A A A AMERICAN AUTOMOBILE ASSN 1412 S Main --- 560
A A A Roswell Sewing Machine Service
   223 N Main --- 1705-W
A B C Nursery 312 N Penn --- 4680
Abbott Clark C 1207 W 11 --- 4997-J
Abbott Fred Jr Capt 17 Langley pl --- 7-3301
Abbott Mack D Rev 1303 N Washington av --- 2842-W
Abbott Marvin E Rev 1204 W 1 --- 4573-W
Abbott Nell Rose 601 S Cypress av --- 5374-W
Abercrombie Frank 1713 N Michigan av --- 1027-W
Abernathy C A 1600 N Union av --- 3426-J
Abernathy Claude Sgt S of Roswell --- 7-3320
Abernathy Mary P Mrs 204 E Alameda --- 1574
Abernathy W G 1718 N Washington av --- 3965-M
Ables Jack Lt 1716 W Juniper --- 2442-M
Abney W K 1803 W 1st --- 1884-M
Abrams Jackie 1608 N Delaware av --- 1283-J
Abrams Jerry D 610 S Cedar av --- 3076
ACCEPTANCE AGENCY J P White B --- 647
ACE AUTO CO INC 901 S Main --- 539
Ace Barber Shop 103 E 1st --- 1229-W
Ace Package Store 1801 W 2 --- 1430
Acevedo Frank C 113 S Ash av --- 2752-W
Ackerman Margaret 1201 N Lea av --- 1327
Ackerman W H 408 S Delaware --- 1972-J
Ackland Jack F 1707 N Delaware av --- 3915-W
Ackroyd David 1202 W College --- 3626-R
ACME CIGARETTE SERVICE OF NEW MEXICO INC
   831 E 5 --- 5016
ACME FAST FREIGHT INC 419 N Virginia av --- 23
Adair Harlon F 308 E Bland --- 1149-J
ADAMS-ALLEN CO INC 310 N Richardson av --- 2527
Adams Andrew J 111 E Albuquerque av --- 1486-R
Adams B R 634 E Apple --- 3331-W
Adams Ben 810 W Mathews --- 1147-J
Adams Bill 407 S Sequoia av --- 5263-J
Adams Bob 710 El Dora dr --- 4331-W
Adams Buddy 109 S Stanton av --- 3033-W
Adams Cecil C 1500 S Mulberry av --- 1664-M
Adams D E 1005 W Mathews --- 1861-W
Adams David R 1108 S Union av --- 3825-R
Adams E L 802 W Mathews --- 3137-M
Adams G C 1500 S Madison av --- 4802
Adams Harrison G Sgt 22 Martin --- 7-3397
Adams Irene Mrs 310 S Washington av --- 2860-R
Adams James M Capt 302 N Union av --- 3662-J
Adams Kenneth G Capt 67 Luebke pl --- 7-3386
Adams Letha Mrs E of Roswell --- 048-J5
Adams M G E of Roswell --- 030-J2
Adams O W 1804 S Munroe av --- 2904-J
ADAMS-PIERCE INSURANCE AGENCY 500 N Main --- 2902
Adams Raymond 600 S Sunset av --- 3214-W
Adams Robert D 420½ W 17 --- 1261-W
Adams W Jean 707 W Tilden --- 1771-W
ADAMS WAYNE rl est 500 N Main --- 2902
   Res SE of Roswell --- 3503-J
Adams Wayne Nutrilite Agency SE of Roswell --- 3503-J
Adams William L Sgt 900 N Orchard av --- 1851-W
Adamson Carl Mrs 41 Riverside dr --- 258
Adcock O L 1803 S Munroe av --- 3369-J
Addington J H 1511 N Union av --- 3732-W
Addy H L 809 N Kentucky av --- 1899-W
Addy Minnie Mrs 107 S Union av --- 4024-J
Addy Sam 1812 N Maryland av --- 4583
Adkins Eugene Capt 30 B --- 7-2470
Adleman J J Maj 83 Fitzgerald pl --- 7-3306
Agnew Barney H Sgt 501 S Lea av --- 3789-W
Agnew Glenn C 1423 W Hendricks --- 3967-R
Agnew Lonas M/Sgt 1 E Wells --- 7-5570
Aguilar S P 607 E Tilden --- 4429-R
Ahlen J L 1909 N Louisiana av --- 3688-R
Ahrens E W 57 Luebke pl --- 7-2487
Ainslie Lloyd Capt 63 A --- 7-5515
Ainsworth W L Capt 79 Fitzgerald pl --- 7-5583
AIR BASE BUS LINE 126 S Main --- 4034-J
AIR EXPRESS DIVISION-RAILWAY EXPRESS
   AGENCY INC 610 N Main --- 76
AIRLINE VANS 121 E 2d --- 4637
AIRWAY BRANCHES INC 1015 S Lea av --- 5386
Akin Arvel D 622 E Cherry --- 1274-J
Akin Help-Ur-Self Drive-In Laundry
   608 E McGaffey --- 3107
Akin W W 215 W 6th --- 1052
Akin Wyman 401 S Fir av --- 5505-W
Aksamit Leeman E Sgt 9 Dunbar pl --- 7-2344
Alameda Grocery 108 E Alameda --- 2767
Albert James M 514 E 5th --- 2106-W
Albert John W 518 E 5th --- 1227-J
Albright J L 621 E Apple --- 3321-W
ALBUQUERQUE PHOENIX EXPRESS 209 E 9 --- 2544

Alcoholics Anonymous --- 4046
   If no answer call --- 1328-J
Alcorn J M 1507 S Lea av --- 4157-J
Alderson Marcus 11 Reynolds pl --- 7-2221
Aldinger Mary E Mrs 1204 W Tilden --- 776-R
Aldrich John Sgt 84 G --- 7-2461
Aldrich Raymond W 1113 S Kentucky av --- 2725-J
Aldridge W T 1312 N Virginia av --- 1095-R
Alexander Chevron Service 1301 E 2 --- 4162
Alexander David S 1712 W Walnut --- 4509
Alexander Hector B Lt 703 S Missouri av --- 4696-J
Alexander J R Sgt 65 E --- 7-2294
Alexander Louise 309½ N Union av --- 1332-J
Alexander M 106 S Atkinson av --- 4924
Alexander & Pierce Chevron Service 2300 N Main --- 4890
Alexander Sara Jane 102 N Montana av --- 2034
Alfalfa Milling Co--See A A A Alfalfa Milling Co
Alford E E M/Sgt 1005 N Plains Park dr --- 5562-W
Alford Ersley 1712 Juniper --- 2324-M
Alford H E 415 S Sequoia av --- 5260-J
Allard Tommy 309 S Delaware av --- 4069-J
Allen Claude P 902 W Deming --- 3135-J
Allen E W 1501 S Madison av --- 4021
Allen Ethan 110 N Kansas av --- 2251
Allen Frederick 512 E 7 --- 5409-M
Allen G D 1602 W Walnut --- 3690-W
Allen Gene E Lt 507 N Kentucky av --- 3374-W
Allen Implement Co 602 N Virginia av --- 324
Allen J R Potsy 1218 W 4 --- 3525-W
Allen John M 58 Riverside dr --- 4527
Allen Lawrence 104 S Delaware av --- 396-R
Allen Lee Roy 510 S Cottonwood av --- 3348-W
Allen Lewis E 1605 S Lea av --- 4587-J
Allen Lynn D Jr 1514 N Ohio av --- 5200
Allen Marguerite M Mrs 908½ W 8 --- 3105
Allen Ned 1712 N Lea av --- 2402-R
Allen R R 303 S Penn --- 1083
Allen Thomas W 311 E 7th --- 1662-W
Allen Truman 409 N Atkinson av --- 1638-R
Allen V B 1600 N Kansas av --- 2166-R
Allen W V 1309 W 7 --- 1021-W
Allen William Bill 5 Hillcrest dr --- 913-W
Allensworth Clyde 411 S Aspen av --- 5494-W
Allensworth Elbert 301 E 7 --- 1572-R
Allensworth J E 1213 W 13 --- 3947-R
Alley Arthur I Rev S of Roswell --- 026-R4
ALLEY BOOK STALL & ART GALLERY
   314 N Richardson av --- 2221-M
ALLIED BUSINESS MACHINES CO
   410 N Richardson av --- 3674
ALLIED VAN LINES 121 E 3d --- 451
ALLIED VAN LINES 401 E 3 --- 3211
Allison Arthur 106 S Washington av --- 523
Allison Beatrice Tweedy Mrs farm SE of Roswell --- 3242-J
Allison Chas L 410 N Michigan av --- 761
Allison Chas L Jr 1008 Rancho rd --- 5574
Allison Gene 606 N Wyoming av --- 1678
Allison H C E of Roswell --- 039-J4
ALLISON & HUTCHINSON CO INC 410 S Main --- 247
Allison & Hutchinson Co Inc 1208 S Washington av --- 1240
Allison J Bennett 207 N Missouri av --- 1108
Allison & Lair Real Estate 600 W 2 --- 3500
Allison Lena L 700 N Lea av --- 524
Allison M M 415 W 2d --- 1515-R
Allison Norma 302 S Washington av --- 2586-J
ALLISON REAL ESTATE CO 600 W 2 --- 3500
Allison Viola E Mrs 1201 W 3d --- 1996-W
Allman Curtis E of Roswell --- 017-J5
ALLMAN EARL S acct 204 W 4 --- 3678
   Res 614 E 6 --- 4218
Allmand Alice E 904 N Orchard av --- 4991
Allred Floyd 100 S Stanton av --- 3507-W
Alm Ross C Lt 1701 N Delaware av --- 4738-J
Alme Ed 308 N Atkinson av --- 3025
Almond Jonah M 509 S Beech av --- 3349-R
Alsup's Cake Shop 304 S Richardson av --- 4051
Alta's Gift Shop 1220 N Main --- 1368
Alta's Trading Post 103 N Main --- 1372-R
Alter Eva Mrs W of Roswell --- 027-J2
Alteration Shop 302 W 3 --- 1416
Alton Noel S Maj 57 A --- 7-2233
Alverson Charles Sgt 87 Lighthall pl --- 7-2376
Alvey William W Sgt 15 I --- 7-6682
Alvis Edgar T 717 N Main --- 2204-W
Amador Johnny 206 W Albuquerque --- 1328-J
Amason Howard 909 N Lea av --- 475
AMASON & McGEE INSURANCE AGENCY J P White B --- 456
AMEEN'S 102 N Main --- 1897
AMERICA FORE CLAIM OFFICE 216 N Richardson av --- 3508
American Cafe 116 W 2d --- 1501
American Hospital & Life Insurance Co
   102½ N Main --- 4753
American National Insurance Co
   110 S Richardson av --- 356
Amis Gill N 112 S Kentucky av --- 510

Amonett Edd 912 W 5th --- 3744
Amonett Saddlery 207 W 3d --- 410
AMONETT'S SAFETY LANE BODY SHOP
   316 N Richardson av --- 203
Analla John C 2005 N Louisiana av --- 954-J
Anaya Gene 1514 N Michigan av --- 840-W
Anders W S 2006 W 1 --- 1946-J
Andersen Paul C Maj 24 W Eyman --- 7-5550
Anderson Apartments 512 N Virginia av --- 4237
Anderson Cecil 1517 S Madison av --- 3843
Anderson Clayton & Co 108½ N Main --- 100
Anderson D B N E of Roswell --- 3409-J
Anderson David M Jr Capt 55 Luebke pl --- 7-2371
Anderson Denver D Sgt 44 E Byrne --- 7-9975
Anderson E E Co 1401 S Atkinson av --- 2619
   Nights Sundays & Holidays call --- 5025
Anderson E E 1500 S Lea av --- 1140-M
Anderson Fern N SE of Roswell --- 4534-R
Anderson Georgia 301 W Alameda --- 3169-M
Anderson Glen Rev 312 S Sequoia av --- 5284-J
Anderson Harley 517 W Forest --- 3330-M
Anderson Hugo A Jr 2 Riverside dr --- 4268
Anderson John 917 N Main --- 713
Anderson John A 32 Morningside pl --- 4081-R
Anderson John D 803 W 9 --- 4506-J
Anderson John G Mrs 302 W 4th --- 2724-W
Anderson Margaret J 509 N Kentucky av --- 1465
Anderson Mildred Kerr 112 W 13 --- 1691
Anderson Rex E of Roswell --- 039-R2
Anderson Robert O 612 N Kentucky av --- 2588
Anderson Rosie 904 E Deming --- 2835-J
Anderson Warren A 705½ S Michigan av --- 1362-M
ANDERSON & WATKINS butane 813 N Virginia av --- 22
ANDERSON & WATKINS APPLIANCE STORE
   127 E 3 --- 5119
Anderson William 711 E Deming --- 2731-W
Andrews Elvin 1618 N Union av --- 3979-R
Andrews F M 407 N Union av --- 5588
Andrews L L 407 S Delaware av --- 1395-J
Angell John M Sgt 64 E Byrne --- 7-5513
Angelos George electrnc eqpt serv 1129 S Main --- 2918
Anker H E 512 S Pine av --- 4879
Anness Jesse Sgt 1513 N Jackson av --- 2077-R
Ansley Tommy J 201 S Louisiana av --- 1493-W
Anspach John W Sgt 1212 N Virginia av --- 3552-J
Anthes Barbara J 304 W Albuquerque --- 3668-J
Anthony C R Co 217 N Main --- 4500
Antram J C 112 W Deming --- 1905-J
Apache Drive Inn 1129 S Main --- 4469-W
APACHE MOTEL 1401 S Main --- 2734
APEX-ALBUQ-PHOENIX EXPRESS 209 E 9 --- 2544
APEX WAREHOUSE CO 209 E 9 --- 2544
Apodaca Cruz 209 E Van Buren --- 2335-M
Aragon Boney S of Roswell --- 053-J5
Aragon Doroteo 728 E Albuquerque --- 3098-M
Aragon Gilbert 209 E Deming --- 882-W
Aragon Joe 913 E Mathews --- 4386-J
Aragon Joe E 810 E Albuquerque --- 2738-J
Aragon Solomon 607 S Cypress av --- 3062-J
Arcade Billiard Parlor 116 E 2d --- 1858
Archibald Rennie III Capt 70 W Byrne --- 7-3372
Archuleta Amelia 202 E Reed --- 3785-R
Argenbright E J 902 N Edgewood av --- 1851-J
Argenbright H E 1602 N Delaware av --- 84
Argenbright J D Mrs 708 W Mathews --- 2244-R
Argenbright Lillie Mrs 108 S Union av --- 1109-J
Arias Cafe 320 S Main --- 4656
Arias Pete Mrs 312 E Deming --- 2825-R
Arias Rafael 313 E Hendricks --- 2110-J
Armijo Joe 413 E Albuquerque --- 1891-W
Arnold B F 500 S Kentucky av --- 1315-R
Arnold Raymond 1212 W 7th --- 3676
ARMOLD TRANSFER & STORAGE CO
   419 N Virginia av --- 23
Armstrong A J 1308 W 3 --- 4266-W
Armstrong & Armstrong contrs 132 W Walnut --- 1048
Armstrong Billie B 1511 Highland rd --- 3476
Armstrong G B Sr 512 N Missouri av --- 2148
Armstrong G B Rusty Jr 212 N Washington av --- 715
Armstrong Gayle G 215 W 7th --- 1534
Armstrong Nathan 207 S Stanton av --- 3418-J
Armstrong Noble 105 S Louisiana av --- 2324-W
Armstrong Otha 401 E Deming --- 1675-R
Armstrong Thomas E 401 W 11 --- 3049-W
Armstrongs Barber Shop 319 S Main --- 4885
Armstrong's Construction Warehouse
   200 S Sunset av --- 743
Army & Navy Store 111 N Main --- 5080
Arnett Joe SE of Roswell --- 070-R3
Arnold Barber Shop 1123 S Main --- 4469-W
Arnold Charles W 307 E Frazier --- 4911-W
Arnold L D 629 E Apple --- 3425-R
Arnold Rex 1217 S Elm av --- 4168-J
Arnold S W W of Roswell --- 027-J3
Arrington C H 1605 N Munroe av --- 2118-M
Arrington Charlie H 1604 N Jackson av --- 3647-M

Arrington Fred D 211 E Mathews------2825-J
ARROW GAS CORP 1306 E 2------3421
Art Gift Shop 107 W 4th------748
ARTESIA PIPELINE CO 410 E College blvd------3900
Arthur W Thomas 1604 W Walnut------1713-R
Arthurs Aubert L 506 W McGaffey------4091-W
Arties Beauty Shop 1612 N Missouri av------186
Arvin J E 1801 S Munroe av------3329-R
Ash Albert D 1104 S Michigan av------3665-R
Ashcraft Dora Mrs 205 E McGaffey------2079-R
Ashcraft H A 209 N Hendricks------1081
Asher Bonded Real Estate 500 E 2------1259
Asher Ed 342 E 8------1259
Ashinhust Jennie Lea 410 N Penn av------1330
Ashmore J L 706 W 3------3936
Ashton E C 603 E 6th------1747-W
Ashton E C Grocery 403 E 5th------4083-W
ASKREN O O atty J P White B------565
  Res 607 N Kentucky av------942
Assimotos Agnes A 1700 N Pontiac dr------3687-J
Assimotos Samuel A Lt Col 1608 S Richardson av-457-W
ASSOCIATED CALLENS FLYING SERVICE
  Municipal Airport------1660
Associated Doctors Call Service 306 S Kentucky av-4754
Associated Veterans Council 1009 N Richardson av-1804
Aston Bert oil
  Office J P White B------1677
  Office J P White B------2048
  Rch SE of Roswell------2203-R
ASTON BERT SOUTH SPRINGS RANCH
  S E of Roswell------019-R3
  S E of Roswell------1676
Aston Roger oil
  Office J P White B------1677
  Office J P White B------2048
  Res SE of Roswell------2203-R
Atchley Reid 1103 S Michigan av------4946-R
Atha Robt W 1504 Highland rd------3542-W
Atkins A D 629 E 6------2278-W
Atkins James L Jr Capt 211 N Michigan av------3338-J
Atkinson A E Jr 1314 N Kentucky av------665-J
Atkinson H H 617 E 5th------1214-M
Atkinson M D N of Roswell------046-J2
Atkinson Wm Mrs 300 N Lea av------4065-W
Atlantic Refining Co The J P White B------3497
ATLAS FINANCE CO—See Adams-Allen Co Inc
ATLAS VAN SERVICE 1208 N Grand av------272
Atomic Blast Newspaper Norton Hotel------293
Atwood Charles 72 E Byrne------7-2195
Atwood J D atty 200 W 1st------3600
  Res 213 N Missouri av------545
Atwood & Malone attys 200 W 1------3600
Atwood O J 809 W Albuquerque------2337-J
Auel Ray B 106 N Kentucky av------4698-R
Aulds C R 1101 S Missouri av------1683-R
Aull William D Capt 5 Langley pl------7-2397
Aultman H M 66 E Byrne------7-2334
Aunt Kate's Hotel 122 E 2------3922
Austin C A 510 S Kentucky av------4538
Austin F L 1108 N Penn av------934
Austin Glenn 909 N Penn av------469-W
Austin Leo F Jr 316 E Church------1554-W
Auto License Bureau Court House------229
Auto Mart S & A 1400 SE Main------1252
Automatic Washer Shop 504 E 5------466-J
Automobile Club Service Agency Inc 1412 S Main------560
Autry Winnie Mrs 1205 W Albuquerque------1284-W
Auxer William L Jr 1016 S Kentucky av------2912
Ave Maria Center 401 E Bland------863
Avent H E 320 E 6th------1923-R
Avila Joe H 108 S Elm av------2752-R
Ayers D E 1008 W 8------4453-R
Ayers James M 302 W Alameda------1710-R
Ayers James W Sgt 29 Van Lueven pl------7-5560
Ayers Robert 708 El Dora dr------4331-R
AZTEC CLEANERS 1000 W 2d------4170

B

B & A Super Market 104 S Virginia av------1770
B & J Grocery & Service E of Roswell------021-J12
Babcock H E Jr S E of Roswell------01-J5
Babic Richard 706 N Garden av------4614
Baca Carmen G 413 E McGaffey------3229-M
Baca Eliseo 807 E Summit------2446-M
Backenstoss Clyde L 1005 S Kentucky av------1919
Bacon Robert B 1502 Highland rd------3608-J
Bagby L B 411 S Kansas------3125-N
Baggaley John H Lt 712 W Buena Vista------4372-J
Bagwell G L 507 S Washington av------2580-W
Bagwell Louis 202 W Albuquerque------1074-R
Bagwell Ruth Mrs 307 S Delaware av------1322-W
Bailey Bill 610 E Apple------646-J
Bailey Clyde 707 E 5------1613-W
Bailey Herchel 201 W Deming------3863-W
Bailey Joe L 1600 S Penn av------4910-J
Bailey Kenneth K Capt N M M 1------3461
Bailey M R 111 E Pear------646-W
Bailey R N groc 1211 E Bland------3281-W
BAILEY'S CLEANING WORKS 420 N Main------890

BAILEY'S SHAMROCK SERV STA 2410 N Main------4867
Bain James R 1015 S Union av------2507-M
Baird Robert A Lt 1727 N Ohio av------2671-M
Baird Warren H 1610 S Kansas av------5220-J
Baiza E 103 S Montana av------4074-R
Baker Chester A 1610 S Main------2686-W
Baker E J S W of Roswell------054-J3
Baker Elmer L Capt 801 N Kentucky av------2756-R
Baker Frederic A 48 Werkheister pl------7-2489
Baker G W Sgt 1409 W Tilden------1844-R
Baker J C Jr 910 W Hendricks------4075-M
Baker Lulu E Mrs 207 N Lea av------1515-J
Baker Martin L 501 S Ohio av------1671-W
Baker M L 1012 N Washington av------2932-W
Baker Richard H Capt 66 Billy Mitchell pl------7-4455
Baker R L W of Roswell------024-R3
Baker Ray F 1708 S Stanton av------4918-W
Baker Russell C 1700 N Union av------1082-W
Baker T W SE of Roswell------071-R2
Baker W L 314 W McGaffey------2806-W
BAKER WINDOW CLEANING 205 W 6------4912
Balderee E C Mrs 201 E Bland------2387-W
Balderson A M 106 N Kansas av------1879-J
Baldinell Pat 2d hnd store 119 E 2d------263
Baldinell Patrick R N E of Roswell------028-J1
Baldwin H C phys surg 612 N Main------2150
  Res N of Roswell------2005
Baldwin Marcus Sgt 905 N Delaware av------1532-R
Baldwin Robert L 607 W Walnut------969-W
Baldwin W F 111 E Bland------1917-J
Ball Calvin Mrs 1601 W Hendricks------3554-R
Ball H H Ins 302 N Richardson av------93
  Res 5 Riverside dr------4147
Ball Helen J Mrs 301 N Washington av------544
Ball & Ray mens frngs 218 N Main------133
Ballard Bert 1318 W 4th------309
Ballard Bill 1101 S Richardson av------3466-W
Ballard C L 1004 Rancho rd------4931
BALLARD FUNERAL HOME 910 S Main------400
Ballard R F Mrs 910 S Main------1264
Ballew A C Mrs 104 S Lea av------707-W
BALLEW BROS WHOLESALE CO 308 W 2d------3276
Ballew J Russell 1106 S Kentucky av------4461-J
Ballew Robert 611 S Michigan av------1118-R
Balow W J 510 N Kentucky av------19
Banes Company Inc The E of Roswell------4604
Bank Bar Package Store 325 N Main------419
Banks Ethel W 202 W Bland------2485-J
Bannan R J Capt 90 W Byrne------7-6613
Bannister Edwin E 509 W College blvd------2172-J
Bapp Frederick E 113 E 19th------4654-W
Barajas Richard R 29 Brown pl------7-6622
Baranchik Irving 607 N Ohio av------1650-R
Barbe C C NW of Roswell------09-J2
Barbe Kenneth 807 N Washington av------876-M
Barbee Ernest W 1107 E 2------378
Barbee Virgil 711 E 5------5311-W
BARBEE WELDING SUPPLY CO 1103 E 2------378
Barber Edwin L Sgt 95 E Wells------7-2440
Barber George A Maj 2 B------7-3359
Barbour J P 512 E Summit------1658-R
Barbour L D osteo phys surg 401 N Lea av------5000
  Res 910 N Lea av------1641
Barde Carroll 1109 Kenlea dr------2437-J
Bardwell J C 1738 N Ohio av------2730-R
Barela Elias 605 E Mathews------2835-W
Barela Joe D 607 E Reed------3059
Barker Elizabeth Jo 626 E Cherry------3321-J
Barker J Edward 911 E Bland------4478-W
Barker Trozy R 711 W Tilden------2885-W
Barlow Aubrey Mrs 1106 S Washington av------1303-M
Barnard Ralph 108 N Delaware av------1961-W
Barnes A K Maj 61 Kelly pl------7-3307
Barnes C W S E of Roswell------018-J2
Barnes E L 905 Norris pl------603-W
Barnes Grant G S E of Roswell------036-R11
Barnes Ira M 811 W Albuquerque------4980-W
Barnes J B 809 N Richardson av------2722-R
Barnes James E 1200 E Bland------3566-R
Barnes Lloyd E Jr 1011 Rancho rd------4762-M
Barnes Mary Mrs 111 E Mathews------3989-R
Barnes R L 705 N Delaware av------4453-J
Barnes T B 809 S Kentucky av------2156-R
Barnett E L 1718 N Missouri av------1494-M
Barnett J C 611 S Washington av------1102
BARNETT JOHN A oil producer 1723 W 2d------3737
  Res 1209 Highland rd------4080
Barnett Levi Mrs 409 W 6th------3849
BARNETT OIL CO 2409 N Main------881
Barnett Stanley S E of Roswell------496-M
Barnett Wayne A Maj 509 S Delaware av------2349-M
Barnett William 600 S Penn av------1597
Barnum Letha L 500 S Hemlock av------4181-J
Barranco Ben 1607 W Hendricks------4031-W
Barrel The 1012 W 2------2852
Barrett Jesse W Sgt 21 Dunbar pl------7-5547
Barrett Thomas S of Roswell------078-J3
Barrick John W S of Roswell------7-3340
Barrick Thomas W 110 E Church------5584
Barrier Paul 302 W Mathews------2565-W

BARRINGER FLORAL CO 214 N Richardson av------408
Barringer L W E of Roswell------022-R1
Barron Roy L 1721 N Lea av------1610-J
Barrowman W L 1307 Highland rd------1551
BARROWMAN W L CLEANERS 116 S Main------6
Barry E C 409 S Hemlock av------3959-J
Barry Howard E 1714 S Munroe av------3260-M
Barry T L Maj 10 W Byrne------7-2262
Bartlett Gilbert T Rev 1212 S Elm av------2971-R
Bartlett Grace 505 N Richardson av------1329-W
Bartlett Lupe Mrs 312 E Van Buren------4342-J
Bartlett R C Mrs 307 E Forest------3205-J
Bartlett R E 1804 N Michigan av------4316-J
Bartlett Walter F S E of Roswell------022-J3
Barton J R 1101 S Lea av------2080-R
Barton Julius Sgt 716 E Tilden------3384-M
Basham T T E of Roswell------030-R3
Basinger L C Capt 702 W Buena Vista------4190-W
Bass Don B Sgt 707 S Atkinson av------4750-M
Bass George F 307 E Church------1644-W
Bass L H 104 S Kansas av------3923
Bassett J Walden 308 N Missouri av------597
Bassett Johnston & Deason accnts
  421 N Richardson av------50
Bassett Waunita 408 N Richardson av------2406-W
Bates Allen W Lt 608 S Lea av------3261-W
Bates E J 606 N Lea av------1292
Bates E L 617 E Apple------967-W
Bates R L Maj 212 W 13th------1702-W
Bates S K N of Roswell------1885-R
Bateson J W & Co Inc S of Roswell------7-9966
Bath & Massage Institute 111 S Michigan av------1435
Batho Tom 408 N Richardson av------4175-W
BATTERY SHOP THE 508 E 2------319-R
Battles R L 310 E McCune------5079-W
Bauer Roy M Jr 703 S Michigan av------1188-J
Baulch Henry L Lt 930 Davidson dr------4487-J
Bauman Joe Texaco Serv Sta 811 W 2------525
Bauman Joe W 809 W 2------4678-J
Baumann Zada S 1005 N Washington av------3941-W
Baumstark Leroy A 1600 W Tilden------2785-W
BAUSCH & LOMB OPTICAL CO 129 E 3------2273
Baylis E W Lt 9 A------7-2401
Bazan Edward T Maj 44 W Byrne------7-2279
Beadle J T 100 N Kansas av------4024-W
Beadle L M 808 W 12th------2214-M
Beagles Floyd auto parts 1402 E 2d------3585
Beal Ben T 1404 S Kansas av------4755-W
Beal Sebron T 501 S Spruce av------4385
Beall D E 1205 N Ohio av------3940-M
Beall E D 1603 N Ohio av------3194-R
BEAN & OSBORN attys 117 E 3------5050
Bean R Perry 115 W 12th------705
Bean Richard G atty 117 E 3------5050
Bear Bob 1308 N Main------1648
Beard D O 205 W Summit------4736-W
Beard James D S of Roswell------081-J4
Beardsley David A Lt Col 501 N Lea av------4977
Beasley C L 200 W Mathews------2238-M
Beasley E A N of Roswell------3666-J
Beasley Howard 911 W Deming------4512
Beasley Morris S 1409 S Adams av------1170
Beatty James L 417 S Sequoia av------5261-M
Beaty Mayme Lou Mrs E of Roswell------4534-M
Beaty Richard L S of Roswell------061-J3
BEATY'S STEAM LAUNDRY 109 E Deming------354
Beaudry Donald A 1006 W Summit------3988-R
BEAUTY BAR 911 N Main------403
Beavers A E 913 Davidson dr------4149
Beck Bob Mrs 307 W 8------1732-J
Beck C J 217 E Frazier------3540-W
Beck C R Mrs 419 E 5------946-M
Beck Clifford Jr 411 N Penn av------2179-W
Beck Floyd C 1412 S Missouri av------1087-J
Beck J W Lt Col 112 E Frazier------4639-W
BECK LUMBER CO 2211 N Main------398
Beck Nellie 306 W Albuquerque------3950-W
Beck Paul K 1111 N Penn av------2643
Beck Ralph G 1206 S Grand av------3791-W
Beck Robert H 1010 N Penn av------2837
Becker Genevieve Mrs 112 W Albuquerque------1593-W
Beddo Dearal W 1208 S Kentucky av------2249-R
Beebe Donald C 633 E Apple------3294-W
Beeman Jack 1514 S Pecos av------2886-W
Beers John Jr 507 N Lea av------2601
Beers John B Sr Mrs 706 N Penn av------2708-J
BEERS JOHN REAL ESTATE 701 N Main------318
Beeson G D 1404 S Mulberry av------4297-J
Beezley Wilbur B Col 18 W Wells------7-2424
Behnke Emil M 1607 S Stanton av------3057
Behnke Ewald Lt Col 1603 N Montana av------4093-M
Behrens Sherman C 114 W Oliver------1159-J
Beidleman K R 1508 S Missouri av------3196-M
Bejarano Juan 605 E Albuquerque------5351-W
Belcher W B 503 S Pine av------3624-M
Belknap Barton A 1502 W Alameda------5113-W
Bell C S 709 N Richardson av------860-W
Bell Claude 337 E 8th------1612-J

6 Bell—Bradshaw ROSWELL

Bell Elizabeth 305 E Albuquerque — 3404-W
Bell Eugene S E of Roswell — 01-J2
Bell F T Lt 1615 S Penn av — 2686-J
Bell Joe B 1100 S Union av — 4856-M
Bell John C 305 S Ohio av — 1671-J
Bell John N Maj 19 B — 7-2414
Bell Pat 1613 S Mulberry av — 1992-J
Bell Ralph M 1800 W Juniper — 3719-W
Bell Ray L 1511 Pontiac dr — 2030
BELL RAY OIL CO 105 E 19th — 3366
Bell S M 705 N Richardson av — 3017
Bellaire Beauty Salon 304 N Penn av — 2986-W
Bellamah Anise 802 N Kentucky av — 1072-M
Bellamy Frank 207 S Michigan av — 1706
Bellamy J A 211 S Virginia av — 904
Bellamy Walter 1408 W 7th — 2336-W
Bellew Lucille 203 W Wildy — 1212-J
Belmont Motel 2100 W 2 — 5276
Belshe M D 501 E 4th — 1872-R
Benagh Thomas M Lt 41 A — 7-4462
Bender M J 203 E Frazier — 4851-R
Bendorf Harry H Lt 211 W 11 — 1871-J
Benedict R H 418 S Hemlock av — 5264-R
Benjamin Oliver L 123 S Stanton av — 2189
Benner C H 909 W 9 — 3635-R
Bennett Charles L 1600 S Richardson av — 4510-R
BENNETT GARAGE 2206 W 2d — 3448
Bennett Jack R 412 W Forest — 2334-W
Bennett Lloyd W 2d — 3448
Bennett Ruby S of Roswell — 7-4459
Bens Maxine E 1521 W 2 — 5203-M
Benson Geraldine M 805 N Richardson av — 2722-W
Benson O L 1003 E Hendricks — 1826-W
Benson V E 1012 W 3d — 2664-J
Benton Edwin T 1502 W Walnut — 2442-W
Benton James C 634 E Cherry — 5099-J
Berckes E W 2003 N Louisiana av — 4194-W
Bergener K L Dr 1402 Highland rd — 5507
Berger S 303 E Country Club dr — 031-J3
Berget B A 1616 S Jackson av — 1126-J
Bergman R L 213 E Bland — 3099-J
Bergmann Robert W Maj 3 Gillespie pl — 7-2367
Bernard L G 907 N Delaware av — 4358
Berrendo Phillips 66 Serv Sta N of Roswell — 3494
Berry Chas F Jr Capt 22 A — 7-2129
Berry Edwin H 1605 S Stanton av — 3647-J
Berry L C Pete 1603 S Jackson av — 2691-J
Berry Louie C 506 W 19th — 3465-J
Berry Nannie I Mrs 609 W 9th — 1716-W
Berry O B 1509 Highland rd — 1281-W
Best Everett W Col 7 Walker pl — 7-2214
Bethel Warren 1023 S Virginia av — 828-W
Better Business Bureau Inc Korber B Albuquerque
   Long Distance-Albuquerque-2-5001
Beumer Robert O S E of Roswell — 011-R1
Bevers Joe W 516 S Aspen av — 3429-M
Bevill Guy W Lt 1116 S Michigan av — 3126-J
Bi-Lo Trading Post 501 E 2 — 2357
Bib 'n Tucker 127 W 4 — 4255-W
Biddy B L 1512 W Alameda — 5299
Biddy & Roberson Auto Sales 1022 S Main — 960-W
Bielinski Robert E Sgt 12 I — 7-4487
Big Jo Lumber Co 800 N Main — 14
Big T Serv Sta 2000 W 2d — 1219
Bigbie Earl 1302 S Lea av — 1970-J
Bigelow Florence Mrs 809 W 4 — 1709-J
Biggers John O 1605 S Penn av — 4850
Biggers Ludie 200 E Hendricks — 3971
Biggs David H Capt 12 B — 7-9997
BILL & CHARLIE'S CONOCO SERVICE 200 W 2 — 2164
BILL DEANE tires 105 S Main — 3400
Bill James R 1905 N Garden av — 4383-M
BILL KOGLIN SERVICE 1407 SE Main — 4456
Billings G F W of Roswell — 057-R3
Billingsley Pete 904 N Missouri av — 876-R
Bills Ruth Mrs 303 E Deming — 1392-R
Bill's Trim Shop 501 S Main — 4160
Billups Hugh 1101½ W Mathews — 3239-J
Bingham F G Maj 15 W Eyman — 7-2492
Binns Burwell 207 S Kansas av — 3216
Binns Winifred Roy 501 E 2d — 1674-M
Bippus Albert W 1616 S Penn av — 2382
Bird J A E of Roswell — 021-J3
Bird Russell 212 N Missouri av — 135
Bird Russell G Jr 710 S Delaware av — 3021
Bird T H 908 S Lea av — 2682-W
Birnie Chas Jr 110 W Mathews — 1398-M
Bischoff W C Sgt 58 Werkheister pl — 7-2457
Bisett E W 1614 N Pontiac dr — 3252
Bishop A S 505 N Lea av — 338-J
Bissey R H W of Roswell — 058-R12
Bitter Richard 45 Van Lueven pl — 7-2106
Bivins Elizabeth S Mrs 104 N Lea av — 1339-R
Bixby Frank H 1115 Rancho rd — 2997-W
Bizzell J M 706 S Kansas av — 5094-J
Bizzell T M 402 S Spruce av — 4283-J
Bizzell's Grocery 901 W 11 — 5156
Bjornson A H 708 W Alameda — 1530-M
Black Bradley 1103 N Missouri av — 3958-W
Black Chester NW of Roswell — 07-R1
Black Donald C Capt 1503 S Lea av — 3577

Black J P 2001 W Juniper — 1946-R
Black Richard E 707 S Atkinson av — 4750-J
Black W E 200 S Ash av — 3132-R
Blackard Gordon L 104 S Sunset — 1598-W
Blackard Leon 1503 N Union av — 4163-M
Blackburn J O 1613 N Delaware av — 98-J
Blacklock O T 1212 S Richardson av — 4591-R
Blackmar Donald E 904 W 5th — 1735
BLACKMAR F S dentist 101 N Penn av — 393
   Res 312 N Michigan av — 1044
Blackmar Richard A 1104 N Delaware av — 1352-W
Blacksher E B Sgt 51 Van Leuven pl — 7-6657
Blackston W R Sgt 80 E Byrne — 7-6672
Blackwell E Clyde 1409 Highland rd — 5489
Blackwell W D 11 E Wells — 7-2141
Blackwood Arthur W Capt 1712 S Monroe av — 4407-W
Blades Webster S 505 S Kansas av — 2487-R
Blair E F 814 W 2d — 698
Blair E Frank Jr 1301 W 3d — 4250
Blair Earl 1813 N Kansas av — 1868-R
Blair Insurance Agency 814 W 2 — 20
Blair Travis S E of Roswell — 017-R2
Blair Warner tax return prep 421 N Richardson av — 50
   Res 211 N Kentucky av — 5155-M
Blake Charles 1611 W Walnut — 4300-J
Blake Edith N Mrs 200 W McGaffey — 2095-R
Blake Harold D 1212 E Walnut — 2515
Blake Harry D Jr 708 W College blvd — 4521
Blake Harry D Maj 1309 N Kentucky av — 1307-W
Blake Oscar N of Roswell — 09-R1
Blake Thomas A Maj 87 Holloman pl — 7-2229
BLAKE'S ELECTROLUX VACUUM CLEANER AGENCY
   1309 N Kentucky av — 3007-W
   Blake Harry D Jr 708 W College blvd — 4521
BLAKESTAD COMMUNICATIONS & ELECTRONICS
   125 W 2 — 289
Blakestad R B 1509 S Lea av — 1506-J
Blakey Clyde Mrs 707 W Alameda — 3043-W
Blakley Jimmy 1100 S Missouri av — 409-W
Blancet Oneita 805 W 11th — 2368-R
Blanchard E C Sgt 54 Werkheister — 7-2263
Blanchard F L E Grand Plains — 02-R3
BLANCHE'S BEAUTY SHOP 711 S Missouri av — 662
Bland James B 907 E Jefferson — 5089-W
Blankenship W A Jr 707 S Delaware av — 4761
Blanscet C P S of Roswell — 066-R2
Blanton C F Capt 31 W Wells — 7-2389
Blauw Alfred S pathologist 403 W 2 — 5517
   Res 905 N Richardson av — 5530
Blaylock J E 1620 N Michigan av — 3943-W
BLEA ELECTRIC CO 106 W Albuquerque — 1509
   If no answer call — 2480
   If no answer call — 4681
Blea John D 106 W Albuquerque — 4681
Bledsoe A E 1712 N Union av — 5135
Blenis G L Capt 48 Andrews pl — 7-5545
Blevins Carl E 607 S Montana av — 2191-R
Blevins George 119 E Forest — 3277-R
Blevins Ivanell 321 E Reed — 2041
Blocksom F W 605 N Lea av — 486
Bloedau R K 1620 N Kansas av — 3013-R
Blomshield John B 2101 W 1 — 4854-W
Blood Virgil E 1303 E Bland — 1970-J
Bloodworth James R 517 S Fir av — 4008-R
Bloodworth John Perry 908 N Richardson av — 2196-J
Bloodworth June M Mrs 517 S Fir av — 4008-W
BLOSSOM SHOP THE 707 S Lea av — 33
Blount Baxter 1120 S Missouri av — 1473-M
Blount J E 500 S Lea av — 3496-W
Blount Maxwell Mrs 1700 N Pontiac av — 5169
BLUE CROSS PLAN OF NEW MEXICO
   410 N Richardson av — 103
   Cooper R M 1413 W 7 — 1454-J
Blumenfeld Arthur A 804 N Union av — 4363-M
Blythe Harry W 1508 S Lea av — 2065
Board Cecil 100 E — 2445
Bobo Don 510 W 19th — 1018-W
Bobo William P Jr 506 W Deming — 5186-M
Bobst H L 201 W Mathews — 1741-M
Bock Richard L 211 N Union av — 4504-J
Bockman J B 1401 Highland rd — 1639
Bockman John F Capt 907 Davidson dr — 2308-J
Bocock Dale G Col 3 W Eyman — 7-2475
Bode Charles L 31 Morningside — 2451-R
Bode Oscar 505 S Kentucky av — 467-M
Boehms R E 613 N Main — 3483
Boehms Ralph W 1728 N Ohio av — 3755-J
Boellner Arden R Mrs 210 S Lea av — 2534-J
Boellner L B Mrs 508 S Missouri av — 194
BOELLNERS 316 N Main — 701
Bogard C C 211 S Washington av — 3151
Boggs D L 809 N Garden av — 3208-R
Boggs Everette J 605 W Alameda — 2846-M
Boggs G R S of Roswell — 079-R11
Boggs O B 1013 N Main — 377
Boggs T E optometrist 1100 N Main — 21
   Res 103 W 11th — 1563
Bogle William B 13½ Riverside dr — 1939-M
Bohanon B J 1720 N Missouri av — 1494-R
Bohn Robert L 635 E Cherry — 3167-R

Boice Robert R phys surg 113 S Kentucky av — 428
   Res SE of Roswell — 3295
   If no answer call — 4492
Bolds Donald E 1604½ N Missouri av — 2208-M
Bolduc Edward O 305 S Washington av — 5379-J
Boler Ozie 10 I — 7-2352
Bolin Zane 1814 N Michigan av — 2707-M
Boling Robert E 1006 S Union av — 4693
Boling W P 1501 W 2 — 1766
Bollen Jerry D 1618 N Kentucky av — 3887-W
Bolton Lona S E of Roswell — 037-R4
Bonar Chester M 1008 W Mathews — 4557-J
BOND BAKER CO INC 211 E 4th — 1090
Bonds Jess 1112 S Michigan av — 3665-W
Bondurant W E cotton J P White B — 2523-W
   Res 708 N Lea av — 381
Bondurant W E Jr atty 1st Natl Bk B — 2160
Bone S P Sgt S E of Roswell — 045-J3
Bonelli Richard F 1105 W 3 — 4015
Bonham Earl S E of Roswell — 05-R1
Bonine Estel L 806 N Washington av — 1842-M
Bonner E R 1009 N Plains Park dr — 5537-J
Bonney Cecil 609 W 5th — 347
BONNEY INSURANCE CO 309 N Richardson av — 71
Bonnot Elbert A 110 S Washington av — 1825-W
Booher Norman F 830 E 6 — 2737
Booher Wayne SE of Roswell — 016-R4
Booker Richard 1105 Melrose dr — 1829-M
Booker William 1021 S Mulberry av — 2479-M
Boot & Shoe Hospital 102 E 2 — 3393-W
Booth E E Maj 6 Zettie pl — 7-6696
Booth R W 702½ N Virginia av — 1127-W
Bordeaux L B Capt 115 E Church — 4621-R
BORDEN CO THE NE of Roswell — 919
Borders John E Capt 34 B — 7-2453
Boreing C B 1108 W 4th — 3574
Borem Harry 319 E 8th — 2274-W
Borem Robert E 514 E 6 — 1729-R
Boris William J M/Sgt 17 Rouhonen pl — 7-2386
Borland C D 1305 N Lea av — 1782-M
Borman Glenn O Lt 708 S Union av — 2027-J
Borst R L 607 W 9 — 5107
Borton Robert L 1114 W 3 — 2389-W
Boss R L 2 Park pl — 5375
Bossenmeyer John J 1712 W 2 — 1846-W
Bost B J 1603 W Alameda av — 1517-R
Boswell Martin M 1008 N Delaware av — 3183-W
Boswell T H Jr ofc 115 W 3d — 373
   Res 401 S Lea av — 348
Boswell Wendell L 639 E Apple — 4258
Bosworth John C Sgt 105½ E Mathews — 2817-M
Boudreaux H J Sgt 70 Vanderslice — 7-6667
Boudria Russell F Capt 69 W Wells — 7-7258
Bouillon Richard L Lt 55 A — 7-2378
Bourke Margaret 206 W Deming — 1123-J
Bourland Thelma 1111 E Walnut — 2865-J
Boutte Joseph L 904 S Kentucky av — 502-R
Boutz J W SE of Roswell — 3503-J
Bowden Champ 1201 N Penn av — 1100-J
Bowden Jean 701 N Richardson av — 4625-R
Bowdish T R Capt 218 E Church — 2095-M
Bowen Charles W Capt 11 Hunsicker pl — 7-4466
Bowen E C 1614 N Pontiac dr — 3252
Bowers George Sgt 110 W Alameda — 2107-R
Bowers Lester J 1705 S Stanton av — 4953-R
Bowin Lynn L Lt Col 1517 N Union av — 3627-W
Bowles Mitchell H Sgt 50 Ray pl — 7-5517
Bowlin Jim Jr 1902 N Mississippi av — 3688-J
Bowman Harold U Capt 5 W Eyman — 7-2327
Bowman J R 1504 S Adams av — 1140-J
Bowman Lewis O Mrs 205 N Kentucky av — 2171
BOWMAN LUMBER CO 1400 W 2d — 3202
BOWSER FRED P CO Picacho — Long Distance
Bowser Kenneth D Capt 29 Langley pl — 7-5502
Box Olaf E of Roswell — 032-R12
Box Trula Mrs 407 W 2 — 2495-W
BOX WELDING SHOP E of Roswell — 507
Boy Scouts of America Council 413 1101 W 4th — 219
Boyd Olan 1504 W Walnut — 4095-J
Boydstun Benny 1209 W 8 — 2822-W
Boyer Lola Mae 302 E Hendricks — 4665
Bozeman John W Jr Capt 56 W Wells — 7-9991
Brabham Thomas M 1001 W Mathews — 2538-W
Bracewell Marlon L 303 E Forest — 2939-W
Brackeen A E contr 707 S Montana av — 5421
Brackeen K E 402 S Montana av — 3452-W
Brackeen Orville S E of Roswell — 082-R2
Bracy Manda 709 W Walnut — 3043-J
Bradford C E 209 E Church — 2791-R
Bradford Patsy 605 W 6 — 4468
Bradley C T 601 W Walnut — 4566
Bradley Cameron 1507 N Washington av — 4593
Bradley D A 508 E 3d — 1674-W
Bradley J L 1006 S Lea av — 1588-M
Bradley John F 511 S Sycamore av — 2466-W
Bradley R L Mrs 508 N Kentucky av — 83
Bradley Robert K 1309 S Lea av — 4019
Bradley Sam NE of Roswell — 4322-W
Bradshaw Jessie Mrs 1003 W 1st — 1865-J
Bradshaw R D Capt 18 A — 7-2332

ROSWELL

Bradshaw—Cagle

Bradshaw Robert D CWO 27 A---7-2197
Brady B S 400 E Hendricks---2723
Brady Ruby 207 E Deming---1149-W
BRAGG-LEVERS MOTOR CO 119 S Main---3171
Bragg W J 504 S Lea av---5057
Branch Elbert 906 N Union av---5187-R
Brand W M S E of Roswell---082-J1
Brandes Fred 1210 W 11---786
BRANDES FRED REAL ESTATE CO 1005 S Main---5086
Brandt H W Sgt S of Roswell---7-6642
Branham Clara 300 E Van Buren---4648-R
Branham Francis A Mrs 524 E 3d---2475-M
Brannon Betty Jane 911 S Atkinson av---1560-W
Brannon Charles W 114 W Wildy---4581
Brase A J Rev 302 N Missouri av---543
Bratcher H F 406 S Ohio av---2445-J
Bratcher W P 1823 N Michigan av---3964-W
Bratton H C atty 1st Natl Bk B---2160
  Res 1017 S Kentucky av---3106-R
Brawn Howard 214 W McGaffey---2095-W
Bray Bertha 507 N Kentucky av---870-J
BRAY-MOORE SHOP 300 N Main---295
Brazeal H A 209 E Bland---1444-M
Brazil Jane 413 S Hemlock av---4634-W
Breaux Resta P Capt 911 N Delaware av---120
Brechbuhler Wanda 1706 N Kentucky av---1610-M
Breed Billy A 1014 S Penn av---2951-W
Breese Edwards W N M M 1---4942
Breiholz H A Sgt 31 Van Leuven pl---7-9973
Breitenstein Jessie E Mrs 1304 N Penn av---1031-R
Brenan Fred 11 Riverside dr---1606-J
Brenneman Tode S W of Roswell---056-J1
Bresnahan C E 1005 S Penn av---4565
Breunig Ella 209½ W 6---3479-J
Brewer Archie 210 E 13---5416-W
Brewer E E 1011½ S Lea av---2050-R
Brewer Julia 306 N Penn av---1856-J
Brewer Leon W 1500 E Bland---3175-J
Brewer Ted N E of Roswell---066-R1
Brewington Robert L Sgt 80 E Eyman---7-3342
Brewster C S 507 N Missouri av---587-W
Brice C R atty J P White B---8
  Res 800 N Richardson av---118
Bricker John I 506 S Kentucky av---2050-M
Bridges Marion V Sgt 1723 N Michigan av---4834
Brigham W L Sr 107 N Missouri av---3652-J
Brignon Adolph 1003 W Summit---4369-R
Brinker Eugene C N E of Roswell---08-J4
Brinkerhoff D L 802 S Lea av---4797-J
Brinson J W 419 W 17th---1261-R
Brisco W C S of Roswell---079-R3
Brister J H Rev study 1009 W Alameda---1881
Bristow R D E of Roswell---3175-M
Brito T S 1208 N Missouri av---1269-W
Brittian Lloyd E Maj 9 W Wells---7-3374
Broaddus Thomas A 205 N Penn av---5465-W
Broadus G G 335 E 8---1909-W
Broadway Cafe 309½ S Main---3770
Brochheuser J J 601 E 3---1480-R
Brock Arley A 311 N Kentucky av---2958-M
Brock D A 802 W 10th---281-J
Brock Price W 404 W 14---2508-R
Brock Ted E 1606 N Delaware av---1283-R
BROCKMAN J E contr W of Roswell---5234
  Res 712 W Mathews---3304
Brooke I J 321½ E 6---1739-W
Brooker Curtis Capt 8 Langley pl---7-5539
Brooks Cloyd I 1010 W 4th---4553-J
Brooks George C 1713 W Walnut---3735-M
Brooks Stephens Rev 1000 N Union av---3345
Brooks William C Lt Col 5 Gillespie pl---7-6690
Brosius Arthur M 201 W Summit---3224-J
Brosseau F G W of Roswell---057-J11
Brotherton L B S E of Roswell---4906
BROTHERTON'S SIXTY-SIX STATION 300 W 2---666
Brower F K 604 W Walnut---2818-J
Brown A W 1108 S Penn av---2924-J
Brown Belzie Mrs 1420 S Missouri av---1087-M
Brown Burton H Jr 1209 W Deming---2303-M
Brown Byron L S W of Roswell---040-R2
Brown C J 1811 N Cambridge av---2707-W
Brown Carl E 1821 N Maryland av---1701-R
Brown Carl L Sgt 72 E Wells---7-2251
Brown Charles G 3 Hillcrest dr---1753-R
Brown Chas L 610 S Penn av---663-M
Brown Donald atty J P White B---4286
  Res N E of Roswell---4932
Brown E E 1610 Pontiac dr---3002-M
Brown E L 115 S Richardson av---653
Brown Effie L Mrs 410 S Kansas av---2361-J
Brown Fannie Mrs 905½ S Lea av---2409-J
Brown Florence 1208 W 8th---1454-W
Brown Frederick R phys surg 302 W Tilden---4165
  Res 1402 S Adams av---3532
Brown George A S E of Roswell---066-J1
Brown Gerald E 1613 Pontiac dr---3717-W
Brown Gilmer 1517 S Adams av---1239-R
Brown Glendon W Capt 32 A---7-6674
Brown Harwood 109 W Mathews---2719-W
Brown Horace 313 W Mathews---3846-N
Brown Hub 812 N Main---739

Brown J B Sgt 1101 Melrose dr---3801-W
Brown Jack B 512 S Spruce av---5374-J
Brown Jack W 1612 S Washington av---5055-J
Brown James I Sgt 319 S Sycamore av---3271-M
Brown John F Jr Lt 42 A---7-9970
Brown L M 808 W Deming---4984-J
Brown Lewis N E of Roswell---028-R2
BROWN-MAID SHOP 102 W 1st---4041
Brown Marvin L Lt 509 S Sequola av---5394-J
Brown Mary K Mrs 300 W McGaffey---4548
Brown Neal A 115 E College blvd---2516-J
Brown Paul E Capt 74 W Byrne---7-2403
Brown Peter 311 N Penn av---4496-W
Brown R L Sgt 86 E Eyman---7-2167
Brown R M Lt 1706 W Juniper---4626
Brown Robert L 104 S Lea av---2372-R
Brown Ross Mrs 302 N Kansas av---1879-R
Brown Ross C Mrs S W of Roswell---040-R1
Brown Roy H 417 S Hemlock av---2981
Brown Sam S E Roswell---036-J4
Brown Sidney L Sgt 60 Werkhelster pl---7-2462
Brown Vera 1413 S Penn av---1357-R
Brown W E 1708 S Monroe av---4782-W
Brown W L 1101 W Mathews---1459-M
Brown Walter D 5 E Byrne---7-2267
Brown William B 807 W 10th---1927-W
Browne Don C 1007 W Albuquerque---3545-W
Browning James F 1110 S Kentucky av---1683-W
Browning W B 1415 W 2---4266-J
Brownson Willard J 1717 N Ohio av---4378-M
Bruce C L 1508 S Washington av---2316-J
Bruce H T 2310 N Texas av---1887-R
Bruce John P 1729 N Ohio av---2569-M
BRUIN JAMES L atty J P White B---95
  Res 411 N Kentucky av---3288-D
Bruin Leina Mrs 505 N Kentucky av---741
Brum H L 1608½ N Missouri av---1143-W
Brumfield C E Capt 1017 S Penn av---3131-R
Brundage D H 1422 S Mulberry av---1467
Brunk George N E of Roswell---488-J
Bruns Warren H 202 E Church---3243-M
Bryant A H Maj 1111 N Richardson av---2975-J
Bryant Arthur P 1011 S Union av---4281-J
Bryant Dovie M Mrs 1113 S Lea av---2266-W
Bryant Edward M 1113 S Lea av---2266-W
Bryant Harold N of Roswell---4533
Bryant Harry R Co 125 W 4---4164
Bryant J B 1717 N Michigan av---2905-W
Bryant Leroy 502 E 23---5026-J
Bryant Martha B 407 W Walnut---606-J
Bryant Sam E 1215 E Walnut---2913-M
Bryant Samuel A Sgt 83 E Eyman---7-2224
Buchanan C A N of Roswell---067-J11
Buchanan Clara Mrs 607 N Montana av---1723-R
Buchanan Douglas 305 W Tilden---2145-W
Buchanan H A 1722 N Missouri av---3249-J
Buchanan J B S E of Roswell---071-R1
Buchanan Tommy N of Roswell---07-R2
Buchenau Bernie Mrs 611 E 6th---2278-J
BUCHLY HOWARD C atty J P White B---271
  Res 205 W 7---1055
Buck Gilbert G 1208 Highland rd---1418
Buck Orville G 97 E Eyman---7-2157
Buck Russell Plumbing & Heating Co 117 W Walnut---1166
BUCK VENETIAN BLIND CO 210 E 5th---2914
Buckley N B 1615 W Alameda---1517-W
Buckner C C ins 1121 S Main---79
  Res 1903 N Louisiana av---4192-M
Buckner David D 704 W 9th---1092-W
Buckner Ida Mrs 412 N Missouri av---823-W
Buck's Farm Service S E of Roswell---02-J2
BUD & BILL'S BODY SHOP 409 E McGaffey---4554
Buehler John A Lt Col 8 W Wells---7-2222
Buffington C E 1718 N Lea av---4006-M
Buffington Dale 1501 N Ohio av---3415-W
Bugg Paul E 1206 E 1---1589-R
BUILDERS BLOCK & STONE CO S E of Roswell---3108
BUILDING & CONSTRUCTION TRADES COUNCIL 1715 W 2---1820
Bulfer James L 204 E Albuquerque---2742-M
Bullard Amos N 112 W Tilden---2831-R
Bullard Floy I 505 N Orchard av---5433-J
Bullard Floy I Mrs 406 W Forest---1212-W
Bullock O L 404 W Mathews---555
BULLOCK'S JEWELRY STORE 215 N Main---436
Bulman H H 1105 S Washington av---3422-J
Bumpus Frank R 1615 W Tilden---2373
Bunch A M 500 E 23d---3395-W
Bunch D G 1602 N Union av---3882-R
Bunch Sarah E 405 N Penn av---968-J
Bunton Oscar J 107 E Country Club rd---3945-M
Burchard Leola Mrs 111 W Mathews---4011-R
Burchett William H 714 E Pear---4151-W
Burciaga Tony 1200 N Missouri av---2246-M
Burden H L 1101 N Missouri av---1609-M
BURDETT MOTORS 610 S Main---2996
Burdett Roy P 1413 W 7---2461-J
Burdette H D 302 S Missouri av---1423
Buresh Robert J 810 N Michigan av---5129-M
Burford Newton I 1015 S Cahoon av---4305-M

Burger A Rev 405 E Deming---3055
Burgess Kenneth L 707 S Atkinson av---4750-W
Burgess William E Capt 204 W College blvd---1295-W
Burgett A N 1019 S Missouri av---1588-R
Burgoon Gene N E of Roswell---013-J2
Burgoon Myra N E of Roswell---013-R3
Burk J T 1202 E 1st---1589-M
Burke C L 920 E 2d---1787-W
Burke Harry 1003 Rancho rd---4762-J
Burke J W Mrs 215 E Forest---2570-W
Burke Leroy 1907 N Louisiana av---4239-W
Burke Robert E 604 N Virginia av---2204-R
Burke Virgil L Capt 11 Gillespie pl---7-4440
Burkhead J C 113 W Chisum---1199-J
Burkstaller Fred 406 S Kansas av---740
Burkstaller H F Jr 1600 W 3---5578
Burkstaller Harry N Montana av---3166-J
Burkstaller Herman 605 S Missouri av---856
Burkstaller W E Bill 810 S Michigan av---4988
Burleson Elmer Lee 302 E 8---3313-M
Burleson Thomas J 1601 S Stanton av---4953-M
Burmeister Francis Sgt 63 E---7-2212
Burnett Clyde K Jr 1400 S Lea av---4233
Burnett T N Mrs 109 S Lea av---1947-M
Burnham Robert J 38 W Byrne---7-9967
BURN'S APPAREL SHOP 1007 W 2---1552
Burns Charles E Bob 702 N Wyoming av---4146
Burns E L 109 N Washington av---4395
BURNS GROCERY & MARKET S of Roswell---7-2479
Burns John A contr 1423 W Tilden---3518
Burns John L 10 A---7-2447
Burns Vernon Sgt 203 S Sherman av---3078-R
Burnside Julius H 1503 N Michigan av---2316-R
BURNWORTH & COLL CO
  Office 309 N Virginia av---2866
  Sheet Metal Shop 309 N Virginia av---437
Burnworth Frank 121 E Pear---4185-J
Burnworth Ralph 1410 S Penn av---2099-R
Burr Stephen T 1505 S Lea av---1802
Burress Bobby N 1510 N Kansas av---3430-J
Burrola Matilde 733 E Alameda---483-N
Burroughs Corp 309 N Richardson av---1567
Burroughs Guy 211 N Kentucky av---2610
Burrow James P 504½ S Kansas av---4075-W
Burrow Marvin J 924 E Jefferson---4305-J
Burrow R L 108 N Atkinson av---3310
Burrow V L E of Roswell---039-J1
Burrow's V L Serv Sta E of Roswell---039-R4
BURR'S DEPARTMENT STORE 1009 W 2---5237
Burton Clyde 205 E Country Club rd---1718-J
Burton Coy 1013 S Lea av---1315-M
Burton J G 808 W 13th---3053-J
Burton James B 1618 N Kansas av---3207-J
BURTON SHOE & BOOT SHOP 105½ E 2d---1705-J
Burton William 1310 E Tilden---3533-J
BUS DEPOT 515 N Main---222
Busby J B 306 E McGaffey---3205-R
Busby J R 704 N Garden av---2857
Busby James E Sgt 1514 S Michigan av---4875-R
Busby L D 418 S Cedar av---3562-M
Busch Betty 1613½ N Kansas av---5104-M
Busco John M 504 E Hobbs---4953-M
Bush Burton M Maj 21 W Eyman---7-4498
Bush David 806 W Walnut---3729-W
Bush George 625 E Cherry---1673-J
Bush H D 525 E 4th---255
Bush H H 1716 N Delaware av---2503-W
Bush J S 1602 W Juniper---2869-J
Bush Murray J 116 S Sherman av---3033-J
Bush T E E of Roswell---020-R3
BUSINESS MEN'S ASSURANCE CO J P White B---2871
Bussey T E 329 E 6th---2879-W
Bussian Robert A 1606 S Kansas av---3925
Butler Charles E 17 Riverside dr---593
Butler Chas E ofc J P White B---641
Butler Donald R 2 2 W Tilden---592-W
Butler Forest O 612 S Atkinson av---4351-N
Butler J E Jr 203 S Poplar av---5392-W
Butler Jack 204 E Bland---1392-J
Butler R R Sgt 1222 S Cahoon av---5242-W
Butler Rita J 301 N Alameda---4296-W
Butterfield H R 20 Riverside dr---5417
Buttron L A 1519 N Delaware av---3979-J
Butts Dana E S/Sgt 105½ N Kentucky av---5192-R
Butts J R 600 N Lea av---1084
Butts John M/Sgt 210 N Lea av---4972-W
Buzenius June 1707 W Walnut---4927-W
Bybee Eula 102 S Penn av---1203
Bybee Robert W 1204 W 4---3669
Byers Donald 401 S Ohio av---5566
Byers Jane C 1012 N Lea av---2574
Bynum F L 5 Oak dr---1912-W
Bynum O C 724½ N Main---860-J
Bynum Paul H Lt 1007 Highland rd---1791-M

C

Cacy Clifford 709 S Michigan av---1730-R
CACY'S TEXACO SERV STA 816 S Main---1620
Cagle W A T/Sgt S of Roswell---7-2171

Cahill—Clardy — ROSWELL

Cahill Eugene M Capt 906 W Deming — 1861-J
Cahill Glenn 310 W 14 — 1138
Cahoon D H MD 401 N Penn av — 30
  If no answer call — 4492
Cahoon D H Mrs 613 N Washington av — 421
Cahoon E A Mrs 709 N Penn av — 63
Caison Perry Jr 1311 S Atkinson av — 070-J4
Calderon D A 414 E Bland — 5570
Calderon D A atty 103 W 4 — 4716
Calderone Giacomo Lt 1103 S Lea av — 4461-M
Caldwell Edward E M/Sgt 71 E Wells — 7-6686
Caldwell L G 213 E Deming — 789-J
Caldwell W A 512½ E 5 — 2970-R
Calfee Fred H Capt 1700 Pontiac dr — 3695-R
Calhoun D A 810 W 8 — 839-R
Calhoun H E 205 E Frazier — 4910-W
Calhoun Minnie E 605 N Penn av — 1282-M
CALHOUN'S SERVICE S of Roswell — 7-9939
Callahan G G 1117 S Penn av — 3328-R
Callahan Julia Ann 301 E McCune — 2407-R
Callaway Nettle B 208 W 1st — 2213-J
Callens Dick W 1700 N Kentucky av — 4394-J
CALLENS FLYING SERVICE Municipal Airport — 1660
CALLENS RENT-A-CAR Municipal Airport — 1660
Callens W L Mrs 911 W Alameda — 717-J
Cameron William R S/Sgt 1714 S Virginia av — 2694-M
Cameron Woodrow 1207 E 1st — 2384-J
Camp C H Jr Lt Col 1407 S Adams av — 5533
Camp Fred P Maj 25 Alden pl — 7-9972
Campbell Archie 22 Riverside dr — 365
Campbell Doris Mrs 200 N Wyoming av — 3365-R
Campbell J C 1800 W Alameda — 4744-J
Campbell J W Lt 1016 S Union av — 3988-W
Campbell Jack M atty
  J P White B — 4975
  Res 1602 S Lea av — 1474-M
Campbell Mary Eloise 200 S Missouri av — 2818-W
Campbell Melvin C Lt 318 S Sequoia av — 5284-R
Campbell Paul C 105 N Michigan av — 4328
Candelaria Graciano 1515 S Munroe av — 2511-W
Canfield R E 2000 W 1st — 1912-J
Canfield Taylor C 306 W Deming — 2156-R
Cannon Cecil L 203 W 12 — 1623-W
Cannon D F 1210 W Deming — 2778-J
Cannon P H 1000 S Kentucky av — 877
Cannon W M S E of Roswell — 071-J2
Canova Edwin Sgt 25 D — 7-2482
Canpochiard Joseph 28 A — 7-5576
Cantrell R C Rev 308 W 5th — 452
Cantu Manuel 905 S Elm av — 5117-R
Cape Daniel C S of Roswell — 061-R4
Capitan Theatre 314 N Main — 251
Capitol Cafe 110 W 4th — 1631-J
CAR PARTS DEPOT 401 N Virginia av — 4205
Carabajal Boney C 408 E Mathews — 2081-M
Caraway George 1211 Highland rd — 4612
Caraway Mark 1407 S Lea av — 1369
Cardona C N 1208 S Sherman av — 2570-R
Carl David L 1411 S Lea av — 2838-J
Carleton A T Jr 605 S Ohio av — 1157-W
Carlisle Edgar M 14 Neiss pl — 7-6646
Carlisle Thomas W 411 W 2 — 1983-W
Carlson Carl J 1105 S Kentucky av — 4570
Carmichael Carlton J 1617 W Walnut — 2324-J
Carnal P D 819 E Tilden — 1645-R
Carnal Roy 1505 N Michigan av — 4543-R
Carnegie Library 127 W 3d — 1086
Caron John B 409 N 17th — 3898-W
Carothers Geo N 207 S Lea av — 548
Carothers Miller 1401 N Kentucky av — 4053
Carpenter A B NE of Roswell — 4334-J
Carpenter Daniel E 301 N Orchard av — 758
CARPENTER EATON & PHELPS attys J P White B — 395
Carpenter F S 1513 W Tilden — 3278-M
Carpenter Jack G 416 S Pine av — 2121-W
Carpenter Leroy 1701 W Walnut — 3372-R
Carpenter M L 1409 S Madison av — 1875-M
Carpenter Nursery & Garden Center
  301 N Orchard av — 758
  1002 W 2 — 2952
Carpenters Local 511 323 S Main — 5098
Carr Chester 409 S Richardson av — 5207
CARR PLUMBING & HEATING CONTRACTORS
  409 S Richardson av — 781
Carr T C 110 N Penn av — 4549
Carr V S 708 S Washington av — 1808-J
Carrara Virginia Mrs 410 E Country Club rd — 1718-R
Carridine J E 1704 W 3 — 5209-R
Carriebelle's Fabric Shop 514 W 2 — 4418
Carrier Lee 308 N Albuquerque — 5389
Carrigan Paul 417 E 4th — 1367
CARRIGAN PAUL CO 124 E 2d — 308
Carrington K C 1726 N Missouri av — 1494-J
Carrol B M Mrs 105 E 8th — 2170-J
Carroll Bob Mrs 800 E McGaffey — 1664-W
Carroll Cecil H 801 S Washington av — 2990-M
Carroll J F 801 N Main — 1690-W
Carroll Orris E 605 N 6th — 1890
Carson C L 37 Alden pl — 7-5595
Carson James R 501 E 7 — 3313-R

Carson John F 26 A — 7-5558
Carson Kenneth R Maj 34 Geiger pl — 7-4450
Carson L A S E of Roswell — 018-R3
Carson M K 1618 W 2 — 5173-J
Carter A N Col 1506 N Washington av — 1877-J
Carter Alice G Mrs 1112 N Garden av — 3513-W
Carter B C 711 N Missouri av — 4209-W
Carter Betty Sue 1706 N Kentucky av — 1610-M
Carter Bill 1410 S Richardson av — 1357-J
Carter E V S W of Roswell — 053-R4
Carter J B 515 S Fir av — 2076-M
Carter M A 1419 S Mulberry av — 2971-W
Carter Mary F Mrs 317 E 6 — 1547-W
Carter Minnie W Mrs 1007½ N Highland rd — 2962-J
Carter Powhaton 1206 W 4th — 3504
Carter Roy H 116 S Stanton av — 1841-W
Carter Thomas B Capt 15 W Wells — 7-2463
Carter Will 1001 E McGaffey — 2850-W
Caruthers Claude 1114 S Washington av — 4735
Caruthers Raymond E 504 E 4th — 3858-J
Carver School 205 E Hendricks — 636
Case Walter N 1609 N Montana av — 3681-J
Casey J C 708 W 12th — 1374-R
Casey James C S E of Roswell — 01-J1
Casey R H 801 N Lea av — 1072-R
Casey R L N E of Roswell — 065-R4
CASH & CARRY CLEANERS 209 W 4th — 424
Caskey Clyde J 913 N Delaware av — 4363-J
Casper Evan E M/Sgt 1008 N Plains Park dr — 5538
Casper Robert 413½ E 3d — 3147-W
Cass Ben F 605 S Union av — 1424-J
Cassell Irl F S E of Roswell — 016-J2
Cassie J H 417 E McGaffey — 4370-J
Cassity L A 1200 E Bland — 4153-J
Cassity & Wolfe contrs 1019 S Atkinson av — 2004
Casta Frances E Mrs 1619 W Walnut — 1376-J
Castle Grant R 7 H — 7-3326
Castleberry L M Mrs 108 N Lea av — 3427
Catano Albert 722 E Alameda — 1475-R
Cate Clifford K 411 N Missouri av — 2237
Caterers—See Phone & Dine
CATE'S 127 N Main — 3393-J
Cates A H 501 E 3d — 3858-W
Cates A H Jr 1011 S Kentucky av — 575
Cates Arlie 212 E Country Club rd — 060-R11
Cates Leo 1002 S Union av — 2675
Cates Sam E SE of Roswell — 03-R11
Cathcart Rubye Mrs 412 N Missouri av — 3037
Cathey Heston 1117 S Lea av — 2806-J
Cathey Jack G 511 S Kentucky av — 2162-R
CATHEY-JACOBS PRESCRIPTIONS 225 W 2 — 4600
Cathey William E 1519 N Montana av — 3693-J
Catlin John 412 S Sequoia av — 5258-J
Catola Tony 313 W McGaffey — 1830-M
Caudell William C Mrs 307 S Atkinson av — 3748
Cauhope J P Mrs 613 N Kentucky av — 815
Cave H S geolgst J P White B — 266
  Res 1619 N Montana av — —
Cave John 506½ S Ohio av — 1284-M
Cawley Frank Lt 829 E 5 — 101-M
Cawood C T 426 N Richardson av — 2715-J
Cawood Tom 804 W Deming — 5331
Caywood C R 307 S Lea av — 2989-J
Central Barber Shop 105 E 2d — 136
Central Motel 1003 N Main — 3649
CENTRAL SERV STA 600 S Main — 2017
Century Cleaners & Furriers 123 E 3 — 3116
Cerise Dorothy J Mrs 1902 N Montana av — 4304-W
Certain E L 1612 S Michigan av — 5239
Chaggaris T G 1st/Lt 122 E Pear — 4421-R
CHAMBER OF COMMERCE 119 E 5th — 3000
Chamberlin Alton E 1609 S Michigan av — 1934-M
Chamberlin Van C M/Sgt S W of Roswell — 7-2309
Chambers Belle 1008 W Hendricks — 1395-R
Chambers C C 903 W Summit — 1931-W
Chambers Delmar M 911 Davidson dr — 1179-J
Chambers E Y 410 S Lea av — 1272
Chambers Floyd 1521 N Michigan av — 1647-R
Chambers J W 115 E Forest — 1320-W
Chambers Leroy F 517 E Cherry — 2008
Chambers W W 915 Davidson dr — 4730-W
Chambers Yerby Jr 1514 S Washington av — 5226-W
Champion Roland F 1305 Highland rd — 2896
Chandler Kenneth P 1013 Kings dr — 3889-J
Chandler Lawrence 1008 W Walnut — 3908-W
Chandler Mabel Cave 1108 N Kentucky av — 2393-W
Chandler W W 513 S Sycamore av — 5225
Chaney H F 509 S Fir av — 4008-J
Chaney W F 408 N Lea av — 2843-W
Chapman C F 834 E Albuquerque — 2738-M
Chapman C R 1209 W 11 — 4526-M
Chapman K B 810 N Washington av — 2418-W
Chapman L R 308 S Delaware av — 1971-R
Chappel J R 1013 W Deming — 891-W
Chaput E G 87 E Eyman — 7-3319
Chard Hobart Lt 25 A — 7-4405
Chas Ilfeld Co 1222 E McGaffey — 780
Chastain A G Capt 50 Andrews pl — 7-2206
Chatten A D 704 S Lea av — 5184

Chaves County Abstract Co 125 W 4th — 169
Chaves County Abstract Co 125 W 4th — 538
CHAVES COUNTY BLDG & LOAN ASSN
  309 N Richardson av — 71
Chaves County Housing Corp Orchard pk — 045-J1
Chaves County of
  Agriculture Agent
    County Agent Court House — 512
    Home Agent Court House — 511
  Assessor Court House — 892
  Clerk Court House — 125
  Clerk Court House — 586
  District Attorney Court House — 3070
  District Clerk Court House — 3477
  District Judge Court House — 3477
  Farm Livestock Bureau 1001 S Atkinson av — 4689
  Health Dept Court House — 130
  Probate Judge Court House — 464
  Sheriff Court House — 950
  Treasurer Court House — 542
  Warehouse 901 E Alameda — 2306-J
Chaves County Rodeo Assn S of Roswell — 5332
Chaves Domingo C 934 E Jefferson — 2850-J
Chaves Reginald M 1717 W Walnut — 3719-R
Chavez Alex V 213 E Mathews — 2319-W
Chavez Manuel 623 E 6th — 4421-J
Chavez Pablo 732 E Alameda — 1645-W
Chavez Pete 933 E Jefferson av — 5112
Chavez Senovio 615 E Bland — 643-W
Chavez Tonita 923 E Jefferson — 2850-W
Cheatem C C 308 E Hendricks — 804-R
Cheney Leonard E 1405 Highland rd — 3891
Cheney Leonard E Jr 907 W 3 — 5322-W
Chenoweth S J 1110 N Lea av — 5128
Cherry R L 304 N Garden av — 5373-M
Chesser D T S of Roswell — 7-3367
Chesser Lena Mae S of Roswell — 7-3366
Chesser Tom SE of Roswell — 026-J3
Chesser W B 304 N Michigan av — 733-R
Chester J R 711 W 13 — 3921-R
CHEVROLET AUTHORIZED SALES & SERVICE
  512 N Main — 4400
CHEW DEN 1401 SE Main — 5293
Chew Jack 1610 N Missouri av — 2666-J
Chewning Charles 1010 W 14th — 4339-J
Chewning Henry 209 N Union av — 4442
Chewning Robert L 1506 S Adams — 1930
Chewning Zeb Court House — 1403
Chief Barber Shop 111 W 4th — 1559-J
Chief Theatre 404 N Main — 2780
Child Garden 414 N Lea av — 1707-W
Childers W Harry ofc 311 S Virginia av — 144
  Res 1606 S Washington av — 3800
Childress Floyd 712 N Lea av — 1540
Childress W A 510 N Penn av — 2575-R
Childs Ben L 1309 W 3d — 3047
Childs E T 710 S Kentucky av — 4966
Childs John Auto Sales 408½ S Main — 3775
Childs John T 1205 W Deming — 2305-R
Childs Winnie 1101 S Kentucky av — 3228-W
Choat Chester SE of Roswell — 05-J1
Choate H A 1401 E Hoagland — 044-R13
Chomo John Sgt 94 Vanderslice — 7-3353
Chowning H C 810 W 9 — 2739-J
Christenson A L Jr S W of Roswell — 053-J1
Christenson Arnold P 306 E Frazier — 3259-W
Christenson Jack 502 N Atkinson av — 5591-J
Christopher Lovie 801 E Mathews — 2876-J
Christy S B IV atty 1st Natl Bk B — 2160
  Res 1601 S Madison av — 4523-J
Christy Sim B oils 309 N Richardson av — 4380
  Res 24 Riverside dr — 3651
Chuck Wagon Cafe 1905 N Main — 3398
Chumley H L 329 E 8 — 1909-J
Chumley W H 331 E 8th — 1612-W
Church Amelia Mrs 210 S Kentucky av — 111
Church of Christ 612 W College blvd — 2777
Churchwell Tom 310 E 7 — 2379-W
Ciesiensky Mary M 205 E Deming — 4714-W
Cillis Joseph E 715 N Washington av — 921-M
CIRCLETTE SALON OF BEAUTY 302 W 3 — 1416
Cisco Cliff S Jack 702 S Union av — 3198
Cities Service Oil Co 200 W 1st — 4310
Citizens Finance Co J P White B — 641
Citty Floyd 1108 W 3d — 3386-W
CITTY FLOYD F acct J P White B — 159
CITY ANIMAL HOSPITAL 711 N Virginia av — 515
City Barber Shop 203½ W 3 — 4673
City Bus Co 802 W 10 — 281-J
City Cab Co 102 W Alameda — 5555
CITY DRUG STORE 104 N Main — 2498
CITY SEWING MACHINE EXCHANGE
  203 N Missouri av — 3063
Clanton Paul A Rev 611 W 17th — 2751-J
Clardy Carl F N of Roswell — 4085
Clardy Earl C 808 W 9th — 2370
Clardy W T S E of Roswell — 04-J1
Clardy Wm G S E of Roswell — 04-J5

CLARDY'S DAIRY 200 E 5th----796
Night emergency calls----1402-M
Clardy's Dairy Farm N of Roswell----038-R2
Clardy's Oasis Ranch Shop S E of Roswell----04-J4
Clardy's Orchard Park Farm S E of Roswell----045-R1
Foreman S of Roswell----045-R5
Clark Alton H 207½ W 7th----4887
Clark Bernard A 317 S Sequoia av----5264-W
Clark Bertha K 606 N Kentucky av----1072-J
Clark Calvin W 620 E Orange----1869-W
Clark Carolynn 209 W 7th----1653-W
Clark Edythe M Mrs 209 W 7----332
Clark Freda F 1704 W Walnut----4198-M
Clark Gladys 906 S Kentucky av----4016
Clark Gladys E N Garden av----4654-M
Clark Jack W 305 S Michigan av----1151
Clark Jim N E of Roswell----014-J1
Clark Kenneth R 1515 W Hendricks----2878
Clark Pearl 902 S Washington av----1636-R
Clark Prissy 209 W 7th----1653-W
Clark Ralph D 1201 N Main----3552-W
Clark Roy Marshall 803 W Mathews----4946-R
Clark Sally 1711 N Ohio av----2608-M
Clark Tracy P 1608 S Michigan av----3963-J
Clark Velma 1404 N Washington av----4543-M
Clark W D 1731 N Ohio av----3312-J
Clark William S 1009 W Walnut----5546
Clark Woods Jr 1609 N Pontiac dr----3716-W
Clark Woods T 503 S Missouri av----4929
Clarke D L 105½ E Mathews----3315-W
Clarke J E 416 S Cedar av----2192-J
Clarke Jane 1508 W Alameda----1103
Clarke M S 611 W 7th----883-J
Clarke Robert A 1505 N Pontiac av----4384-W
Clarkson W T 303 W Tilden----1029-J
Clary David W Capt 116 W 2----3475
Claud's Modern Help-Ur-Self Laundry 505 S Ohio av 766
Clawson Ann E 923 Davidson dr----4261-W
Clawson Thomas 923 Davidson dr----4261-W
Clayton Frances Mrs 902 N Michigan av----3969-M
Clayton John E 1113 N Delaware av----3970-W
Clayton Leonard 1208 N Lea av----1518-J
Claytor Roy F Maj 60 Billy Mitchell pl----7-3348
Cleary Mary Catherine 107 E Mathews----2817-W
Cleghorn Bertie L 111 N Lea av----5532
Clem Frances 405 S Ohio av----1185
Clem G H 516 E 4th----2542
Clem Lewis 405 S Ohio av----1185
Clem Melvin 514 E 4th----3147-J
CLEM PLUMBING CO 506 E 2d----4020
Clemens Merle Capt 14 Langley pl----7-6635
Clements Frank E 507 W Forest----2769-M
Clements George 106 N Penn av----1751
Clements Jim SE of Roswell----080-J1
Clemerson William O 710 N Main----860-M
Clemmons W H 116 E Bland----882-M
Clemons Ann J Mrs 75 Lighthall pl----7-2132
Cless Clyde E 322 E Church----2972-M
Clifford Calvin J 600 N Ohio av----2962-R
Clifton Bill 1025 Crescent dr----4235-R
Clinard Dempsey B Lt 206 S Richardson av----5067-J
Cline Richard N 49 Van Leuven pl----7-2393
Clinic-Medical & Surgical of Roswell 211 W 3d----600
Clodfelter James K R 601 S Union av----1424-R
Clonts Curtis 807 N Kentucky av----673-R
Clontz D E 114 W Deming----3772-M
Close Roy H 2312 N Mesa av----3602-J
Clow G N Sgt 1416 S Richardson av----3677-W
CLOWE & COWAN INC 805 N Virginia av----1025
If no answer to above call----3975-W
Clubb J M 1300 N Delaware av----3968-W
Cluskey R J 111 E Church----4064-J
Clyde Margrett 416 E 3----2141
CLYDE'S BODY SHOP 225½ N Virginia av----3265
Coats J B 500 S Penn av----1038-M
Coats J W S E of Roswell----059-J11
Coats James W 208 S Kansas av----2351-R
Coats Sam 1109 W Tilden----1971-W
Cobb John T Maj 43 W Byrne----7-2163
Cobb Melvin B Maj 7 W Eyman----7-4476
Cobeaga Mitchell Lt Col 11 Walker pl----7-2301
Cobean Hial K 607 N Lea av----3141
COBEAN STATIONERY CO 320 N Richardson av----166
Cobean Warren 621 N Main----1668-J
Cobler William E 208 W Tilden----5581-J
Cobos Henry C 212 E Wildy----4561-J
Cobos Jesse 700 E Albuquerque----2720-M
Cobos Juan 613 E Mathews----4386-W
COCA-COLA BOTTLING CO 906 N Main----771
Cochran Comer B 1107 W 3d----2917
Cochran E F 1029 W 13th----2522-J
Cochran Grocery 2603 N Main----3096-J
Cochran James J Sgt 9 H----7-3356
Cochran Winnie Mrs 813 E Hendricks----2772-W
Cody Patrick W 115 S Sherman av----3078-J
Coester Frederick N Capt 24 W Byrne----7-2247
Coffey W S 2009 W Juniper----1172
Coffman Fayne G 1509 S Missouri av----2039
Coffman James M 806½ S Richardson av----4584-J
Coffman Leola M 107 E McGaffey----2297-R
Coffman Lloyd 200 E McGaffey----2939-W

Cogburn Henry 1415 S Sherman av----986-M
Cogdill H A N E of Roswell----028-J2
Coggin David 1108 W Summit----3683-J
Coggin I C 1801 N Kentucky av----4006-R
Coggin Robert 633 E Orange----1505-J
Coggin & Sons Boiler Shop 401 E 4----2541
Coggins E L 1404 S Penn av----1938-R
Coil Fred L 25 W Wells----7-9998
Coker J W Mission Trading Post E of Roswell----021-R3
Coker W H 1417 W Hendricks----2646-J
Colby George L 1516 N Ohio av----4155-W
Cole Bob Real Estate 210 W 4----2710-W
Cole C V 414 E 5th----2936-J
Cole J R 1507 W Walnut----1809-M
Cole Norman G Capt 102 W Byrne----7-2307
Cole Pearl S of Roswell----4350
Cole R E Bob 1512 S Adams av----1167
Cole R M N of Roswell----3395-J
Cole W H 709 W 8----2476
Coleman Dennis 207 S Virginia av----4817-J
Coleman Don A 92 E Byrne----7-2408
Coleman Leslie Capt 1600 E Bland----2175
Coleman Raymond G 1107 W 8----1957-R
Coleman Tom 601 N Ohio av----1650-W
Coleman Walter Lt 409 E Deming----1675-M
Coleman William J Capt 17 W Eyman----7-6600
Coleman William R Capt 701 S Lea av----2194
Coll Max W 46 Riverside dr----818
Colldar J H 801 N Richardson av----2722-M
Collett Clifford T Lt 300 E Frazier----3259-J
Collier Elwood E 311 E Frazier----459
Collier Ira C Ted 1206 N Kentucky av----1042-W
Collier John Martin Lt 1114 S Penn av----473-W
Collier M E Mrs 107 N Penn av----2899-W
Collier O A Mrs 507 N Richardson av----1007-W
Collier Ted farm N of Roswell----1370-W
Collier Wholesale Co 118 E Walnut----4352
Collingwood Donald W 1212 N Virginia av----4144-M
Collins C D T/Sgt 87 E Byrne----7-6650
Collins Fred 1010 N Virginia av----2170-R
Collins H C 301½ E Albuquerque----2449
Collins J C 1734 N Delaware av----2940-J
Collins James W 1005 W 1st----1865-W
Collins Jeannette 1300 N Richardson av----727-R
Collins Joe N Sr 1011 S Cahoon av----5091
Collins Jonathan 701 E Summit----2309-W
Collins K N Capt 12 A----7-2300
Collins Louise 703 W Albuquerque----1114
Collins Luther 811 W 12----3948-R
Collins R B Jr 1616 W Alameda----2123-J
Collins Robert J Sgt 58 G----7-5532
Collins Tom 907 W 2----1737
COLONIAL CLUB 419 E 2d----1267
Coltman B G 1616 N Pontiac dr----1396
Combs Douglas 622 E Orange----1814-R
Combs W A 112 S Ohio av----224-J
Comeau Ulysse A Capt 92 Wills pl----7-2137
Commercial Serv Sta 300 E 2d----299
Community Chest 119 E 5----4010
Community Service Center 211 E Hendricks----2333
Community Service Center 121 W 3d----599
COMPACT SALES 109½ E Forest----4483-J
Compton C V 800 N Kentucky av----213-R
Compton Jack 1012 Crescent dr----3187
Compton Orville C 828 E 6th----3515-W
Conard Colin D Capt 206 W 12----2492-R
CONBOY FURNITURE CO 311 S Sunset av----5105
Conboy Martha E Mrs 807 W Albuquerque----4980-M
Conley Bob 1611 W Alameda----3253-J
Conley C O 1802 W Juniper----4927-J
Conley J F 1705 N Ohio av----4049-W
Conley Ray 1105½ W 8th----2215-J
Conn Marion N E of Roswell----014-R3
Conn Morris NE of Roswell----4322-J
Conn Roy C 416½ E Country Club rd----1718-M
Conn W F 719 E Pear----793
Connell C E 1310 E Alameda----5017
Connell Joseph W Sgt 8 Murphy pl----7-2209
Connell Maude 712 W Hendricks----1163-W
Connelley Darlene 301 W Alameda----4172-W
Connelley Jack B 310 E Church----4602-J
Conner H O 400 E 2----4803
Conner Howard Mrs 204 S Delaware av----2046-M
Conner Jasper 518 S Spruce av----3777-J
Conner Richard B E of Roswell----4425-M
Connor Elizabeth N of Roswell----1438-J
Connor Glenn E of Roswell----030-R11
Connor Janice Huff piano 308 W 4----1291
Res 603 N Missouri av----656
Connor Thomas Eugene dentist 211 W 3d----600
Res 1511 S Lea av----3872
Construction & General Labors Local Union 475
1715 W 2----1820
CONTINENTAL AIR LINES INC Municipal Airport----4786
Continental Insurance Co 216 N Richardson av----3508
CONTINENTAL OIL CO
Geological Dept 200 W 1----4341
Geophysical Dept 200 W 1----4550
Land Dept 200 W 1----4340
Marketing-Wholesale 212 E Walnut----123
Continental Oil Seismograph 421 E 2----4998

Conway Bernice 901 E Mathews----2835-M
Cook A J 1100 S Penn av----3110-W
Cook Annie 806 E Reed----4305-R
Cook Jimmie 601 N Richardson av----553
Cook John C Capt 1614 N Ohio av----3961-W
Cook Oscar 705 N Mississippi av----2250-W
Cooke Guy L SE of Roswell----016-R2
Cookson O H 708 S Michigan av----1727-W
Cookson R M Maj 507 S Missouri av----1251-R
Cool Donald R S of Roswell----7-5522
Cooley Anna J Mrs 1310 W 4th----1079
Cooley James D Mrs 800 N Lea av----2241-R
Cooley Sam I ofc 409 E College blvd----885
Res 1310 W 4----1079
Coon A R 307 E Buena Vista----4060-J
Coon B A 900 Edgewood----3208-M
Coon Betty J 1200 E Bland----4153-R
Coonce Carl Edward Rev 307 E Forest----2093-M
Cooper Albert C 301 E 6----2274-R
Cooper C A Sgt 10 Murphy pl----7-3318
Cooper C K 1100 N Union av----3970-J
Cooper Delbert I 1730 N Delaware av----3289-W
Cooper Eva M Mrs 414 N Lea av----392
Cooper James G 1618 S Penn av----5004-W
Cooper Julian 1009 S Lea av----2392-W
Cooper Leon D 1508 W Tilden----2462-W
Cooper Leon F 322 E 8----2685-J
Cooper Olive M 509 N Grand av----1113
Cooper W L 805 N Garden av----3208-W
Copeland W H 1815 N Missouri av----3465-R
Coplen Buford M Rev 1310 N Washington av----3672-W
Coppedge O P 406 N Michigan av----2637-W
Coppin Roland E 508 S Cypress av----1497
Copple C A 1311 W 3----5357
Coppock Donald A 1408 S Lea av----1255-M
Coranel Ersto 710 E Summit----4649-R
Corbell Grady A Capt 62 Weise pl----7-6643
Corbin J H 1700 N Delaware av----1558-J
Corder Betty 518 E 6th----1276-W
Corder C J 520 E 6----1132-W
Corduan Alice Mrs 1102 W 11th----2467-W
Core Paul L 212 W Alameda----2678-W
Core William E 35 A----7-2136
Corkery M E 1104 N Lea av----1209-W
Corkran Ora Mrs 200 S Washington av----1825-J
Corman Grace 706 N Richardson av----1797-R
Corman Jack 412 W 17----4471-M
Corman R W Mrs 413 W 17----3757
Corn Curtis V 1611 S Stanton av----3647-R
Corn Donald 1200 W 4th----3525-J
Corn Earl Mrs 310 S Richardson av----3962-W
Corn Fred B 604 S Washington av----1642-J
Corn Irwin 1514 S Lea av----1140-W
Corn Lee 100 S Washington av----2589
Corn Myrtle S 908 S Michigan av----1819-W
Corn Poe W 300 N Nevada av----1924-J
Corn R L Mrs 812 N Richardson av----692-J
Corn Richard 707 N Kansas av----3084-J
Corn Ronald Mrs 309 N Washington av----1590-W
Corn W E 1300 W 4th----4082
Corn Waid H 412 N Kentucky av----115
Cornelius E E 1513 N Pontiac dr----3716-M
Cornelius James F Sgt 17 Barlow pl----7-2464
Cornelius Leo C Rev 1105 E 1----3138-J
Cornell F 409 S Atkinson av----3533-W
Corner Grocery 811 E Alameda----2306-W
Corson Marshall 306½ N Lea av----2963-M
CORTEZ GAS CO 1901 N Main----549
Corzine Ernest 504 S Montana av----3452-J
Corzine H S 1012 N Union av----1626-M
Cosper Bessie Mrs 403 E 4----2365-J
Cosray Serv Sta 711 S Main----5092
Costantine George P 1104 W Walnut----2031-W
Costello James 48 Werkhiester pl----7-2186
Costo Bill J Maj 97 W Eyman----7-5548
Cothern George A 1521 W 2----5398
Cothran Jack W Sgt 39 Hyman pl----7-2362
Cotrufello Nellie 1612 S Richardson av----2815-J
Cottier James C 41 Jackson pl----7-2359
Cottle L W N of Roswell----4432-R
Cough Betty J Mrs 1406 W 8----1454-M
Counts Court 2011 W 2----286-J
Counts Guyeth 112 W Wildy----4535-R
Counts Irene E Mrs 601 N Kentucky av----673-M
Counts Loren 1503 Highland rd----2336-J
Counts Theron S/Sgt 607 E 23----3462-R
Courson Paul W 811 W Summit----3137-W
Court Cafe 103 E 5----836
COURTESY EMPLOYMENT SERVICE 602 W 2----2343
Covert J S 1012 N Lea av----2574
Covey Charles 1700 N Union av----1082-R
Covey J R Bob 1510 N Ohio av----5334
Covey R D 1505 N Delaware av----3710-W
Covey's Gulf Serv Sta 1141 S Main----845-W
Covey's Service 315 W 2----4528
Cowan Arthur 1017 S Union av----4486-W
Cowan Gladys 404½ S Kentucky av----1442-M
Cowden E C 309 S Kansas av----2587-M
Cowick Donald E Capt 55 Kelly pl----7-2216
Cox Albert E of Roswell----048-R4
Cox Bob 216 E Pear----5228-W
Cox Charles C Sgt 17 Reynolds pl----7-3370

Cox—Delander / ROSWELL

Cox Dewey 1906 N Mississippi av --- 3742-W
Cox E C Rev 409 S Lincoln av --- 1002-M
Cox Edward H Sgt 34 Harris pl --- 7-6678
Cox George P Capt 49 W Wells --- 7-4404
Cox Gordon R 508 N Richardson av --- 1874-W
Cox Helen Abble 105 N Kentucky av --- 2870-W
Cox Hilton P 12 Riverside dr --- 1419
Cox Jack W Cabinet Shop 1101 N Lea av --- 1818
   Cox Jack W 1101 N Lea av --- 4270-W
Cox James Mrs 408 E 5th --- 2149-J
Cox L G Lt 613 E 6 --- 489-J
Cox Leo E 808 W Summit --- 3894-J
Cox Norma 204 S Atkinson av --- 1426
Cox Raymond 307 E Bland --- 2937-R
Cox Sam H 221 E Frazier --- 5130
Cox W T 1100 S Lea av --- 163-W
Coyne Harry 114 W Mathews --- 2265-R
Cozart Henry S of Roswell --- 072-R1
Craddock J C 308 W Alameda --- 2125-J
Craft Eugene 804 E Walnut --- 3729-M
Craig Brooks 207 S Penn av --- 3317-W
Craig Harold H N E of Roswell --- 3245-W
Craig Katie A 641 E Cherry --- 3167-J
Craig L M 1109 W Hendricks --- 2074-R
Craig Marvin E 115 E Forest --- 1126-M
Craig T H Mrs 307 N Kentucky av --- 2884
Crain Florence 810 W 12th --- 2214-W
Crandall Roderic N E of Roswell --- 4334-W
Crane George A 606 W 1 --- 1389-R
Crane Lillian 711 W Summit --- 3261-J
CRANE-O'FALLON CO 102 S Virginia av --- 3038
Crane Paul H 801 N Penn av --- 469-W
CRANE SUPPLIES 1801 S E Main --- 1288-R
   If no answer call --- 1158-M
Crane's Court 1208 W 2d --- 1311
Cranford K 202 S Atkinson --- 2991
CRANFORD K REAL ESTATE & INSURANCE CO
   611 W 2d --- 3088
   If no answer call --- 2991
Crawford B F N of Roswell --- 028-J3
Crawford Cecil 1616 N Washington av --- 4664
Crawford E L Mrs 807 W 12th --- 3946-W
Crawford Glen 115 E Apple --- 3425-W
Crawford Ira Mrs 414 E 3d --- 1816-J
Crawford Milo L 1008 W 4th --- 4014
Crawford Paul H 1411 S Penn av --- 1938-W
Crawford Russell E 108 W Reed --- 3224-W
Crawford Watch Repair Shop 104 W 4th --- 3337
Credit Bureau of Roswell
   Office 102 W 4 --- 25
   Collection Dept --- 1616
Creech Jesse C 71 Lighthall pl --- 7-2241
Crenshaw Gordon P 1710 N Kentucky av --- 3933-J
Crenshaw L J Rev 1019 S Lea av --- 1683-W
Cress Scott G 500 S Main --- 3232-W
Cresto Joseph L Maj 4 Zettle pl --- 7-2153
Crewe Richard W 1516 N Delaware av --- 3572-J
Crews Harold H 1101 S Hahn av --- 5384-W
Crider R L S E of Roswell --- 02-R11
Crispin Barbara A Mrs 1110 S Kentucky av --- 1173-W
Crist Peter 302 E Bland --- 1392-M
Critelli Nicholas M/Sgt 35 F --- 7-4460
Crockett E P 610 W Walnut --- 2007-R
Crockett Ernest E N of Roswell --- 1183-M
Crockett Frank D 104 N Penn av --- 2870-W
Crockett J A Rooms 509 N Richardson av --- 1466
Croissant L S 706 S Delaware av --- 3225-W
Croissant L W 807 W Summit --- 2679-W
Crompton Roy C Col 9 Walker pl --- 7-3324
Cronic O B E of Roswell --- 039-J2
Cronin James Lt 703 W 5th --- 921-R
Croninger Clarence J 207 N Kansas av --- 4504-R
Crook Oliver A Sgt 1702 S Stanton av --- 5361
Crosby Bob 7 Riverside dr --- 1528
CROSBY & NEWTON CLAIM SERVICE 210 W 4 --- 211
Crosby S W Jr Mrs 1205 Highland rd --- 3180
Crosby Stanley W 200 E Deming --- 480
Crosby Steve 100 N Washington av --- 4359
Cross Frank Q 1514 N Kansas av --- 3627-W
CROSS ROADS GROCERY & SERV STA
   S E of Roswell --- 075-J2
Crossen Maudelene 70 Riverside dr --- 3608-R
Crosson Melvin W Capt 4 W Eyman --- 7-5562
Crouch Cleo C Jr Lt 203 W Forest --- 3871-R
Crouch E H 201 S Poplar --- 3050-W
Crouse Robin W 604 S Kansas av --- 5043
Crouse Urban 606 S Missouri av --- 2352
Crow Bill Ray 201 S Union av --- 4788-W
Crow Dewey R 711 S Union av --- 2258-W
Crow G Marlene Mrs 201 S Union av --- 4788-W
Crow L E 1504 S Lea av --- 1474-W
Crowder Billye 1706 N Kentucky av --- 1610-M
Crowder J H vet 318 E Alameda --- 1577
   If no answer call --- 1332-W
Crowder John F 1116 S Hahn av --- 2297-J
Crowley D V 1509 N Union av --- 1393-W
Crown Serv Sta S of Roswell --- 7-6671
Crume Charles K 413 W Reed --- 2239-W
Crumpler R J 302 W Wildy --- 3221-J
Crunk C S 400 S Union av --- 1561
Cruse R F 1213 N Lea av --- 2645-J

Crutchfield William Y Maj 1730 N Ohio av --- 4194-M
Cullen George L 1400 E Bland --- 3175-R
Cullen L R 511 E 2d --- 498
Cullen Nina Miss 411 S Kentucky av --- 2531
Cullender James M H atty 1081½ N Main --- 659
   Res 1107 W 1st --- 1776
CULLIGAN SOFT WATER SERVICE CO 408 E 2 --- 2867
   After 6 PM Sundays & Holidays call --- 2748-J
   After 6 PM Sundays & Holidays call --- 2245-W
   After 6 PM Sundays & Holidays call --- 3755-J
Cullins Josephine Mrs 1610 N Kansas av --- 3430-R
Cullins L W of Roswell --- 029-J3
Cullom Pop R Henry 1208 W Deming --- 3122-W
Cumings Arnold B 1106 N Washington av --- 3818-W
Cummings George 1801½ W 2 --- 5219-R
Cummins Arch N of Roswell --- 015-J3
Cummins F E 1100 W 3 --- 4628
Cummins J C 407 E Country Club rd --- 031-R1
Cummins J Q 504 N Kentucky av --- 245
Cummins John A 109 S Penn av --- 4616
Cummins John R 411 E Country Club rd --- 3945-R
Cummins O J 26 Morningside --- 2010-M
Cummins Robert N W of Roswell --- 015-R1
Cundiff L A Sgt 38 Conde pl --- 7-6661
Cundy Francis H 506 S Pine av --- 2329-R
Cunningham Dorothy 414 N Penn av --- 3441-W
Cunningham Glena I Capt 1109 E Brown --- 465-J
Cunningham Jesse 1111 W Mathews --- 1459-R
Cunningham M C Jr 710 S Washington av --- 1808-W
CUNNINGHAM PRODUCE CO 710 S Washington av --- 2847
Curet Louis D Lt 117 W Oliver --- 4811
Curry A F 1407 W Hendricks --- 2646-W
Curry A L 8 Riverside dr --- 1606-R
Curry Donald C 1308 S Lea av --- 4755-J
Curry Doyle 620 E Cherry --- 3297-J
Curry Helen 1106 N Richardson av --- 1903-M
CURRY & MAXWELL HOUSE MOVERS 1413 S Main --- 3006
Curtis David 110 S Montana av --- 1598-J
Curtis Elmer S 902 Norris pl --- 1481-M
Curtis F E Jr 707 W 5 --- 3746
Curtis Gene 102 S Union av --- 2128
Curtis Ivan J 904 Norris pl --- 1849-W
Curtis Loyd 1304 E Hoagland --- 4922-W
Curtis Newton D 319 E Forest --- 2093-R
Curtis Salem N of Roswell --- 3008
Cusack J P Jr 1404 W 7th --- 3145-M
Cusack John P atty 123 W 4th --- 2500
Cusey Carl W 1715 W Walnut --- 2869-R
Custard William H Jr Capt 2002 W 1 --- 4423-W
CUT'N CURL 116 E 3d --- 1714-W

D

Dabbs Charles S 407 S Lea av --- 441
DABBS FURNITURE CO INC 119 N Main --- 426
Dahm Mary 414 N Missouri av --- 3854-M
Dairy Queen's
   512 S Main --- 5160
   701 W 2 --- 5216
Dairy Treat 1201 W 2 --- 3280-W
Dakens R A 600 N Missouri av --- 627
Dale A D 108 E Forest --- 1796-R
Dale Oran ofc 112 E 4 --- 32
   Res 1000 N Lea av --- 3045
D'Alessio Ben 201 E Frazier --- 3130-J
Daley Dora B 1111 W Stone --- 3940-J
Dallas Russell Mrs 602 N Kentucky av --- 1733-J
Dalton D S 414 W 16th --- 2006-M
Dalton Lois 307 E Reed --- 1658-J
Dalton Vernon D S of Roswell --- 4460-W
Dalton W G 1001 W 13th --- 3947-J
DANENBERG ELECTRIC CO 408 S Fir av --- 2044
Danenberg H D 408 S Fir av --- 2044
Danenberg Rita 1113 S Kentucky av --- 2725-J
Danforth Bessie 200 S Delaware av --- 4252-M
Daniel Bruce 1415 E Hoagland --- 044-J12
Daniel C E 406 W 11 --- 1952
Daniel Henry C 1500 S Missouri av --- 611
Daniel L A 1007½ S Main --- 1169-W
Daniel Maggie Mrs S of Roswell --- 026-J11
DANIEL PAINT & GLASS CO 208 N Richardson av --- 39
Daniel R E 1712 N Maryland av --- 3048-J
Daniel Roy Mrs 212 N Kansas av --- 1978
Daniel W H 205 E 12 --- 1095-W
Daniel Winston 4 Riverside dr --- 1186
Daniels George 1612 N Michigan av --- 2444
Daniels W F 1302 N Richardson av --- 2067-R
Dansby Mary 115 S Stanton av --- 2839-W
Da Pron Lincoln N 316 E Frazier --- 3219
Daricreme 407 S Main --- 851-J
Darnell A F 308 N Virginia av --- 1541-J
Darnell Charles E 408 S Holland av --- 2613-M
Darnell Frances 1104 W 11 --- 3236-W
Darrah Roy R Maj 35 Langley pl --- 7-6656
Darrough Rosemary Mrs 1612 N Delaware av --- 3415-M
Darrow Glenn O 702 N El Dora dr --- 1763-R
Darrow Ralph J S of Roswell --- 072-R5
Daughenbaugh Glen H 1105 W Deming --- 5094-R
Daughtry Insurance Agency 402 W 2d --- 301
Daughtry J R 703 E 5th --- 670

Davenport Billy B Sgt 1001 W 8 --- 4363-R
Davenport Eddie 510 W 1 --- 5362-W
Davenport Fred M 505 W Walnut --- 5217-W
Davenport James E 78 Remy pl --- 7-5598
Davidson A M 910 N Missouri av --- 2453-J
Davidson Brown F S of Roswell --- 078-J1
Davidson Charles 1107 S Hahn av --- 2279-R
Davidson Dan E 212½ W Walnut --- 2927
Davidson Fayette 1018 S Kentucky av --- 788
Davidson Insurance Agency 412 S Main --- 3340
Davidson Sam Mrs 813 N Kentucky av --- 1688-W
Davidson's Grocery S E of Roswell --- 070-R5
Davies Charles R Rev 503 N Penn av --- 322
Davis A C 100 N Atkinson av --- 850
Davis A J Jr 304 S Sequoia av --- 2858-R
Davis Alfred C 913 E Jefferson --- 2850-R
Davis Bernice 209 W Tilden --- 1029-W
Davis Carl E 205 W 5 --- 4033-R
Davis Charles D 1608 N Union av --- 3882-M
Davis Charles Elmer 1405 W Tilden --- 4012-J
Davis D H 1303 W Hendricks --- 749-W
Davis David 310 S Richardson av --- 3962-W
Davis David Chandler 1601 Pontiac dr --- 3685-M
Davis Eddie Naomi Mrs 1513 W Walnut --- 3365-W
Davis Edward C 1616 S Michigan av --- 4764-R
Davis Evan 1501 S Sherman av --- 1765
Davis Flora Mrs 108 W 9 --- 5435-M
Davis Frances I 805 N Washington av --- 2453-M
Davis G F 1812 N Cambridge av --- 1868-M
Davis George E Sgt 23 Rouhoren pl --- 7-3309
Davis Harold D Sgt 114 W Alameda --- 592-M
Davis J W 624 Cherry --- 4167-R
Davis James E Sgt 613 W Mathews --- 843-M
Davis James L Sgt 805 S Virginia av --- 1916-R
Davis Joe N 209 S Kansas av --- 1855-W
Davis John E 1723 N Delaware av --- 5440-W
Davis Joseph W 315 S Sequoia av --- 2466-R
Davis Kenneth R 604 S Delaware av --- 994
Davis Kenneth Ray 514 S Cedar av --- 4789-J
Davis Lula Mrs 2404 N Main --- 3077-J
Davis M E 2404 N Main --- 3077-M
Davis Margaret Faught 204 N Kentucky av --- 2051
Davis Nina E Mrs 313 N Kentucky av --- 1231-J
Davis Paul H 1006 W Mathews --- 1147-W
DAVIS R M dentist 200 W Tilden --- 509
   Res 48 Riverside dr --- 5508
Davis Ralph H 309 W Tilden --- 983-M
Davis Ray E 1819 N Lea av --- 1226
Davis Robert 600 N Delaware av --- 1205-R
Davis Roy 200 S Atkinson av --- 2950
Davis Van 500 S Sunset av --- 3583-R
Davis Wm B 1006 Crescent dr --- 2205-R
Davis Zack 506½ E 5 --- 1293-J
Davisson George Allen Col 112 S Penn av --- 871
Dawson Agnes 1212 N Ohio av --- 4044-J
Dawson Archie R 212 W Deming --- 1123-R
Dawson Harvey B 404 N Kansas av --- 397-W
Day Carl SE of Roswell --- 019-J4
DAY HOUSE OF BEAUTY 706 W 2d --- 462
Day Joseph M W of Roswell --- 5252-J
Day W S 308 N Lea av --- 60-M
Day Weldon 1305 N Kentucky av --- 5183-R
Deakins E F 1405 S Penn av --- 4821-R
Dean A D Jr Lt 207 N Missouri av --- 1512-J
Dean F C Jr 916 N Delaware av --- 5573
Dean J D S E of Roswell --- 036-J13
Dean J D Jr 504 E Hobbs --- 4953-M
DEAN MOTOR CO 323 N Virginia av --- 2968
   If no answer call --- 707-M
Dean Robert B 1517 N Ohio av --- 3572-M
Dean W M 103 N Missouri av --- 707-M
Dean Walter 1608 W Walnut --- 1889-J
Deane Bill 1401 W 7 --- 2746
Deane Bill tires 105 S Main --- 3400
Deane George S 507 N Ohio av --- 4866
Dearholt S Ray 107 N Lea av --- 2529-W
Dearholt W H 1305 N Richardson av --- 704
Dearr Bill Jr 1717 N Kansas av --- 2848-W
Dearr William 913 N Ohio av --- 3183-M
Deas James B Capt 1709 W Walnut --- 1809-W
Deason Cecil 105 S Atkinson av --- 2865-R
Deason Eunice S 806 W 3 --- 2593-J
Deason Jack Jr 1804 W 4 --- 4578
Deason T J Jr CPA 421 N Richardson av --- 50
Deaton Paul H Mrs 404 S Missouri av --- 4943-J
DeBenedetti John J 1611 S Munroe av --- 1400
De Berry Raymond G Lt 4½ Hillcrest dr --- 913-J
DeBorde Larry NE of Roswell --- 3089-J
DeBorde Will A N E of Roswell --- 073-R4
DeBremond Stadium 1016 N Richardson av --- 4556
Decker Bert J Maj 45 W Wells --- 7-3373
Decker James W Capt 51 W Byrne --- 7-2150
Decker Jim 710 W Mathews --- 1636-W
Decker Margaret 807 N Lea av --- 1077-J
Deering H L N of Roswell --- 09-R2
DEE'S DRIVE IN CLEANERS 1410 S Main --- 4603
DeGroat E I Sgt 13 Dunbar pl --- 7-2343
DeHoog William 1521 W 2 --- 3833-M
DeJarnette John F Jr Lt 21 W Wells --- 7-2161
de Jonckheere Eric T Lt Col 4 Walker pl --- 7-2473
Dekker Joe 506 S Lea av --- 2931
Delander H F 608 S Lea av --- 3261-W

DeLapp Jewel M Mrs 41 Hyman pl --- 7-2413
Delaware Basin Reproductions 200 W 1st --- 254
Delay B F 1818 N Washington av --- 3536-J
Del Llano Jesus 113 E Mathews --- 2234-M
Delrie Harvey J 612 E Orange --- 1673-W
Del Rio Hotel 204 E 2d --- 2042
Deluxe Barber Shop 118 S Main --- 4611-J
DeLuxe Cafe 400 N Main --- 499
Dement E M S E of Roswell --- 037-J3
De Montmollin James E 309 W 14 --- 1031-W
Denison R K 1106 W Deming --- 2084-R
Denney Doyle M 114 E Mathews --- 1916-R
Denney Roy E Capt 220 E Church --- 3543-W
Dennis B F N of Roswell --- 09-R4
Dennis Brady Rev 805 W Albuquerque --- 3125-W
Dennis David A 1513 S Michigan av --- 4618-W
Dennis Glenn 105 W Summit --- 2797-W
Dennis W F S E of Roswell --- 03-R2
Denny Russell C Sgt 411 S Missouri av --- 2129-R
Dent W Maxine Mrs 73 Brewer pl --- 7-9993
Denton Bros Serv Sta & Store Kenna --- Long Distance
Denton & Griggs Construction Co
  1410 S Washington av --- 4588
Denton John Mrs 1700 N Pontiac dr --- 4192-J
Derby William 1009 S Union av --- 4487-W
DeSHURLEY CONSTRUCTION CO S E of Roswell --- 070-J1
De Shurley George S 1510 S Lea av --- 1140-R
DeShurley H O 312 W Alameda --- 552
DE SOTO-PLYMOUTH AUTHORIZED SALES &
  SERVICE 205 N Virginia av --- 391
Destree Mamie 302½ W 3 --- 4537-M
Dever Bob 1613 S Stanton av --- 1126-R
Dever Talmage E of Roswell --- 080-J2
Devereaux Ray W Col 27 Alden pl --- 7-4469
Devers George 1411 W 7th --- 1351-J
Devers Talmadge 1111 S Hahn av --- 2804-R
Devlin J H 901 W Deming --- 2416-W
Devlin John 909 W Deming --- 3389
Devoll Coy 910 N Michigan av --- 4506-R
De Vore James S 1102 Kenlea --- 3423-W
De Voss Marie Mrs 1013 N Kentucky av --- 3467-W
Dewhurst Robert O 303 E Bland --- 5525-J
De Witt E M Maj 9 Gillespie pl --- 7-6662
DeWolf Willis H 711 W 5 --- 5029-W
Dhume Earl 114 W Alameda --- 592-R
DIAMOND T TRUCKS AUTHORIZED SALES
  & SERVICE 1901 N Main --- 2426
Dickenson Iva L Mrs 205 N Penn av --- 1409-M
Dickenson Ray C 1617 S Sunset av --- 2348
DICKENSON WHOLESALE CO 1615 S Sunset av --- 992
Dickert James R Maj 22 W Byrne --- 7-5556
Dickey Inez J Mrs 112 S Missouri av --- 972
Dickinson Gilbert J 100 S Atkinson av --- 2384-R
Dickinson Granville L 406 S Washington av --- 5179
Dickman P M S of Roswell --- 079-J1
Dickson David 326 E Church --- 4864-W
Didlake Tom S E of Roswell --- 080-R4
Diefendorf Ann Mrs 307 W 4 --- 1390-J
Diehm D D Sgt 45 E Byrne --- 7-9982
Diem Clifford K 503 W Deming --- 2130-M
Diliberti Charles Lt 92 W Byrne --- 7-2494
Dillard Earl excvtr N of Roswell --- 3008
Dillard Lloyd W E of Roswell --- 032-J4
Dillard O L 1403 E McGaffey --- 044-J5
Dilldine Kenneth L 1503 W Hendricks --- 3630-R
Dilley Fred H NE of Roswell --- 2496-J
Dillon Austin H Rev study 200 N Penn av --- 1176
  Res 206 N Penn av --- 4467
Dillon Austin H Mrs 206 N Penn av --- 252
Dillon Nellie 718 N Main av --- 4865
Dillon William 119 S Stanton av --- 1529-R
Di Napoli Mary E 104 E Church --- 5423-W
Dinius H A 1512 N Ohio av --- 3722-W
Di Paolo Nick ofc 211 W Deming --- 2438
Dirden Earl 608 N Virginia av --- 1127-J
Di Santo Alexander J Capt 107 E Church --- 4639-W
Dishman O D 800 W Deming --- 3618-J
Dittmer John S Maj 413 W College --- 668-W
Ditto Vivian E Mrs 1514 N Delaware av --- 3621-J
Dixon A J 1018 S Washington av --- 2669-J
Dixon B G 304 N Atkinson av --- 1425-R
Dixon H D 1313 N Kansas av --- 712-W
Dixon O F Rev study 108 S Kansas av --- 5251
  Res 208 E Summit --- 1470-J
Doan Glenn B Dr 6 W Wells --- 7-2189
Doane George 705 W 12 --- 3948-W
Dobbins Minnie M Mrs 109 N Atkinson av --- 4529-R
Dobbs Gordon 1215 N Montana av --- 4044-R
Dockal Betsy 1411 S Grand av --- 5007-W
Dockal Jerry 1405 S Grand av --- 4099-M
Dodd Earl L 1509 S Poplar av --- 4568-M
Dodson Chemical Co of New Mexico 1203 E 2 --- 1553
  If no answer call --- 3056-J
Dodson Donald G 1700 N Union av --- 4272-J
Dodson J W 1506 S Madison av --- 2216-W
Doering R W Capt 1727 N Delaware av --- 2321-W
Dolinger Samuel 606 W 1st --- 3373-R
Dollaghan M J 1615 S Michigan av --- 4828
Dollahon A C 106 E Frazier --- 4621-J
Dollahon Paul 1404 E Bland --- 5189-W
Dollahon W E 1104 N Missouri av --- 1269-J

Dolmage G H phys surg 113 S Kentucky av --- 428
  Res 304 N Washington av --- 3263
Doman F Mrs 907 N Washington av --- 1119-J
Donahue Bettie J artst 819 N Main --- 4264
Donahue Irene Sue 409 S Delaware av --- 4346
Donahue Leroy E 12 --- 2276
Donahue Raymond L 1704 S Monroe av --- 4264
DONAHUE'S ART STUDIO 819 N Main --- 4264
Donald B H 602 S Lea av --- 2819-J
Donaldson Martha 212 N Kansas av --- 1978
Donnelly George B 6 H --- 7-2183
Donnelly Maurice W 607 W 6 --- 5029-R
Donoho E H 619 E 6th --- 1754-W
Donoho's Tobacco Shop 106 W 1 --- 4034-W
Donovan John A Capt 4 Langley pl --- 7-4486
Donovan Leo D 413 W Summit --- 1950-R
Donovan W N 1103 Melrose dr --- 4526-W
Don's Motor Service 1610 N Washington av --- 3926
Dooley Dollie R Mrs 1716 N Pontiac dr --- 4473-J
Dornieden Vernon L Sr 1116 S Lea av --- 3112-W
Dornshuld Marilyn 1304 W College --- 3486-W
Dotson Mary 206 W Deming --- 1123-J
Dotson W F 208 S Delaware av --- 1961-R
Double Ernest O 1200 N Richardson av --- 2492-J
Double K C 66 Werkheister --- 7-6653
Dougherty Gene J Lt 6 Langley pl --- 7-2455
Douglas Barney 410 S Union av --- 1144-J
Douglas Parker 320 E Church --- 2972-W
Douglas W H 1008 N Penn av --- 4613
Douthitt Elgen 1514 N Kentucky av --- 4443-J
Dow Bess M Mrs 811 W Deming --- 1727-J
Dow Carrie P Mrs 508 W 12th --- 4539-W
Dow G F 1207 N Missouri av --- 193-W
Dow Hiram M atty 1st Natl Bk B --- 2160
  Res 612 N Lea av --- 121
Dowallby Charles 407 S Hemlock av --- 1542-W
Dowaliby J M Jr 209 W 9 --- 1397-W
Dowaliby James 54 Riverside dr --- 2935
Dowling E R Capt 72 W Byrne --- 7-2333
Downey J T Lt 906 W Deming --- 1861-J
Downs Cam 909 N Union av --- 5073
Doyal Clarence 1505 W Walnut --- 1493-M
Doyal Floyd V 919 E McGaffey --- 5089-R
Doyal Louis C 502 E McGaffey --- 3093
DOYLE LARRY HOBBY SHOP 521 N Main --- 605
Drake A W N of Roswell --- 010-R4
Draper J K 107 W Oliver --- 5171-J
Drayer Ralph E Lt 209 W Walnut --- 2213-M
Drew Cullen O 502 N Washington av --- 1493-M
Drew George 108 N Kansas av --- 4545
Driskill Ruth 718 N Main --- 1192-W
DRIVE-A-KAR INC Municipal Airport --- 3788
Drobel Robert R 1502 S Lea av --- 2745
Drury A F gravel 1000 W Hobbs --- 2484
Drysdale N W of Roswell --- 05-R5
Dubay Virginia Mrs 1007½ N Lea av --- 2184-R
Dudley Ann Mrs 404 W Alameda --- 4207
Duell F V Capt 53 A --- 7-6655
Duenkel Ernest 1114 S Richardson av --- 3753
Duenkel Ruth Mrs 108 E Pear --- 2560-J
Duerksen J B 12 Morningside --- 1863-J
Duffey Willis 1703 Stanton dr --- 4921-R
Duffield G B Col 1504 N Washington av --- 1647-W
Duffy F J 515 S Sequoia av --- 2035-M
DUFFY'S STUDIO 608 N Main --- 352
  Daughenbaugh Glen H 1105 W Deming --- 5094-R
Dugan E E 200 W Alameda --- 2145-J
Dugas F E 510 N Kentucky av --- 19
Duke Frank B 903 N Edgewood av --- 3547-W
Duke W J 405 W College --- 1141-W
Dukes Percy N 5 Barlow pl --- 7-9978
Du Laney Arthur R Rev study 502 N Penn av --- 608
  Res 1602 W 3d --- 651
Duletsky Paul S Lt 12 Langley pl --- 7-2477
Dull Howard J 1608 S Stanton av --- 2539-W
Dumas J E 1009 W 3d --- 4553-R
Dunagan Homer 101 S Missouri av --- 922-J
Dunbar Donald L 1701 N Kansas av --- 2612-M
Duncan Betty Jane 209½ N Kentucky av --- 3598-M
Duncan Daniel 206 W Mathews --- 1014-M
Duncan Emmett E 1302 W 7 --- 1723-M
Duncan W L 1111 W 3 --- 3662-R
Dunham W Dale 120 S Stanton av --- 5506-J
Duniho C C 1507 N Delaware av --- 3916-W
DUNIHO GULF SERV STA 523 N Main --- 2513
Dunlap C L 2011 N Louisiana av --- 4194-R
Dunlap Dental Laboratory 406½ N Penn av --- 2986-J
Dunlap W T Bill 1707 N Missouri av --- 4275
Dunn Claude M 602 S Delaware av --- 2075-R
Dunn David A 712 S Michigan av --- 1463
Dunn E B N of Roswell --- 046-R1
Dunn Max 73 E Wells --- 7-2308
Dunn William H 603 N Richardson av --- 1329-J
Dunnahoo Alex H E 2d --- 1406-M
Dunnahoo Owens 1608 N Ohio av --- 3685-R
Dunton Douglas L T/Sgt 68 E Wells --- 7-5565
Dupree H L Mrs 509 W 6 --- 3987-J
Durall George J Jr 208 E 4 --- 5180-W
Duran Antonio J 801½ W 11th --- 1374-W
Duran Benita 109 W 5 --- 1772-W

Duran Dorothy 904 N Virginia av --- 3595
Duran Eloy S 604 E Van Buren --- 4459
Duran Ermando 107 S Montana av --- 48-J
Duran Isa 1524 Pontiac av --- 3996-W
Duran James D 206 W Albuquerque --- 1986-R
Duran Jimmie 625 E 6 --- 1785
Duran Sisto 910 W 11th --- 1687-R
Durham Melvin W of Roswell --- 023-R4
DURHAM'S AUTO SALES 215 S Main --- 5213
Duron Gregory 1211 N Washington av --- 4415-M
Dutton Paul V Sgt 90 Lighthall pl --- 7-6634
Duvall E R S E of Roswell --- 03-J1
Duvall Jay 207 N Kentucky av --- 4065-J
Duvall Jay Men's Wear 122 N Main --- 2436-W
Dwight P A 606 W 10th --- 1119-M
Dwyer Dan 1620 W Hendricks --- 3083-J
Dye Donald 103 N Kentucky av --- 82
Dye T M 812 W 3 --- 2322
Dyess Marion SE of Roswell --- 011-J3
Dysart Cabot W 1605 Mesa dr --- 2620

E

E & M SUPPLY CO 709 N Virginia av --- 4078
Eader W D 1710 S Munroe av --- 2143-M
Eads Harold 900 N Richardson av --- 3667-W
Eakens Kenneth U 1301 Highland rd --- 4280-W
Eakin Jim 402 E 23d --- 3509-W
Earhart W E 1207 W 1 --- 4074-W
Earick C A 1300 W College blvd --- 3486-M
Earley Jerry S S of Roswell --- 072-J5
Earnest Thomas G 319 E Church --- 1644-J
Earp William S Mrs 616 E Orange --- 1814-J
East Bland Washateria 712 E Bland --- 2280
East Grand Plains Fire Station S E of Roswell --- 02-J11
East Grand Plains Grocery S E of Roswell --- 018-J3
EASTERN NEW MEXICO MEDICAL CENTER &
  NURSE EDUCATION ASSN
  405 W Country Club rd --- 4827
Eastern New Mexico State Fair S E of Roswell --- 182
Eastling Donald M Lt Col 106 W Byrne --- 7-2179
EASTSIDE PHARMACY 1115 E 2 --- 355
Eastwood Herbert K Dr 1114 S Penn av --- 3196-J
Eaton Harold 310 W McGaffey --- 4251-R
Eaton Paul W 1700 Pontiac dr --- 3873-W
Eaton W E 1708 W Juniper --- 5027
Ebbutt Donald L 906 W Albuquerque --- 2027-M
Eberhart J C S E of Roswell --- 080-R2
Eberhart J P S E of Roswell --- 055-R3
Eberhart O H S E of Roswell --- 026-J1
Eccles W R S E of Roswell --- 037-J2
Eccleston C R 1500 Highland rd --- 3064-W
Echler Dwight Mrs 303 N Penn av --- 280
ECONOMY BODY SHOP 104 W Reed --- 731
ECONOMY GARAGE 114 W Bland --- 5393
Edens George 403 E Hendricks --- 1002-J
Edwards E C 808 N Penn av --- 1278-J
Edwards Evelyn J 808 W Walnut --- 1790-R
Edwards H C 1022 S Michigan av --- 3751
Edwards Howard D 1203 N Virginia av --- 5224-W
Edwards J C N E of Roswell --- 06-R3
Edwards Kenneth C Maj 27 W Wells --- 7-2149
Edwards Orville N E of Roswell --- 050-J3
Edwards W L 416½ E 5 --- 2294-R
Egger E T 806 N Ohio av --- 1957-M
Egleston H C 111 S Richardson av --- 2
Egleston Virginia H 813 N Lea av --- 5454
Ehlers John 1716 N Maryland av --- 5434-W
Eicher T H 500 S Ohio av --- 776-J
Eidson Don 610 S Michigan av --- 4980-J
EIFFERT C M dntst S of Roswell --- 5062
  Res S of Roswell --- 5062
Eight Ball Billiard Parlor 209 W 3d --- 2880
Ekelin R O Lt S of Roswell --- 7-6694
Ekern Harold O S of Roswell --- 7-2232
Elbert G C Sgt 52 Ray pl --- 7-2205
EL CAPITAN MOTEL Highway 285 --- 1323
EL CHARRO TORTILLA FACTORY 1705 SE Main --- 3142
Elder Everett 108 W 12 --- 2320
Elder Ynaith 1713 W Alameda --- 2965-R
ELECTRICAL & MECHANICAL SUPPLY CO INC
  709 N Virginia av --- 4078
ELECTROLUX VACUUM CLEANER SALES &
  SERVICE 1309 N Kentucky av --- 3007-W
Electronic Service Co 1129 S Main --- 2918
ELIZABETH'S DRESS SHOP 129 W 4 --- 520
Elkins General Store Elkins --- Long Distance
Elks Club 200 N Richardson av --- 78
Ellestad Dean S 515 W College --- 4824-R
ELLETT MOTOR CO INC 1901 N Main --- 2426
Ellington Homer W Lt 1014 Crescent dr --- 957-J
Elliott Charles Capt 7 Gillespie pl --- 7-2275
Elliott E V 2416 N Mesa dr --- 3747-W
Elliott Frank O 1800 W 4 --- 4531
Elliott John H 903 W 4 --- 3919-W
Elliott L D 1801 N Missouri av --- 1752-R
Elliott Lawrence E 500 N Kentucky av --- 1056
ELLIOTT SHEET METAL CO 111 E Tilden --- 187

Ellis—Foster

Ellis Ann 1414 W Tilden — 2646-M
Ellis Billy G 404 S Sequoia av — 5260-M
Ellis Donna L 633 E Cherry — 4465-J
Ellis Elton 1400 Highland rd — 576-J
Ellis Herbert 905 W Tilden — 1738-J
Ellis I W 405 W Hendricks — 5140-W
Ellis J B Maj 505 W College blvd — 1335-M
Ellis Jack P 807 W Hendricks — 4767
Ellison James F 707 W Albuquerque — 1530-R
Ellison W E Lt 1608 Pontiac dr — 3166-R
Ellsworth John E Lt 312 E McCune — 4911-J
Elizey B V oil 300 E 2d — 114
  Res 1113 N Kentucky av — 2938
Elmore A E 300 N Kansas av — 691
Elmore E E 621 E 6 — 1754-J
ELMORE PRINTING CO 115 W 4th — 777
Elmore Richard A 208 N Lea av — 697-J
EL PASO-PECOS VALLEY TRUCK LINES
  102 S Garden av — 4488
El Paso Times-Herald Post 212 N Richardson av — 706
EL RANCHO COFFEE SHOP 2100 N Main — 2736
EL RANCHO ROSWELL 2100 N Main — 3100
ELTON ELLIS MOTOR CO 823 N Main — 463
  Ellis Elton 1400 Highland dr — 576-J
Elvy Robert C 1415 W Tilden — 4277-M
Ely Charles W 205 W Mathews — 1905-J
Ely Edmund J 52 Riverside dr — 3609
Ely Floyd 304 S Michigan av — 1144-W
Ely Franklyn W Capt 1 Langley pl — 7-2297
ELY ROBERT V Ins 105 E 3 — 152
  Res 411 N Kansas av — 4032
Embree Trueman W 704 E Country Club rd — 060-J
Embry Electric Co Inc NE of Roswell — 3011
Embry Jack L 1725 N Ohio av — 2671-W
Embry O L NE of Roswell — 3011
Emerson Harvey 1101 S Atkinson av — 3840-W
Emery Tom S of Roswell — 055-R5
Emmerich Harold W 21 I — 7-2269
Emmett Robert L 1505 N Ohio — 3715-M
Emmick Cressie L 408 S Washington av — 2431-J
Emmons Curtis G 707 S Missouri av — 4696-W
Employment Service New Mexico State—
  See New Mexico State of
Emry Carolyn J Mrs 1000 N Kentucky av — 773-J
Emry Richard T 1000 N Kentucky av — 773-W
Enfield Robert N 707 S Grand av — 4655
England Asa H 403 S Ohio av — 73-J
Engle Fred M 210 W Walnut — 3317-J
English F A MD 309 W Alameda — 216
  Res 1107 Kenlea dr — 268
  If no answer call — 4492
English Henry H Lt 1018 S Michigan av — 2732-W
English Lawrence 707 N Union av — 2258-J
Enoch Howard G W of Roswell — 058-J3
Enright Barbara Joan 1018 S Lea av — 3639-J
Ensley W J Sgt 13 Rouhonen pl — 7-6631
Ensor Nelson H Lt 1612 S Kansas av — 1934-W
Entrop Kenneth 509 S Kentucky av — 2753
Entrop R F 708 N Kansas av — 1198
Epperson V R Maj 61 W Wells — 7-2147
EQUITABLE ASSURANCE SOCIETY OF THE U S
  J P White B — 2895
Equitable Assurance Society of The U S
  J P White B — 5520
EQUITABLE BLDG & LOAN ASSN 107 W 3d — 809
Erickson Paul 5½ Hillcrest dr — 1753-J
Erickson Walter Lt 1602 S Kansas av — 1934-R
Ernst Elwyne E 1208 W Stone — 2317
Ernst Phillip E 107 W Mathews — 763
Erwin Burll F 117 S Mulberry av — 3729-J
Erwin Frank 204 E Mathews — 1916-W
Erwin G L Col 1307 N Penn av — 294
Erwin Stella B 205 W Tilden — 2145-M
Escalante Ignasio Francisco 1519 N Kansas av — 4028-M
Escobar Manuel 107 S Elm — 2047-M
Escobar Max 110 S Elm — 2169-M
Escobar Max Jr 1601 S Jackson av — 4232-R
Espinoza Albert 719 E Alameda — 1184-M
Espinoza Pat 110 S Mulberry av — 2047-R
Esquibel Seferino 617 E Albuquerque — 2097-J
Esquire Cleaners 1015 S Main — 4345
Esslinger Claudie 1612 N Kentucky av — 3899
Etz A N oil properties J P White B — 530
  Res 1314 N Richardson av — 709
Eubank Cleo 300 S Delaware av — 1343
Eubanks B H Capt 24 Langley pl — 7-3394
Eubanks J W Capt 1410 W 8th — 1878-J
Evans A M 514 S Aspen av — 2035-J
Evans Alvie R 104 S Kentucky av — 1001
Evans Ivor P Lt Col 706 W Buena Vista — 4332-J
Evans James L Sgt 30 E Eyman — 7-2452
Evans Joe ofc 1141 S Main — 4938
  Res 1105 W Summit — 4052-J
Evans Oren 68 Vanderslice pl — 7-2491
EVANS R D WHOLESALE LUMBER DEALER
  516 S Sequoia av — 1344
Evans Roller Rink S of Roswell — 1145
Evans Thomas H Sgt 36 Conde pl — 7-2395
Everett Bertha T Mrs 907 N Richardson av — 3584-J
Everett G L 1201 E Walnut — 1703-W
Everitt Frank Jay 903 S Washington av — 4495-M
Everly Walter J 1502 W 7th — 2517-W
Everman L E 412 N Atkinson av — 3628-R
Ewing John 502 S Hemlock av — 2281-J
EXCELSIOR CLEANERS & DYERS 116 S Main — 6
  If no answer call — 1041
Exchange Serv Sta N of Roswell — 3096-W
EXCLUSIVE DRY CLEANERS 414 E 2d — 1394-J
EXPECTATION SHOP 311½ N Main — 43-J
Exploration Drilling Co 1123 S Atkinson av — 4037
Exum Dial S W of Roswell — 029-J5
Ezell R B 804 W 8th — 897-J

F

Fabick Sam 727 E Pear — 3167-W
Fagadau Sanford P 919 Davidson dr — 4869
Fahrlender Frank M 1715 N Kansas av — 3734-J
Fails James C Lt 2009 N Louisiana av — 2730-W
Fair George H 1020 Crescent dr — 4452-W
Fair Richard C Sgt 71 Powell pl — 7-2449
Fairbank L G 1024 S Washington av — 927
Faircloth R B 108 N Michigan av — 3439
Fairly D H 1711 N Delaware av — 3377-R
Fairman H O T/Sgt 110 Lighthall pl — 7-5510
Fairview Serv Sta—See Southern Union Gas Co
FALCONI ELECTRICAL SERVICE—
  See Blakestad Communications & Electronics
Falconi Lewis J N of Roswell — 3666-W
Falconi Louis 107 S Washington av — 869
Fales A L 624 N Main — 1772-R
Fales Merritt 1721 N Kansas av — 4783-W
Fall H V phys surg 210 W 3d — 290
  Res 604 N Richardson av — 626
Fall R W Advertising Serv J P White B — 2944
Fancher Lorena Mrs 411 N Kentucky av — 5123-R
Fanto John R 604 W Deming — 2990-J
FARM EQUIPMENT CO INC 1201 S Atkinson av — 4362
Farmer Bros Coffee Co 905 N Virginia av — 3625
Farmer Harold 604 S Ohio av — 778-W
Farmer J M 2407 N Cole av — 3460-J
Farmer Lonnie E 2313 N Shartell av — 3520-M
FARMER'S INC
  Office S Atkinson av — 1221-J
  Gin Number One S Atkinson av — 227
  Gin Number Two SE of Roswell — 035-R4
FARMERS INSURANCE GROUP 206½ W 4 — 2711
Farmer's Market 600 E 2d — 3405
Farnall Harry B 1513 W Tilden — 3278-M
Farnsworth A L 612 N Richardson av — 117
Farnsworth Clara Mrs 214 W 7th — 537
Farnsworth Donald S of Roswell — 6670
Farnsworth Herbert 1605 N Delaware av — 1951-R
Farrar Pat K NE of Roswell — 033-R3
Farrar Rex L 804 S Richardson av — 4011-J
Farrell B A Sgt 107 E Byrne — 7-6618
Farris Jack L 604 S Richardson av — 1328-W
FATHER BEAR'S DEN 1000 N Main — 75
Faulkner James F 409 S Lea av — 1618-M
Faust Lawrence 1609 W Walnut — 3459-W
FAY'S FOOD MARKET 1500 W 2d — 2674-J
Feather Shirley 1006 W College blvd — 2522-W
Fee Thos H 102 S Washington av — 306
Feemster Frederick O Capt 501 S Fir av — 4271-J
Feldman Ben Capt 1718 N Maryland av — 3048-R
Feldman M L Jr 1805 N Munroe av — 2012-J
Felio Elmer E 1721 N Ohio av — 4049-M
Felts Ella 309 E Reed — 4321-J
Fensom Marjorie 205 S Missouri av — 2478-W
Fenson Jules 605 N Ohio av — 1104-M
Fenton F R E of Roswell — 048-J4
Ferendinos J P 521 N Main — 3351
Fergurson Roland M 708 W 12 — 3818-M
Ferguson James H Capt 1408 S Adams av — 2187-J
Ferguson James T 806 W 4 — 5071-W
Ferguson O L 1200 E Bland — 1258-J
Ferguson T H 304 S Lea av — 2561-R
Ferguson Una A Mrs 300 N Union av — 3662-W
Ferguson William T 404 E McGaffey — 3844
Fernandez C de furntr reprng 1423 W 2 — 4215-W
Ferns Lawrence J 1108 Kenlea dr — 2239-W
Ferrell T E 408 W Bland — 2331-J
Ferrell W E 1305 N Union av — 753-R
Ferrin Clayton H 1904 N Montana av — 2443-W
Ferrin Clifford 305 N Kansas av — 3655
Ferris Bernie J 1607 S Kansas av — 3955-W
Ferris Gertrude 203 E Alameda — 4817-W
Ferris Paul V 59 W Wells — 7-9992
Fesler Kathryn W Mrs 306 W 2d — 1096
Fiddler Archie G S of Roswell — 077-J1
FIDELITY & CASUALTY CO OF NEW YORK
  216 N Richardson av — 3508
FIDELITY INSURANCE AGENCY 309 N Richardson av — 71
Field Anita 506 S Aspen av — 4312
Field Robinson Agency 115 E 3 — 3300
Fielden Hank S E of Roswell — 055-R2
Fields B F Jr 307 N Michigan av — 1525
Fields Seth T 1102 W 4th — 3524
FIESTA SWIMMING POOL 1507 N Washington av — 4593
Filgo William Fred 50 E Byrne — 7-2190
Finch Tom Mrs N of Roswell — 010-R2
Fink Lou 306 S Washington av — 1771-W
Finkelson Quentin Sgt 713 W 14 — 4084-W
Finley Bill 1504 W 1st — 3879-J
Finley David W of Roswell — 964-W
Finley Frankie M Mrs 1620 W Hendricks — 3083-J
Finley Lillie 501 S Sycamore av — 5266-J
Finley Maude Mrs 219 E McGaffey — 1758-R
Finley Myrtle 1001 Kings dr — 3074-J
Finney Ernest E of Roswell — 4893-M
FIRE DEPARTMENT 116 W 1
  From Non Dial Telephones
    To Report a Fire — 250
    For All Other Purposes — 380
  From Dial Telephones — 7-2373
FIRESTONE STORES 110 W 2d — 116
First Baptist Church 500 N Penn av — 2481
FIRST NATIONAL BANK 226 N Main — 44
FIRST NEW MEXICO CO 419 N Richardson av — 568
Fisher Calvin 111 Eldora dr — 5210-J
Fisher Cecil 119 S Lincoln av — 1962-J
Fisher Eugene 112 N Washington av — 664-W
Fisher Floyd 407 S Kansas av — 2337-R
Fisher Lillis 706 N Lea av — 2241-J
Fisher O C 210 E Pear — 4519-J
Fisher Ralph H 1118 S Hahn av — 4674
Fisher Walter 922 Davidson av — 5255-W
Fisher Wilson 203 N Missouri av — 1745
FISHER'S FLOYD AUTO SALVAGE CO
  126 E Tilden — 1980-W
FitzGerald Percy C rch E of Roswell — 022-J1
FIVE POINT DRUG 1125 S Main — 1188
Fleehart A Clark 1515 S Missouri av — 3199
Fleehart A E 207 N Michigan av — 1455-J
Flegal B L 607 W Mathews — 2990-R
Fleming Alice E Mrs 301 E McGaffey — 2079-W
Fleming Lavell Wm jwlr 126 N Main — 2436-J
Fleming T M 709 W 9th — 1213-J
Flenniken Thomas 1504 N Union av — 4354-J
FLETCHER & CO
  100 N Lincoln av — 2510
  100 N Lincoln av — 2530
Fletcher H D 117 E Pear — 1708
Fletcher Jack Capt 114 W Mathews — 971
Fletcher Tom 304 S Missouri av — 612
Flinn E C ofc 1007 E McGaffey — 1013
  Res 111 E Summit — 3576
Flinn Robert P Lt Col 47 W Wells — 7-3323
Flinn Tommy 401 E 24 — 3509-J
Flippo Rayburn 1108 S Michigan av — 3769-W
Flood Roy L 611 S Missouri av — 3010
Flores Julio 1411 S Sherman av — 986-W
Flores Luis L 710 E Deming — 4371-R
Flores Manuela 403 E Bland — 331
Flores Max Jr 1005 S Stanton av — 3774-J
Flores Ramon Capt 16 B — 7-2354
Florez F M 1313 N Washington av — 4450-W
Florez Joe 501 E Bland — 2387-J
Flowers Lucille 104 W Alameda — 5461-W
Flowers Mike 1715 W Alameda — 2828-M
Floyd L E 706 W Tilden — 1530-J
Floyd Linton G 1605 N Union av — 1743
Flud C E 808 W 8 — 819
FLUFF-N-FOLD 1107 S Main — 4699
Folkes Robert A 1206 W 11 — 4434-W
Followill Dorman 1724 N Delaware av — 3468-W
Fondy Clyde Sgt 709 S Montana av — 2445-M
Fondy Dan 1024 S Michigan av — 2362
Fondy Fred 1003 W Deming — 2027-R
Fonville C A 1103 S Penn av — 3170
Food Mart 1001 W 2 — 1915
Food's O' Choice 216 W 3d — 2482
Foor Harold L 1021 S Michigan av — 866
Forbes J C 1717 N Pontiac dr — 2934-M
Forbis Thomas B atty J P White B — 2523-R
  Res 1615 N Delaware av — 2627-J
FORD AUTHORIZED DEALER 126 W 2d — 189
Ford Edward 1107 N Union av — 2506-J
Ford Lora C Bowler S of Roswell — 066-J4
Ford M W 911 W 3d — 1332-W
Ford Margaret 907 N Richardson av — 2549-J
Ford W F Mrs 418½ E 5th — 2168-W
Ford W J 1021 N Plains Park dr — 2330-J
Ford Willis Mrs 204 S Lea av — 156
FORD WILLIS AGENCY INC 302 N Richardson av — 93
Foreman J R 312 W 1st — 925-W
Foreman Willard W Maj 831 E 6 — 3596-J
Forrester Jack 2007 W 2 — 058-R1
Forrester C Bargain Furniture Store 402 S Main — 3104-J
FORSTER C FURNITURE CO 120 W 2d — 122
Forster Claud R 1304 W 4 — 4796
Forster Erhard W E of Roswell — 052-J1
Forsythe John 1505 S Stanton av — 2077-J
Fortson Jesse Lee 200 S Michigan av — 1855-J
Fosmore W D 1716 N Lea av — 5383-J
Foster A S Mrs 1106 N Richardson av — 1871-W
Foster C A 405 S Kentucky av — 567
Foster E R 1612 N Kansas — 2166-W

Foster Estelle M Mrs 203 N Michigan av--------875-J
Foster G W H 300 W Deming--------1519
Foster George Sgt 16 Neiss pl--------7-2315
Foster George H N of Roswell--------730
Foster Glenn E 204 W 10--------5063-R
FOSTER GROCERY CO 119 W 4th--------444
Foster Irwin Maj 37 W Wells--------7-2182
Foster Isaac 304 E Hendricks--------1891-M
Foster Mamie 500 S Washington av--------2431-W
FOSTER PRINTING SHOP 616 S Main--------1519
Foster R G 517 E 6--------1572-W
Foster Sinie 901 E Deming--------4229-M
Foster W H Mrs 1509 N Delaware av--------1951-W
Foster W M 1200 Highland rd--------3675
Foster Wade H Jr Sgt 108 E Byrne--------7-2466
FOUNDATION INVESTMENT CO 205½ W 3d--------2300
Fountain Ross M Maj 7 W Well--------7-2346
Foutch Guy 1802 N Missouri av--------2464-M
Foutch Guy Barber Shop 418½ N Main--------470-W
Fouts Malcom M Capt 4 A--------7-2177
Fowler C A 119 W Oliver--------3228-R
Fowler Gene 805 W 8th--------1399
Fowler J L Jr 109 W Hendricks--------3232-M
Fowler K D 1608 N Kansas av--------2688-R
Fowler Paul 106 W 13--------5319
Fowler Paul Pete 1201 N Main--------3552-W
Fowler Thomas Jr N E of Roswell--------050-J1
Fowler William A Capt 89 Holloman pl--------7-2357
Fox Burton 1601 W Alameda--------3143-W
Fox Eugene J Capt 1712 N Kentucky av--------1524-J
Fox James F Sgt 2 G--------7-6691
Foxhoven Richard 201 E Church--------1058
Francis K C 2005 W 1st--------3238-J
Francis Lew E 10 Oak dr--------5195-R
Franciscan Fathers 318 E Hendricks--------814
Franco Eva 507 E Albuquerque--------2073-W
Franco Pedro R 602 E Albuquerque--------2787-J
FRANKLIN ASTON & FAIR oil
J P White B--------1677
J P White B--------2048
Franklin Ben Mrs 923 E McGaffey--------2479-W
Franklin Gordon L 712 N Main--------2614-W
Franklin Life Insurance Co 1700 W Juniper--------1187
Franklin Store Inc 304 N Main--------3318
Franklin T H Maj 58 Billy Mitchell pl--------7-3338
Franklin Velma 907 S Grand av--------2446-W
Franks Harold 207 W Tilden--------3962-J
Franz Gregory E 49 A--------7-3316
Franzen Russell 307 W McGaffey--------1580-W
Fraser W L Co 1312 W 3--------4097
Frasier Donald F 405 S Kansas av--------3123-R
Frasser F W 117 E Church--------102-W
Frauendorfer L J 1612 N Missouri av--------186
Frazer James E 80 G--------7-3398
Frazier Cusack & Snead attys 123 W 4--------2500
Frazier Lake J atty 123 W 4th--------2500
Res 1304 W 3d--------1482
Frazor Weldon 1302 N Union av--------4066-R
Frederick J Gordon 1510 W Tilden--------5306-W
Frederick Morris P 409 W 12th--------2227-R
Fredin George C 1905 N Louisiana av--------3755-W
Freedman Bernard S/Sgt 209 W Wildy--------4463-J
Freeman A R 607 S Delaware av--------2029-M
Freeman Elmer W 413 S Sycamore av--------5284-W
Freeman W N 202 N Atkinson av--------858
Freilinger Matt 812 N Washington av--------2418-J
Freim Bernard T Sgt 118 G--------7-2148
French Edwin C 1106 S Penn av--------4026
French Edwin C archt 115 E 3d--------2804
French Geo E 604 N Penn av--------534
French H J 405 W Albuquerque--------1591-W
French Van L 508 S Aspen av--------2035-R
Frese Paul J 1110 W Summit--------3683-R
Fresquez Dave W of Roswell--------3238-M
Fresquez Isidro 1110 W College--------4339-M
Fresquez R E 906 W 2--------2351-W
Frey Maurice D 521 E 3--------5373-W
FRIDEN CALCULATING MACHINE INC
212 N Richardson av--------4288
Friedel A F Capt 22 Vaughn pl--------7-2218
Friedman Sidney M Maj 204½ W Mathews--------2023-J
Friend W E Mrs 1012 N Missouri av--------1225-W
FRIENDLY FINANCE CO
104 W 1--------693
104 W 1--------4029
FRIGIDAIRE SALES & SERVICE 123 N Main--------895
If no answer call--------1611
Frislid Alban B 1719 N Ohio av--------5006-J
Fritsvold Melford P Col 200 W College--------2375
Fritzinger Russell W 604 S Cedar av--------3226-J
Fritzmeyer J H 1200 E Bland--------3566-M
Frizelle E B 210 W McGaffey--------3543-J
Fronterhouse Gene 136 E Pear--------2891-W
Frontier Motel N of Roswell--------2420
Frontier Saving Stamps 223 W 2--------2428
Frontier Theatres Inc 112 N Main--------2780
Frost C J S of Roswell--------070-R1
Frost C W Lt 410 W Hendricks--------2397-R
Frost Norval D 715 El Dora dr--------4451
Frost T R Jack 308 W McGaffey--------2249-J
FROSTED FOOD LOCKER CO 415 E 2d--------468
Fry Leroy F optmtrst 101 N Richardson av--------3456
Res 509 N Missouri av--------5010
Fry W A Mrs SE of Roswell--------055-J1
Frye Roy A 305 E McCune--------2407-M
Fryer J E 706 N Garden av--------2328-W
Fulbright Jeff 1515 N Missouri av--------3808-J
Fulbright Jess Mrs 306 E Bland--------1847-W
Fulcher Curtis ofc 906 Davidson dr--------4883
Fulcher Tommie Mrs 906 Davidson dr--------4883
Fulkerson B R S of Roswell--------078-R3
Fulkerson J D 1008 W Summit--------2308-M
Fulkerson Rayford S of Roswell--------078-R1
Fullen L O 200 S Kentucky av--------918
Fuller A W 710 E 19th--------4425-W
Fuller C W S E of Roswell--------016-J4
Fuller Charles D 1305 W 3--------5170-W
Fuller Charles D rch Picacho--------Long Distance
Fuller Curran W Jr 1609 N Kansas av--------2612-R
Fuller H C 1109 S Hahn av--------2279-J
Fuller Lawrence L 2108 W 1--------2113
Fuller Mattie 315 E Reed--------1913-W
Fuller Ranch Picacho--------Long Distance
Fuller Thelma Mrs 321 E Reed--------2041
Fuller Walker 1025 Rancho rd--------5339-W
Fulton Charlotte B 305 N Penn av--------678
Fulton Maurice G 106 N Delaware av--------132-M
Fulwider Richard B Maj 41 W Wells--------7-5541
Funk I R 1110 S Washington av--------3040
Funk Jay Lee 507 S Richardson av--------2243-R
Funk Morris K 901 W Alameda--------3913
Fuqua J T 1601 S Penn av--------2032-R
Fuqua Jack 109 W 5--------5475
Furgerson J T 1707 N Ohio av--------4378-W
Furman Ronald R 301 S Sequoia av--------5250-M
FURNITURE MART 109 E 2d--------1649
Furr Food Stores 601 W 2d--------47
Fussell La Joy Mrs 1003 S Penn--------2572-J
Fuston Wm R 406 W 5--------2958-J

G

G A C FINANCE CORP 112 W 4--------3780
G & G AUTO SALES 201 S Main--------1289
G M C TRUCK AGENCY 124 E 4th--------4076
Gabbard V I Lt 14 A--------7-3302
Gabbert L L 301 E Church--------4216
Gabel C N 64 G--------7-2201
Gadberry Burl W 1210 E Walnut--------3434
Gadberry Ellie Mrs 412 E 3d--------1816-M
Gaddy Frank 302 S Ohio av--------5034
Gaddy John T 1702 N Delaware av--------5006-W
Gadouas Edward L T/Sgt 412 S Delaware av--------2594
Gaines Clarence Edward 1305 S Missouri av--------1604-R
Gaines J D 1509 W Walnut--------3365-J
Gaines Leroy Sgt 704 E Bland--------3186-J
GAINES PLUMBING & HEATING CO 2301 N Main--------3378
Gaines R I 904 N Washington av--------3942
Gaines Robert B 1301 S Lea av--------2964-R
Gaither Elbert L 612 S Kentucky av--------2624
Galassini Douglas 7 Oak dr--------5195-W
Galassini Mario 1100 S Richardson av--------3986-J
Gallagher Hubert J 410 S Kentucky av--------5140-J
Gallagher Produce Store Hondo--------Long Distance
Gallaway R C 209 W 11--------1135-W
Gallegos Marcus 216 E McGaffey--------2570-M
Gallegos Robert 215 E Jefferson--------679-W
Gallegos Vicente L 211 E Van Buren--------2335-R
Gallimore John W Jr Dr 1102 S Penn av--------5419
Galloway R N 508 S Missouri av--------2580-J
Galny G H 1502 N Ohio av--------3809-M
Gambel B B 12 B--------7-5514
Gambill Tom 909 N Edgewood av--------3547-R
Gamble Store 117 W 2d--------128
Gamboa Castulo 609 E Alameda--------4429-M
Gannon Thomas F Capt 211 E Frazier--------5328
Gantt Lee T 508 S Kansas av--------1954-W
Ganz George W 1114 S Missouri av--------2788-R
Garcia Alex 716½ E Tilden--------2772-R
Garcia Ed 801 S Atkinson av--------1560-J
Garcia Edward 1205 N Delaware av--------2002-W
Garcia Gus 700 E Tilden--------1184-J
Garcia Gus Jr 702 E Tilden--------3384-R
Garcia Joe 410 E Bland--------789-W
Garcia Katherine 910 N Union av--------4363-W
Garcia Lawrence 910 N Union av--------4363-W
Garcia Lucy 305 E Wildy--------4060-M
Garcia Ysidro NE of Roswell--------073-R1
Gardner Agency—See Gardner & Markl Inc
Gardner L S Lt 1605 S Washington av--------5354-W
GARDNER & MARKL INC 105 W 3--------3060
Gardner T L Jr 713 N Lea av--------223
Garges Walter C 404 N Kentucky av--------1242
Garland Billy C 906 W 7--------4979-W
Garlinger G W 906 E Jefferson--------5102-R
Garlinger Lois A Mrs 1005 N Delaware av--------4055-W
Garman Albert 407 W Albuquerque--------2655
Garner Ardoway 805 W Walnut--------5446
Garner James C 1619 S Stanton av--------1320-M
Garner Vernon W 304 E McCune--------4013-M
Garner Willie L 1106 S Union av--------4856-J
Garoutte N C 1511 S Washington av--------5333
Garoutte N C Used Cars 1112 S Main--------2259
Garrard Lou Mrs 1211 N Lea av--------2508-R
Garren W O 1303 E Bland--------3519-J
Garretson O L 1203 N Kentucky av--------5514
Garrett Henry O Maj 87 W Byrne--------7-2180
Garrett Lester R 808 W 3d--------3765-J
Garrett Louis Sgt 6 E Eyman--------7-6620
Garrett M V 704 S Michigan av--------4859
Garrett Rachael 1302 Highland rd--------1285
Garrett W C Rev 106 S Lea av--------1755
Garton H L 500 S Pine av--------3803
Gaskin Eleanor Mrs 1405 S Madison av--------1010
Gast Edwin Sgt 1010 Kings dr--------2205-J
Gaston Distributing Co NE of Roswell--------919
Gaston Frank C 501 S Main--------454
Gaston Ken NE of Roswell--------919
Gatchell C C Capt 33 Alden pl--------7-2458
Gateley R C 1609 W Alameda--------3143-R
Gates Allie Mrs 906 W 3d--------4678-W
Gates H C 110 S Penn av--------1379-J
Gates Joe W Lt 43 A--------7-2270
Gattis Relda 504 W 18--------1318-R
Gaughan R H Maj 26 W Byrne--------7-2285
Gaunce James C 1518 N Ohio av--------3743-M
Gauntt Ray 1209 E Alameda--------3529-W
Gay Delbert 900 S Atkinson av--------5181
Gaylord Roy D S E of Roswell--------080-J3
Gayman Charles Rex 1102 E Plum--------1425-M
Geary Albert M 1900 N Mississippi av--------2730-J
Gebel Mathias Jr 1200 W Deming--------2220-M
Gee Robert 1704 N Kansas av--------3207-R
Geeslin O L 309 W 9th--------914-J
Geftakys Edward Demetrius 405 N Union av--------1879-W
Geiger Floyd J Lt 637 E 6th--------2721-W
GENERAL ADJUSTMENT BUREAU INC
307 N Richardson av--------3188
General American Life Ins Co 115 E 3d--------3300
General Geophysical Co 506 E 2--------1194
GENERAL INSURANCE AGENCY 109 E 5--------249
Jarrell Alfred C 108 S Washington av--------2270-W
General Insurance Co of America 812 W 2--------5243
General Tank & Steel Corp 1306 E 2d--------2200
General Transportation Co 1306 E 2d--------3992
GENERATOR EXCHANGE OF ROSWELL 1407 W 2--------3003
Gentle Glenn R 1117 S Michigan av--------1911-W
Gentry Arlin 1400 N Maple av--------1393-M
Gentry H C 503 S Holland av--------2219-J
Gentry R L S E of Roswell--------019-R1
George U G 903 N Missouri av--------1503-M
Geren H C 505 N Grand av--------2417-W
Gerst John F M/Sgt 90 E Eyman--------7-2265
Gertler Herbert B Lt 514 S Spruce av--------3490-M
Gessert Edward 604 N Kentucky av--------248
GESSERT-SANDERS ABSTRACT CO 112 E 3d--------493
Gessert & Thompson rl est 208½ W 4th--------141
Geurin W O S of Roswell--------7-6632
Geurin W O Jr 1723 N Union av--------2166-J
Geurin W O Sr 901 N Richardson av--------965-W
Geyer Ford 310 N Washington av--------2699-W
Gibbany Arline rl est 407 N Penn av--------277
Res 200 N Michigan av--------3565
Gibbany Carl E 1020 S Michigan av--------2732-J
Gibbany Ed S Mrs 200 N Michigan av--------3565
Gibbany T H 202 N Michigan av--------928
Gibbons John J 904 W Summit--------3988-M
Gibbs J A 1515 N Delaware av--------4476-W
Gibson Beverley Sgt 76 E Byrne--------7-6685
Gibson Carl S Sgt 11 Dunbar pl--------7-2188
Gibson Dewey G 204 N Kansas av--------4954
Gibson Edwin S Lt 906 W Deming--------1861-J
Gibson J W 301 E Frazier--------1402-M
Gibson Mauro H 407 S Atkinson av--------4224-M
Gibson Philip W 603 N Kansas av--------1998-M
Gibson Ray C 306 E Forest--------1796-W
Gibson Ruth Anderson 707 E Alameda--------483-J
Gidney J R 411 S Ohio av--------2075-J
Gilbert Emerson 810 W Deming--------1459-W
Gilbert Kate G Mrs 411 S Missouri av--------2129-J
Gilbert Roy 705 E Tilden--------1184-W
Gilbreth Oma K Jr 1301 N Kentucky av--------5531
Gilcrease C N 2308 N Texas av--------3206-J
Giles Mill Works W of Roswell--------024-J11
Gill C A 801 E McGaffey--------2245-J
Gill Ivan 207 W Summit--------2238-R
Gill Verdi 604 S Penn av--------2826-J
Gill Walter L 610 S Washington av--------2535-J
Gilles Mark J Maj 57 W Wells--------7-5557
Gillespie Don Jr 618 E 6th--------2988
Gillespie Donald E 801 E 5th--------572
Gilliland B F E of Roswell--------032-R4
Gilliland C E N of Roswell--------1438-R
Gilliland Joe B 911 W Summit--------3273-R
Gilliland Zeke W of Roswell--------057-J2
Gillis Ella 24 Morningside--------3514-W
GILL'S LAUNDRY 800 E McGaffey--------2231-W
Gilman Robert T 1617 W Hendricks--------4031-J
Gilmer Laura Mrs 211 S Stanton av--------3579
Gilmore M L 416 S Sequoia av--------5250-J
Gilmore R A 1512 S Pecos av--------3470-W
Gilpin Harry D Maj 1 W Eyman--------7-4463

Gindratt–Haggard — ROSWELL

Gindratt Mary 911 N Union av — 3396-R
Ginsberg B R 1716 W 3d — 1846-M
Ginsberg Benj 607 W Tilden — 650
GINSBERG MUSIC CO 205 N Main — 10
Girard C J 124 E Pear — 2278-R
Girl Scout Hdqtrs 500 N Delaware av — 1635
Gladden Ben 612 S Washington av — 5077
Glasgow Bernie C 1400 E Bland — 3174-M
Glass George 504 N Washington av — 3424
GLASS GEORGE ELECTRIC CO 107 E 7th — 907
Glass Henry R Sgt 37 Van Leuven pl — 7-2230
Gleaves Donald H Capt 35 Alden pl — 7-2290
GLENN APPLIANCE CO 111 S Main — 2325
Glenn Joe G Jr 1509 S Michigan av — 2886-R
Glenn Lee E 1105 E Brown — 2979-M
Glenn W C Mrs 110 S Union av — 2137-W
Glenn Wm E 206 S Union av — 4894
Glidewell W B Sgt 40 Martin — 7-5575
Glock Robert N E of Roswell — 033-J3
Glover Homer F 1717 N Union av — 3013-M
Glover Homer G NE of Roswell — 2540
Glover Isa 500 N Lea av — 2798
Glover Jewelers 314 S Main — 1350-W
Glover Jos J 806 W 5th — 767-W
Glover K L 307 N Kansas av — 767-R
Glover Kenneth C 1717 N Union av — 3013-M
Glover O R Bud S of Roswell — 079-R2
GLOVER PACKING CO N Garden av — 368
Glover Richard B Lt 1413 S Richardson av — 1099-J
Glover Vance 1612 S Penn av — 3130-R
Glover Victor S optmtrst 609 W 2d — 2855
 Res 1205 W 11 — 3523
GLOVER'S FLOWERS 405 W Alameda — 275
Glover's Hat Shop 509 W 2 — 3385
Glower R R 202 W 10 — 3766
Goad C R 315 E Frazier — 4017-R
Goad Clyde 310 E Jefferson — 2079-J
Goble Ray J 309 E Bland — 3099-R
Godby James H 205 E Mathews — 5557
GODBY PLUMBING & HEATING CO 219 W 2d — 2926
Godby W H 1211 S Lea av — 2769-W
Goddard Eugene 1007 S Washington av — 2788-W
Godfrey L T Maj 1313 N Kentucky av — 3597
Godfrey W W 1209 E Walnut — 1703-J
Goedeke L S S E of Roswell — 04-J3
Goetz Albert D Maj 68 W Byrne — 7-9994
Goff Everett M/Sgt 45 E Wells — 7-2321
Gohlke Nelson 1707 N Lea av — 4965-W
Goins Calvin 1100 N Washington av — 3787
GOINS CALVIN GARAGE 1100 N Washington av — 3787
Goldbeck E B A Capt 89 W Byrne — 7-4406
Goldberger A E Lt 200 E Church — 5568-R
Golden Glen W Sgt 1111 S Penn av — 1750-R
Goldston S B 808 N Richardson av — 2684-W
Goldston W R 401 N Union av — 4040
Golightly A C 1002 W Deming — 1459-J
Golightly S E 1110 S Cahoon av — 2275
Gomez Pete 1520 N Kansas av — 4745-J
Gomez Romulo 1609 S Jackson av — 5084
Gonda John 1001 S Kentucky av — 1347-J
Gonyea A L 1101 W Walnut — 132-W
Gonzales Ben 418 E Jefferson — 2232-M
Gonzales C C contr 503 E Bland — 2398
Gonzales E C 118 E Hendricks — 1486-J
Gonzales G G 413 E Deming — 1675-W
Gonzales George G 703 E Alameda — 483-M
Gonzales Henry R 405 E Reed — 4321-R
Gonzales Jim 500 E Tilden — 1415-W
Gonzales Joe 1711 N Kansas av — 1485-R
Gonzales Lupe A 410 E Jefferson — 4479
Gonzales Mary 706 E Alameda — 4429-W
Gonzales Raymond 203 S Elm av — 3016-J
Gonzales S H 609 E Hendricks — 3332-W
Good J K Sgt 8 E Byrne — 7-2478
Goodart Ellen rch S E of Roswell — 022-R2
Goodart Judson 50 Riverside dr — 3841
Goodart Julius J 1310 W 7th — 2999
Goode Katherine Mrs 809 W 11th — 2368-J
Goode Pearle Mrs 1806 N Missouri av — 1318-W
Goodell Lawrence 102 S Missouri av — 2144-R
Goode's Welding Shop 403 E McGaffey — 3934
Goodger James Miller 508 W Walnut — 5410-W
Goodman F G 1211 E Alameda — 2877-W
Goodnight R F 1204 N Lea av — 1518-W
Goodnight Trailer Courts S of Roswell — 3161
Goodrum Herman 300 N Michigan av — 3191
Goodrum James H 300 N Michigan av — 4243-W
Goodsell O D 710 W Alameda — 337
Goodsell Paul 702 W Alameda — 504
Goodwin F B Mrs 1007 N Delaware av — 3754
Goodwin Frank L 1202 W 11 — 3190
Goodwin Frank L—See Rancher's Supply Co
Goodwin W H S E of Roswell — 019-J3
GOODWIN'S GREEN THUMB NURSERY 416 E 2 — 17
Gorden Myrtle 309 E 8th — 2611-R
Gordon Carl F 609 S Missouri av — 4877
Gordon R A Jr 904 Davidson dr — 4262-J
Goree Monroe 310 E McGaffey — 5372
Goree Willie 611 E 2d — 1507-R

Gorman Elizabeth 407 S Montana av — 776-W
Gorman Hattie L 421 E 3 — 1526
Gorman James W SE of Roswell — 072-J1
Gorr Eldo 206 E 4 — 948-W
Gorrell F E 712 W Alameda — 1443
Gosciewski Dominic Sgt 1118 S Hahn av — 5456-M
Goss R E 406 W 14 — 855-M
Government Employees Finance Co 126 S Main — 353
Gowin W W 305 N Michigan av — 439
Goyer U Norman 1200 S Lea av — 2249-M
Grace Ted 1004 Crescent dr — 3766-J
Graham Billie B Mrs 1706 S Stanton av — 2118-W
Graham Dale R 300 N Atkinson av — 4529-J
Graham Frank 1114 E Bland — 4497
Graham G W 809 E McGaffey — 4168-W
Graham George A Jr 1710 N Union av — 1756-W
Graham H L S of Roswell — 061-J13
Graham Help Your Self Laundry 306 S Holland av — 3178-J
Graham Hood 1200 N Penn av — 3918
Graham J G M/Sgt 66 G — 7-2434
Graham James E Maj 31 Langley pl — 7-3346
Graham James G Jr 1706 S Stanton av — 2118-W
Graham James W 206 S Stanton av — 2419-W
Graham Kenneth W of Roswell — 024-J3
Graham Roy L Capt 1307 N Kentucky av — 3181-W
Granado Simon 723 E Alameda — 3132-M
Grandaw Robert G 405 N Penn av — 1089-J
Grant Leroy 605 S Michigan av — 3028
Grant Sterling R 1108 E 1st — 3998
Grantham Ben J 1609 Mesa av — 1249-W
Grantham James W 110 E Pear — 4313-W
Grantham Lee 1611 S Jackson av — 4934
Grantham Virgil E of Roswell — 048-JL1
Grassman M D 1606 N Kansas av — 2688-W
Gratton P H Col 1511 N Washington av — 233-W
Graves Cecil 509 S Montana av — 749-R
Graves Dick 511 S Missouri av — 527-W
Graves Eric D 334 E 7 — 2328-R
Graves Glen F 1506 W 1 — 2750-J
Graves H U 1300 S Lea av — 5408
Graves Howard 425 E 5th — 2396
Graves Hugh 907 W Mathews — 2049-R
Graves J L W of Roswell — 057-J5
Graves Ninna N of Roswell — 3077-W
GRAVES REFRIGERATION CO 1512 S Michigan av — 4466
Graves Roofing Co 1005 E McGaffey — 3392
GRAVES TRACTOR & EQUIPMENT CO 208 E 2d — 3210
Gray A H 905 N Missouri av — 5561
Gray Arch 808 S Kentucky av — 2409-W
Gray Guy A 1715 N Ohio av — 3312-W
Gray Herbert C NW of Roswell — 2595
Gray Hugh 211 W Chisum — 4956-W
Gray Jo Ann 407 W 2 — 2268-R
Gray John 1703 N Washington av — 1261-J
Gray L E 409 S Washington av — 3235
Gray Lonnie B 104 E Walnut — 2193-J
Gray Ralph C 1616 S Munroe av — 2143-J
Gray Thelma Mrs 506 W Hendricks — 2395-W
Gray Tim S 700 S Kansas av — 2303-J
Grayson J D 1617 S Penn av — 2815-R
Grear E S 1508 N Delaware av — 2663
Greaves Elizabeth 1604 N Michigan av — 5104-W
Green A A S of Roswell — 061-R1
Green B L 310 N Virginia av — 1541-W
Green Ben 1104 S Virginia av — 2092-R
Green C Joel 1 Morningside — 1462
Green Cecil P 316 W McGaffey — 2806-W
Green Charles 1821 N Missouri av — 2151-W
Green Chas E M/Sgt 1711 N Union av — 3360
Green Charles H 1201 W Deming — 273-W
Green Cletus B 16 Murphy pl — 7-5508
Green David L 307 E 7th — 837-W
Green G M Feed Pen 1402 E Bland — 3178-W
Green Gerold Sgt S of Roswell — 026-J5
Green Gordon SE of Roswell — 01-R11
Green H L Sgt 16 I — 7-3303
Green Harold 928 Davidson dr — 4413
Green Lee E 202 S Washington av — 2864
Green Loyd G 1504 N Ohio av — 3673-W
Green Midge 1512 N Union av — 98-W
Green O L 1206 N Ohio av — 3944-J
Green S G 635 E 6th — 1632-W
Green S Irene Mrs 306 W 3 — 2036-J
Greene Frank P 67 E Byrne — 7-5572
Greene Paul 607 S Lea av — 1384
Greene R C N of Roswell — 010-J3
Greene's 110 N Main — 644
GREENHAVEN COURTS 612 E 2d — 2190
Greenhaw Seth 609 S Atkinson av — 2617-R
GREENHAW SIGNS 1112 N Lea av — 1929
Greenhaw W H signs 1112 N Lea av — 1929
Greening E F E of Roswell — 579-W
Greenman Ralph H 807 E McGaffey — 4168-M
Greenthaner E A 1411 S Adams av — 2606-W
Greenwade B O 607 S Washington av — 176
Greenwood Eugene 1613 S Michigan av — 3888-W
Greer C E 510 E 5 — 5257-W
Greer Hayden 105 S Missouri av — 5161
Gregg Aubrey 1103 S Kentucky av — 3110-J
Gregg Dale 1012 Rancho rd — 3880
Gregg J H 708 W 11 — 2307-W

Gregory G Alma 1820 N Missouri av — 1018-M
Gregory Lee C 803 E Hendricks — 3384-J
Gremillion H L 1104 W Deming — 2085-M
Gress Kathleen R Mrs S W of Roswell — 029-R1
Gress Kenneth A S W of Roswell — 029-R1
Gressett Bill 909 N Richardson av — 1294-W
Gressett F F 212 E McGaffey — 1345
Greve Bruce F 601 E 6 — 1857-W
Grieger Wallace J Maj 9 Langley pl — 7-2152
Griego Adolpho 400 E Deming — 4386-R
Grier C W 509 N Lea av — 485
Grierson R E Capt 94 W Byrne — 7-2102
Griffin C M 1302 N Kentucky av — 2222
Griffin C M 608 W Tilden — 2859-W
Griffin Estes I 639 E 6 — 1864
Griffin Gertrude 100 E 7th — 1037
Griffin Henry C 709½ W Albuquerque — 1050
Griffin J B S of Roswell — 079-J3
Griffin Jack 126 S Richardson av — 1581
Griffin L E 1404 S Kentucky av — 2820-M
Griffin Myrle J Sgt 124 E Byrne — 7-2380
Griffin Orville 410 S Aspen av — 2329-W
Griffis Jess 91 E Eyman — 7-4492
Griffith Mattie Mrs 1110 S Main — 2631
Griffith Produce E of Roswell — 4899
Griffith Walter E of Roswell — 4899
Griggs A L 1209½ N Lea av — 1726-M
Griggs Ray F Sgt 61 E Eyman — 7-2328
Grigsby Miles Mrs 1709 N Pontiac dr — 4042-W
Grim Otto E of Roswell — 039-J3
Grimaldi Frederick L 23 W Byrne — 7-2363
Grimm A R Sgt 17 H — 7-2172
Grimm Dale Sgt 75 Powell pl — 7-2481
Grinnell Lawrence V 107 W Bland — 1986-J
Grisham Russell L Lt 119 W Chisum — 5241
Griswold G W phys surg 211 W 3d — 600
 Res 508 W 7th — 3527
Grizzell Earl 1407 Highland rd — 1721-J
Grizzle Alfred D 513 E 4 — 1872-W
Grizzle Wiley S E of Roswell — 075-R4
Groesback B R Capt 2 C — 7-3391
Groseclose A D 514 W McGaffey — 1410
Groseclose J C 1204 E 1st — 2856-W
Groseclose J M 2 W Wells — 7-4458
Groseclose Myles 107 S Missouri av — 1757-R
Groseclose Myron contr S of Roswell — 7-3329
Gross J U 112 N Michigan av — 879
Gross Norman R 709 N Kansas av — 897-W
Gross Wallace H Sgt 504 S Hemlock av — 4181-W
Grosvenor C R 709 W 5 — 2762
Grosz Milton J Lt 1115 S Michigan av — 2956
Groves Archie W 312 E Forest — 3896-J
Groves E W 115 E 12 — 1095-M
Groves James L 411 N Lea av — 2958-W
Groves Robert G 1115 S Penn av — 3328-M
Groves Woodie 827 E 5 — 101-J
Grower Mason H Jr Col 2 Walker pl — 7-2311
Gruette Louis L 1309 E 2 — 4695-J
Grummer Charles J 1061½ W Mathews — 2265-J
Guenther George E 1515 S Pecos av — 2886-J
Guest Allie Mrs 710 W 11th — 3969-W
Guevara Lupe 504 E Summit — 4648-M
Guffey Alf 517 E 3 — 2010-W
Guffey Asa 704 W 11th — 3454
Guinn James D 611 E Albuquerque — 2061-W
Guitar Fred Jr 1523 N Union av — 4256
GULF OIL CORP
 Office 200 W 1st — 4770
 Bulk Station 911 N Virginia av — 655
Gulley Robert E study 900 S Main — 2797-J
GURLEY PAINT & SUPPLY CO 405 S Main — 1279
Gurley Ralph 1614 S Monroe av — 2315-J
Guros Frank S 308 E Church — 1554-J
Guss Alvin E 1516 S Cahoon av — 1963-M
Guss W Howard 1113 S Penn av — 3924-M
GUSTAFSON CARL J ins J P White B — 2871
Guthrie L J 509 S Washington av — 3856-J
Gutierrez J G N W of Roswell — 09-R3
Gutierrez Jose A Jr Rev 211 E Albuquerque — 1085
Gutierrez Manuel 321 E Jefferson — 3785-J
Guttenfelder Ray I Maj 305 E Frazier — 4013-J
Gwartney J E 1109 W Deming — 2305-M
Gwinn Aral B 206 W Alameda — 1948-W
Gwinn Charlotte Mrs 206 W Alameda — 1948-J
Gwinn Lloyd W Jr Maj 26 B — 7-3339

H

Haake Floyd ofc 117½ E 3 — 3990
Haas Al H ofc J P White B — 2662
 Res 303 S Sequoia av — 5265-M
Haas Fred A 1810 N Washington av — 2803-J
Haas Vula Mrs 720 N Main — 1349
Habenicht Francis 47 E Byrne — 7-2407
Hackenberger E R Lt 10 Langley pl — 7-2451
Hadden C Richard 1714 S Virginia av — 2694-W
Hadley James A Maj 22 W Wells — 7-5500
Hafer J E Sgt 122 E Byrne — 7-6676
Hagar O J 500 S Richardson av — 3822-R
Haggard Allen H 511 W College blvd — 712-R
Haggard E L Mrs 1012 N Delaware av — 2467-M

Haggard Geraldine 624 E 6--1214-W
Haggard R H 511 W College blvd--712-R
Hagler J J S E of Roswell--018-R4
Hahn Street Laundry 1106 S Hahn av--1886
Hahn Theodosia T 807 N Delaware av--2215-M
Haigler Leon B 808 W Tilden--3212-R
Haile Dora 415 E 3--2463-R
Hailey James K Capt 1107 S Michigan av--5467-W
Haines Curvin 500 S Main--3232-R
Hair Woody 1009 Kings dr--4572-M
HAIRSTON MOTOR CO 225 N Virginia av--688
Hairston T E dentist 400 S Penn av--2269
Res 1611 S Michigan av--2298
Hairston W C 611 S Lea av--3682
Hairston W C Jr 407 S Kentucky av--110-J
Halbert Wesley C Maj 47 A--7-2326
Hale Frank B 1731 N Delaware av--2321-R
Hale H P 506 W 16th--3821-W
Hale Hansford 1606 N Missouri av--4785
Hale James A 1401 S Lea av--2190-R
Hale John 2113 W 1--3238-R
Hale Milton 1617 N Delaware av--1488
Hale Ray L 2007 W 2--5219-M
Haley Dixie 909 E McGaffey--4248-W
Haley Elmer N E of Roswell--013-J1
Haley Ernest M 100 S Sherman av--816
Haley Glen 805 W Summit--2518-W
Haley Virgil E S E of Roswell--070-J3
Hall B M 107 S Lea av--2089-W
Hall C A 400 E Country Club rd--3087-R
Hall D E 907 S Atkinson av--496-J
Hall Duane E S of Roswell--3164-M
Hall E B 1003 Crescent dr--945
Hall Eber 1106 W 1--1961-M
Hall J R 111 W Deming--1156
Hall John L Sgt 3 Barlow pl--7-2364
Hall John W 706 N Kansas av--518
Hall John W Jr ins 302 N Richardson av--93
Res N of Roswell--4968
Hall L E 612 W Mathews--4495-J
Hall L G 1706 N Washington av--2744-W
Hall L M 410 S Sequoia av--5263-W
Hall Norman J 704 W 4th--2699-J
HALL-POORBAUGH PRESS 210 N Richardson av--999
Hall Robert J 86 E Wells--7-5571
Hall Sam Z 2003 W 1--5396-J
Hall T A 304 W McGaffey--1580-M
Hall T J 404 S Pennsylvania av--179
Hall T J Jr 1203 N Penn av--343
Hall W R 811 N Union av--5249
Hall Willie E 1209 S Elm av--986-J
Halverson Charles F ofc 324 N Richardson av--4118
Res 1502 N Delaware av--4420
Halvorsen Gene G Lt 3 A--7-2305
Ham Edgar 501 W 17th--3966-J
Ham Lawrence G 814 N Atkinson av--1034-W
Hamblen Charles 502 W Albuquerque--2819-R
Hamilton DelRoy 6 Oak dr--5195-M
Hamilton Florence 1002 W Mathews--1546
Hamilton G T 109 N Missouri av--1340-W
Hamilton H L 205 S Stanton av--2839-J
Hamilton Howard 1611 N Delaware av--3916-M
Hamilton James S E of Roswell--082-J5
Hamilton M S 1005 W Summit--4557-R
HAMILTON ROOFING CO 1704 SE Main--460
Hamilton William F 1711 N Missouri av--2402-M
HAMILTON'S UNION PLAZA DRUG 1001 W 2--3522
Hamiter Marvin A Jr 1111 S Kentucky av--4516-J
Hamlin-Burger 1313 N Main--2254
Hamlin W C 2008 W Juniper--2083-W
Hammer Edwin O Capt 22 B--7-2366
Hammond H D O 1102 S Richardson av--2139
Hammond L W 910 S Penn av--2197-J
Hammond Roy W Sgt 18 Capitan pl--7-2331
Hammons Sammy S of Roswell--019-J2
Hampton Norman 204 N Orchard av--1507-W
Hanagan Patrick F atty Court House--3070
Res 209 N Missouri av--2659
Hanagan W F Jr Mrs 500 N Missouri av--604
Hanan D K 1615 N Montana av--3692-R
Hanes Cyril D 517 E 5th--1290-W
Hanes Elbert L Rev study 400 N Richardson av--1098
Res 307 N Penn av--517
Hanes H C 201 E College--2516-M
Hanes James J 26 Neiss pl--7-9976
Hanigan Edward J Maj 2 W Byrne--7-6688
Hankins Cecil 1744 N Ohio av--4304-J
Hanna Randall E 1510 W Walnut--3735-J
Hannifin Etta Mrs 307 W Deming--1061-W
Hannifin S P 700 S Lea av--1338
Hansen Allen B 905 W Mathews--2084-M
Hansen B J 802 W Hendricks--3217-W
Hansen George G 411 S Sycamore av--2676
Hansen Gerald E Sgt S of Roswell--7-2159
Hanson C E Capt 1609 S Munroe av--5007-J
HANSON ELECTRIC CO 607 N Virginia av--4832
Hanson Ernest A oil prod 200 W 1--4630
Res 67 Riverside dr--3645
Hanson William R 208 W 8--1964-W
Haragan W A 408 S Michigan av--2954

Harbaugh Ed N E of Roswell--033-R2
Harbuck Sam C Jr 1105 S Missouri av--3419-W
Harcrow Alvin S Jr 1711 N Lea av--5268
Hardage Louis 1207 N Kansas av--3947-W
Hardcastle E E 106 N Atkinson av--3367-W
Hardcastle J E 1818 N Cambridge av--2689-R
HARDCASTLE UPHOLSTERING SHOP 111 W Walnut--27-R
Hardin Maude Mrs 405 W Wildy--2334-R
Hardin Raymond L 1404 S Madison av--2190-W
Hardin Raymond Magnolia Serv Sta
200 N Kentucky av--1583
Hardin Sheldon W 1300 W 8--1021-R
Hardin W A Capt 5 Hunsicker pl--7-6689
Hardison E E 204½ W 3--864-W
Hardt W H Sgt 18 Murphy pl--7-5582
Hardwick Ted 107 S Washington av--1902-W
Hardy Louis M 109 E Mathews--2234-W
Hardy R L 1512 Highland rd--2599-J
Hardy Robert E 307 W Hendricks--2295-W
Hare J M 1519 S Grand av--4260-W
Hare Tom Mrs 2105 N Garden av--4654-R
Harger Lorena 113 E McGaffey--5478
Hargett Helen Mrs 1311 N Richardson av--2728-W
Hargraves Foster P Rev 2425 N Garden av--3156-M
Hargrove A B 905 E McGaffey--1679-W
Hargrove R L S of Roswell--074-J3
Hargrove Ray SE of Roswell--075-J5
Harkey Helen 1039 Crescent dr--2013
Harkey Roger L 202 S Penn av--5316-W
Harlan Charles C Jr 1203 W 7--1979
Harlan Reed B 804 N Kentucky av--3895-J
Harlan Virginia L 1618 S Penn av--5004-W
Harless J E 810 Eldora dr--1174-W
Harley-Davidson Sales Co 109 E Tilden--4152
Harner Richard 1604 N Ohio av--3685-W
Harnly R W 106 N Kentucky av--3745-W
Harold John W 310 E Deming--2825-M
Harolson Charles S Mrs 500 N Richardson av--4033-W
Harp Birdie Mrs 1306 W Albuquerque--3452-M
Harp Ernest L 1700 W 3--4417
Harp Frankie 402 E 4--2425-W
Harper Frank G 1611 N Pontiac dr--846-W
Harper H C 208 W McGaffey--3243-W
Harper J R 1101 W Deming--891-J
Harper Mot 202 W 8th--1797-J
Harper Neal 201 S Sherman av--1342
Harper Sandra M 1010 S Union av--4414-W
Harr W M 606 S Kentucky av--5125-J
Harral Hank 211 W 10--5158-W
Harrell Glenn E 1010 E 2--1386-J
Harrell John W Capt 1205 W 7--1351-R
Harrelson Monroe 108 W 13th--1266-J
Harrington Eva L 802 W Hendricks--4980-R
Harrington H E 1100 S Michigan av--4249
Harrington Lynn 1603 N Union av--3862-R
Harrington W Clayton 1019 S Kentucky av--3615-W
Harris A L 1414 S Adams av--2183-J
Harris A N Jack 1013 W Summit--4562-J
Harris Alice 911 N Michigan av--3956-M
Harris Annie 300 W Mathews--751
Harris Bernice 408 E Country Club rd--3945-J
Harris Chas C M 303 W McGaffey--2249-W
Harris Charles D atty 909 E 2--3411
Res 1502 S Adams av--4690-J
Harris Charles L 1702 W Juniper--2442-R
Harris D F NE of Roswell--4792-R
Harris Elizabeth 1023 N Plains Park dr--5562-J
Harris Ernest S E of Roswell--04-J2
Harris Gail 1503 W Tilden--3278-J
Harris George T dist judge Court House--3477
Harris George T Judge 1009 N Lea av--2058
Harris I L N of Roswell--3573
Harris John P Maj 1308 E Tilden--3103-J
Harris Lavonne Mrs 1100 W Deming--2538-R
Harris Lawrence C oil properties Hinkle B--3230
Res 1714 W 3--5177
Harris M Homer 213 W 4--4314
Harris Norman W 1 D--7-2404
Harris Ralph W 809 W 3d--1468-W
Harris Raymond SE of Roswell--3227-R
Harris Thomas H 507 S Kentucky av--1748
Harris William F Capt 517 S Sequoia av--3624-R
Harris William H 21 Rouhonen pl--7-2302
Harris Yorel 1618 S Jackson av--5038-J
Harrison A J 1615 W Walnut--1059-W
Harrison B C 303 E Church--3648-J
Harrison C L 608 S Missouri av--1309-W
Harrison C L Mrs 108 E McGaffey--1848-R
Harrison Charles D Lt Col 17 Hunsicker pl--7-5590
Harrison Chris 706 S Michigan av--5106
Harrison Joe K 703 S Atkinson av--1258-R
Harrison Thomas H 1001 S Penn av--2533
Harrison Walter 110 S Kentucky av--2583
Hart Carl F 1106 W 11--4434-J
Hart Carroll B Sgt 9 Barlow pl--7-2208
Hart H M 1618 W Alameda--546-W
Hart J D Pony 602 W Alameda--301
Hart Paul W 1602 N Kansas av--2242-M
Hartlage Edward L 1108½ N Richardson av--1940-J
Hartley Chas W Jr 809½ N Ohio av--1700-W
Hartley Chas W Sr 1208 W 8--2461-R
Hartley Robert Mrs 302 S Sequoia av--2858-W
Hartley Walter 1016 W 3d--3356

Hartman C A 206 N Kentucky av--1216
Hartmeister J H 807 W 3d--3978-J
Harton O B 1106 Rancho rd--5388-J
Harton R H 312 N Union av--3182-J
Hartwig John W 901 Edgewood dr--1253-R
Hartwig Victor E 1613 N Montana av--3002-W
Harvey J G 102 N Washington av--2590
HARVEY J G ACCOUNTING & BOOKKEEPING SERVICE 404 N Penn av--490
Harvey Roy D Sgt 35 H--7-3352
Harvey T A 1609 S Washington av--5354-J
Haskins Clifford O Lt 1617 N Montana av--4093-R
Hasler C D 400 S Sycamore av--5284-M
Hastings E L 330 E 6th--4083-J
Haston Catherine 215 E 4th--3631-W
Hatch Perry 1309 E Tilden--3103-M
Hatch W L 508 N Garden av--1923-W
Hatcher Henry C 721 E Pear--3991-J
Hatley I D 1727 W Alameda--4691
Hatley's Reliable Cesspool & Septic Tank Co
1727 W Alameda--4691
Hauer Gerard 406 S Hale av--3097-W
Hauf George N of Roswell--015-J11
Hauge Everett E Sgt 33 Van Lueven pl--7-2398
Haughton Frank B 1613 W Tilden--546-J
Haun Lloyd 309 S Atkinson av--3408-R
Haun Marvin Lt 906 W Deming--1861-J
HAUT WALTER G ins J P White B--2871
Res 1405 W 7--4231
Havens J L S of Roswell--026-J4
Havens John O 305 E Bland--643-J
Havins Holt S W of Roswell--029-R2
Hawkins J T Mrs 503 S Kentucky av--467-W
Hawkins P O 1007 W 8th--1957-W
Hawley Doyle 1502 S Missouri av--5426-J
Hawthorne Ernest 509 E Forest--4874-W
Hawthorne James A 410 W 17th--2751-W
Hay Sarah Mrs 205 W 12th--1940-M
Haycraft Gloria W 1204 W Deming--2085-J
Haycraft Rexford G 75 Holloman pl--7-2392
Hayden R L Sgt 504 S Kentucky av--1798-J
Hayes Charles E Jr 1211 W Deming--2303-R
Hayes Grocery & Serv Sta 1401 W 2--2040
Hayes K O 806 W 8th--3860-R
Hayes Lawrence Sgt S of Roswell--045-J4
Hayes Louis W Maj 4 Thiel pl--7-4470
Hayes Marshall 1508 W 1--3372-J
Hayes Robert E 700 El Dora dr--1661-R
Haymaker R Baird 601 E 5th--88
Haynie Max M 2305 N Cole av--3156-R
Hays Brad L 918 Davidson dr--1364
HAYS CHILDREN'S SHOP 1133 S Main--3535
Hays H K 1515 N Union av--113-J
Hayslip Elizabeth 513 W College blvd--4543-W
Haywood Ralph Capt 1700 N Pontiac dr--3486-J
Hazel Seth 1303 W Deming--1254-W
Hazle R J 1019 N Plains Park dr--1249-R
Head Emma Mrs 1103 W 8--2248-J
Head Margaret M Mrs 1619 N Union av--3914-W
Head Ray 1707 N Union av--3013-J
Head Rue O 1619 N Union av--3914-W
Headley J B 1212 N Penn av--2946
Headrick Alma 405 N Kansas av--3978-M
Heap-A-Burger 105 W Alameda--4611-W
Heath Jeff 1619 S Monroe av--5486-W
Heath Rita 206½ W 3--887-W
Heath Vernon 109 W 5th--2759-M
Heaton J D E of Roswell--3279
Heaton J D Jr 1102 E I--2877-J
Hebison J E 204 S Union av--4062-W
Heck Kenneth Sgt E of Roswell--016-J5
Heck Stephen J Lt 34 Langley pl--7-5511
Hedgcoxe Earl 100 N Kentucky av--959-J
Hedgcoxe Gene 1105 N Lea av--215
Hedgcoxe O W 601 S Lea av--4976
Hedgecock C A 504 S Delaware av--4551
Hedgecock Glenn 1610 S Elm av--2054-W
Hedges George R Sgt 83 E Wells--7-5594
Hedrick Lavora 705 S Michigan av--1730-M
Hedrick Mildred Ann 209½ N Kentucky av--3598-M
Heese George 616 E 6th--1837-R
Hefner E W 1605 W Walnut--2869-M
Hefner Harold 1516 S Michigan av--4618-J
Hegel Peter J 503 S Cedar av--2076-W
Hegg J H Capt 931 Davidson dr--4323-R
Heggland R W 1408 S Madison av--4298-W
Hehmann James C Lt 1612 W Tilden--4726
Heider Kalman L Capt 12 W Wells--7-6651
Heiderich Ida M Mrs 62 Werkheister--7-2355
Heile Mathias Rev 105 E Mathews--501
Heimsoth Arnold E chaplain 1 B--7-5579
Heine B F
S E of Roswell--02-J1
Farm S E of Roswell--05-R4
Berrendo Farm E of Roswell--014-R1
Heine Fred 1803 N Garden av--4410-W
Heinrich O R Sgt 43 Hyman--7-6641
Heiser Carl H 709 S Ohio av--1989-R
Helen's Beauty Salon 1039 Crescent dr--2013
HELEN'S CAFE 504 N Main--1828
Hellman Robert D 414 E 3--5516-W

Helmig Annie Laurie Mrs 306 N Lea av----------340
Helmig Phil D Jr 306 N Michigan av----------4728
Helmstetler Earl 405 E Jefferson----------1155-W
Helmstetler J M 1822 N Maryland av----------3811-M
Helveston Lester S/Sgt 321 E McGaffey----------5518
Hemphill Robert F Col 33 Kelly pl----------7-4488
Henderson Annie Mrs 411 N Penn av----------2623
Henderson Bill 1702 N Kansas av----------3698-W
Henderson Don E Capt 1611 N Pontiac dr----------846-W
Henderson Forrest G 1602 Pontiac dr----------3695-M
Henderson Loren E 1505 S Madison av----------4196
Henderson Morris T Capt 301 S Atkinson av----------3408-J
Henderson O W 2009 W 1st----------1884-W
Henderson Robert E Capt 91 Holloman pl----------7-6649
Henderson Willene Mrs 600 S Cedar av----------5252-W
Hendrick W C 513 E 2----------3127
Hendricks Buck S E of Roswell----------02-J5
Hendricks Clement Municipal Airport----------4597
Hendricks E H E of Roswell----------083-J3
Hendricks Earl 1303 E Tilden----------3103-R
Hendricks Howard S E of Roswell----------063-R3
Hendricks Ira S E of Roswell----------080-R3
Hendrikx Joseph W Lt 611 W Walnut----------3976-R
Hendrix Martha 1102 N Delaware av----------3830-R
HENDRIX N A FURNITURE CO 1603 W 2----------5364
HENDRIX OFFICE EQUIPMENT CO 206 W 4th----------2665
Hendrix R J 1107 S Kentucky av----------2135
Hendrix R L 422 W 17----------1261-M
Henley Betty J 307 W 5----------1375-R
Henneman Carl D Maj 34 Wiese pl----------7-2498
Hennessey J R Mrs 405 N Kansas av----------1447-J
Hennessy Francis B Capt 702 W Alameda----------1115-R
Hennighausen Fredrick H 816 E 5----------4167-M
Henricks John A Lt S of Roswell----------7-2110
Henry A L 202 S Delaware av----------2046-J
Henry C C N of Roswell----------4432-J
Henry Gene 407 W Wildy----------2698-J
Henry J C 1604 W Juniper----------1059-J
Henry Thomas B 803 W 4th----------2637-J
Henslee L C 1607 N Montana av----------2282
Henslee S E 1316 W 3----------4374-J
Hensley Don W 937 Davidson dr----------4238
Hensley Johanna D 1212 N Kansas av----------2522-M
Hensley W H 214 W Deming----------667
Henson A L 211 S Ohio av----------4663
Hentzel O H E of Roswell----------3174-R
HERBERT ELECTRIC CO 907 S Main----------703
Herbert Maurice B elec contr 907 S Main----------703
Herbert Tom E of Roswell----------016-J1
Herd John C 637 E Cherry----------1614-J
Hergert D R Sgt 609 W 1st----------2007-W
Herington A K 511 S Union av----------2240-W
Herman Leo J S of Roswell----------7-2446
Hermann Henry E 1013 S Union av----------4281-W
Hernandez Panfilo 512 E Hendricks----------2073-M
Hernandez S Capt 1205 N Kentucky av----------1537-M
Herrin Lexie E Capt 30 Langley pl----------7-2243
Herring Alvin F 1607 S Penn av----------4510-M
HERRING APPLIANCE CO 118 W 4th----------346
Herring Bud 1102 E College blvd----------909
HERRING DISTRIBUTING CO 221 E 2d----------345
Herring Edwin 1002 N Kentucky av----------607
Herring George B Sgt 116 G----------7-4475
Herring John I 1107 S Penn av----------3986-W
Herring Pearl Mrs 1103 N Delaware av----------2211-M
HERRING PRODUCE CO 221 E 2d----------406
Fox Norman 1501 W Walnut----------1226-W
Herring Bud 1102 E College blvd----------909
Herring Ralph H 303 W Deming----------687
Herrod Pate S 102 W Oliver----------4540-W
Herrod Sidney F ins 1121 S Main----------79
Res 116 W Oliver----------1099-W
Herron Owen 610 N Delaware av----------5194
HERTZ RENT-A-KAR SYSTEM Municipal Airport----------3788
Heruth G E 412 W McGaffey----------2806-W
Hervey Dow & Hinkle attys 1st Natl Bk B----------2160
Hervey J M Mrs 811 N Lea av----------287
Hess Fred 706 S Kentucky av----------2331-W
Hess Larry 815 E 5----------1480-M
Hess R C Sgt 7 D----------7-5564
Hester C M 203 N Washington av----------1902-J
Hester D O 203 N Missouri av----------3063
Hester Ralph 1000 E 2d----------1456
HETTINGA BROS INC 905 W McGaffey----------3247
Hettinga Martin 515 S Pine----------3587-W
Hettinga Ralph NE of Roswell----------4792-W
Hewatt O H 912 N Penn av----------1363
HI-ART CLEANERS 122 W 4----------62
Hi-Glow Neon Sign Co Highway 285----------1323
Hi-Way Market 907 W 2----------1737
Hiatt Robert E 102 E----------7-3364
Hibbard G K 1101 S Penn av----------2146
Hickman Charles 901 Davidson dr----------3153-J
Hickman William M 120 E McGaffey----------5038-M
Hicks Claude M 303 N Missouri av----------60-W
Hicks E H 609 N Kentucky av----------1280-J
Hicks Elizabeth Mrs 806 S Lea av----------4797-R
Hicks H E 110 N Lea av----------1340-R
Hicks Kenneth 109 E Summit----------2472-W
Hicks Odel 104 S Montana av----------4573-J
Hickson A A 707 W Summit----------1158-W
Higginbotham R M 1503 W Walnut----------3879-R
Higginbotham T L Capt 32 B----------7-6669
Higgins A O 1819 N Michigan av----------4439-M
Higgins Amos J ofc 1306 E 2d----------3992
Res 1503 S Madison av----------3590
Higgins D O 1304 N Washington av----------3672-J
Higgins John W 308 N Washington av----------5175
HIGGINS W B chrprctr 512 N Kentucky av----------376
Higgs J I 310 S Missouri av----------1477-W
High Lonesome Serv Sta Acme----------Long Distance
Highfill Thompson N 41 W Byrne----------7-6698
Hill Betty Ann 523 E 4----------2294-M
Hill Curtis 400 N Lea av----------848
Hill D S 1621 W Walnut----------2869-W
Hill E M 804 N Richardson av----------764-J
Hill Elie 118 E Byrne----------7-2353
Hill Ernest M Jr 809 N Delaware av----------2607-J
Hill Ewing R geolgst 200 W 1----------4949
Res 1604 S Washington av----------5055-W
Hill F W 703 N Kansas av----------3653
Hill Frank 408 Parkview av----------3062-W
Hill Ira L 407 S Cypress av----------3083-W
Hill J Aubrey 1510 S Missouri av----------5236-W
Hill J D Mrs 310 S Michigan av----------4920-J
Hill James 508 N Washington av----------1446-J
Hill Jerry 501 S Missouri av----------4098-M
Hill Josephine 703 N Union av----------2066-J
Hill & Lewis Plumbing 209 S Penn av----------1009
HILL LINES INC 110 E 9----------718
Hill Lowell W 912 N Delaware av----------3322
Hill Marvin T 410 N Virginia av----------5536-W
HILL PLUMBING & HEATING CO 2½ Hillcrest----------231
Hilliard Charlotte Mrs 405 S Missouri av----------2129-W
Hilliard Joseph C 1612 W Walnut----------5522
HILL'S SHORTY SERV STA 1901 N Main----------529
Himdsley John A Capt 32 W Eyman----------7-2419
Hinch D A 1011 N Kentucky av----------455
HINCH INSURANCE AGENCY INC 110 W 3d----------112
Hinckley Robert H Col 73 Fitzgerald pl----------7-2193
Hinderliter L G 301 N Kentucky av----------1171-W
HINKEL'S 308 N Main----------2100
Hinkle Clarence E atty 1st Natl Bk B----------2160
Res 407 N Washington av----------423
Hinkle J F Mrs 400 N Missouri av----------68
Hinkle John I Mrs 109 W 5th----------2650-W
HINKLE MOTOR CO 131 W 2d----------12
Hinkle R R 1 Park rd----------85
Farm W of Roswell----------3420-M
Hinkle Raymond 608 W Walnut----------2994-R
Hinkle Robert J 904 Edgewood av----------1851-R
Hinkle Warren V 345 E 8th----------2274-J
Hinman Morris E 926 Davidson dr----------1094-J
Hinrichs Keith 609 W Tilden----------1792
Hinzman Venita Mrs 107 N Penn av----------4814
Hirst Arthur W 619 N Richardson av----------963-J
Hitchcock E W 1000 E 19th----------1325-W
Hitchcock Frank 708 N Main----------282
Hite Jessie E 1710 N Michigan av----------840-M
Hix Bobbie L Mrs 1720 N Delaware av----------1558-W
Hix E M NE of Roswell----------014-J3
Hix Homer N 126 E Apple----------4185-W
Hix Leslie J 1718 N Michigan av----------3837-R
Hix Stella Mrs 1815 N Washington av----------1867-R
Hobbs C L 726 E Pear----------3596-W
Hobbs Ellis 417 E 5----------1290-J
Hobbs Elsie 515 E 3----------2425-M
Hobbs Home Laundry 411 E McGaffey----------4558
Hobbs J D 311½ N Penn av----------4496-M
Hobbs Lois C Mrs 211 N Washington av----------218
Hobbs W V 418 W 17th----------2751-R
Hobson Albert S E of Roswell----------05-R2
Hobson Ed S E of Roswell----------05-J4
Hobson Eugene
Farm S E of Roswell----------075-J4
Mill S E of Roswell----------075-J3
Hobson Frances 301 W Alameda----------4172-W
Hobson Robert C 807 El Dora dr----------1814-M
Hockey R Wright 1012 W Mathews----------1073-W
Hodge George 1001 N Lea av----------4610
Hodge J H 705 W Albuquerque----------1445-J
Hodges Alfred N E of Roswell----------031-J1
Hodges Carney V Sgt 14 Capitan pl----------7-2289
Hodges Ernest L 1500 S Adams av----------4319
Hodges L B oil Nickson Hotel----------2468
Res 1101 N Penn av----------4474
Hodges Lillian 107 S Michigan av----------3582
Hodges W S Pete NE of Roswell----------4054
Hodgkinson George 14 H----------7-6675
Hoffman Carl S 1203 E Walnut----------1589-J
Hoffman Earl L 1312 E Tilden----------3097-R
HOFFMAN PLUMBING & HEATING CO
212 N Virginia av----------168
Hoffman Stanley K Sgt 48 E Eyman----------7-3360
Hoffman Wm A 601 S Washington av----------654
Hofstra W E 206 N Michigan av----------4424
Hogrebe Knud E 1603 S Stanton av----------5246-W
Holder William L 406 S Union av----------1144-R
Holder William M Jr 502 E Country Club rd----------3089-M
Holdridge Clyde 704 S Holland av----------1795-R
Holizman J M 1619 W Alameda----------4470-J
Holland Charles F W of Roswell----------029-R11
Holland Earl 505 S Spruce av----------311-J
Holland Eual N 1206 N Maple av----------3140-J
Holland George M 1207 N Lea av----------5449-W
Holland John P 1502 W Tilden----------1777-J
Holland Johnny L 1601 N Kansas av----------840-J
Holland M L Mrs 608 S Atkinson av----------3231-J
Holland Ray Jr 1702 W 3----------1924-W
Holland W C rl est 1000 W 2d----------4169
Res 400 S Lea av----------686
HOLLAND'S REAL ESTATE 1000 W 2d----------4169
Holley John M Jr N E of Roswell----------4090-W
Holley Thomas E 132 E Pear----------4313-J
Hollifield Geo V Mrs 910 W 13th----------753-W
Holliman Bobby G 803 N Lea av----------213-M
Hollingsworth Bruce 1616 N Missouri av----------3815-W
Hollingsworth W G 1606 N Michigan av----------2612-W
Hollister Reed 1607 S Washington av----------4373-J
Holloway B W of Roswell----------024-R12
Holloway C O Jr 1104 S Kentucky av----------3639-W
Holman Rosemary T 106 S Kentucky av----------2529-M
Holmes Donald L 406 S Sequoia av----------5262-W
Holmes Robert S Maj 31 Alden pl----------7-4472
Holmes T D W of Roswell----------029-R3
Holmstrom Jack B 1115 S Lea av----------2437-M
Holstun Courtney 509 S Richardson av----------1587-M
HOLSUM BAKING CO 723 N Main----------4000
Holsum Baking Co Garage 411 N Kentucky av----------4633-W
Holt Macy 112 W Alameda----------905-J
Holwick J D 603 S Ohio av----------2452-M
Holwick W B 707 W 11----------1341-W
Hommet Eugene R 105 S Fir av----------5231-M
HONDO OIL & GAS CO 410 E College blvd----------3900
Hondo Trading Post Hondo----------Long Distance
Hondo Valley Garage Tinnie----------Long Distance
Honea William A 1719 N Union av----------2502-W
Honeycutt Charles 1301 S Penn av----------1628-W
Hood C William 602 S Cedar av----------2167-J
Hood C William N of Roswell----------4454-J
Hood H N N of Roswell----------2987
Hood J W 1508 S Poplar av----------4757-J
Hood Mildred M 109 W 5th----------620
Hood O K 1208 W College----------3749-W
Hood Raymond W 1412 W 8----------1351-W
Hoogstad Jan Sr Maj 424 E 3----------1257
Hooker George V M/Sgt 85 E Eyman----------7-2443
Hooper Guy H 15 Riverside dr----------1458
Hoover J C 804 E McGaffey----------2971-M
Hoover John H 1713 N Ohio av----------1558-M
Hoover Tom O 2004 W 1----------4423-J
Hope Clarence L 302 W Deming----------4273
Hopkins Charles Jr Maj 29 Alden pl----------7-5586
Hopkins Gene Capt 709 S Missouri av----------2130-W
Hopson John W 507 S Spruce av----------3559-J
Horan Albert S Sgt 37 Jackson pl----------7-2244
Horgan Paul ½ Park rd----------2758
Horn Bernis 710 W 12th----------3053-R
Horn Joe A 1509 N Ohio av----------4259-W
Horn Randle W 33 F----------7-2493
Horn Serv Sta 412 W 2----------4226
Hornbaker Edith E 709 W 11----------2211-W
Horne Allene 1108 W Alameda----------5047-M
Horne Food Stores
601 N Main----------536
401 S Main----------851-W
600 E 2d----------3405
Horne John 1202 E Walnut----------2094-J
Horne S G 600 N Wyoming av----------3736
Horse-Shoe Bar 102 S Main----------2548
HORSE-SHOE PACKAGE STORE 102 S Main----------541
Horsman Frank M 300 S Michigan av----------4920-R
Hortenstein Will H 1100 W 8th----------619
Horton Dean E 2111 W 1----------1815-J
Horton Fred 210 W Alameda----------1080
Horton Harold E 62 Billy Mitchel pl----------7-6623
Horton L E 212 W Albuquerque----------1328-R
Horton M A Mrs N E of Roswell----------013-J5
Horton M Grace Mrs 1910 N Mississippi av----------4193
Horwitz A P 508 N Lea av----------415
Hosey Ada M 1208 N Main----------1107-R
Hosford Philip L 920 Davidson dr----------1057-W
Hospital Service Inc 410 N Richardson av----------103
HOTEL NORTON 200 W 3d----------900
HOTEL NORTON COCKTAIL LOUNGE 204 W 3----------970
Houchin A F Mrs 317 E 7th----------837-M
Houck George D 25 E Byrne----------7-4481
Houk William C 338 E 7th----------578-J
Housewright C F S of Roswell----------066-J5
Houston Bradley 2001 N Louisiana av----------4192-W
Houston John B Jr 111 W Chisum----------4872
HOUSTON LUMBER CO
Yard 109 W Alameda----------59
Mgrs Office 109 W Alameda----------61
Houston Willie W Cpl 223 E Hendricks----------5350-R
Houts John C 113 W Tilden----------592-J
Houts Marie A 113 W Tilden----------592-J
HOVEY CONCRETE PRODUCTS CO S E of Roswell----------2802

Hovious C R 1307 E Tilden --- 2422-J
Howard Callie Mrs 1410 S Elm av --- 3897-J
Howard Carl Jr 523 E 5th --- 1132-J
Howard E B S E of Roswell --- 075-R2
Howard Isaac N Sgt 905 W 8 --- 3635-M
Howard J T 310 S Union av --- 3578
Howard James Jr 1504 W Tilden --- 5233
Howard John J Sgt 81 Lighthall pl --- 7-5533
Howard John T Jr 806 W Summit --- 1744-J
Howard Lola V N of Roswell --- 015-R4
Howard Roxie 112 S Montana av --- 723-J
Howden F B Mrs 1306 N Richardson av --- 5111-W
Howell D W 609 S Delaware av --- 1669-W
Howell J B 62 Riverside dr --- 4236
Howeth Eva Mae 1106 W Mathews --- 3119-W
Howie Magnolia Serv Sta 700 N Main --- 482
Howie O M 1311 W 7th --- 1021-J
Hoyt John R 1104 N Lea av --- 1209-M
Hromadka Henry J 63 Powell pl --- 7-2409
Hubbard Charles 1308 S Richardson av --- 242-J
Hubbard Mary B 724 E 23 --- 3602-W
Hubbard R H 508 S Delaware av --- 2074-M
Hubbard S E 1603 S Washington av --- 2910
Hubbard Tommy 1728 N Missouri av --- 3249-W
Huber George A 310 E 6th --- 1729-M
Huber Grover R S W of Roswell --- 053-R2
Huber James 102 E Byrne --- 7-3332
Huckabee E S 1611 N Union av --- 4745-W
Huckins Wade Lt 1611 W Hendricks --- 936-W
Hudson Albert Maj 1315 N Kentucky av --- 642
HUDSON AUTHORIZED SALES & SERVICE
   323 N Virginia av --- 2968
Hudson Betty J Mrs 309 S Richardson av --- 1907-J
Hudson H R 1304 N Lea av --- 5030-W
Hudson Robert J 1507 S Jackson av --- 2691-M
Huff Frances 1418 S Stanton av --- 1320-R
Huff Hugh M 307 N Missouri av --- 4096
Huff Hugh W Jr 305 N Washington av --- 1464-W
Huff J R 107 S Louisiana av --- 4524-R
Huff Joe W 112 N Kentucky av --- 4698-J
Huff Johnnie 100 S Elm av --- 2169-W
Huff Roy farm S W of Roswell --- 054-R2
Huffman George 302 S Richardson av --- 1948-W
Huffman Louis L 608 E 6 --- 1112-J
Huff's Jewelry Store 222 N Main --- 40
Huggins Edgar 500 S Spruce av --- 2076-J
Huggins G J 1700 S Munroe av --- 2296-R
Huggins Jean G 1506 W Tilden --- 5103-W
Huggins Zuma 507 E 4th --- 1168-J
Hughes Charles A 628 E Orange --- 1457-M
Hughes E J Ben 916 Davidson dr --- 2507-W
Hughes Eugene 807 E 5th --- 1863-W
Hughes H D 1601 S Missouri av --- 1128
Hughes H D & Co 405 N Virginia av --- 1128
Hughes Henry W 518 W McGaffey --- 1473-R
Hughes Jim 204 S Ohio av --- 5036-W
Hughes Lowell B 1206 E Walnut --- 2713-J
Hughes Ona Mrs 126 S Richardson av --- 1581
Hughes Ruth E 1003 N Missouri av --- 1269-W
Hughes Thomas Edward 1406 S Adams --- 4511-J
Hughes Vernon 1203 E Bland --- 3566-R
Hughes W R 1400 N Kentucky av --- 3764-R
Hughlett E O 1409 E McGaffey --- 044-R4
Hultman John R 501 W 1 --- 1412-W
Hults W W W of Roswell --- 027-J4
Hulvey Bette J 521 N Main --- 5108-W
Humble J C N of Roswell --- 028-R1
HUMBLE OIL & REFINING CO 1st Natl Bk B --- 5596
Humphrey Lester Pest Control Service 213 W 4 --- 4314
Humphries Robert E 1103 W Mathews --- 5093-W
Hungerford C A 1714 S Virginia av --- 4284-J
Hunker George H Jr 1710 W 3 --- 2577
Hunker Geo H Jr atty 1st Natl Bk B --- 2160
Hunker George H Mrs 9 Riverside dr --- 3613
Hunnicutt E E 1100 E Plum --- 2955
Hunnicutt J J 1000 N Atkinson av --- 1036-M
Hunt Betty Jo 1508 W Alameda --- 1103
Hunt Irnestine Mrs 202 S Michigan av --- 5387-M
Hunt Josayle R Mrs 210 S Washington av --- 1051
Hunt K F 114 E Byrne --- 7-2423
Hunt Leonard E 1301 N Montana av --- 2522-R
Hunt Raymond S 1211 W 7th --- 1878-M
Hunt Ted Maj 210 S Washington av --- 1051
Hunter B Kim 400 S Missouri av --- 4208-J
Hunter Chester M 14½ Hillcrest dr --- 1998-J
Hunter Darlene 907 Norris pl --- 3991-W
Hunter H R 400 S Missouri av --- 4208-J
Hunter H T 120 W Walnut --- 1562
Hunter Joyce 14 Hillcrest dr --- 1998-R
Hunter Logan A 1206 Highland rd --- 1967-W
Hunter Mack 1422 S Cahoon av --- 4297-M
Hunter R V 20 Morningside pl --- 4948-W
Hunter W C 202 E Hendricks --- 2525-M
Hunter William M 612 W 3d --- 956-W
Huntley Plumbing Co 311 E McCune --- 2185
Huntley T M E McCune --- 2185
Huntly W W 404 S Kansas av --- 995-W
Hunzinger George W E of Roswell --- 083-R2
Hurford A A 311 S Sequoia av --- 5260-R
Hurford C A 1100 W 14 --- 4339-W
HURFORD J D SAND & GRAVEL SW of Roswell --- 054-R3
Hurley Harry D 212 S Richardson av --- 2360-W

Hurst Breeb 1113 N Lea av --- 2621-W
Hurt Roger 608 S Washington av --- 2535-R
HUSBAND'S NEW MAYTAG LAUNDRY
   222 E McGaffey --- 4718
Hutcherson S C 500 E 5 --- 2149-M
Hutcheson Charles O 501 S Kansas av --- 2037-J
Hutchins John E 117 S Stanton av --- 2839-M
Hutchins Ray Lt Col 1613 S Washington av --- 916-J
Hutchinson R H 1412 S Adams av --- 180-M
Hutchinson Sam 106 S Delaware av --- 3697
Hutter Construction Co S Main --- 5358
Hutto E H 304 E McGaffey --- 1319-W
Hyatt E M 110 W Tilden --- 685
Hyatt Evan H 640 E Cherry --- 4652-W
Hyatt Mary E Mrs 718 N Main --- 3248
Hynes Al 2317 Texas --- 1887-W
Hyslop Henry R phys surg 205 N Missouri av --- 4490
   If no answer call --- 4492
   Res 310 E Frazier --- 2634

I

I O O F Hall S E of Roswell --- 3503-W
I & S Motor Co E of Roswell --- 048-J3
Ideal Barber & Beauty Shop 108 W 4 --- 1631-R
Ideal Linen Service 401 E 4 --- 2541
Ideal Steam Laundry 401 E 4 --- 2541
ILFELD CHAS CO 1222 E McGaffey --- 780
IMPERIAL PLUMBING & HEATING 106 E Tilden --- 4855
Independent Real Estate 1121 S Main --- 79
INDIAN MOTORCYCLE SALES & SERVICE CO
   1805 S E Main --- 2277
Industrial Engine Service 1717 Dexter hwy --- 609
Ingalls H A Mrs 1725 N Missouri av --- 2733-M
Ingalls Memorial Home 1009 N Richardson av --- 1804
Ingham Jack H 1802 W 1st --- 1682-W
Ingram Frank 1000 W Deming --- 2778-M
Ingram Howard Rev study 111 W 11th --- 3262
   Res 1506 N Delaware av --- 4766
Ingram Tom L 1515 S Madison av --- 1495
Ingram's Frank Used Cars 1100 S Main --- 960-J
Insley L E Capt 67 W Wells --- 7-3344
INTERNATIONAL HARVESTER CO 120 E Walnut --- 4030
INTERNATIONAL SERVICE INSURANCE CO
   126 S Main --- 353
INTERSTATE SECURITIES CO 410 N Main --- 4775
Ireton Carl V Sgt 116 W Wildy --- 2057-W
Ireton E R 812 E 5 --- 1120-W
Irish Allison G 1512 W Tilden --- 3630-W
Irish Robert E 409 S Kansas av --- 2037-W
Irons Cecil 1724 N Missouri av --- 3431-J
Irvin C E 1421 S Sherman av --- 986-R
Irvin J E 821 N Garden av --- 1481-R
Irvine Ethel 500 S Michigan av --- 3212-W
Irvine Loan Co S of Roswell --- 7-3322
Irvine Milton 1405 S Penn av --- 3928
Irwin C G Mrs 510 N Richardson av --- 4760-J
Irwin Clarence 502 E 4th --- 1779-W
Irwin Pat 401 S Montana av --- 5368
Isaacs Jack 319 S Sequoia av --- 5355-J
Isaacs R A 903 Purdy pl --- 2554
Island Raymond 607 E Bland --- 2387-R
ISLER BUILDERS SUPPLY 207 E McGaffey --- 3432-W
Isler J R 708 W Summit --- 4933-W
Isler J W Jr N E of Roswell --- 06-J3
Isler Jesse W 213 W Deming --- 1761-R
Israel Bennie O 67 Lighthall pl --- 7-2211
Ivey F M 2211 N Garden av --- 3111
Izard E Ray Jr 1102 Melrose dr --- 2059-R
IZARD TIRE CO 126 S Main --- 353

J

Jack & Jill School 1109 N Kentucky av --- 3564
Jackman G L Maj 905 W Alameda --- 1883
Jacks C L 1410 S Madison av --- 1875-R
JACKS FURNITURE CO
   110 E 2 --- 191
   507 S Main --- 3616
Jack's Garage N of Roswell --- 4219
Jackson Aldine L Mrs 409 N Kentucky av --- 1491-W
Jackson Annexter Mrs 209 S Virginia av --- 1234
Jackson Bob N of Roswell --- 5287
Jackson Bruce A Lt 812 W Albuquerque --- 4291-R
Jackson Charles L Lt 1 A --- 7-5587
Jackson Charlie Sgt 22 I --- 7-3354
Jackson Cynthia 716 E Walnut --- 483-R
Jackson Howard E Col 5 Walker pl --- 7-2421
Jackson J C Sgt 96 Vanderslice pl --- 7-2330
Jackson Leonard W 207 S Ohio av --- 2031-M
Jackson P D 1100 W College --- 4339-R
Jackson T J 907 E Bland --- 2353-W
Jackson Virgil J 632 E Cherry --- 4967-W
Jackson W A NW of Roswell --- 3666-M
Jackson W C 200 W McGaffey --- 3243-R
Jacobs Josie E 508 W Deming --- 1712-J
Jacobs Kern B 1108 Highland rd --- 3834
Jacobs L E 802 W 13th --- 3946-J
Jacobs Leland M 128 E Pear --- 1754-R
Jacobs M K 13 A --- 7-3308

Jaconia Joseph A 644 Cherry --- 1990-W
Jaffa Harry 123 S Richardson av --- 9
Jaffa Joe J Mrs 100 S Kentucky av --- 257
Jaffe Frank 208 E Deming --- 3315-M
James Donna F 219 E McGaffey --- 2232-W
James E J 305 W 13 --- 5183-W
James Edward P 208½ W 7 --- 2684-W
James Harry A N E of Roswell --- 2505
James James K 1020 Rancho rd --- 2743-W
James K L 1002 Crescent dr --- 5452-W
Jameson George V M/Sgt 65 Powell pl --- 7-4496
Janecek R C 1613 S Kansas av --- 2683-R
Janes C Mrs 800 N Virginia av --- 2170-M
Janes R L Maj 5 W Wells --- 7-5546
Jankovich Robert N 411½ N Lea av --- 1441-W
Jannot G B Col 64 W Eyman --- 7-2325
Janow Anita 630 E Orange --- 1457-W
Janow John F 911 N Washington av --- 876-W
Jan's A & W Root Beer Drive-In 1003 S Main --- 521
Jansen Roy B 1204 W 11th --- 3671-W
Jaramillo Eloisa 802 S Kentucky av --- 502-M
Jaramillo F M 808 E Bland --- 1498-J
Jarrell Alfred C ins 109 E 5 --- 249
   Res 108 S Washington av --- 2270-W
Jarrell J R E of Roswell --- 048-R3
Jay Ernest E Sgt 8 E Eyman --- 7-6615
JEEP SALES & SERVICE 225 N Virginia av --- 688
Jefferies R K 1105 S Penn av --- 3466-J
Jefferson Francis T 100 Lighthall pl --- 7-2145
Jefferson Standard Life Insurance Co J P White B --- 744
Jelsovsky Frank 1806 N Maryland av --- 4598-W
Jenkins Dalton 702 E 5 --- 5045-W
Jenkins Edith W 1207 W Walnut --- 48-W
Jenkins Edwin C Maj 40 W Byrne --- 7-5563
Jenkins James H 809 W 8 --- 4436-W
JENKINS MUSIC CO 111 W 3 --- 4027
Jenkins O E 1313 E Hendricks --- 3097-J
Jenkins Rupert W S of Roswell --- 061-J1
Jenkins S L 811 W 3d --- 1407-W
Jenkins W L 304 E Church --- 3534-R
Jennings Clifford E 404 S Union av --- 1395-R
Jennings Edwin 910 W Mathews --- 3119-W
Jennings Emmit M phys surg 309 W 2 --- 134
   Res 1107 Rancho rd --- 4888
Jennings Howard W oil J P White B --- 3302
   Res 1012 N Penn av --- 3664
Jennings J A S E of Roswell --- 055-R1
Jennings James T atty J P White B --- 341
   Res 1008 S Penn av --- 2714
Jennings L F 1512 N Delaware av --- 3284-R
Jennings Nephus 1620 N Missouri av --- 3749-M
Jennings Raymond 402 S Union av --- 1768
JENNINGS SHOW CASE & FIXTURE CO
   1008 W Tilden --- 1768
Jennings Tom W 1617 S Washington av --- 4650-J
Jennings William O Sgt 76 E Wells --- 7-2358
JENSON CONSTRUCTION CO 1013 S Penn av --- 1422
   Dunlap W T Bill 1707 N Missouri av --- 4275
   Kerr Ralph F 1013 S Penn av --- 1422
Jenson Max S 1022 S Kentucky av --- 4282
Jernigan Jack 1521 W 2 --- 5203-W
Jernigan Lottie L 304 W 4th --- 372-W
Jernigan Roy A N E of Roswell --- 064-R1
Jerome Duane 1210 W 8 --- 1131-W
Jillson Edwin Capt 716 E Pear --- 3474-J
Jimenez Bartolo 812 E Deming --- 2876-W
Jimenez Jesus 101 S Elm av --- 2169-W
Jindrich Clara Mrs 820 N Main --- 5346-W
Jingle-Bob Drive In Theatre
   Theatre E Country Club rd --- 060-R1
   Office 112 N Main --- 2780
Joe's Gulf Serv Sta 1141 S Main --- 4938
JOHN HANCOCK MUTUAL LIFE INS CO
   J P White B --- 2941-M
John Jessie 809 E Deming --- 4229-J
John Office Supply 212½ N Richardson av --- 629
Johns J E 1004 S Main --- 735
Johns James P 1411 Highland rd --- 1967-J
Johns Murray C 1406 S Lea av --- 3563-J
Johnson Allen E Rev 1306 N Lea av --- 1882
Johnson & Allison rl est 410 S Main --- 329
Johnson Art 1200 N Washington av --- 1728-R
Johnson Arthur 812 E Hendricks --- 3359-M
Johnson Arvil 621 E Cherry --- 1869-J
Johnson Bill 1007 N Plains Park dr --- 5537-M
Johnson Blanche D 410 N Kentucky av --- 1223-W
Johnson C E 1604 N Delaware av --- 4361
Johnson Carl A 811 N Penn av --- 430
Johnson Charlie M ins 110 S Richardson av --- 356
   Res 903 S Sunset av --- 056-R2
Johnson Claonia V Mrs 112 S Washington av --- 5325
Johnson Clara L 216 W 4 --- 5469
Johnson Claude 1107 S Virginia av --- 5445
Johnson Darrell W Lt 204 W Mathews --- 420
Johnson David 609 W 11 --- 1503-W
Johnson Dewey E 1200 W Summit --- 3683-W
Johnson Douglas W 706 N Garden av --- 3146-W
Johnson Eddie L N of Roswell --- 038-J1
Johnson Edgar F 1011 S Penn av --- 4159
Johnson Edward V 1506 W Walnut --- 4687-W
Johnson Eugene D 704 S Union av --- 2349-J

Johnson Frances E 13 Riverside dr --- 1998-W
Johnson Frank 2406 N Main --- 3391
Johnson Frank J W of Roswell --- 964-J
Johnson H D Jr dentist 401 N Penn av --- 30
  Res 1202 Highland rd --- 3804
Johnson H L 1316 E Alameda --- 4893-W
Johnson Harold H 704 W Summit --- 3153-R
Johnson Harold O 1205 E 1st --- 2865-W
Johnson Harvey W 502 W McGaffey --- 1680-W
Johnson Henry D 720 S Main --- 908
Johnson J Kelley 115 W McGaffey --- 3243-J
Johnson James C 204 E Hendricks --- 5351-J
Johnson Jerry N 302 S Washington av --- 2586-J
Johnson John M 1001 E Hendricks --- 1826-R
Johnson Karl A 1501 S Lea av --- 4863
Johnson Karl E 308½ W Alameda --- 1029-M
Johnson L W 1200 E Bland --- 4153-W
Johnson LaNell 1021 S Union av --- 4486-J
Johnson Lee Roy 1111 W Summit --- 1073-M
Johnson Lloyd 512 E 4th --- 101-R
Johnson Luther L 502 S Spruce av --- 4008-R
Johnson M A Mrs 324 E 7th --- 1739-J
Johnson Malcolm L 1003 N Plains Park dr --- 5537-W
Johnson Norman 1005 S Cahoon av --- 5244
Johnson O B 112 S Kansas av --- 1535
Johnson Oliver 1110 S Richardson av --- 3924-W
Johnson Omer G 1604 N Washington av --- 4375-W
Johnson Orland R S of Roswell --- 7-6697
Johnson Ralph E 1513 S Lea av --- 2033-W
Johnson Ralph F 325 E 6 --- 2879-R
Johnson Richard E 507 S Sequoia av --- 5341
Johnson Richard H M/Sgt 70 E Byrne --- 7-5567
Johnson Robert C 1008 N Kansas av --- 3830-J
Johnson S K NW of Roswell --- 067-R2
Johnson S P Jr S W of Roswell --- 514
Johnson Sam 909 N Washington av --- 4197
Johnson Samuel G dentist 401 N Penn av --- 30
  Res 1102 W Summit --- 1246
Johnson Sylvester P 306 N Missouri av --- 550
Johnson T J 418 E 5 --- 2970-M
Johnson Talmadge 1713 N Union av --- 2502-R
Johnson Vernon 1209 W 2 --- 2664-W
Johnson W H 310 N Kansas av --- 335
Johnson Waldo E Capt S of Roswell --- 3164-R
Johnson Walter E Capt 210 E Church --- 5414
Johnson Walter W S E of Roswell --- 051-R4
Johnson Wanda F 418 E 5 --- 2970-M
Johnson Willard 702 N Delaware av --- 759-R
Johnson Zola Mrs 1110 S Kentucky av --- 1354-W
Johnson's Cafe 108 N Main --- 2849
Johnson's Gulf Serv Sta 1220 E 2 --- 253
Johnston E B 604 E College blvd --- 1378-J
Johnston E Bernard 1109 N Lea av --- 2621-J
Johnston Elwood 1106 Melrose Dr --- 2002-R
JOHNSTON PUMP CO OF NEW MEXICO
  108 S Virginia av --- 2800
  Nights Sundays & holidays call --- 3192
  Night Sundays & Holidays call --- 3603-R
Johnston R E Maj 93 Holloman pl --- 7-2312
Johnston Robert E 65 Holloman pl --- 7-2286
Jolls Lewis M Capt 8 Bailey pl --- 7-2427
Jolly Uda W 2106 W 1 --- 3238-W
Jolly Virginia Mrs 307 W 1 --- 4172-J
Jolly W S 711 N Pennsylvania av --- 602
Jones A D 300 S Kentucky av --- 1286
Jones Alford C E of Roswell --- 020-J3
Jones Allen W 406 E 3 --- 1749
Jones Allie 329 E 7th --- 736
Jones Arba Mrs 701 S Union av --- 5297
Jones Arthur 306 S Beech av --- 787
Jones Beatrice Mrs 602 S Kentucky av --- 1591-M
Jones Ben 108 E Mathews --- 2472-J
Jones Bill 802 El Dora dr --- 1174-M
Jones Bonnie Mae 907 W 4th --- 3829-W
Jones C E 108 E Albuquerque --- 3806-J
Jones Charley L 607 S Michigan av --- 1265
Jones Clarence 204 N Atkinson av --- 1425-W
Jones Dale N Maj 78 Will pl --- 7-2433
Jones Donald P Capt 69 Holloman pl --- 7-6616
Jones Durwood O 1013 W 3d --- 3347
Jones Emma Mrs 204 S Penn av --- 2293-M
Jones Floyd Sgt 114 Lighthall pl --- 7-2236
Jones Frank L 817 E 5 --- 2009-W
Jones George H Lt 5 A --- 7-2310
Jones Gerald L Sgt 804 W 5 --- 519-W
Jones Greely H 323 E Church --- 4609-W
Jones H L N of Roswell --- 015-J1
Jones Harvey L 1710 N Lea av --- 4759-M
Jones Inez 713 E Bland --- 2787-R
Jones J C 700 S Richardson av --- 1854-J
Jones J H 328 E 6 --- 1276-J
Jones J W Jr N E of Roswell --- 06-J1
JONES J W PLUMBING & HEATING CO
  311 N Union av --- 2604
Jones John C 905 N Washington av --- 2181-W
Jones June 205 S Kentucky av --- 4296-J
Jones L E 309 E 7th --- 2165-M
Jones Logan 603 N Kentucky av --- 1280-W
Jones Luther E 1212 E 1 --- 872-R
Jones Marcus 506 E 3d --- 2432
Jones Milton S Col 25 B --- 7-2255
Jones Paul M 1606 S Stanton av --- 4981

Jones R D acct 1st Natl Bk B --- 107
  Res 1308 W 7 --- 4280-J
Jones R E Jr 1723 N Ohio av --- 3299-W
Jones Raymond 419 E 2d --- 1366-R
Jones Remus L Maj 1609 S Kansas av --- 3368-W
Jones Robert J 818 E 5 --- 5139-J
Jones Russell B Lt 204 W Mathews --- 420
Jones T Q Maj 76 W Byrne --- 7-2448
Jones Vivian 300 E Country Club rd --- 3087-J
Jones W 1425 W 2 --- 4374-W
Jones W R 803 N Orchard av --- 1851-M
Jones W R Sgt 640 E Apple --- 1852-M
Jones William J 701 S Kansas av --- 2186
Jones William T Maj 11 W Eyman --- 7-6633
Jones Willie 523 E 8 --- 1237-M
Jordan C E 1107 N Penn av --- 1940-R
Jordan Clint E 507 N Hendricks --- 2129-M
Jordan Earl W 118 E Pear --- 5309
Jordan Fred P N of Roswell --- 4454-W
Jordan H F 1606 N Pontiac dr --- 3873-M
Jordan Hugh B 1111 S Michigan av --- 5248-W
Jordan Hugh R Rev study 803 N Missouri av --- 4209-J
  Res 713 N Missouri --- 1511
Jordan J L S E of Roswell --- 082-J3
Jordan Jewell Walters 503 S Sycamore av --- 3557-W
Jordan L T S E of Roswell --- 017-R5
Jordan R M 1112 Highland rd --- 4843-J
Jordan Ralph Tex Rev 602 E Chisum --- 5054
Jordan Ralph Serv Sta 2500 E 2 --- 5218
Jordan Tom 206 S Atkinson av --- 2913-W
Joyce Gertrude J Mrs 1100 N Kentucky av --- 2553
Joyce Herbert 1101 N Atkinson av --- 2025
Joyce R N 203 W Tilden --- 4257
Joyner W T Mrs 612 N Penn av --- 49
Judy Raymond W 623 E Apple --- 5139-W
Jung Gerald M 709 W Hendricks --- 2431-R
Junior Thelmon 112 E Byrne --- 7-6673
Jurecek F C 1609 N Union av --- 2383-J
Jursch Iola Mrs 114 N Richardson av --- 2687-R
Justice I M S W of Roswell --- 025-R2
Justice of the Peace Court House --- 192
Justus R H 1308 N Kentucky av --- 2508-M

K

K B I M Radio Station 512 W 2 --- 4848
K C A CO 602 W 2 --- 2343
K G F L 1621 N Washington av --- 2000
K S W S RADIO STATION 1723 W 2 --- 3737
K S W S-T V
  Executive Offices 1723 W 2d --- 3737
  Studio & Transmitter Commanche Hill --- 513
KAISER-WILLYS SALES & SERVICE
  225 N Virginia av --- 688
Kamees David 405 E Hendricks --- 2354-J
Kann Paul 1722 N Kentucky av --- 3877
Kapitz R J S W of Roswell --- 2785-M
Kaplan Jay L Lt 1700 N Union av --- 2667-R
Kappas Harry 1106 N Lea av --- 1888-R
Karins Foster 804 W Mathews --- 3713
Karnes Dale 1724 N Ohio av --- 3449-R
Karnowsky I 411 W Reed --- 1807-W
Karp William J Col 505 W College blvd --- 3821-M
Karr Margaret 206 W Tilden --- 1355
Kassel Richard G W of Roswell --- 024-R2
Kassube James R 1508 S Washington av --- 2316-J
Kasten Albert 810 W Tilden --- 2697-J
Kasten Nelson Maj 1014 S Union av --- 4831-J
Kasting Fred 111 W Oliver --- 4535-M
Kastler Howard 1509 Pontiac dr --- 4155-M
KATY'S CAFE 118 N Main --- 637
Kauffman Bruce H 209½ S Washington av --- 4734-J
Kauffman Rennis 505 W 11 --- 1609-J
Kaufman Paul E 510 W Deming --- 1712-M
Kaufmann B Juanita Mrs 1108 S Kentucky av --- 4541
Kaufmann Frank J 1108 S Kentucky av --- 4541
Kaye E Donald 503 S Louisiana av --- 1376-W
Kearnes M E 1715 N Union av --- 3914-J
Kee Auto Sales 1203 S Main --- 2252
Kee J D 1801 N Maryland av --- 1701-M
Kee J R 610 E McGaffey --- 1664-J
Keenen A W Lt 1515 N Pontiac dr --- 4384-J
Keesee E R Mrs 404 E 5 --- 2365-R
Keesey C B 319 E 7 --- 1662-J
Keesling Eldon R Sgt 1822 N Cambridge av --- 1868-W
Keesling Marilyn R 1822 N Cambridge av --- 1868-W
Kegley W H S E of Roswell --- 2203-M
Keith G Clifford 808 E McGaffey --- 5438
Keith Langford 312 N Lea av --- 388
KEITH LANGFORD contr 300 E Church --- 1550
Keith Ralph W 700 N Delaware av --- 1211
Keith Robert C 709 W Tilden --- 4737-R
Kellahin Lily W J Mrs 702 N Penn av --- 18
Kellar D B S of Roswell --- 045-R11
Kelleher Robert C T/Sgt 102 E Eyman --- 7-6617
Keller Clyde 1818 N Maryland av --- 1867-W
Keller Eugene A 15 Reynolds pl --- 7-2298
Keller Frank 203 W Summit --- 1398-R
Keller Roberta 1200 W Tilden --- 2644
Kelley Adriana C Mrs 11 I --- 7-2283
Kelley C L 1603 S Adams av --- 4779

Kelley Carl A 812 N Kentucky av --- 1072-W
Kelley Clifford M S W of Roswell --- 029-R5
Kelley Joseph H 619 N Richardson av --- 5163
Kelly A M Jr 1108 N Lea av --- 1619
Kelly B F 1107 N Kentucky av --- 589
Kelly Ben F Jr 1515 N Ohio av --- 3638-R
Kelly Betty 208 S Stanton av --- 2419-R
Kelly H T Col 1508 N Washington av --- 3866
Kelly Herbert J Capt 939 Davidson dr --- 4195
Kelly J H 1700 N Pontiac dr --- 3447-R
Kelly J R Col 1311 N Penn av --- 2067-J
Kelly John M geolgst 803 E 2d --- 2112
Kelly Martha May 1004 Kings dr --- 2321-R
Kelly Philip O Sgt 106 E Byrne --- 7-3330
Kelly Ruth G 324½ N Main --- 1139-W
Keltner Bill 1802 S Munroe dr --- 2315-R
Keltner Dorothy E Mrs 1802 S Munroe dr --- 2315-R
Kelty Thomas R 210 W Bland --- 1761-J
KELVINATOR AUTHORIZED DEALER 113 N Main --- 634
Kemmerly R A 1708 S Virginia av --- 2694-J
KEMP LUMBER CO 212 E 4th --- 1136
Kemp S C 639 E Cherry --- 1638-W
Kemper Lonnie 511 N Missouri av --- 2332
Kempin Ollie Mrs 512½ N Lea av --- 3839-J
Kendrick A L 636 N 6th --- 1602-W
Keneipp Roscoe 308 W Hendricks --- 1038-W
Kennady W B Mrs 409 S Michigan av --- 2431-M
Kennedy Billy S 900 S Atkinson av --- 4922-J
Kennedy Clark D 24 Neiss pl --- 7-3363
Kennedy Silver 104 N Missouri av --- 956-J
Kennedy W M N E of Roswell --- 068-R4
Kennedy William L 1012 W Albuquerque --- 3545-J
Kenney Eugene E 315 W McGaffey --- 3343-J
Kenney Jennie 408 N Michigan av --- 519-W
Kenney T A S E of Roswell --- 081-J2
Kennon Hazel M Mrs N E of Roswell --- 3747-M
Kennon Jim D 403 S Aspen av --- 2182-J
KEN'S RADIO & TV 1139 S Main --- 1019
Kent W M E of Roswell --- 021-J1
Keohane B M 100 N Penn av --- 320
Keohane Inc J P White B --- 2071
Keopple John Jack 1112 S Missouri av --- 2788-M
Kerr Ralph F 1013 S Penn av --- 1422
Kersey Luther R 1410 S Kentucky av --- 3796
Kessel Arthur D 103 S Stanton av --- 5085-W
Kessel J 1406 Highland rd --- 3064-J
Kessel Norton 404 S Washington av --- 827-J
Kessel Variety Store 223 N Main --- 1714-J
Kessel's Department Store 201 N Main --- 2520
Kessinger Mollie Mrs 405 N Kentucky av --- 2872-J
Kessler E L 513 S Sequoia av --- 2121-R
Kester Ben T 19 Morningside pl --- 3321-R
Kester Don S E of Roswell --- 080-J4
Ketchem Arvol S E of Roswell --- 4534-J
Kewanee Oil Co City Hall --- 3558
Key Joe F 1015 S Kentucky av --- 3176
Keyes Conrad G well drilling 1012 S Penn av --- 684
KEYES DRILLING CO 1012 N Penn av --- 684
Keyes Grant oil opr J P White B --- 633
  Res 111 N Kansas av --- 1070
Keyes Robert Grant 1119 S Missouri av --- 4919
Kidwell Ed 1101 N Kentucky av --- 3258
Kiernan Ruth A 208 S Richardson av --- 1381-J
Kiker William L Jr Sgt 33 Jackson pl --- 7-3375
Kilcrease Joella 506 N Washington av --- 1446-R
Killday Patrick T 401 S Richardson av --- 4964-W
Kilness Kenneth F Maj 317 E Frazier --- 4017-J
Kilpatrick John R 1515 W Tilden --- 1844-M
KIMBELL-ROSWELL CO 610 N Railroad av --- 3850
Kimbriel John E Capt 1714 W Walnut --- 3253-R
Kimbrough M B 1508 N Kentucky av --- 4443-R
Kime A G Mrs 915 E McGaffey --- 4248-R
Kimes E G 202 N Shartell av --- 1674-J
KIMMEL LEWIS C atty 113 E 3d --- 4780
  Res 1603 S Madison av --- 4157-W
Kincaid Thomas B 109 S Kentucky av --- 1427-R
Kindell J A 1010 N Kansas av --- 1341-W
King Albert 805 W 12th --- 3948-W
King Aubrey 2312 N Texas --- 5026-R
King Chet S E of Roswell --- 020-J4
King E E 1701 Pontiac dr --- 3673-M
King E L S E of Roswell --- 04-J11
King Earl H S E of Roswell --- 04-R12
King George L E of Roswell --- 020-R1
King H D Mrs E of Roswell --- 020-R4
King H L 1111 W Tilden --- 1972-W
King Laura M 129 E Pear --- 4185-R
King Lawrence H S E of Roswell --- 020-J2
King Lee R 83 Lighthall pl --- 7-2176
King Leland P 902 N Richardson av --- 2212-J
King Lloyd S of Roswell --- 045-R5
King Newton 507 W 12th --- 1209-M
King Paul M E of Roswell --- 021-R2
King Roy E Mrs 1001 S Main --- 147-M
King Roy V 507 N Washington av --- 984-J
King T W Mrs 700 E 5th --- 1043
King Warren S 707 N Washington av --- 921-W
King William M 212 S Stanton av --- 1841-R
King's Laundry 1315 N Maple av --- 3361
Kinlaw Edithe 1304½ N Lea av --- 1116-J

Kinman—Lewis

Kinman L M phys surg 300 W Alameda --- 4559
  Res 1023 S Michigan av --- 109
Kinney G R Shoe Co 206 N Main --- 1047
Kinnison O A Jr 1012 S Kentucky av --- 2397-W
Kintz J L 611 W 4th --- 912-M
Kiper Fines E 409½ E 5 --- 946-R
Kirby R E Maj 85 Fitzgerald pl --- 7-4401
Kirby Vacuum Cleaner Co 513 E 2 --- 3127
Kirby's Shoe Stores 302 N Main --- 4063
Kirkland D G 1500 N Ohio av --- 3743-W
Kirkpatrick Dorothy 1105 W 8 --- 2248-M
KIRKPATRICK FINANCE CO INC 800 S Main --- 3072
Kirkwood C B Mrs 511 N Kentucky av --- 1375-W
Kirste Gerald Capt 96 W Byrne --- 7-4468
Kirwin E L 85 Lighthall pl --- 2162
Kisselburg David H 909 N Delaware av --- 3195-R
Kisselburg G R 804 W 11th --- 2059-J
Kisselburg J M Mrs 806 W 11 --- 1687-J
Kitchen Tommy A 1202 W 8 --- 2811-M
Kitching Hugh J 516 E 3 --- 3301-W
Kizer M C 1401 W Tilden --- 4012-M
Kizzlar K Otis 1511 S Michigan av --- 4896
Klanecky Leonard A Capt 810½ N Penn av --- 1402-J
Klein J C Lt 407 W Hendricks --- 1618-W
Klein Philip E Lt 20 A --- 7-2287
Klemp L F M/Sgt 43 Brown pl --- 7-4471
Kline Kenneth W Sgt 505 N Atkinson av --- 1638-M
Kling H P Pete 1711 W Walnut --- 3735-R
KLING PETE PRESCRIPTIONS-DRUGS
  403 W College blvd --- 3446
Kluk Dorothy W Mrs 404 S Hemlock av --- 4293-J
Klyng Anna T 312 E 8th --- 1922-R
Knadle L C 1508 Highland rd --- 5049
KNADLE'S 227 N Main --- 177
Knapp Gale W Sgt 105 S Kansas av --- 5238-M
Knapp Vernon Col 1404 N Penn av --- 2652
Knapp William 407 S Holland av --- 4351-J
Knauf James A 104 E Pear --- 2278-M
Knife & Fork Club of Roswell 1212 E Walnut --- 2515
Knight Eugene M 1610 S Washington av --- 5432
Knight Flodelle 1112 S Penn av --- 3196-W
Knight Frank 515 E Cherry --- 1578-J
Knight J E Lt 1500 N Delaware av --- 4915-R
Knight O B 1734 N Ohio av --- 954-R
Knight Ralph L 1619 N Kansas av --- 4783-J
Knights of Pythias 1701 W 2 --- 328
KNOEDLER GROCERY & MARKET 513 W 5th --- 283
Knoedler L E 1404 W 8th --- 2250-R
Knoepfel R M 1500 W 7th --- 1066-W
Knorr J W 305 S Lea av --- 2989-W
Knorr Realty & Bldg Service J P White B --- 2941-W
Knott Mary Mrs 410 S Delaware av --- 2075-W
Knotts E P 1108 W 7th --- 1650-J
Knotts Edgar C 707 W Tilden --- 5365-R
Knous John G Jr Lt 6 A --- 7-6608
Knox R D 308 S Union av --- 1322-J
Knox Stanley Capt 24 A --- 7-5552
Knuckles F 1306 W 8 --- 2250-J
Kochan Chester T Capt 504 S Aspen av --- 1542-J
Kocher Nancy E Mrs 1508 N Delaware av --- 4285-W
Koelbl John 406 N Hendricks --- 2397-M
Koger Olan S of Roswell --- 079-J11
Koglin Bill Sinclair Serv Sta 1407 S E Main --- 4456
Koglin W T 1002 S Penn av --- 3282-W
Kohle Arthur F Capt 42 W Byrne --- 7-2203
Kollman James 1211 W 11 --- 4526-J
Koonce A C 1725 N Delaware av --- 1524-W
Kopp Audrey 1705 N Kansas av --- 3837-W
Kopp Robert L Sgt 1306 S Lea av --- 2606-J
Koprian Bill 805 E McGaffey --- 1380
Korsmo T B 1412 S Richardson av --- 4620-R
Koske La Vern F 706 N Washington av --- 1753-M
Kost John C Jr Col 1405 N Penn av --- 2640
Koth Magnolia Serv Sta 125 E 2 --- 1452
Kottman Betty 513½ E 3d --- 1602-M
Koy Gene 1409 S Lea av --- 2838-W
Kragrud L A Mrs 303 N Michigan av --- 1115-M
Kragrud Roy A 118 E Frazier --- 5015-W
Kramer A F Sgt 95 Lighthall pl --- 7-6668
Krebs John L Maj 29 B --- 7-2450
Kress S H & Co 206 N Main --- 4530
Krolinsky Stephen P Capt 30 W Wells --- 7-2465
Kromer Edward E Mrs 1035 Crescent dr --- 3536-W
Kronauer K F 1623 S Kentucky av --- 1019
KRONAUER MUSIC CO 1139 S Main --- 177
Kross Wayne 1712 W 2 --- 1846-W
Krueger Erwin E Lt 709 W Summit --- 1158-R
Krusekopf H H 608 S Lea av --- 3261-W
Kubala Fred S E of Roswell --- 036-J5
Kubiak Stanley 1511 S Missouri av --- 1305-J
Kubler Edwin C Maj 1714 N Kentucky av --- 3838-W
Kuchar Charles J 1413 W Hendricks --- 3967-M
Kuharek John D 31 Brown pl --- 7-2274
Kuplec Stanley 303 W Chisum --- 2099-J
Kursulis Juris J 907 W 7 --- 5302-W
Kust George 520 W McGaffey --- 3330-J
Kuykendall Clyde 1710 N Maryland av --- 2751-M
Kuykendall Dorothy 623 E Orange --- 1763-W
Kuykendall W M NE of Roswell --- 014-R11
Kuykendall William A Rev 1114 S Kentucky av --- 1850-W
Kyger Charles F 608 N Ohio av --- 1762

Kyle Evelyn Mrs 108 W Tilden --- 1536
Kyle Gene 105 S Stanton av --- 3033-W
Kyte Cecil H 500 N Washington av --- 533
Kyte Terry A 504 W Deming --- 1712-R

L

La Bonita Bar 104 E Alameda --- 5366
Lacer Cliff rl est 407 S Main --- 708
  Res 103 S Missouri av --- 1193
Lacey A P S E of Roswell --- 036-R3
Lacey E P 306 S Union av --- 2210
LACEY SHEET METAL SHOP 413 E 2d --- 2555-W
LA CIMA COURT N Main --- 1893
LA CIMA DINING ROOM N Main --- 3380
Lackey Joe W 1712 W 3 --- 5585
Lacy C B 400 S Ash av --- 3355-J
Ladeau William D 1304 S Adams av --- 4499-J
Lafferty Lloyd 1503 Pontiac dr --- 3684-W
La Hondo Courts 1011 E 2d --- 330
La Hondo Drive In Cafe 1011 E 2d --- 4246
Lahti Everett E 105 N Ohio av --- 5437-J
Lair H J 1518 N Delaware av --- 4810
Lair Jack 1311 W Highland rd --- 3298
Laird A R 407 N Penn av --- 1238-J
Lamb Claude Capt 1617 S Kansas av --- 3963-W
Lambert G G Warnt Ofcr 1108 W 11th --- 3671-M
Lambert Henry K 1312 N Kentucky av --- 3588-M
Lambeth W E 10 Riverside dr --- 1939-R
Lamkin H B Jr 200 S Poplar av --- 4575-W
Lancaster George F 706 N Garden av --- 1547-J
Lance Jack W Sgt 1302 N Main --- 5422
Landenberger R W Jr 1200 W Stone --- 3970-M
Lander E W phys surg 211 W 3d --- 600
  Res N E of Roswell --- 2255
  If no answer call --- 4754
Lander J D 1702 S Munroe av --- 2296-W
Landess Reed S of Roswell --- 079-R4
Landfair Jap SE of Roswell --- 075-R3
Landis L O Sgt 300 W Wildy --- 3221-R
Lane A C Bert 1406 S Kentucky av --- 2820-W
Lane Bruce Jr 1600 N Ohio av --- 3696-W
Lane Joe J 123 E 5 --- 829
Lane Joseph J 113 E Bland --- 5350-J
Lane L L W of Roswell --- 062-R3
Lane Mary E of Roswell --- 051-R2
Lane W Lynn 1201 N Lea av --- 1327
Lane William C Capt 903 W Alameda --- 4306
Lanfor Manuel 404 S Holland av --- 2613-J
Lang E E Capt 36 Geiger pl --- 7-9983
Langbehn W F 705 N Union av --- 4186
Lange E A L 23 A --- 7-2430
Langford M W Sgt 308½ W Ryan --- 7-2293
Langhorne Donald Lt 39 A --- 7-6612
Langley E G 1300 N Missouri av --- 1621-R
Langley L H 1505 W 1 --- 5095-W
Langley P E oils 309 N Richardson av --- 4380
  Res 1109 S Lea av --- 2266-M
Langworthy Jack 43 E Wells --- 7-5527
Lanier Buck 109 W 5 --- 5475
Lanier Glen 813 E 2 --- 1337-W
Lanier Helen L Mrs 813 E 2 --- 1337-W
Lanier J A S E of Roswell --- 02-J4
Lankford Elmer 204 W Alameda --- 1029-R
Lankford Everett 409 S Missouri av --- 1299-W
Lankford Everett C ins 206½ W 4 --- 2711
Lankford Royce 1514 S Madison av --- 4157-R
Lanning Kenneth 1803 N Missouri av --- 2733-W
Lannom C E 206 S Penn av --- 1640-W
Lannom James Cahoon pk --- 1448-W
LA POSTA 502 W 2d --- 821
Lara Martha Mrs 709 E Hendricks --- 2772-J
Lara Ramon M 1213 N Washington av --- 2246-J
Lara Victor F 111 S Elm av --- 2752-M
Lard Otto 1104 S Missouri av --- 1473-W
LaRiva Antonio 109 W Albuquerque --- 2243-M
LARKAM STUDIO 308 W 3 --- 1308
Larkin Robert T Lt Col 2 W Eyman --- 7-2278
Larry's Billiards 119 W 3d --- 99
Larsen Robert C 911 S Washington av --- 894-R
Larson Carl H Capt 43 Kelly pl --- 7-2253
Larson Edwin G Sgt 36 Harris pl --- 7-2264
Larson J A Capt 75 Fitzgerald pl --- 7-2460
Larson Orville E 1509 W 1st --- 3388-J
Lary Kathryn 301 W Alameda --- 3272-M
LaSalle Courts 2300 N Main --- 5227
Lasater A L Sgt 24 E Byrne --- 7-9971
Lasley Charles M 109 W 5th --- 620
Lassen Emil Jr 1008 S Union av --- 4414-J
Lassiter B B 807 N Richardson av --- 965-J
Lassiter R L Sgt S of Roswell --- 1522-W
Latimer Audre 1604 W 3d --- 2483
Latimer Blanche Mrs 1110 S Michigan av --- 3126-M
Latimer Earl A Jr phys surg 401 N Penn av --- 30
  Res 1604 W 3d --- 2483
  If no answer call --- 4492
Latimer Murray B 1110 S Michigan av --- 3126-M
Latkovich George 23 W Eyman --- 7-5569
Latner A T 600 S Union av --- 5367
Latner Plumbing & Heating Co 203 S Main --- 5182
Latter Day Saints Church 1707 W Juniper --- 1959-J
LaTurner Fred 945 Davidson dr --- 3192

Laub Roy 106 S Stanton av --- 2419-M
LAUNDROMAT HALF-HOUR LAUNDRY
  802 S Main --- 2657-W
Laux John M 1202 W Deming --- 2429-M
Lavely D A 418 S Pine av --- 4221-W
Lavender C V 314 E Frazier --- 2263-W
Lavender Ray 901 W Mathews --- 3124-J
LaVenetian S of Roswell --- 7-2416
LA VONE BEAUTY SHOPPE 213 W 3d --- 3256
Lawrence Claude E 1109 N Missouri av --- 1609-R
Lawrence John R 624 E Orange --- 4348
Lawrence O V Jr 1505 S Missouri av --- 1239-W
LAWRENCE WILL C ins 309 N Richardson av --- 71
  Res 123 E 5 --- 800
Lawson Fred Sgt 14 I --- 7-6644
Lawson Gordon Z Capt 26 W Eyman --- 7-2316
Lawson Richard 702 E Alameda --- 4427-R
Lawton Patricia 608 N Virginia av --- 2692-M
Layberger Billy J T/Sgt 702 S Lea av --- 2911-J
Layman Franklin W N of Roswell --- 1438-W
Lazaro George S E of Roswell --- 016-R12
Lea W M 106 N Kentucky av --- 1150-W
Leach Omar 416 N Richardson av --- 862
Leakou John 1600 S Lea av --- 3342
Lea's Beauty School 1021½ N Main --- 2841
Lea's Gift & Beauty Shop 100 N Main --- 174
Leaton Juanita 112 S Mulberry av --- 3729-R
LeBar C A 1007 W 11 --- 1687-W
Lecocq Kenneth 510 S Spruce av --- 5505-J
Ledbetter Jewell 213 E Van Buren --- 4342-M
Lee Fred H 1006 S Sunset av --- 056-R1
Lee Henry S of Roswell --- 081-R4
Lee J C 1514 S Stanton av --- 2224-W
Lee J Ed S of Roswell --- 059-R1
Lee James A 1613 N Kansas av --- 1936
Lee John E E of Roswell --- 064-J1
LEE MACK LAUNDRY 503 E 2 --- 3935
Lee Marcus SW of Roswell --- 053-R1
Lee Paul D ins 307 N Richardson av --- 3188
  Res 1004 W Mathews --- 2679-M
Lee Philip L 27 Van Lueven pl --- 7-2186
Lee Robert Edward 1000 S Sunset av --- 056-R1
Lee Robert Elsworth 108 W Oliver --- 4433-W
Lee Roy H 711 N Richardson av --- 2614-J
Lee Roy L 900 E McGaffey --- 1679-W
Lee Wilhelmina W Mrs 415 N Penn av --- 2440-J
Leeman Martha 912 W Tilden --- 4719-J
Leeper D A Lt 203 E Church --- 702-J
Lee's Paint Store 215 W 3d --- 2959
LeFevers Dero 905 N Penn av --- 4564
Leffert Delbert E 705 W 16 --- 3848-M
Lefky Anton F Capt 44 W Alameda --- 4943-W
Le Grande L E 81 E Byrne --- 7-2204
Lehman Daniel 407 S Washington av --- 1531-M
Lehman H W Jr Lt 1414 E Bland --- 3175-W
Lehman I 814 N Kansas av --- 2607-W
Lehman Tyrus 1510 W 1st --- 2442-J
Lehman's Shoe & Clothing Store 211 S Main --- 303
Lehrman M 1000 N Richardson av --- 1397-M
Leisk W T 1807 W 3 --- 1152
Lemay Arthur L 1008 S Lea av --- 2603-W
Lembke-Clough & King Inc N of Roswell --- 404
Lemire Margaret 207 E Bland --- 5525-W
Lemmons P W 1613 N Michigan av --- 2748-R
Lemons H A 504 E 3 --- 5567
Lentner Paul 511 S Richardson av --- 1122-W
Leonard F E 402 S Hemlock av --- 5264-M
Leonard Harry ofc J P White B --- 4576
  Res N E of Roswell --- 284
LEONARD OIL CO
  Office J P White B --- 4576
  Bulk Station 911 N Virginia av --- 655
Leonard R J farm NE of Roswell --- 1325-M
Leone J A Maj 14 B --- 7-2245
Leone Ralph N Maj 47 Kelly pl --- 7-5574
Leopard Dan 513 S Pine av --- 4807
Lepard G B 411 E 3d --- 2463-M
Le Pell Frank 1206 W 7th --- 3604
Le Pell Ina 204 N Michigan av --- 669
Lester T R 411 S Sequoia av --- 5261-W
Letcher A C 1812 N Kentucky av --- 1524-W
Letcher Elmer 1210 N Richardson av --- 1903-W
LeVeen Harry H phys surg 103 N Penn av --- 2514
  Res 411 W 7 --- 3353
  If no answer call --- 2514
Leverett G A 609 N Penn av --- 1797-M
LEVERS BROS 209 E 2d --- 500
Levers Forest E 713 N Main --- 973
Levers Joe 613 N Delaware av --- 2709
Levers Oil Co 209 E 2d --- 500
Levers R E 601 N Richardson av --- 553
Levick Earl G 705 N Kansas av --- 1991
Lewis A H well driller 512 E 2 --- 3980
  Res 1206 W Deming --- 2778-R
Lewis Bernard 108½ S Union av --- 1217-W
Lewis C C 2 E Byrne --- 7-2155
Lewis F D 811 W 8 --- 5329
Lewis F W 1309 N Montana av --- 753-J
Lewis Fred K 310 S Sequoia av --- 5262-J
Lewis James W 1412 S Kentucky av --- 3836
Lewis Jay F 1609 S Lea av --- 4157-M
Lewis L T 309 S Missouri av --- 724

Lewis—Marshall / ROSWELL

Lewis M E Mrs 608 N Virginia av — 4247-J
Lewis O B 500 S Missouri av — 2550
Lewis Okie N of Roswell — 5008
Lewis Raymon C 1619 W Tilden — 3571-R
Lewis Russell B 1507 N Ohio av — 5166
Lewis Thurman 801 W 9 — 3956-R
Lewis Virgil H 2103 W 1 — 3213-W
Lewis W E 204 W Bland — 1786
Lewis W R 1302 W College blvd — 1335-R
Lewis Walter L 1002 W Summit — 1179-W
Lewis William Howard 1613 N Ohio av — 1835
Leyba Adela 601 E Albuquerque — 2061-R
Leyba Luis 1709 N Kansas av — 1485-M
L'Hommedieu C W 59 Luebke pl — 7-3350
Lichtenberger E W Jr Maj 1704 N Ohio av — 1845-R
Lidie Kenneth F Lt 44 A — 7-2104
Lienhart Kenneth E Sgt 106 S Kentucky av — 1925-M
Lieske Ronald L 1 I — 7-2417
Lightfoot Ferris 109 S Missouri av — 1757-W
LIGHTHOUSE LAUNDRY 303 S Kansas av — 2180
Liles Cecil N Col 1112 Rancho rd — 5388-W
Lilley James E 1615 S Stanton av — 4953-J
Linard Hazel G foot spist 110 S Lea av — 522
LINCOLN-MERCURY SALES & SERVICE 901 S Main — 539
Lindeblad L C 704 W Buena Vista — 3160-J
Linden Harry M 110 W Wildy — 4974-M
Linder Burk & Stephenson accnts 1st Natl Bk B — 3440
Linder Edgar W Maj 51 Kelly pl — 7-3304
Lindhorst Ruth 807 N Kentucky av — 673-R
Lindsey Floyd G Bill M/Sgt 1616 Mesa dr — 3888-M
Lindsey H G 911 W 7 — 3575
Lindsey Joe D 99 E Eyman — 7-3376
Lingner Nursery 804 S Atkinson av — 4592
Link Edward A 1203 E 1 — 465-W
Link Iva Mrs 1700 W 2 — 5173-W
Link Jess Jr 407 S Pine — 3624-J
Linke John H 1617 S Munroe av — 4099-J
Linman Oscar 706 S Ohio av — 2191-W
Linn Julius Jr Maj 18 Vaughn pl — 7-4477
Linville I D NE of Roswell — 08-R1
Linville Loren L 1408 S Penn av — 1235-M
LION OIL CO J P White B — 1436
Liston Jeff 403 S Penn av — 2284-W
Litowich Boris 806 W 4 — 5498
Littell Leafie Mrs 507 W 7th — 1920-M
LITTELL MAX rl est 306 N Richardson av — 3022
  Res 1104 W 4th — 3354
Littell Paul M 505 S Washington av — 1667
Little Forrest Mrs 1000 S Penn av — 1347-M
Little Harvey W 814 W 12th — 2214-R
Little Minnie 708 S Virginia av — 3082
Little O E Mrs 100 S Lea av — 532-J
Little R D N E of Roswell — 4324
Little Susie S of Roswell — 7-3371
Littlefield George W oil properties 110 N Main — 2052
Littlejohn Beatrice 915 E Summit — 5117-J
Littlejohn Leslie 1508 S Michigan av — 4897
Lively L 1500 E Bland — 3174-W
Lively T C 809 W Summit — 2082-W
Livingston Billy D 5 H — 7-2158
Livingston Carl Sgt 59 McDonald pl — 7-2284
Livingston E C 612 N Washington av — 912-R
Llera Louis L 7 A — 7-2107
Lloyd B E 702 S Kansas av — 2303-R
Lloyd Herman 302 S Union av — 4069-W
Llwyd A H Bert 1607 S Missouri av — 5425-J
Lobley Howard E 1610 W Alameda — 2123-R
Lock Jesse 909 W 17 — 2807-R
Lockaby Charlie E of Roswell — 032-J1
Locke Jacke D 208 S Missouri av — 4477
Lockhart Leo E 1804 N Washington av — 3889-W
Locklear A T 1112 S Washington av — 5487
Lodewick S W rl est J P White B — 1866
  Res 305 N Missouri av — 1539
Loeppke Ivan L 908 W Hendricks — 4075-J
Loftus Albert W Mrs 606½ N Lea av — 1920-J
Logan Nina Mrs 207 S Kentucky av — 2578
Logue Bailey Mrs 207 W Bland — 3760-W
Lo Marr Beauty Nook 211 E Bland — 234
Long Alex L SE of Roswell — 082-R4
Long Alfred L Capt N M M I — 3461
Long Belle Mrs SE of Roswell — 082-R4
Long C E 325 E 7 — 1843-J
Long C J 1510 S Madison av — 1506-W
Long Carl A 606 S Lea av — 3095-J
Long Clyde E of Roswell — 02-R4
Long E A 610 S Delaware av — 3641
Long Francis A M/Sgt 35 Van Lueven pl — 7-3390
Long James R 804 N Edgewood av — 4717-R
Long Jerry 312 E 6th — 2417-J
Long Joe Mrs 303 S Missouri av — 1180-W
Long R A 401 W Wildy — 2964-W
Long W A 908½ N Virginia av — 1778-W
Long W C 508 W 19th — 3465-W
Long Willard 1102 S Kentucky av — 1354-M
Longley W D 93 E Byrne — 7-3341
Lopez Domingo 1103 E 1st — 3529-J
Lopez J C Mrs 205 S Elm av — 2047-J
Lopez J R 1113 W Stone — 3940-W
Lopez Jose 411 E Forest — 5076-W
Lopez Pete 109 S Elm av — 3016-M

Lopez Petra 107 S Mulberry av — 2047-W
Lopour Ava 802 S Richardson av — 3505-W
Loring Donald L 806 El Dora dr — 3255-M
Losolla Joe NE of Roswell — 073-J2
Lostetter Earl K 707 N Mississippi av — 4349-J
Lott Bennie L Mrs 1811 N Kansas av — 5369
Lott C N 631 E Apple — 2894-W
Lott Joe 2313 N Texas — 1887-J
Lott John Q 108 E Church — 4763-J
Lott Kermit 415 S Spruce av — 3559-R
Lott Leonard E 19th — 4425-J
Lotz M R 707 El Dora dr — 4056-M
Loudat Edward W 1612 W Alameda — 4242-R
Loughborough Jane K Mrs 1112 N Penn av — 129
Love Jack L 1204 W Walnut — 5483
Love James A 107 N Kansas av — 4484-W
Lovelady Howard E 209½ N Lea av — 477
Loveless Charles C 127 S Richardson av — 5300
Loveless Charles C Jr 1508 W 8 — 4758
Lovell Dorris M 913½ N Penn av — 695-M
Lowe John D 504 N Missouri av — 1091-M
Lowe Marie 103 N Lea av — 5582
Lowe Richard 204 S Washington av — 2648
Lowe Theodore J Rev 221 E Jefferson — 3012-W
Lowe's Serv Sta Equipment Repairing 609 E 2 — 3269
LOWREY AUTO CO 204 W 2d — 210
Lowrey Donald L Sgt 19 I — 7-2422
Lowrey Herbert A 605 N Missouri av — 750
Lowrey Herbert F N of Roswell — 3859
Lowrey Oma Perkins 1520 N Missouri av — 3832
Lowrey William G 1031 N Lea av — 2726-W
LOZIER-BROWN FURNITURE & HARDWARE
  209 W 2 — 3381
Lozier Fred S 1003 S Kentucky av — 4303
Lucas Fred D 1014 S Kentucky av — 2392-M
Lucas John R 1309 N Washington av — 2246-W
Lucas Joseph R 807 W 8th — 1842-W
Lucas LaDora E of Roswell — 4684-W
Lucas Lorene B Mrs 807 W 8th — 1842-W
Lucas M W 519 E 6th — 3146-R
Luce Clarence J 710 N Washington av — 3084-R
Lucero D B Mrs 407 S Grand — 2354-W
Lucero E L 308 S Beech av — 3016-R
Lucero George P 307 E 8 — 2379-M
Lucero L L 610 E Deming — 2834-J
Lucero Sam B 402 E Deming — 2834-M
Lucero Ted 1211 Johnson rd — 3897-W
Luck Jason L 610 W 5 — 1243-M
Lujan Jimmie K Sgt 118 W Wildy — 2057-J
Luke Ethel 1601 N Michigan av — 2748-W
Lukens P M 1429 W 2d — 3625-W
Lukens Rowetiah R 307½ E McGaffey — 4370-W
Lulow C F Lt 2 A — 7-2405
Lum W B 911 N Lea av — 4343
LUM W B PLUMBING & HEATING CONTRACTOR
  814 S Main — 2657-J
Luna Lawrence 1007 W 14 — 4066-J
Luna Tony 313 E Mathews — 3315-J
Lund R R 511 W 4th — 746
Lunde John M/Sgt 51 McDonald pl — 7-3319
Lundgren Amanda J 209 N Penn av — 131
Lundry J D 112 E McGaffey — 1848-J
Lunsford Thomas J 1712 N Washington av — 2748-W
Lupei Victor T Lt 40 A — 7-4497
LUSK BUICK CO 603 S Main — 4900
Lusk Charles N 605 W 1 — 671
Lusk E L Col 207 W 7th — 623
Lusk Fay Garrett Mrs 1006 N Kentucky av — 2726-J
Lusk Henry 505 E Forest — 2570-J
Lusk James K 1506 S Missouri av — 4508-W
Lusk O C Mrs 109 S Delaware av — 1109-R
Lutes Gordon Capt 29 W Eyman — 7-2304
LUTHER TRANSFER & STORAGE INC 401 E 3 — 3211
Luttrell Bert ofc J P White B — 2124
  Res 1302 N Lea av — 1539
Luttrell Herbert A 1100 W Summit — 3683-M
Luttreil J C Mrs 703 W 11th — 1341-J
Lutz Charles H Mrs 711 N Penn av — 602
Lykins John W 1606 W 3 — 5173-M
Lykins K S S of Roswell — 7-2169
LYLE ADJUSTMENT CO 409 W 2 — 3637
Lyman W B Mrs 401 S Kentucky av — 2821-W
Lynch Bertha 409 N Penn av — 2715-W
Lynch Charlene 112 S Lea av — 5217-J
Lynch E D 1613 N Union av — 3430-M
Lynch J S 1821 N Michigan av — 2707-J
Lynch Mildred A 505½ W College — 1190-R
Lynch Nicholas M 13 Hunsicker pl — 7-5589
Lynch Novella 1108 Rancho rd — 5278-J
Lyne Mary Jane Mrs 915 N Delaware av — 2367-J
Lynn J T 210 S Richardson av — 2078-M
Lyon John A 1610 S Michigan av — 4582
LYON VAN & STORAGE 1208 N Grand av — 272

M

M & R T V Sales & Rentals 1120 E 2 — 1981
M X Ranch W of Roswell — Long Distance
Mabe Bill E of Roswell — 017-J3
Mabry H W E of Roswell — 016-R5

Mabry W W W Alameda — 027-J1
Mabry Wayne 1802 N Maryland av — 5434-J
Mace A L 407 W Tilden — 1949-M
Machek George R Capt 79 Holloman pl — 7-5538
Mack Frank J 206 W 13 — 1903-R
Mack Gordon H Capt 29 A — 7-5559
Mack Willie 1400 S Grand av — 5326
Mackin John 638 E Cherry — 1990-J
MACK'S CAMERA CENTER 109 W 3d — 4178-J
MacLean Norman Maj 28 W Eyman — 7-2239
Madden J D 1303 S Missouri av — 4511-M
Madden Lee 110 S Sherman av — 1529-M
Maddux Carl L 410 S Richardson av — 2284-M
MADDUX GROCERY 706 N Main — 711
MADDUX MONUMENT CO 2400 SE Main — 1711
Maddux Roy 413 N Penn av — 1089-W
Maddux T B 1610 S Munroe dr — 4731-W
Madison W F 604 N Ohio av — 4048
Madsen Sophus 100 N Delaware av — 1974-J
Maes Eugenia D 509 S Ash av — 4478-J
Maez Billie 806 W 12th — 3818-R
Magee George F Mrs 112 E Pear — 2721-J
Magnolia Petroleum Co
  Geologists 116 W 1st — 725
  Land Dept 116 W 1st — 725
  Sales Warehouse 300 E Alameda — 638
  Sample House 403 E 2 — 2555-J
Mahaffey Nanabel C 900 W Summit — 4430-M
Mahan Lewis 406 S Hemlock av — 5266-W
Mahan Loyd 400 S Delaware av — 73-J
Mahieu A T 308 S Richardson av — 1948-R
Mahoney J R Capt 302 E Frazier — 4651-J
MAIN LOAN CO 310 S Main — 1350-J
MAIN TRAILER SALES 700 S Main — 2983
Majors H Bernard 607 N Washington av — 2814-J
Malady Barbara J Mrs 911 W Walnut — 717-W
Malarchick Franklin 640 E 6th — 1214-J
MALCO PIPELINE INC 410 E College blvd — 3900
MALCO PRODUCTS INC
  Office 410 E College blvd — 3900
  Trucking Dept 409 E College blvd — 885
  Cooley Sam I 1310 W 4 — 1079
MALCO REFINERIES INC 410 E College blvd — 3900
Malco Serv Sta 1415 N Main — 4520
Males Joe F Sgt 1618 S Richardson av — 2686-M
Malett Earl 1412 S Stanton av — 3985
Maley Edwin 403 W Summit — 1950-W
Mallory John S Capt 710 W Buena Vista — 4332-W
Mallory Lue B Capt 57 Kelly pl — 7-2250
Malone A B 1013 N Washington av — 3816
Malone Charles F 512 N Lea av — 316
Malone E P 102½ N Main — 4315
Malone Earl L phys surg 302 W Tilden — 4165
  Res 409 S Kentucky av — 779
  If no answer call — 4492
Malone Georgia May 1304 N Kentucky av — 3686
Malone R L 512 N Lea av — 316
Malone Raymond C 1203 W 11 — 3771-R
Malone Ross L Jr atty 200 W 1st — 3600
  Res 1511 W 7 — 3680
Malone W E 208 E Mathews — 2319-J
Maloney Rachel 1601 N Montana av — 3996-J
MALOOF GEORGE J & CO 600 N Railroad av — 5510
Maloof John G 813 N Ohio av — 2159
Maloof Lila Mae Mrs 1713 N Pontiac dr — 2934-W
Mamantov Ilya A 303 E 7 — 2379-R
Mangham Hugh 401 N Garden av — 3030
Mangold Jack R Capt 86 W Byrne — 7-9980
Manhattan Cafe 105 E Alameda — 5072
Mann Russell D atty 200 W 1 — 3600
  Res 410 N Kansas av — 4156-W
Mann Tom 501 S Washington av — 2854
Manning J A 408 S Richardson av — 657
Manning J T 1308 N Lea av — 1773
Manning Neil 1406 S Madison av — 3793
Manning's Conoco Serv Sta 426 N Main — 847
Mansell Bob 67 Boley pl — 7-2271
Manuz Isabell 1410 S Mulberry av — 2971-J
Maples Robert W 204 W Wildy — 2099-W
Maples Sarah B W of Roswell — 023-J12
Maples T N E of Roswell — 4646
MARATHON OIL & GAS DISTRIBUTOR 300 E 2d — 114
Marberry J W Jr Capt 1306 W 7th — 1791-R
Marchman W H 128 E Byrne — 7-2166
Mardis H H 909 Norris pl — 3255-W
Markham Eugene 1411 W Hendricks — 1958-J
Markham Haskell S E of Roswell — 01-J12
MARKL JIM rl est 105 W 3 — 3060
  Res 18 Morningside — 4502-J
Markowitz Israel B 32 Gieger pl — 7-2165
Marley C A 102 N Kentucky av — 808
Marley Clyde 1210 W 7th — —
Marques Satero 608 E Mathews — 3044-W
Marquez J P 708 W Tilden — 2885-J
Marquis Frank 700 E Bland — 1498-R
Marrujo T R 316 E Reed — 5083
Marsh Freeman 301 W Tilden — 2647
Marsh J Ervin 809 E 5th — 1779-M
Marshall A E Sgt 709 E 5th — 1613-J

Marshall Clinic 401 N Penn av----30
MARSHALL CO 1201 S Atkinson av----4362
Marshall Gussie Mrs 2408 N Cole av----3460-R
Marshall I J phys surg 401 N Penn av----30
Res N of Roswell----580
If no answer call----4492
Marshall Ira L Mrs S Wyoming av----054-J2
Marshall James Q 1106 W 4th----3493
Marshall Mildred M Mrs 1301 W 13th----3140-W
Marshall Robert O S of Roswell----054-J1
Marshall Samuel H ofc J P White B----1472
Res N E of Roswell----3409-W
Marshall Steve phys surg 401 N Penn av----30
Res 1210 W 4----2285
If no answer call----4492
Marston Charles H Lt 610 W Alameda----4908-W
Martens C H 902 N Penn av----1278-M
Martens John C 408 W Hendricks----1191
Martin C C Mrs 414 W Alameda----506
Martin Charles M Jr cotton brokr 1201 E 2----2072
Res 203 E College blvd----1095-J
Martin Claude A 706 W Summit----1179-M
Martin Clive N of Roswell----014-J5
Martin Ernest J 1033 Crescent dr----4669-W
Martin Frank B 1712 N Delaware av----2934-R
Martin Gabe S 1709 N Ohio av----3289-M
Martin George H 100 N Montana av----5485
Martin Glen W Col 8 Walker pl----7-5503
Martin John W 1615 Mesa dr----2883
Martin Madolyn L 403 E Wildy----3728-W
Martin P A 1010 N Lea av----1514-M
Martin Ray A 640 E Orange----5591-R
Martin Sterling 202 S Lea av----2581-R
Martin Ted S 1607 N Union av----2383-R
Martin Varney Capt 1709 S Munroe av----2556-W
Martin W K Col 3 Walker pl----7-2402
Martin William W 1513 N Union av----2502-J
Martinez Anne Mrs S of Roswell----7-3337
Martinez Ben 807 E Deming----4229-W
Martinez Demetrio 513 W Forest----830-M
Martinez Frank D 118 S Ash av----2169-J
Martinez Frank M 1208 N Ohio av----3944-M
Martinez Rosie 309 S Ash av----2752-J
Martini Keith R 805 W 9----3969-J
Marx Nathan Lt 405½ W 10----1076
Mask Annie 1735 N Ohio av----3299-J
Mask Forest W 512 E 6----946-J
Mask Howard SW of Roswell----054-R4
Mask Jack 1309 Highland rd----3611
Mask M D Sgt 85 E Wells----7-3392
Maskew Harold 1708 N Kansas av----2166-M
Mason C E 805 N Richardson av----2722-J
Mason Ella B 210 E Bland----1392-W
Mason F Morris 511 S Pine----4629
Mason Jack 82 E Wells----7-4465
Mason L L 700 S Sunset av----2063-M
Mason M L 210½ E Pear----4151-M
Mason Tommie 308 N Grand av----2605-R
Masonic Hall 400 N Penn av----155
MASON'S FOOD STORE 712 E Bland----2280
Massey A C 911 S Main----1001
Massey A W 2117 W 1----4854-J
Massey Aubrey L 111 W Albuquerque----2243-J
Massey Betty Sue 210 W Walnut----3317-J
Massey Inez 205 S Penn av----2078-W
Massey Jim SE of Roswell----011-R2
MASSEY JOE rl est 701 N Main----318
Massey Joe W 608 W 1st----1672
Massey Louise Curio Shop Picacho ----Long Distance
Massey-Nash Co
Office 603 E 2----492
Parts Dept 603 E 2----596
Massey W C 507 E 3d----3514-J
Massingale Annie 1201 W 8----1700-J
Massingale D L 804 N Virginia av----2170-W
Massingale H D 334 E 8----4494
Mata Eloisa 904 E Alameda----5142
Matchin Tom O Capt 300 S Sequoia av----5262-R
Matchus Edward J 2002 N Mississippi av----3892-W
Mathews James Travis 1614 Mesa dr----4812-J
Mathis H V Capt 1104 W Mathews----2830
MATHIS STANLEY H realtor 403 N Richardson av----298
Res 1310 Highland rd----4005
Matlock Bruce K Mrs 3 Park rd----2519
Matson M W Jr 208½ W Walnut----5442-J
Mattes Harold E Lt N of Roswell----1885-M
Matthews B L 1615 S Kansas av----1069-W
Matthews Ben T 400 E 23----3206-R
Matthews-Burnworth Manufacturing Co
106 N Virginia av----558
Matthews C C NE of Roswell----4987
Matthews Claude N of Roswell----3741
Matthews F H 66 Vanderslice pl----7-2365
Matthews Joe L 1011 W Deming----1254-M
Matthews Robert F 1021 S Union av----4486-J
Matthews Vauldeen 1100 Melrose dr----4055-J
Matthews W Earl 1615 N Pontiac dr----3809-J
Mattingly A L 1701 S Stanton av----4921-M
Matula K J 59 A----7-5584
Matula Michael M Lt 1700 N Union av----5468
Mauck Ernest B Col 68 Will pl----7-2426
Mauldin Morris A 707 S Ohio av----1971-M
Mauldin W G 407 S Fir av----3660-M
Mauney Lewis E 1200 W 11----3173
Maxey John E Capt 1025 S Michigan av----4984-M
Maxwell C N 1107 S Lea av----4624-J
Maxwell G R 1713 N Delaware av----5005
Maxwell Robert K 503 S Fir av----3660-W
Maxwell Tim 1018 S Penn av----1347-J
May James F Jr Maj 73 Holloman pl----7-3328
May Ralph E Lt 1007 Highland rd----1791-M
May Raymond D 1516 N Union av----4
Mayberry Bradford Sgt 1516 N Michigan av----2848-J
Mayberry G U 424 E 4----3515-R
Mayberry L C N Main----4454-M
Mayberry M H Mrs 403 S Fir av----3660-J
Mayer Abe Jr wool 205 N Railroad av----1432
Res 711 N Kansas av----1433
Mayer Harry J Maj 54 W Byrne----7-3314
Mayer Len 612 E 6----1837-M
Mayer Ralph B 1011 S Kentucky av----575
Mayes A L 326 E 7th----1739-R
MAYES LUMBER CO 115 S Virginia av----315
Mayes Ridge 103 S Kentucky av----1615
MAYFLOWER MOVERS AGENCY 419 N Virginia av----23
Mayhorn Ralph Q Sgt 15 Rouhonen pl----7-3393
Maynard H C Mrs 501 W Albuquerque----2727
Mayo Arthur Sgt 69 E Byrne----7-2156
Mayo Motel 1716 W 2----5370
Mayo Railey Mrs 1008 W Deming----3124-R
Mays Dale 707 W 9th----1213-W
Mays Edith 507 S Michigan av----621
Mays Forrest Lt 712 N Atkinson av----5210-W
Mays Ralph 810 S Lea av----2682-R
MAYTAG AUTHORIZED DEALER 113 N Main----634
Maytag Snowkist of Roswell 121 W Walnut----5463
McAfee Delena Raye 1522 N Kentucky av----2381-J
McBride Estella 510 S Kansas av----768-J
McBRIDE GERALD ins J P White B----2871
Res 1510 S Michigan av----4462-W
McBride R W 213 N Michigan av----664-J
McBroom W L 105 W Chisum----1199-R
McCall J P E of Roswell----063-J1
McCall Leamon L 2403 N Mesa av----3509-R
McCarrell R C 1613 S Elm av----4568-W
McCart Edgar L Sgt 90 E Byrne----7-2385
McCarter Doris A Mrs 2009 W 2----5219-J
McCarter E F Jr 2009 W 2----5219-J
McCarter H B 1300 N Lea av----1478
McCarter Jack 809 N Lea av----1077-R
McCarthy T K Lt 606 S Ohio av----3847-W
McCarty Annie 1806 N Michigan av----4316-R
McCarty Bill D 202 W 6----5082
McCarty Luther H 2007 W 1st----1884-R
McCarty W I 402 E 5----1872-J
McCarty W M 410 S Michigan av----5058
McCauley James B Lt 709 S Atkinson av----1736-M
McChargue Artie B 64 E----7-2281
McClain Austin 1205 N Kansas av----2506-W
McClane J E 608 W 4th----556
McClay Razz Mrs 720 E Alameda----1475-J
McClelland Delbert T/Sgt S of Roswell----072-J4
Mc Clelland Harriet 506½ N Kentucky av----3807-M
McCleney Annie B 610 N Penn av----1375-J
McCloskey L R 901 W Summit----2518-M
McCloud Mabel 610 N Virginia av----2204-M
McClure John Col 1312 N Penn av----1307-J
McClure R M 1520 S Stanton av----2511-M
McClurg W A 1609 W Tilden----1060
McCluskey R E 405 S Sycamore av----5260-W
McCoin J T 305 S Washington av----3390-W
McCollum L R 313 S Sequoia av----5262-M
McCombs Bill Jr 900 W Mathews----1931-J
McCorkle Robert Roy Lt Col 1500 W Alameda----5273-W
McCORMICK FARM EQUIP STORE 120 E Walnut----4030
McCORMICK MARGIE pub steno 117½ E 3----3990
Res 601 N Richardson av----553
McCormick Robert E 1704 S Stanton av----2224-M
McCoy Donald G 2308 W Alameda----3959-W
McCoy W B 411½ S Lea av----411
McCoy William G 1105 S Kenlea av----1173-M
McCracken M A 1516 S Stanton av----2556-M
McCracken M O S E of Roswell----066-R3
McCraw John S W of Roswell----074-J4
McCreary Robert L 104 S Penn av----1334
McCreesh Gladys M 101 S Louisiana av----3459-R
McCrite Harry 904 W Mathews----4299-W
McCullough E A Lt 607 W 6----2814-W
McCullough George A Sgt 40 E Wells pl----7-5580
McCullough Mary Mrs 606 N Missouri av----765
McCullough Russell E 1801 W 1----1011-M
McCune R H Mrs 804 N Pennsylvania av----590
McCutchen L 104 S Washington av----3714
McCutchen Paul 108 N Washington av----96
McCutchen Raymond 405 E Forest----3205-M
McCutcheon C C 71 Holloman pl----7-2474
McDaniel Frank 306 E McCune----1742
McDaniel George 1723 N Kansas av----3813-W
McDaniel Margaret 1606 S Munroe av----2315-M
McDerman Ondee 411½ E 5----2417-M
McDevitt James 1619 S Kentucky av----4594-J
McDevitt Mary E Mrs 112 W Mathews----2023-R
McDonald Alpha 511 E Tilden----4429-J
McDonald Edward G Sgt 25 Barlow pl----7-2125
McDonald H C 1608 S Kansas av----5495
McDonald Jane 712 E Pear----1022-R
McDonald Joseph B Lt Col 104 W Byrne----7-2225
McDONALD MOTORS INC
Office 209 N Richardson av----344
Parts Dept 209 N Richardson av----3541
McDonald Stanley S of Roswell----3227-W
McDowell Earl 501 E Pear----3158-M
McElhany Keet 804 N Penn av----5352
McElroy G D 120 E Pear----1857-M
McElroy Jack W 505½ N Atkinson av----4947-W
McElroy O A 203 E Mathews----5564-J
McEvoy Maurice F Mrs 905 W Deming----1424-W
McEvoy Paul 1417 W 3d----4798
McEVOY SCHOOL OF ALLIED ARTS
201 N Michigan av----1313
McEwen Alvie S 1009 W 8----4330-R
McFadden D B 1006 Kings dr----3767-R
McFadden George C Co 108 S Missouri av----312
McFarland John 2605 N Main----046-R3
McGarry William A 709 S Atkinson av----4750-R
McGee Daisie N 309 W 5th----2575-M
McGee George W 1505 N Missouri av----2632-M
McGee Horrace H 706 N Kentucky av----696
McGee Ivan H 1110 W Mathews----2119-R
McGee John W Sgt 403 E Deming----1675-J
McGinnis Fay 509 S Sycamore av----5266-M
McGowen G N Sgt 112 Lighthall pl----7-3325
McGrady H B 203 S Louisiana av----1493-R
McGranahan A S 1618 N Washington av----4546-J
McGuffin Shoe Service 414 N Main----470-J
McGuire Bill S W of Roswell----029-J2
McGuire Florence Mrs 1509 N Ohio av----4259-W
McGuire George P Sgt 1507 N Pontiac av----3723-M
Mc Guire Hugh R 30 Morningside----3812
McGuire John 315 E 6----578-R
McGuire William M Lt Col 1101 Rancho rd----5318
McInnes W J 406 N Kentucky av----898
McIntosh Michael 702 N Richardson av----2684-M
McIntosh Richard Sgt 1814½ N Cambridge av----2689-M
McIntyre Ralph G 1009 Highland----2038-M
McKale Richard L 401 S Sunset av----3583-M
McKay D A 1107 N Richardson av----2975-W
McKay Louise Mrs 406 W 16----574
McKee Claude L 25 Morningside----1022-M
McKee Clifford A 713 N Penn av----1653-M
McKeg Grocery Store 801 N Washington av----2536
McKeg T E 609 W 8----1836
McKenna B G 1732 N Delaware av----2671-J
McKenzie Chessley E 900 W Summit----4430-M
McKenzie Donald V 508 S Pine av----2329-M
McKenzie Paul S 1202 W Stone----3801-J
McKinley Eddie 106 W Alameda----3209-M
McKinley W H 908 W 5th----4302
McKinney D D CPA 421 N Richardson av----50
Res 1604 S Kansas av----5397-J
McKinney R M Maj 24 B----7-4478
McKnight Florence C 410 N Lea av----2602
McKnight J M 1000 W Mathews----4574-W
McKnight James E 104 N Missouri av----5025
McKnight Joe W N E of Roswell----050-R2
McKnight Mary L Mrs 117 W Bland----3505-J
McKnight T J 406 N Lea av----690
McLain Bert 1308 N Missouri av----4382-W
McLain William H 1308 N Missouri av----4382-W
McLaren Thomas M 1404 S Lea av----1774-R
McLaughlin Ray D Lt 102 W Wildy----5407
McLauren Bernice 311½ E Mathews----2234-R
McLean Reginald S 810 W Walnut----5294
McLellan G E W of Roswell----027-R5
McLemore John W 112 E Church----5568-M
McLemore Paul W 300 E Chisum----682-W
McLeod Donald B chrprctr J P White B----886
Res 1413 S Lea av----3004
McLeod J A 1211 W Alameda----1161-M
McLeod J B 203 S Ohio av----1961-J
McLeod Ray E Mrs 616 E Cherry----967-J
McMahan James F 1720 N Delaware av----1558-W
McMahan L E 409 S Sequoia av----5482-W
McManus Owen M 4 E Eyman----7-4495
McMillan C Maj 620 E 6th----1764-R
McMillan S M 906 N Delaware av----3303
McMILLEN AUTO SERVICE 304 S Virginia av----2138
McMillen Don Mrs 1606 S Richardson av----2976-J
McMillen L W 1110 W 11th----3671-J
McMillen R L 303 E 23----3462-J
McMillen W J 1804 N Maryland av----3048-M
McMinn J R 812 W 9th----4436-M
McMurray James L 305 E 7----3313-W
McNally Bob 512 N Penn av----3657
McNally Carl R N of Roswell----5303
McNally Dwight 106 N Missouri av----625
McNally Esther 310 N Penn av----3288-W
McNALLY-HALL MOTOR CO 512 N Main----4400
McNally Hall T V Service 512 N Main----4400
After 5 PM Sundays & Holidays call----2137-J
McNamara James G 801 E McGaffey----2479-J
McNeil Irine 603 E Van Buren----4649-M
McNulty C L Jr 1406 S Penn av----2626
McPherson C W 1705 N Michigan av----2744-M
McPherson J A Mrs 1616 W 2----5173-R

McPherson—Morgan • ROSWELL

Mc Pherson Joble 1103 W Deming----1254-R
McPherson Leroy C ofc 1600 S Adams av----681
McPherson Leslie A 1303 N Lea av----1782-W
McPherson Mary Mrs 1616 N Kansas av----3207-M
McPherson Ona Mrs 501 S Main----2761-J
McPHERSON WALTER D dentist 108 S Kentucky av----240
  Res 1620 W 2----1461
McQueen Billy E 1605 W Hendricks----3554-J
McQuirk J M 1007 S Penn av----2572-W
McReynolds Gay W 1800 W 1st----1946-W
McShan F B Jr 1618 N Missouri av----3603-W
McShan Ira 1117 S Washington av----3929-W
McThrall J E 1205 E Walnut----1703-R
McWilliams Donald A Lt 1611 N Ohio av----4285-M
Meaders W R 1106 E 1st----4295-J
Meador Gene 112 N Missouri av----985-W
Meador Grace W 307 W Albuquerque----2528-M
Meador Orva 524 E 5th----2605-M
Meadows A L 700 S Ohio av----2191-J
Meadows Claude A N of Roswell----4409
Meadows Ralph N of Roswell----068-R3
MEADOW'S SERV STA N of Roswell----3267-J
MEAD'S FINE BREAD CO 219 E Chisum----3323
Meairs Clayton 1003 N Lea av----1684-J
Meairs Fred L 1305 S Lea av----2334-J
Medaris A R 1505 W Hendricks----1973-J
MEDICAL & SURGICAL CLINIC OF ROSWELL
  211 W 3d----600
Meek J W 803 W Summit----4574-J
Meeks R L 505 N Missouri av----2908-W
Meiering Arthur J 603 N Ohio av----1104-R
Melendez Edward N E of Roswell----065-R2
Melendez F J 1714 N Ohio av----1039-W
Melendez Juan 401 E Mathews----2234-J
Melin Robert 1700 N Union----3762-W
Mellberg Carl Maj 39 W Langley pl----7-2488
Mellen Samuel 1302 S Adams----1604-M
Melson W A S of Roswell----082-R1
Melton C D 101 N Kansas av----4484-R
Melton G H 400 S Kansas av----989-J
Melton T E 215 E McGaffey----5097-J
Melvin James S 1618 S Kansas av----1069-J
MEMORY LAWN MEMORIAL PARK 719 N Main----2649
Mendiola Guadalupe 601 E Deming----3186-R
Mendiola Manuel 413 E Bland----2720-L
Mendiola Octavio ofc 317 S Sycamore av----5343
  Res 401 E Summit----3044-R
Mendoza Andres R 1116 S Washington av----3617-J
Mendoza Antonio C 614 E Bland----2731-J
Mendoza George 900 Davidson dr----3324-J
Menges Yarbia Mrs S of Roswell----026-R5
Mennecke Louis 300 N Washington av----910-W
Menzie Kenneth I Maj 96 W Eyman----7-6647
Meredith Curly Mack 1508 W Walnut----4300-R
Meredith Dee 104 S Lea av----1412-M
Meredith Ira 1611 N Michigan av----3848-W
Meredith Jim T Maj 28 B----7-2196
Meredith P A 404½ E Country Club rd----3087-M
Merrell H T 701 W 9----2307-R
Merrell Margie Mrs 643 E Apple----3264-R
Merrey Elizabeth M 406 W 1----1515-M
Merrill H A 2104 W 1----1510
Merritt T J 1722 N Lea av----4759-W
Merritt W W SE of Roswell----4320-M
MERRITT'S LADIES STORE 213 N Main----4444
Merrow E W Lt 119 E Pear----4925
Merryman William E 706 S Richardson av----2312-J
Merten Jo Anne 1304 N Kentucky av----3686
Messenger H H 600 S Washington av----1362-W
Messer David C 419 S Aspen av----2192-M
Messer Myron W 206 S Missouri av----2576-W
Messer N M N of Roswell----3077-M
Metarelis Steve G 713 N Richardson av----1657-J
Metcalf E L 1606 S Cahoon av----1977-R
Metcalf J C 116 E Forest----3285-W
Methvin Ulis N E of Roswell----050-R1
Metivier Jos R Maj 1509 S Adams av----3855-W
Mettee Richard W 406 S Fir av----3562-R
Meyer Richard F 506 W 4th----2963-J
Meyer Roe E 1313 N Penn av----3058-W
Meyer Russell W S/Sgt 1708 N Lea av----5383-W
Meyners C M farm N E of Roswell----073-R3
Micander J B 1740 N Ohio av----4088-J
Michaelis Odell J 1602 N Washington----3848-W
Michaels Walter E Jr 706 N Garden av----837-W
Michaud Gwen Mrs 116 S Richardson av----2213-W
Michels Ralph F 1111 S Washington av----3929-M
Micklich John R Lt 109 W 12----1266
Mid-West Auto Supply Co 125 N Main----1987
Mieszala C J 306 W Wildy----1357-W
Mighty-Nice Laundry 507 W 1st----3341
Mihas Margaret Mrs 1604 N Michigan av----5104-W
Mikelonis V P Sgt 212 W Walnut----5442-W
Milam William R 313 W Tilden----1710-J
Miles F A 813 W 4th----1906-W
Miles May Mrs 1205 W 1st----4074-J
Miles Serv Sta 1429 W 2----2424
Miley J W 409 W 7th----417
Milholland William C 1608 N Washington av----3848-J
Milikin Oren A 204 E McGaffey----5253
Milks Roy 1602 S Michigan av----4825-W

Millen F N Lt Col 15 B----7-2437
Millen Robert E 109 W Chisum----4677-J
Miller A 607 E Bland----2720-R
Miller A B 206 S Washington av----2597
Miller Albert J 900 S Washington av----1636-M
Miller Alex K 1500 W 8th----1131-M
Miller C A 1800 N Kentucky av----3870-W
Miller Chester 508 W College blvd----3749-J
Miller Dale 1307 W 19----3449-W
Miller Dave 215 E Frazier----5048
Miller Donald D 806 W Albuquerque----2233-M
Miller Doris 1716 S Munroe av----2143-W
Miller Eldon E of Roswell----039-R3
Miller Elizabeth D 406 S Missouri av----570
Miller Elwin F 909 S Michigan av----1158-M
Miller Frank C 604 N Wyoming av----304
Miller Fred Capt 605 E 5th----3569
Miller G A 1205½ W 13----3968-R
Miller George W 110 N Washington av----875-R
Miller H J Lt 304 E Frazier----3259-R
Miller Harold C 1103 S Washington av----2584-W
Miller Harry C 636 E Cherry----4652-J
Miller Ira R 901 E McGaffey----1679-J
Miller Jack B 53 F----7-2444
Miller James R CPA 1st Natl Bk B----3440
  Res 1103 Rancho----3769-J
Miller Jerome F 208 E Albuquerque----1444-R
Miller Jess H 111 S Lincoln av----1962-R
Miller John jntr J P White B----1012
  Res E of Roswell----030-R1
Miller John W Lt 637 E Apple----1852-W
Miller Judson P Maj 83 Holloman pl----7-4464
Miller K G E of Roswell----4684-W
Miller L C 1103 Kenlea dr----2437-W
Miller L E 1411 S Mulberry av----2405-J
Miller Loyd O 417 E 3----2339-M
Miller Mary Louise 310 W 1st----1640-J
Miller Nelson A 1720 N Kentucky av----1610-R
Miller P J 802 W Deming----1911-M
Miller Pat 1600 N Pontiac dr----3681-R
Miller Percy B S/Sgt 1615 S Munroe av----2556-J
Miller R R Capt 1606 N Ohio av----1039-M
Miller Ray B 405 W Tilden----1926-J
Miller Raymond Mrs 1519 S Munroe av----2224-R
Miller Robert 1213 N Virginia av----4676-J
Miller Scott D 1500 W Tilden----2412
Miller Stephen W Capt 813 E 5----4948-J
Miller Thomas J Lt 610 W Mathews----3056-W
MILLER W H DUB ins 1700 S Stanton av----505
Miller W P 316 E McGaffey----1789-J
Miller William I Capt 1800 S Munroe av----5405
Miller William J Maj 45 Kelly pl----7-6664
Miller's Rug and Upholstery Cleaning J P White B----1012
Mills A C Sgt 1313 E Tilden----2585-W
Mills Barney 203 W Deming----3863-M
Mills Claude 623 N Richardson av----2759-W
Mills David C Capt 602 W McGaffey----3422-R
Mills Eva 407 S Richardson av----1504-J
Mills Harry E 1107 W Deming----2305-W
Mills J E 1017 S Lea av----1830-R
Mills J O 100 E Pear----3907-W
Mills Marvin 204 W 10----5063-W
Mills S O 601 S Montana av----1284-R
Millstead B R S E of Roswell----036-R2
Milner W H 609 S Lea av----1827-W
Milton Robert L Lt 1705 N Delaware av----2667-W
Milyard A W 511 S Lea av----1830-M
Mims Jack Jr 1213 E Walnut----2877-R
Mims Joe A 1710 N Union av----3915-M
Mindorff George 75 Brewer pl----7-2237
MINNEAPOLIS MOLINE SALES & SERVICE
  715 S Atkinson av----3581
Minor John W 209 E Frazier----926-W
Minton E G loans 107 W 3----809
  Res 310 N Alameda----497
Minton E G Jr 307 W Tilden----491
Minton John W 311 W Alameda----481
Miranda Ralph 513 E Albuquerque----4532-W
Mireles Lore 312 E Albuquerque----4552-W
Mirror Lounge 118 E 3d----34
Miscavage Stanley C 1610 S Elm av----785
Mr Fixit 905 W McGaffey----3247
Misuraca James I Maj 211 E Frazier----5328
Mitchell Bob 1507 S Madison av----2216-J
Mitchell Bonnie Belle Mrs 103½ W McGaffey----5188-W
Mitchell Charles R 612 S Michigan av----3212-J
Mitchell Doy 1422 E Hoagland----044-R12
Mitchell E E 1604 W Tilden----2785-R
Mitchell E L 309 E Church----2810-W
Mitchell E W 1202 W 4th----4536
Mitchell Franklin B 700 S Kentucky av----929-W
MITCHELL IMPLEMENT CO 1702 S E Main----1659
Mitchell J W Maj 1102 W Mathews----3273-W
Mitchell Joe rch N of Roswell----067-J4
  Res 603 S Missouri av----1460
Mitchell L A 1107 N Missouri av----1686-J
Mitchell Orville 1506 N Missouri av----3603-M
Mitchell R E 815 E Hendricks----1415-J
Mitchell Robert E Sgt 206 W Bland----2485-R
Mitchell Robert W 415 N Lea av----1016-W
Mitchell Seed & Grain Co 601 N Virginia av----65
Mitchell W E 510 S Missouri av----3883

Mitchell's Pharmacy
  Cosmetics 320 N Main----833
  Prescription Dept 320 N Main----416
Mixon B H 505 S Missouri av----3024-J
Mixon Donald 625 E Apple----3297-W
Mixon Earl 417 S Sycamore av----5250-W
Mize J Griggs Sgt 110 E Byrne----7-2100
Mobley J L 1714 N Delaware av----2569-W
Mobley Sam 408 E Forest----3896-R
Mobley W D 705 W 9----2307-W
Mocho Peter T 1515 S Lea av----2033-J
Model The 216 N Main----313
Modern Food Market 225 S Main----157
Modlish John M 108 W Wildy----3228-M
Modrzewski Frank 309 N Kentucky av----5123-J
Moeller John B Sgt 7 Barlow pl----7-2146
Mohling Kenneth 1024 Crescent dr----5053
Mohme Sussie 404 E 4----1602-J
Mohon Jimmie E of Roswell----052-R2
Mohr Homer H Maj 1010 S Union av----4414-W
Mohr Paul 2100 N Main----4425-R
Molesworth E W 708 S Ohio av----953
Molett Ruth Mrs 312 E Hendricks----4087-J
Molyneaux G H 309 W Forrest----4591-M
Monk Helen Mrs 207 W 12th----1100-W
Monk M D 503 E 7th----1586-R
Monk R O S of Roswell----077-J2
Monroe Calculating Machine Co Inc 116½ W 2d----2672
Monroe Duncan A Capt 14 C----7-2361
Montana Jacob 613 E Deming----1498-M
Monterey Courts 1910 W 2----2062
Montgomery Charles phys surg 506 N Richardson av----932
  Res 1512 S Missouri av----5220-W
Montgomery Chester G 1710 N Kansas av----3013-W
Montgomery Fred L 606 E 2----3362
Montgomery Grady 1319 E Hoagland----044-J2
Montgomery Grover P 1617½ N Kansas av----3837-R
Montgomery Jimmey R 1606 S Michigan av----3368-M
Montgomery Mae Mrs 810 N Delaware av----2248-J
Montgomery Mervin J Jack 1400 S Kentucky av----2178-J
Montgomery Patsy 302 S Kansas av----2358-W
Montgomery Roy E N of Roswell----3945-W
Montgomery Tracy E of Roswell----013-J3
Montgomery Vester Maj 1302 N Penn av----2656
Montgomery W H Serv Sta 811 S Atkinson av----3371
MONTGOMERY WARD & CO 202 N Main
  Catalog Order Dept----2653
  General Mdse----433
Montgomery William H 405 S Michigan av----1530-W
Montgomery Z J E College blvd----012-J3
Montoya John P 411 S Holland av----2617-J
Montoya Lucy 503 S Spruce av----4789-W
Montoya Pilimon 210 E Reed----4366-J
Moody Harold P Capt 1400 S Madison av----3794
Moody Rulon 807 W Mathews----1248
Moon R C 802 W 8th----3860-W
Mooney Carl 212 W Mathews----2565-M
Mooney W C 304 N Union av----3146-W
Moore A J 411 S Washington av----4617
Moore Arthur W 510 E 3----1366-M
Moore C H 413½ E 5----2605-W
Moore C J 1718 N Kentucky av----3838-J
Moore Edwin V Capt 607 W 11----4415-R
Moore G W 1021 S Penn av----1750-M
Moore George H Capt 1507 S Missouri av----2774
Moore H H 516 E 7----3146-W
Moore Harry C 306 W Mathews----1014-J
Moore Ike 1412 S Madison av----5464
Moore J E 707 N Penn av----924
Moore J Frank 104 S Missouri av----4035
Moore J L 2115 W 1----3213-M
Moore John S ortho surg 209 W 1st----4336
  Res 1006 S Penn av----4336
  If no answer call----4492
Moore Kenneth W Jr 1614 W 3d----4161-W
Moore L A 1410 W 7th----2517-J
Moore Lawrence E 1714 W Juniper----2622
Moore Manford C 606½ N Garden av----1586-M
Moore Marvin H NE of Roswell----3602-R
Moore Raymon L Sgt 1614 W Walnut----1517-M
Moore Robert 6 W Byrne----7-2187
Moore S E Sgt 32 Conde pl----7-3315
Moore T G S E of Roswell----03-R1
Moore T W Lt 1205 W 7----1351-R
Moore W Dyer 1020 S Kentucky av----476
Moore W H 617 E 6th----1632-R
Moore Wilbur G Lt 1502 N Washington av----1877-R
Moore William R 1719 N Kansas av----2848-W
Mooring J T 209 S Montana av----5036-J
Moran Angie Mrs 1108 W 1st----154-W
Moran C A 500 S Deming----151
Morehead George T 404 S Richardson av----5116
Morehead Lewis H M/Sgt 1018 Rancho rd----3614-W
Morehead Venita 409 E 3----2566-J
Morehouse R D 1006 W Walnut----3908-M
Morey Esther J 509 W 5th----2908-J
Morey Russell W 207 W 5----4033-J
Morgan Burley 600 S Delaware av----1428
Morgan Dewey N E of Roswell----065-R3
Morgan Esther 201 S Lea av----1722-R
Morgan Frances 404 W Forest----4505
Morgan J R 1113 S Lea av----2266-W
Morgan James 1403 S Madison av----2190-M

Morgan John J Sgt 79 D --- 7-2116
Morgan John W 420 N Richardson av --- 2406-J
Morgan Philip Lt 22 Langley pl --- 7-2418
Morgan R C 1024 Rancho rd --- 4730-R
Morgan Ray W 706 W Mathews --- 2244-J
Morgan W E 406 S Penn av --- 5488
Morningstar C F 1402 S Kentucky av --- 2178-W
Morrell Foster petroleum engr Nickson Hotel B --- 3031
  Res 406 N Missouri av --- 3292
  If no answer call --- 800
Morris Alfred R Maj 7 Hunsicker pl --- 7-5518
Morris E L 511 S Beech av --- 3349-J
Morris Eleanor W 713 E 5th --- 2425-R
Morris Harold R 29 I --- 7-2390
Morris Henry A 419 E McGaffey --- 3229-R
Morris Marion N E of Roswell --- 012-R2
Morris Meredith L Lt 708 N Main --- 1657-W
Morris Rhoda J 209 W 7th --- 1653-W
Morris Richard G 510 S Pine av --- 2121-J
Morris Robert B Capt 1513 S Washington av --- 5236-J
Morris Robert L 110 S Stanton av --- 1914
Morris Royce M Sgt 104 E Byrne --- 7-2223
Morris William J 118 E Reed --- 5168
Morrison Charles A 1800 S Stanton av --- 3369-W
Morrison Clifford 912 N Missouri av --- 5429-J
Morrison Edward H 911 W Hendricks --- 768-W
Morrison Geo S phys surg 113 S Kentucky av --- 428
  Res 512 N Washington av --- 798
  If no answer call --- 4492
Morrison Harry Mrs 310 S Lea av --- 1180-J
Morrison J Donald 2003 W Juniper --- 5044-J
Morrison J E 1300 S Richardson av --- 2334-M
Morrison Jack W of Roswell --- 024-J1
Morrison Jack D 1101 E 1 --- 4642
Morrison Jo Ann 813 N Washington av --- 4457
Morrison W J 714 El Dora dr --- 4331-N
Morrison's Jewelry Store 402 N Main --- 1559-W
Morrow C O N of Roswell --- 5283
Morrow Edd R 213 E McGaffey --- 1758-M
Morrow Fred 206½ W 8 --- 5121-W
Morrow John 1109 Rancho rd --- 3491-J
Mortenson Orlin C 1720 W Juniper --- 581
Morton Cora Mrs 109 S Union av --- 2351-J
Morton E R Capt 69 W Byrne --- 7-6666
Morton Russel S Lt 312 E Frazier --- 3259-M
Moseley Reginald L 1705 W Walnut --- 3719-M
Moseley's Coronado Tavern—See Colonial Club --- 1267
Moss A H N E of Roswell --- 028-R11
Moss Carl K Sgt 93 Lighthall pl --- 7-9963
Moss John L 400 S Washington av --- 2474
Moss Lacy 218 E Summit --- 2335-J
Mossman B C 311 W 7th --- 389
Mossman B C Jr Mrs 1202 N Lea av --- 2639
Motel Belmont 2100 W 2 --- 2816
Mother M Immaculata N E of Roswell --- 4045
Mount-Campbell Paul Maj 1502 N Missouri av --- 3808-W
MOUNTAIN STATES TEL & TEL CO
  Long Distance --- Place call with Operator
  For numbers not listed in Directory
    Ask for Information
  For assistance in reaching the number
    you are calling—Ask the Operator
  To report a telephone out of order
    Ask for Repair Service
  Time-of-Day --- Ask for Time
  Business Office 322 N Richardson av --- 4100
  District Mgr 324 N Richardson av --- 4118
  District Plant Supt 324 N Richardson av --- 4139
  District Traffic Supt 311 N Richardson av --- 4122
  For other information see White Pages 1 to 3
Mountain View Court W of Roswell --- 286-R
Mountain View Grocery S of Roswell --- 077-R2
Mountain View Trailer Court S of Roswell --- 3079
Mourer Photo & Camera Shop 106 N Main --- 2567
Moxey Fred W 16 Riverside dr --- 5477
Moylan Joseph 1505 N Washington av --- 233-J
Mozingo C R 720 N Main --- 4625-J
Mozley Curtis N Capt 13 C --- 7-2454
Muehlbrad William 602 N Ohio av --- 2962-W
MULKEY REED CO 300 E Alameda --- 638
  Mulkey Reed 412 W 7th --- 278
Mullinix Aggregate Co E of Roswell --- 083-R2
Mullins Della 313 E Deming --- 3656-W
Mullins Paul 1415 W Hendricks --- 1958-W
Mullis Bertie W 201 S Kentucky av --- 326
Mulroy Evelyn Mrs 1519 Pontiac dr --- 3086
Muncy Nelly Jo 1021 S Union av --- 4486-J
Munden George D Sgt 400 S Sequoia av --- 4725
Mundy R S 809 W 13th --- 3053-M
Murchison Burll 105 S Lincoln av --- 3507-N
Murchison Ted R 1108 N Atkinson av --- 1036-R
Murdock E C 29 E Wells --- 7-9977
Murdock William S 1801 N Garden av --- 4410-J
Murff Roy 1008 Crescent dr --- 4752-W
Murphree Doyle R 1101 Kenlea dr --- 163-J
Murphy F X Jr 406 S Lea av --- 2140-W
Murphy Harry L S/Sgt 705½ S Kentucky av --- 5032
Murphy Howard G Capt 1207 N Penn av --- 2651
Murphy J K Pat 1601 S Lea av --- 2660
Murphy L W 1511 W 1st --- 2760-J
Murphy Lawrence R 213 E Church --- 981-J
Murphy R E 1112 N Richardson av --- 3876
Murphy Thomas R Sgt 50 Werkheister pl --- 7-5520

Murray Bernard 1108 W Mathews --- 4067-J
Murray E N Col 1608 S Missouri av --- 958-W
Murray Lawrence W 507 W Hendricks --- 1299-R
Murray Le Roy 211 E Deming --- 1847-J
Murray Thomas Jr 507 S Pine av --- 3560-J
Murray Thomas J Sr 923 Davidson dr --- 4261-W
Murrell J T 1620 W Walnut --- 1889-M
Murrell Lula Mrs 112 E Albuquerque --- 1557
Muscato Rocco 1506 S Lea av --- 1239-M
Muse C W 501 S Sequoia av --- 3560-W
Musick Claude 1619 N Delaware av --- 5204
Musick's Big Boy Restaurant 2000 N Main --- 80
Mustachia Anna P Mrs 1602 N Kentucky av --- 2381-W
Mustachia Robert A 710 S Kentucky av --- 502-W
Mutual Benefit Health & Accident Assn 212 W 4 --- 4183
MUTUAL LIFE INS CO OF NEW YORK
  302 N Richardson av --- 93
MUTUAL OF OMAHA 212 W 4 --- 4183
MUTUAL SEPTIC TANK CO 1712 N Michigan av --- 1549
Myers Agnes 1311 N Montana av --- 753-M
MYERS CO INC 106 S Main --- 360
  Campbell Archie 22 Riverside dr --- 365
Myers John E 114 E Frazier --- 4819-J
Myers Ollis V Sgt 1512 W 1st --- 3719-J
Myrick E W 410 E 3d --- 3842-W

N

Nachand Geo E 708 W 3d --- 1148
Nadon Norman C Capt 303 E McCune --- 2407-J
Najar Concepcion 806 E Alameda --- 3144-W
Najar E G 816 S Kentucky av --- 2409-R
Najar E L 306 E Reed --- 1155-J
Nance A O tile contr 511 E 4 --- 466-W
Nance Robert L 909 Davidson dr --- 3988-J
Nance W L 208 W College blvd --- 1295-J
Nanson John M 1512 S Washington av --- 5226-J
Napps J H 501 N Atkinson av --- 1638-J
Naramore Cecil T Mrs 1517 S Missouri av --- 1241
Narmore John 720 S Sunset av --- 3214-J
Naron O J 507 S Union av --- 4265
NASH PHARMACY 404½ N Penn av --- 2434
Nash R F 1407 S Madison av --- 1359
NASH SALES & SERVICE 603 E 2d --- 492
National Cash Register Co 613 W 2d --- 2122
National Farm Loan Association 106 W 1 --- 4034-W
National Guard Training Center
  Armory 116 W 5th --- 3721
  Gun Shed 1101 N Main --- 4171
NATIONAL VAN LINES INC 209 E 9 --- 2544
Navajo Freight Lines Inc 715 N Virginia av --- 67
Navajo Motel 1013 W 2d --- 349
Navarro Wayne 407 S Sycamore av --- 5431
Navarro Wes C 200 S Sherman av --- 3539-M
Navearrette Jose T 806 S Missouri av --- 3184
Naylor Edith Q Mrs 202½ E Albuquerque --- 1444-J
Naylor H B 1617 Mesa av --- 5126
Naylor Richard J T/Sgt 2404 N Garden av --- 3520-W
Neal Burnett 1200 E Bland --- 5189-J
Neal C W 1011 N Plains Park dr --- 2388-W
Neal George C Maj 36 Langley pl --- 7-2256
Neal Helen M 509 N Penn av --- 4760-W
Neal Henry 406 S Washington av --- 2860-M
Neal John E 1603 N Pontiac av --- 1039-J
Neal Mary Alice Mrs 113 S Penn av --- 5067-W
Neal O K 1501 N Washington av --- 4543-J
Neale Charles H Lt 1108 N Missouri av --- 4408
NEAL'S BUILDERS' SUPPLY 214 W 3d --- 2410
Nearburg Eugene E ofc 127 S Richardson av --- 5300
  Res 1802 W 4 --- 4353
Nearburg & Loveless 127 S Richardson av --- 5300
Neatherlin Earl L 806 N Penn av --- 2680
Neathery Iva 1809 N Kansas av --- 4043-M
Neel Grady 909 W Summit --- 3273-J
Neely Henry F 1617 W Alameda --- 4653-W
Neff Lewis E 1703 N Delaware av --- 4493
Neff Louis T 1617 N Ohio av --- 2207-J
NEFF TILE CO 1703 N Delaware av --- 4493
Neher Albert R M/Sgt 102 Lighthall pl --- 7-2295
Neithercutt Barbara 216 W 4 --- 4898-W
Nellis Gail M N W of Roswell --- 015-J5
Nellis J W Mrs 710 S Michigan av --- 3920-M
Nelson A Peter adv 111 N Washington av --- 755
Nelson Delbert W 302 E Church --- 3179-J
Nelson Earl H 1608 W Tilden --- 1015-J
Nelson Ernest S E of Roswell --- 018-J1
Nelson Eugene E 212 N Union av --- 5556
Nelson Fred M S E of Roswell --- 018-J4
Nelson G N May 910 W McGaffey --- 3420-W
Nelson Harvey 514 S Cypress av --- 5459
Nelson J L 2600 N Garden --- 068-J2
Nelson John E 1100 N Lea av --- 1870-R
Nelson Lawrence L 506 W 12th --- 4539-J
NELSON LOUIS PLUMBING & HEATING
  1313 N Richardson av --- 4732
Nelson Lucy 304 E Deming --- 1916-J
Nelson Morgan Lt Col S E of Roswell --- 02-R1
Nelson Nils Maj 53 W Byrne --- 7-2374
Nelson Ralph A 103 W Oliver --- 3228-J

Nelson Robert G 1007 Kings dr --- 4572-W
Nelson Robert H 1410 S Lea av --- 3563-W
Nelson W E 809 N Washington av --- 2181-J
Nenes F G Maj 16 Vaughn pl --- 7-6627
NEON SIGN CO OF ROSWELL—
  See Tesco Neon Signs Inc
Neria Joe 315 E Hendricks --- 2110-R
Nesby Nettie 405 E Mathews --- 2834-W
Netherton Clyle B Maj 94 Will pl --- 7-2486
Neunaber E L 509 S Missouri av --- 1251-M
NEW CHINA CAFE 400 S Main --- 2681
NEW MEXICO ASPHALT & REFINING CO
  410 E College blvd --- 3900
NEW MEXICO BARBERS' SUPPLY CO 1221½ E 2 --- 2157-M
New Mexico Builders Supply 1007 E McGaffey --- 1013
NEW MEXICO BUILDING PRODUCTS CO 106 E 10 --- 1046
New Mexico Commission on Alcoholism
  1600 E Tilden --- 235
NEW MEXICO FENCE CO 1008 E 2 --- 5539
NEW MEXICO FURNITURE & MATTRESS MFG CO
  812 S Main --- 4891
New Mexico Life Insurance Co 1600 S Adams av --- 681
NEW MEXICO MARBLE & TILE CO 511 E 4 --- 466-W
New Mexico Mercantile Co 108 S Virginia av --- 585
NEW MEXICO MILITARY INSTITUTE North Hill --- 2700
  After 4:30 PM & Sundays & Holidays call
  Commandant --- 2700
  Commandant --- 2704
  Commandant's Residence N M M I --- 4942
  Hospital --- 2703
  Mess Hall --- 2702
  Shop --- 2701
  Superintendent's Residence N M M I --- 805
New Mexico Oil & Gas Assn 200 W 1st --- 1111
New Mexico Osage Cooperate Royalty Co
  108½ N Main --- 659
New Mex Physicians' Service Plan of Business
  Men's Assurance J P White B --- 2871
New Mexico Physicians' Service Plan of Mutual of
  Omaha 212 W 4 --- 4183
New Mexico Selling Co 210 E 7 --- 5543
New Mexico State of
  Artesian Well Supervisor 909 E 2d --- 3411
  Highway Dept
    District Office 519 E 2d --- 138
    District Shop 519 E 2d --- 1833
    Maintenance Yard E McGaffey --- 2231-J
    Project Engineers Office 1521 W 2 --- 5390
  Employment Security Commission 114 W 1st --- 632
  Employment Service 114 W 1st --- 632
  Engineering Sub Office 909 E 2d --- 3411
  Public Welfare Dept of dist ofc 110 W 11th --- 770
  Revenue Bureau of 119 E 3d --- 2448
  State Police Court House --- 3646
New Mexico Towel Service 515 N Virginia av --- 3015
NEW MEXICO TRANSPORTATION CO 515 N Main --- 222
New Modern Hotel 309½ N Main --- 3437
New Raymond 603 S Lea av --- 1827-J
NEW YORK LIFE INSURANCE AGENCY
  309 Richardson av --- 71
NEW YORK LIFE INSURANCE CO AGENT
  1700 S Stanton av --- 505
Newbury Grover 108 W Mathews --- 2023-M
Newkam Geraldine 1201 N Kentucky av --- 2131-W
Newland J G 1110 S Union av --- 4856-N
Newlin Rooms 615 N Richardson av --- 1982
Newman E Kirk 1305 N Kentucky av --- 5480-W
Newman E Kirk atty 200 W 1 --- 3600
Newman Roy O 426 N Richardson av --- 2715-R
Newman W T 930 E Jefferson --- 5102-J
Newsom J R 409 S Cypress av --- 3083-R
Newsom Y B 1516 S Lea av --- 4301
Newton Avon G S W of Roswell --- 025-J11
Newton D 502 E 5th --- 1293-W
Newton M G 1721 N Washington av --- 4471-W
Newton R G 1814 N Washington av --- 4235-M
Niblack Spot Reducing System 810 W 2 --- 2103
Nice Robert A Capt 40 Geiger pl --- 7-2191
Nicholas J R 401 S Atkinson av --- 4224-W
Nicholas M C Mrs N E of Roswell --- 1017-W
Nicholas W A Mrs 106 W Oliver --- 1159-W
Nichols Andy O 401 W 10 --- 1684-W
Nichols Charles F 1008 W Albuquerque --- 170-J
Nichols H J 1713 W Juniper --- 1011-J
Nichols H P Jr 1605 N Ohio av --- 3715-J
Nichols Irby C Capt 503 S Sequoia av --- 4599
Nichols John L Maj 1515 S Washington av --- 4508-N
Nichols Melba 117 W Chisum --- 4182-W
Nichols O W N of Roswell --- 07-J1
Nichols Roberta Rodden Mrs 113 S Penn av --- 2350-R
Nicholson O L 808 W 5 --- 1447-W
Nicholson S N Lt 405 S Union av --- 1954-M
Nickel Eula Mrs 205 N Lea av --- 2615
Nickerson Joseph Jr Sgt 45 Hyman pl --- 7-5592
Nickson Cocktail Lounge Nickson Hotel B --- 195
NICKSON COFFEE SHOP & DINING ROOMS
  123 E 5th --- 4635
Nickson Fountain & Sundries Nickson Hotel --- 2960
Nickson Guy W Nickson Hotel --- 564

NICKSON HOTEL 123 E 5th----800
Nickson Ned 1312 N Lea av----1391
Nicolai E O Jr N W of Roswell----4464-R
Nicolsa Carlio 400 E Van Buren----3724-W
Nielsen H Stanley 1519 N Ohio av----4184
Nielson C J Maj 1113 S Michigan av----5248-M
Nielson Donald C Lt 1712 S Stanton av----5486-J
Nieto Joe A S E of Roswell----063-J4
NILSEN PAINTING CO 1100 W 4th----526
Nix Darrell D 603 W McGaffey----3330-R
Nix Guy E 200 W Wildy----3221-M
Nix Ica Mrs 710 W 14----3672-R
Nobles Joseph A 1300 N Penn av----1020
Noel Martha Sue 1707 W Walnut----4927-W
Nolder H E 604 N Virginia av----2642-J
Nolen L P 1604 S Michigan av----4825-J
Noling L D 1601 N Union av----2688-J
Norcross Fred S Jr 1711 W Alameda----1713-J
Norman J C 510 W 1----5362-W
NORMAN J C OIL CO 602 E 2----3336
Norris Hugh Sgt 902 Purdy pl----1505-W
Norris Joel M 504 S Cottonwood av----3358-W
NORTH AMERICAN VAN LINES AGENT
109 N Virginia av--4188
North Hill Laundry 1800 N Lea av----4203
North Kentucky Grocery 1500 N Kentucky av----4928
Northcott Winton S 320 E Frazier----3457
Norton Anderson H Col farm N E of Roswell----068-J3
Res 301 W Alameda----1570
Norton Cocktail Lounge 204 W 3----970
Norton G L 1600 W Alameda----3370
NORTON HOTEL 200 W 3d----900
NORTON HOTEL BEAUTY SHOP 202 W 3d----276
NORTON M L ins Norton Hotel----3052
Res 802 N Richardson av----237
Norton Roy 700 N Penn av----722
Norton William R Maj 308 E Frazier----5594
Novak Michael J 306½ W Alameda----983-R
Nowak Laurence 1810 N Lea av----2402-W
Null William H 1103½ W 8th----2215-W
Nunley H C S of Roswell----072-R3
Nunnally Sam J Sr 1007 W Deming----1424-M

O

O K RUBBER WELDERS 400 E 2----4803
O'Bagy Paul Capt 77 Fitzgerald pl----7-9965
Oberlechner Don D Sgt 1113 S Hahn av----1169-M
Oberly Richard G 807 N Kansas av----2739-R
O'Bert Henry J 1729 W Walnut----2750-W
O'Brien G V 115 W Chisum----1831
O'Bryant Jack 1503 S Missouri av----1239-J
O'Connor Alice Lorene 1109 S Missouri av----3419-R
O'Connor Barbara R 101 N Kentucky av----5192-J
Oder Kenneth L 1006 W 1----5558
Ogaz Lawrence 405 S Atkinson av----2422-R
Ogles Floyd B 509 S Lea av----1565
O'Hara Mary Grace 301 W Alameda----1427-W
Ohio Oil Co The 102½ N Main----5100
O'Keefe Michael 49 Hyman pl----7-2173
Old West Leather Goods 1113 S Washington av----1725
Oldfield H A 107 S Stanton av----1529-W
Oldrup Roy E rl est 204 W 4th----3678
Res 1501 S Michigan av----2881-M
Olivas Tony 606 W Van Buren----3068
Oliver Bill R 1304 S Lea av----1774-J
Oliver F 113 S Michigan av----1273
Oliver Hoy M/Sgt 1303 S Penn av----1212-R
Oliver Roland 210 N Kansas av----557
Oller James 1011 N Lea av----2184-W
Olsen Lola R Mrs 1705 S Monroe av----4099-R
Olsen Preston B Capt 16 A----7-2217
Olsen Sam E 611 N Richardson av----5159
Olson Ann 302 S Kansas av----2358-W
Olson E L 805 E 5----5413
Olson Helen 209 W 6th----3867-J
Olson R G Col 10 W Wells----7-3358
Olson W G 22 Morningside----3515-M
Olstein I L Maj 505 W College blvd----3821-M
O'Meara Charles J 632 E Orange----4465-W
O'Meara M Jean 4 Morningside----2859
O'Meara Minnie Mrs 4 Morningside----2859
Omeara P A 206 E Bland----1469-J
Omey D S S E of Roswell----03-R5
Omey Richard 510 E Forest----4060-R
O'Neal Aaron R 16 Morningside pl----2463-W
O'Neal Burl 411 E 4th----2106-J
O'Neal C C N W of Roswell----4464-M
O'Neal C L 504 S Penn av----3668-W
O'Neal Earl S 1410 Highland rd----2272-R
O'Neal Glenn N of Roswell----4498-J
O'Neal Ira A 307 E 6th----2379-J
O'Neal J F 607 E 6----3759
O'NEAL PLUMBING CO 212 E 5th----2920
O'Neil Lloyd L Capt 63 Luebke pl----7-6604
O'Neill Muriel Mrs 113 W Mathews----4584-R
O'Neill Pat 304 S Washington av----1404
Oney Gussie A 304 W Mathews----2238-W
Onsrud Lee 11 Barlow pl----7-9986
Openshaw Herbert 1715 W Juniper----1682-M
Opheim Arthur 828 E 5----3628-J
Opperud Carl D 409 S Ohio av----2452-J
Oracion Manuel Jr 1501 N Union av----3732-J
Oracion Manuel M 1014 S Lea av----639
Orell Seth Lt Col 1015 Rancho rd----2729
Organized Reserve Corps-Unit Instructor
Municipal Airport--3325
Orkin Exterminating Co Inc 125 W 4----4422
Ormseth Leonard 207 S Montana av----224-W
Orr Walter W Rev 1000 N Missouri av----1420
Orrick James L Sgt 105 N Penn av----1361-R
Orrison L E 1309 S Adams av----4815
Orrison Lowell E ins J P White B----2895
Orsak Ludwig C Sgt 1301 S Missouri av----3563-R
Ortega Hiram V 505 W Deming----2571
Ortega L D 109 S Ash av----1579-W
Osborn James C 1303 S Lea av----3363-R
Osborn William W atty 117 E 3----5050
Res 1508 S Madison av----5052
Osborne A D 15 Morningside pl----1022-W
Osborne Stanley B ofc Orchard pk----045-J1
Oscar Baking Co 1121 E 2----2773-M
Osuna Phillip 207 N Washington av----5150
Otero John 300 S Union av----3019-R
Otero Lloyd G 409 E Mathews----2834-R
Otterson N T 606 E 6th----3726-J
Otto E Beth 410 N Lea av----4537-R
Otto Robert L Maj 10 Bailey Pl----7-5585
Overholt B E 1203 W Deming----1041
Overholt B E Cleaners 116 S Main----6
Owen Bertha D Mrs 809 S Washington av----1853
Owen Bros Shoe Shop 104 S Main----2668
Owen Francis W 206 E Deming----3591-W
Owen Lillard Pat 113 E Church----3711-R
Owen Omer F 1303 W 2----2153-M
Owen Omer S 1211 W 2----838
Owen Ray 1207 E Alameda----4295-W
Owen Robert 1406 W 7----917
Owens B A ofc N of Roswell----3499
Owens Gail 306 S Kansas av----2887-J
Owens Geo B 605 S Kentucky av----1555
Owens George E 405 S Richardson av----3810-J
Owens James B 1305 S Adams av----2563
Owens Joy L Lt 8 A----7-2372
Owens Raymond E 66 E Eyman----7-5566
Owens Richard N 314 S Sequoia av----3271-J
OWL DRUG CO
220 N Main----41
S of Roswell----7-2348
OWL SIGN CO 122 E 4----5019
Oyler Robert E Capt 119 E Frazier----3130-M

P

P V SERV STA 1221 E 2----4746
Pace A Jane 701 N Richardson av----4625-M
Pace D H Mrs 1006 N Penn av----1317
Pace L C 701 N Richardson av----4625-M
Pace Sidney 1604 N Kansas av----591-J
Pacheco Pauline 910 W 2----2351-M
Pacheco Serafian 600 E Mathews----2309-M
Pack B L 1211 N Kansas av----4066-W
Pack C W 1202 N Union av----3771-J
Packenham C G 602 S Richardson av----4011-M
Packenham Earl 200 W Albuquerque----1074-M
Padilla Chris E of Roswell----020-J5
Page Bertia E 409 W College blvd----668-W
Page D C Sgt 52 Werkheister pl----7-2495
Page Leo D 320 E 7th----1586-M
Page Robert 306 S Kentucky av----1949-R
Painter Doyle S of Roswell----072-R12
Painter Elizabeth Mrs 406 N Shartell av----2605-J
PALACE DRUG STORE 300 N Richardson av----51
PALACE DRY CLEANERS 209 W 4th----424
PALACE MACHINE SHOP 505 E 2d----1434
PALACE TRANSFER & STORAGE CO 121 E 3d----451
Palmer Delcie M 13 Riverside dr----1998-W
Palmer Gladys 405 S Washington av----811
Palmer Joe M 1013 Rancho rd----5148-J
Palms O L 98 Lighthall pl----7-2428
Pankey B B 200 S Stanton av----1838
Papworth Bill 1714 N Lea av----2733-J
Papworth J P 808 W 4th----3978-R
Parent Leroy Sgt 57 McDonald pl----7-9990
Park Howell B T/Sgt S of Roswell----7-3310
Park Irene C 309 W 5th----2575-M
Parker Angie 104 N Delaware av----154-M
Parker B J 800 E Deming----2876-R
Parker Daniel D 1114 N Kansas av----3469
Parker L E 1110 W Deming----2429-W
Parker Lonnie L 634 E 6th----1602-R
Parker Lucille Mrs 212 N Kansas av----1978
Parker Pete 1413 S Poplar av----4222-J
Parkhill J M Jr 908 W Tilden----2361-W
Parkhurst Melvin E 603 S Lea av----5125-R
Parks John R 519 S Fir av----4994-W
Parks Laura Mrs 709 W 13----4084-M
Parks T L 205 W 13th----727-J
Parkview Pharmacy 1705 W Alameda----2311
Parnell S J 118 S Stanton av----1962-W
Parr W Claude W of Roswell----027-R2
Parr W T Mrs 301 E Bland----2387-M
Parras Madelena 802 E Bland----2731-R
Parrish C T 18 Langley pl----7-2126
Parrish L L 208 W Mathews----3239-W
Parrish Odell 629 E Cherry----1457-R
Parson Herman B 209 S Sherman av----3050-R
Parson William Rev study 315 E Wildy----2055
Res 1616 S Richardson av----588
Parsons Donald L Lt N of Roswell----068-J4
Parsons Oliver 1010 Crescent dr----4752-J
Parsons William J 605 S Delaware av----170-W
Patrick N S Mrs 1207½ S Virginia av----2939-J
Patterson A S 512 N Delaware av----226
Patterson Bayard S E of Roswell----04-R5
PATTERSON BROS FEED MILL S E of Roswell----3118
Patterson C A 514½ E 7----5409-R
Patterson Calvin 915 E Jefferson----652-W
Patterson E D 305 E Reed----4321-W
Patterson E E 107 N Michigan av----435
Patterson E K S E of Roswell----022-R3
Patterson George C 8 Zettle pl----7-4480
Patterson Harry Sgt 53 Van Leuven pl----7-2129
Patterson J P 215 E Mathews----1204-W
Patterson Jack B 1021 Rancho dr----5267
Patterson James E 1701 S Munroe av----4999
Patterson Joe 603 W 14th----2573-R
Patterson John W 510 S Sequoia av----3271-R
Patterson M L 1401 W Hendricks----2768
Patterson R E 403 W Wildy----242-R
Patterson William M 300 E McCune----1402-W
Patteson B F 902 W Mathews----2082-J
Pattison Allan 24 H----7-4479
Patton Bill M 1303 S Adams av----2187-W
Patton David 1503 Pontiac dr----3684-W
Patton Emmett 409 N Union av----4748
Patton J C 413½ E 5th----1729-W
Patty Margaret Mrs 1709 N Pontiac dr----4042-W
Paty Marvin E Maj 1804 W 1----5231-W
Paulk Una 613 E Wildy----1796-J
Paul's Court Apartments 405 E 3d----1000
Pauluzzi Richard V 102 S Kentucky av----4089
Paumier Bernard F 1008 W 14th----1374-M
Payne D J 118 W Oliver----1769
Payne Gene 311 N Penn av----1071-W
Payne Harry 909 N Missouri av----845
Payne William C Capt 110 W 13----1266-R
Payton Elmer W of Roswell----3420-M
Payton Fred Mrs S E of Roswell----022-R4
Peace L R 1717 W Juniper----1682-R
Pearce Romeo 806 S Richardson av----4011-R
Pearsall T E 19 A----7-2432
Pearson Alfred E S E of Roswell----03-J4
Pearson D C Col 906 N Kentucky av----241
Pearson James M Capt 27 Langley pl----7-2220
Peck A O Lt 22 A----7-2210
Peck E L 1413 S Adams av----1599
Peck John C 714 N Penn av----745
PECOS CONSTRUCTION CO
Business Office 404 W 2----2925
Construction Office S of Roswell----825
Pecos Courts 2001 W 2----3067
PECOS PLYWOOD CO 1208 N Grand av----204
If no answer call----4565
PECOS READY MIX CONCRETE CO 1011 E McGaffey-4741
PECOS SALES CO 620 N Railroad av----4355
PECOS SAND CO 913 Davidson dr----4149
Pecos Theatre 305 N Main----2780
Pecos Valley Advertising Co Inc 111 N Washington av-755
Pecos Valley Artesian Water Conservancy District
Court House--288
Pecos Valley Aviaries 616 N Main----2003
PECOS VALLEY COCA-COLA BOTTLING CO
906 N Main--771
Pecos Valley Compress Co S Atkinson av----270
PECOS VALLEY COTTON OIL CO 301 E 2d----58
PECOS VALLEY DRUG CO 312 N Main----1
PECOS VALLEY EMPLOYMENT SERVICE 125 W 4--3029
Pecos Valley Insurance Agency 116 N Main----2198
Pecos Valley Lodge 1600 E Tilden----235
PECOS VALLEY LUMBER CO 200 S Main----175
Pecos Valley Photo Service 616 S Main----5277
PECOS VALLEY REPRODUCTIONS 207 W 1----4217
Pecos Valley Schools of Music 119 N Virginia av--3489
PECOS VALLEY TRADING CO 603 N Virginia av----412
Peed D L 810 N Penn av----914-W
Peed Howard C 101½ S Missouri av----922-W
Peed Phillip A 1609 S Missouri av----5221
Peery Louise 626 E 6----1764-J
Peet F S 1607 S Munroe av----4740
Pemberton Pete SE of Roswell----081-J1
Pena Jose M 908 E Alameda----3519-R
Pena Sam 608 E Bland----3186-W
Pendergast W M Capt 1318 E Alameda----2585-R
Pendergrass Calvin C 903 Norris pl----3547-J
Pendergrass Cecil 208 S Lea av----5059
Pendleton M W 813 N Penn av----2684-R
Pengra W A Sgt 57 Van Leuven----7-2140
Penner Margaret 608 W Alameda----3390-J
Penner Melvin 53 McDonald pl----7-6609

Penney J C Co 313 N Main----1600
Pennington C H 1718 W Juniper----1493-J
Pennington Jannie E Mrs 1701 N Ohio av----3468-M
Pennington Robert L Sgt 1114 E Bland----2353-M
Pennstrom John H Jr Lt Col 19 W Eyman----7-6665
Penrod Drilling Co 709 S Ohio av----396
PEPSI-COLA BOTTLING CO 1106 S Main----4393
Perkins C H 1700 N Michigan av----2612-J
Perkins Emmett W Sgt 1116 Rancho rd----5462-W
Perkins L W ins 1700 W Juniper----1187
Perkins Lucius A Capt 1509 W Tilden----4267
Perkins R J 51 A----7-6637
Perkins Raymond 705 W Summit----3095-W
PERMIAN BASIN SAMPLE LABORATORY 200 W 1--4949
Permian Mud Service Inc 821 N Garden av----1781-J
Perrine George D Mrs N of Roswell----010-J4
Perry Corrine N E of Roswell----033-J5
Perry John S 410 W 16----4244-J
Perry Lewis C Jr 802½ W 9----1333-J
Perry Lillian 913 W 10----4365
Perry Neal R Sgt 310 N Grand av----1729-J
Perry Robert 1700 N Union av----3762-M
Personal Finance Co 328 N Richardson----571
Pesante Mary Mrs 1410 W Tilden----4951
Peschka Jerome A 205 E Bland----2742-J
Peters A L SE of Roswell----05-R11
Peters A S S E of Roswell----05-R3
Peters Edgar E 1700 N Kansas av----2807-W
Peters Frank S E of Roswell----05-J3
Peters M G 1108 W Deming----2085-W
Peters Mary Katherine 1700 N Kansas av----2807-W
Peterson B W 2005 W Juniper----1594
Peterson Cary 604 S Lea av----1222-M
Peterson Dale M Capt 502 S Aspen av----2281-R
Peterson Diamond 1711 Pontiac dr----4042-J
Peterson John W 1111 N Lea av----2393-J
Petitt Richard R Capt 6 Thiel pl----7-6693
Petroleum Bldg 200 W 1st----2552
Pettit Robert L 1312 N Missouri av----2246-R
Petty James H E of Roswell----039-R5
Petty Orvis 201 S Ohio av----396-J
Pezdric Louis Sgt 88 E Eyman----7-2151
Pfeiffer Charles A 402 N Kansas av----397-M
Pfeiffer Daniel R 610 S Missouri av----5447
Phares K O Sgt 1503 W 1st----2760-R
Phelps E Ray 1608 W Juniper----1681-J
Phifer Ernest 809 W 9----1927-J
Phillippe Glenn D Sgt 1016 S Penn av----5272-W
Phillips A A 203 N Lea av----737-W
Phillips E P 1006 W Deming----2220-R
Phillips Eliza Mrs 1602 N Missouri av----1190-W
Phillips' Exchange Service 116 E Walnut----4768
Phillips F R 1116 S Cahoon av----4248-J
Phillips Garland B Jr 905 N Edgewood av----603-J
Phillips Hilda 642 E Apple----3331-M
Phillips James L Lt 204 W Mathews----420
Phillips Joe E Jr 1407 W 7th----2345-W
PHILLIPS JOE E SIXTY-SIX SERV STA
912 N Main--2064
Phillips John B 106 E Church----3871-M
Phillips Owen W washing machines 504 E 5----466-J
Phillips Rosella Mrs 900 W Deming----2049-J
Phillips Roy C plastering 913 W 14----5223-W
Phillips Ruby L Mrs 706 W 11----4580
Phillips Sixty-Six Products Dist 913 N Virginia av----66
Phillips Sixty-Six Serv Sta 300 W 2d----666
Phillips Virgil 411 N Lea av----1441-J
Phillips W W Dr 606 N Kentucky av----1733-W
Philpott B A 710 W 9th----2418-M
Philpott S C 412 E McGaffey----974-J
Phinizy John Allen farm S E of Roswell----032-R2
Res S E of Roswell----032-J3
Phipps John 202 S Poplar av----1976
PHONE & DINE 1301 N Main----5090
Physicians' & Surgeons' Exchange 606 W Tilden----4492
Pianzio Raymond Sgt 33 Brown pl----7-2192
Pickering R H 1618 N Delaware av----3194-J
Pickett Helen Mrs 911 W Mathews----2120-W
Pieratt Afton 1615 N Ohio av----3194-M
Pieratt Frank 615 S Michigan av----3784
PIERCE LLOYD ins 500 N Main----2902
Res 1610 N Union av----3428-W
Pierce R C 113 E Country Club rd----3089-R
Pierce Richard 629 E Orange----3255-J
Pierce Samuel M 1703 N Ohio av----2608-R
Pierce Truman SE of Roswell----04-R13
Pietrzyk John B 504 S Penn av----5513
Pietschner Paul W 1402 S Penn av----5291-W
Piggly Wiggly 1706 N Union av----3824
Pike Dean H 1316 E Tilden----3103-W
Pilarleaton O 108 S Beech av----3138-M
Pilley Wanda 404 S Kentucky av----1618-J
Pilson Sidney F E of Roswell----030-J1
Pinch H M Mrs 1513 N Missouri av----3884
Pinder Walter F 1203 N Lea av----5449-J
Pineda Jim 510 E Tilden----1415-M
Pineda Ruben M 304 E Reed----4347-R
Pinkerton Robert 1911 N Louisiana av----4239-M
Pinson J C 813 W 3d----1407-J
Pioneer Motel 1614 W 2----5176
Pioneer Tavern Kenna ----Long Distance

Pipes Charles D 68 W Wells----7-5581
Pipkin B Nathan 306 E Church----4602-W
Pipkin Eugene H oil properties 308 N Penn av----4022
Pipkin Lucille H oil properties 308 N Penn av----4022
Pippin Charles E 2110 W Bland----2098
Pirkle Opal L 1007½ W 7----2399-W
Pirtle Darrell P E of Roswell----4684-R
Pirtle George E S E of Roswell----017-R1
Pirtle Ira C SE of Roswell----036-R1
Pirtle J B 1611 S Missouri av----5226-R
PIRTLE-LIVELY CO 1200 E 2----3730
Pirtle N V Mrs S E of Roswell----017-R4
Pirtle Tommy S of Roswell----080-J5
Pittman Billy R Sgt 312 W Alameda----1948-M
Pittman Nelson 209 E Wildy----4260-M
Pittman T A 909 W 8----873
Pitts Henry 203½ E Deming----3485-R
Pitts Perry 203½ E Deming----1469-R
Pitts R J 1316 E Hoagland----044-J1
Plains Theatre 112 N Main----2780
Plateau Oil Co 127 S Richardson av----5300
PLATT DRUG STORES
317 N Main----447
514 W 2----2377
126 N Main----36
Customer Accounts 118 E 4----3792
Platt Howard W 1113 Rancho rd----5339-J
Platt Ray 508 N Wyoming av----4263
Plaza Barber Shop 1003 W 2----4751
Plaza Beauty Salon 1005 W 2----4525
PLAZA DRUG 1001 W 2----3522
Plaza Hotel 119½ W 3d----474
Plaza Package Store 111 E 5th----35
Plog Fred 709 N Missouri av----3268
Plog Joseph 1407 S Penn av----4405
Ploughe Gayl V 910 N Richardson av----2212-W
PLUMBERS & STEAM FITTERS UNION NO 412
1715 W 2--108
Plumbing Heating & Engineering Co 406 S Penn av 5488
Plumlee Jim 1008 Kings dr----5440-J
Plunkett James W Jr 1012 S Union av----4831-R
Plunkett R J 1613 N Missouri av----5040
Plyler T L 1100 S Kentucky av----3112-J
Podpechan Frank W 1605 Pontiac dr----3685-J
Poland V K N of Roswell----076-R2
POLICE DEPARTMENT City Hall
From Non Dial Telephones----2900
From Dial Telephones----7-4411
Polk Charles R 1009 S Penn av----3131-J
Pollard Clarence Mrs 704 S Delaware av----5199
Pollard Raymond N of Roswell----3077-R
Polson J E 1402 S Madison av----1429
POMONA PUMP DISTRIBUTOR 805 N Virginia av--1025
PONCA WHOLESALE MERC CO 214 E 5th----323
PONTIAC AUTHORIZED SALES & SERVICE 124 E 4th-720
Pool A E 901 W 7th----2066-W
Poole A M Sgt 1013 S Cahoon av----4305-W
Poole Milton D Maj 1110 Rancho rd----5278-W
POOR BOY'S SERV STA 1402 E 2d----3911
Poorbaugh Bruce 1513 N Ohio av----4214
Poorbaugh H A 509 N Washington av----374
Pope A T 310 E 8----2165-R
Pope D N N Atkinson av----4569
Pope J L 1512 N Missouri av----3626-J
Pope James A 1107 E Brown----3529-M
Pope Joe 518 S Aspen av----2035-W
Pope Willie 201 S Michigan av----5320
Popejoy Lonnie A 1518 N Union av----2627-R
POP'S DRIVE-IN 1201 W 2----3280-W
POPULAR DRY GOODS STORE 107 N Main----661
Porter Bill N E of Roswell----028-R3
Porter Carl 700 N Ohio av----640
Porter Chas A Mrs 105 S Kentucky av----1078
Porter Glenn V 600 S Kentucky av----2392-J
Porter J C 1718 W Walnut----5061
Porter O L Mrs 400 S Kentucky av----4733
Porter Oliver L Jr 106 W Mathews----4736-J
Porter T W 1020 S Washington av----2669-W
Porter Willie ofc 410 S Main----329
Porter Willie B 1612 Mesa dr----4364
Poss G W 1802 N Michigan av----1993-R
Poss J R 402 S Delaware av----2075-M
Post Office—See United States Government
Postelle T E 319 E McGaffey----2232-R
Posz Joe Lt Col 1310 N Lea av----1116-W
POTTER CO J P White B----64
Potter Dana A 1306 N Penn av----261
Potter Eliot H Maj 20 Vaughn pl----7-2322
Potter Lacy Sgt 43 Van Leuven----7-2235
Potter M M
Office J P White B----64
Farm E of Roswell----021-R4
Farm S of Roswell----035-R3
Farm SE of Roswell----035-R1
Potter Walter A 1505 S Jackson av----3152
Potts Horace 906 E Alameda----2613-W
Powell Aubra Munsey 1208 W 11----3287
Powell Bertha 908 Norris pl----390-W

Powell Burr 1210 N Kentucky av----665-R
Powell C C 615 E 5----1764-M
Powell C W 323 E 6th----1324-J
Powell Everett N 1109 W Summit----1073-R
Powell George W 56 Ray pl----7-5537
Powell Hugh F 1613 W Walnut----1681-R
Powell James B 1513 S Adams----3538-W
Powell James C 1104 S Washington av----4984-R
Powell Mae 221 E Van Buren----1603-R
Powell Robert F Lt 301 W Alameda----4189-W
Powell S J 209 S Missouri av----2478-M
Powers John S 1004 N Kentucky av----4376
Powers Oil Co 913 N Virginia av----66
Powless R C 605 N Kentucky av----2147-W
Prado David 1212 S Sherman av----1789-W
Praetorian Life Insurance J P White B----56
Prager Jean 211 W 1st----1361-J
Prager Louis M 2006 W Juniper----2083-J
Praisner E M Capt 1304 W 7th----1791-W
Prater F D Dr 500 S Fir av----2192-W
Prater Loyd farm S E of Roswell----035-R2
Prather E T 112 W Oliver----4677-W
Pratt Eleanor 1706 N Kentucky av----1610-M
Pratt Harry J Sgt 8 I----7-5512
Pratt P J 207 E Summit----2081-J
Pratt Robert A 1110 Highland rd----2091-J
Pratt W M 309 N Michigan av----910-J
Prawdzik Stanley 210 E McGaffey----974-W
Prentice Mildred V Mrs 102 S Stanton av----5506-W
Prentice Ross 605 S Montana av----776-M
Presbyterian Church First 400 W 3d----366
PRESCRIPTION PHARMACY THE 205 W 3d----1164
Pressler J A 1601 S Kansas av----2790
Price Bill 1714 N Michigan av----840-R
Price C D 1204 N Kentucky av----2645-W
Price Glen A 106 E Pear----5592
Price Henry L 1719 N Delaware av----3767-J
Price J C 914 Davidson dr----5014
Price J T 607 S Missouri av----1405
Price James A ofc 1715 W 2----1820
Res NE of Roswell----031-R3
Price John T Jr Capt 902 Davidson dr----4262-W
Price Katie 97 Lighthall pl----7-2115
Price Oil Co 2408 N Main----4223
Price T E E of Roswell----4659
Price Temple V Maj 1308 N Penn av----2493-J
PRICE'S CREAMERIES INC 1101 S Main----790
Price's Wholesale Gas & Oil E of Roswell----4659
Prichard H C 1707 S Stanton av----1320-J
Prichard Nellie Mrs 305 E 6----1627-R
Prince Erdman 1606 N Kentucky av----3865
Prince H E 1400 W Tilden----2646-R
Prince James H 107 W Chisum----4540-J
Prince Robert L 1719 N Michigan av----4503-M
Pritchard Winifred M Mrs 706 S Lea av----458
Procter Thomas W 504 S Fir av----2218-J
Proctor C L 1622 S Cahoon av----1977-W
Proctor Loretta Mrs 1102 N Missouri av----1269-R
PRODUCER'S LIVESTOCK MARKETING ASSN
Nickson Hotel--3973
Proffit Maudie 504 E Mathews----3044-J
Prudential Insurance Co of America The
District Agency Branch Office J P White B----3433
Mortgage Loan Dept J P White B----3782
Pruett Roy I 303 S Delaware av----2853
Pruit A R phys surg 205 N Missouri av----4490
Res NW of Roswell----813
If no answer call----4492
Pruit Burney Mrs 407 W 5th----3807-W
Pruit Elmer L 113 E Apple----3264-J
Pruitt J B N of Roswell----046-J3
Pruitt J B Trailer Court N of Roswell----4688
PRUITT MORRIS M ins J P White B----2895
Res 603 S Kentucky av----3069
Pruitt Paul E 1002 W 3----260
Pruitt W D 409 W Reed----1807-J
Pryor G S Maj 31 W Eyman----7-2128
Pubco Development Inc 425 N Richardson av----5115
PUBLIC SERVICE CO—
See Southwestern Public Service Co--3700
Pucella Cleo 207 E Albuquerque----2073-J
Puckett H W 1101 W 3----3727
Puckett Hester Mrs 406 W 3d----782-J
Pueblo Courts 1501 W 2d----3444
Pugh E H 1520 N Kentucky av----2006-R
Pulley W R 1614 N Michigan av----3813-M
Purcella George E of Roswell----014-R5
Purcella M L 1204 S Grand av----1789-R
Purdy A B 1212 W 8th----1516
Purdy Bill N E of Roswell----012-J1
PURDY ELECTRIC CO INC 120 S Main----188
If no answer call----3557-J
If no answer call----1232-W
If no answer call----2303-W
PURDY FURNITURE CO 321 N Main----197
Purdy Joe 800 W Mathews----2119-M
Pure Oil Co The J P White B----1633
Puryear Harry 410 N Virginia av----1500
Putman William E 1207 W 7----2461-M
Pyatt Albert H Maj 85 Holloman pl----7-5525
Pyeatt R O 1728 W Walnut----2828-J

Pyper Harold N of Roswell------09-J3
Pyramid Life Insurance Co 611 W 2------5197

Q

Quackenbush O R 1210 W 1------5579-W
Quality Cleaners 108 E McGaffey------4483-W
QUALITY LIQUOR STORE 1400 S Main------225
Qualls H W 1313 N Lea av------1921-J
Quantius Leland M 305 W 8------3606
Quarles Rosilie 607 E Van Buren------4649-J
Quarles Sue Mrs 911 S Elm av------5117-M
Queen Bryce L 1719 S Union av------5542-W
Quesenderry Joseph Capt 3 W Byrne------7-2101
Queses Angelo 1502 W 1st------2324-R
Quick-Way Laundry 916 E 2------3999
Quick Way Truck Line 419 N Virginia av------23

R

Rabb Billy Paul 1609 S Mulberry av------1992-R
Rabb Florrie 100 N Kentucky av------959-J
Raby Alfred D 628 E 6th------1112-R
Radcliffe B S 109 N Michigan av------2813-J
Rademaker G C Maj 1015 N Plains Park dr------1937
Rader Eugene C W of Roswell------2757-W
Rader W L 313 E Bland------2742-R
Radic K V 511 S Sequoia av------5394-W
Radzinski John J Capt 19 Hunsicker pl------7-2277
Ragan Claudie 1103 S Richardson av------3438-R
Ragsdale Ezell 106 S Montana av------5330
Ragsdale Isaac 108 S Montana av------1592
Ragsdale Luther 1512 S Michigan av------4466
Ragsdale T J 519 E 8th------2611-M
Ragsdale Tom S E of Roswell------080-R1
Railroad Furniture Sales Co 306 N Railroad------4873
Railway Express Agency Inc 610 N Main------76
RAINS CONSTRUCTION CO S of Roswell------077-R1
Rains J B 1422 W Tilden------5310-W
Raleigh J H 1012 Kings dr------2654-J
Ramer William ofc 324 N Richardson av------4139
Res 700 N Wyoming av------2257
Ramey W O 807 W 11------2368-W
Ramirez A M Mrs 805 N Montana av------1700-M
Ramirez Joe S of Roswell------081-R3
Ramirez V S 119 S Ash------1787-J
Ramm C A 1107 W Summit------4299-J
Ramos F Jr 1109 W 3------3182-W
Ramsey Phillip J Sgt 100 E Byrne------7-2323
Ramsey Thelma Mrs 30 Riverside dr------4843-W
Rancher's Exploration and Development Corp
123 E 5--5259
RANCHER'S SUPPLY CO 416 E 2d------17
Randall Orlando 1203 N Lea av------2227-J
Randeau F A 308 E 8th------1922-J
Randle Brink 1711 N Washington av------3811-W
Randle Dolores 1719 N Washington av------1129
Randle J T 701 E Tilden------1475-W
Randolph Calvin B 109 E Church------4819-W
Randolph Josh 1105 S Richardson av------3305
RANDOLPH MANUFACTURING CO
1008 E McGaffey------339
1008 E McGaffey------3407
Randolph Troy 405 E Wildy------1196
Raney Eugene 710 S Kansas av------3157
Raney Jo Ann N E of Roswell------014-R4
Ranft Allen R 809 W Tilden------4917-J
Rannigan G A 403 S Sequoia av------3165
Ransom L M 800 N Missouri av------2453-R
Ransom Ray 1103 N Lea av------4270-J
Rapp Billy 1104 E 1------4295-M
RAPP TRANSFER & STORAGE 1208 N Grand av----272
Raschein Ruth Mrs 109 N Kentucky av------1895
Rasmus B P Mrs 407 N Kentucky av------1189
Rasmussen C M 805½ N Kentucky av------1732-R
Rasmussen Kenneth C Maj 36 Wiese pl------7-2338
Rasmussen William Capt 802 W 9------1333-W
Ratliff A D 2419 N Garden av------3747-R
Ratliff C B 103 W Bland------4623-J
RATON WHOLESALE LIQUOR CO 211 E 7th------2346
Rattan Raymond A 628 E Cherry------3331-J
Rautio L T 208 S Sherman av------3418-R
Ravizza Tony 516 W McGaffey------5013
Rawald Eldon T 11 H------7-2266
Rawlings Vernon K 73 Powell pl------7-6628
Ray Emmett F 1421 W Hendricks------1898-W
Ray Hilton 1412 W 4th------3482
Ray Lela 603 S Michigan av------1969
Ray Wilbur V 400 E Country Club rd------068-R5
Raymond E S 1110 N Richardson av------1623-M
Raymond Roland E 204 E Albuquerque------2742-W
Rea Jesse E 1503 N Delaware av------3882-J
Rea John E Capt 1704 N Kentucky av------4394-W
Read Charles B oil J P White B------3251
Res 1217 W 3d------2459
Readhimer Wm G 4 Martin------7-2400
Reading E E 1810 N Cambridge av------4043-R
Reall R T 204 W Deming------5356
Ream Robert 1409 W 7th------3607
Reames Erma G Mrs 1114 S Michigan av------3548
Reasor Mary Elizabeth 808 W Albuquerque------2233-J
Reaves H C 1726 N Delaware av------5042-J
Reavis Ethel Mrs 305 E Jefferson------1155-R
Rebollini Frank J 907 N Richardson av------4367-W
Rector J C S of Roswell------03-R3
Red Cross Hdqtrs 304 E Bland------3555
Redd Paul R 1300 N Missouri av------1621-J
Redding O M 113 W Deming------2485-M
Redding Paul 1619 Pontiac dr------3712-J
REDDOCH ELECTRIC SHOP 212 E 5------2019
Reddoch G T 1209 E 1st------2856-J
Reddoch W W 1608 W Alameda------4242-J
Redfield Georgia B Mrs 138 E Pear------489-W
Redford Cecil 303 E Frazier------2209
Redlin Milton J 514 S Pine av------5378-W
Redmann Robert 1906 N Montana av------4092-R
Redmon Tony photgr 1111 N Montana av------1230
Ree Bonnie Mrs 803 S Atkinson av------1736-W
Reece F W 1707 W Alameda------3143-M
Reed Eugene B 1614 S Richardson av------2976-W
Reed Francis 513 S Fir av------2076-R
Reed Lawrence N of Roswell------046-R4
Reed Venon G 1104 N Union av------3952-M
Reed W R 208 N Kansas av------4234
Reed Wm D Sgt 55 Van Lueven pl------7-5561
Reedy J L 1008 W 1------2430
Rees John J 32 E Byrne------7-2231
Rees Yule B 1413 S Madison av------3823
Reese A W N of Roswell------2693-M
Reese Albert 1607 N Kansas av------4028-J
Reese George J S of Roswell------7-4482
Reese George L Mrs 213 N Kentucky av------5342
Reese Gomer A 505 S Richardson av------3822-M
Reese Robert T 60 Wiese pl------7-2394
Reese Robert W Maj 59 Kelly pl------7-5536
Reeves Austin 611 S Kentucky av------2528-W
Reeves Dorris M Sgt 13 Barlow pl------7-5506
REEVES F M & SONS INC S Sunset av------3244
Reeves F M & Sons Inc S Sunset av------3237
Reeves Fred Jr 304 E 8------837-J
Reeves James F 306 E 8------578-M
Regnier G L Capt 61 Luebke pl------7-9964
Rehr W I 706 Eldora dr------1763-W
Reichel J J 505 S Fir av------3490-W
Reid E J Sgt 1112 W Alameda av------5047-J
Reid Elsie E Mrs 1010 N Missouri av------3594
Reid Harold J 103 S Nevada av------1011-R
Reid Mamie Thorpe 317 E Jefferson------4366-W
Reidenbach John W Sgt 307 S Penn av------4018-J
Reil Joy D 604 N Delaware av------4579
Reinert George R 908½ W 8th------4517-M
Reinke Velma Carr 1500 W Walnut------4095-R
Reischman Gene 1308 Highland rd------4002
Reischman L J 19 Riverside dr------4004
Rejba Edward J Capt 410 S Hemlock av------4293-W
RELIABLE HOUSE & WINDOW CLEANING CO
705 S Kansas av--4560
RELIABLE PONTIAC & G M C TRUCK SALES
124 E 4--720
Reliable Pontiac & GMC Truck Sales 124 E 4th----4076
RELIABLE RADIATOR SHOP 425 E 2------834-W
If no answer call------1395-M
REMINGTON RAND SALES & SERVICE 206 W 4th--2665
Remmele Ruby M Mrs 1001 W Summit------4067-W
Renegar Charles Maj 21 W Byrne------7-2313
Renegar James M 509 E 3------1003-W
Renfro Irene 1709 N Missouri av------2464-J
Renfro Mary 205 E 5th------948-M
Renfro Pearl 301 W Alameda------3272-R
Renteria Juan 711 E Hendricks------3332-R
Repola John Maj 42 Langley pl------7-2200
Reshaw Earl L Maj 3 W Wells------7-5597
Ress Vernon 1601 W Tilden------2123-M
Retail Credit Co J P White B------742
Revelle Ned 45 Riverside dr------1544
Rewold Eleanor Mrs 603 S Kansas av------3117-M
REXALL DRUG STORE 312 N Main------1
Reyes Ernesto H 612 E Albuquerque------643-M
Reyes Roy D 1407 S Missouri av------3563-M
Reynolds Charles D 109 W 10------1294-J
Reynolds J Paul osteo phys surg 401 N Lea av----5000
Res N E of Roswell------333
Reynolds James T lab 211 W 3d------600
Res 203 N Kansas av------220
Reynolds Joe R 1204 N Washington av------3948-M
Reynolds Karen 1818 N Orchard av------4410-M
Reynolds William Sgt 1407 W Tilden------1844-W
Rhea John W Mrs 201 N Missouri av------1339-J
Rheinboldt Frank 510 N Washington av------947
Rhoades Dorothy Mrs 209 E Summit------3150-R
Rhoads Robert 1410 S Missouri av------3893-W
Rhodes B C 304 E Jefferson------4370-R
Rhodes Bert 1503 Pontiac dr------3684-W
Rhodes Bertha Mrs 909 S Washington av------4495-W
Rhodes Charles E 1610 S Stanton av------2511-R
Rhodes George S 924 Davidson dr------4895-M
Rhodes M L 909 S Washington av------894-M
Rhodes William G 505 S Sequoia av------3959-R
Rice David E 1205 E Alameda------3529-R
Rice Grace 209 S Penn av------4619-W
Rice I E 1807 S Munroe av------4918-M
Rice Orval L Capt 52 Andrews pl------7-4403
Rice Robert M 4 Hillcrest dr------839-M
Rich Robert J 315 E 8th------2611-W
Rich Zora 1302 W Albuquerque------2063-R
Richards Creighton H 111 N Michigan av------5457
Richards George 600 E 5------2985-W
Richards T H 1009 Rancho rd------4762-W
Richards Walter M 1013 S Kentucky av------3442-J
Richardson B L 1111 S Missouri av------3419-J
Richardson Charles A 1205 N Penn av------5056
Richardson Don R 1602 W Tilden------4944-W
Richardson Earl Sgt 907 W 4------4939
Richardson G K 712 N Penn av------1262
Richardson J S 204 E Summit------1470-R
Richardson James P 1210 S Lea av------1680-W
Richardson Jean 507 N Richardson av------2650-J
Richardson R M 1617 S Michigan av------4812-W
Richardson William E 1511 N Ohio av------5519-W
Richart L P Mrs 1207 Highland rd------1492
Richmond Bill 907 W 8------3635-J
Richmond Catherine H 405½ S Richardson av-----291
Richmond Raymond E 1007 W Mathews------1652
Ricker William S 1609 S Kentucky av------3130-W
Riddle Billy H 1414 S Munroe av------2556-R
Riddle R E 418 E 3------1816-W
Rider H H Capt 1600 N Delaware av------3868-J
Rider Larry D Jr 830 E 5------4947-J
Ridge R L 513 S Aspen av------2167-R
Ridgel Edward 1208 W 1------723-R
Ridgill J R 1512 S Lea av------3855-R
Ridgill Jack E of Roswell------020-J1
Ridgway J N 1010 N Delaware av------2718-W
Ridgway Thomas 118 E Forest------1126-W
Riemen Elmer H 308 W College blvd------577
Rigan Otto Lt 927 Davidson dr------5411-J
Riggan Stella 414 W 3------699-W
Riggins John R 304 N Penn av------2872-W
Rigler D P 308 N Michigan av------3978-W
Rigsby Lowry A 407 S Ohio av------1630-J
Riley Fay 511 N Washington av------2945-W
Riley J B 1501 S Adams av------3538-J
Riley James A Capt 2006 N Mississippi av------3892-J
Riley Max O 906 S Michigan av------244
Rine D W 806 N Delaware av------2215-R
Rineley S L Mrs 1010 W Walnut------3908-J
Ring Cloyd A 1309 N Lea av------1921-R
Ringel D S 2 H------7-4409
Rinker James W 1007 W Summit------4562-W
RIO GRANDE NATIONAL LIFE INS CO 1017 S Main-3065
RIO PECOS CO 1205 S Main------3399
Riordan Charles F 1305 W 3------5170-W
Riordan J C SE of Roswell------081-R2
Riordan L J 202 S Montana av------396-M
Rippey Donald T 21 Morningside------5433-W
Risley George W 1506 N Union av------3426-R
Risner G W Rev 308 N Garden av------4201
Ritchey C L 407 E McGaffey------1297
Ritchie P L 1119 S Hahn av------147-R
Rittenhouse D P Capt 2 Langley pl------7-9981
Rivera Rafael 715 E Tilden------3132-W
Riverside Rancho W of Roswell------Long Distance
Rives Billy 1408 W 8th------2811-W
Rives H L 101 N Michigan av------3632
Roark W C 2309 N Garden av------3747-J
Robb William J Sgt 20 Murphy pl------7-2273
Robbins Arthur L 506 W Walnut------2534-W
Robbins C M 1004 S Union av------4414-R
Robbins Shirley E N of Roswell------1370-W
Robbs W L 516 S Hemlock av------4634-J
Roberson Elizabeth 106 N Richardson av------2687-W
Roberson W M 1020 S Penn av------2951-M
Robert W L Bill 402 S Cedar av------2192-R
Roberts Arnold Sgt 606 E Tilden------3332-J
Roberts Charles H 205 E Albuquerque------5118
Roberts E J W of Roswell------1513
Roberts Edgar 817 E Albuquerque------3290-M
Roberts Eva Mrs 1203 N Union av------2371-J
Roberts George F N of Roswell------015-R2
Roberts H C 39 Riverside dr------5137
Roberts J D Capt 811 W Mathews------1880-J
Roberts L L 1719 N Pontiac dr------1845-W
Roberts Lloyd C Sgt 808 E Albuquerque------2738-R
Roberts Lorene Mrs 1615 N Michigan av------923
Roberts Milford N 606 S Cedar av------2947
Roberts Roland H 1612 S Munroe av------2904-W
Roberts Rue NE of Roswell------028-R4
Roberts T C 1814 N Maryland av------1867-J
Roberts Theodore K 1102 S Union av------2115
Roberts Willard 907 W 13------2371-M
Roberts Willard S 515 W Forest------3330-W
Robertson C T 606 W Hendricks------1382-J
Robertson E B 1004 W Deming------2084-J
Robertson J O 1710 N Washington av------3965-W
Robertson Jane 608 W 4th------556
Robertson Joe 901 N Lea av------1097
Robertson Lee Mrs 508 W 1st------532-W
Robertson Vernon W 509 N Washington av------374
Robinette Flora 610 W Tilden------5379-W
Robinson Barney J S E of Roswell------075-R5

Robinson C C dentist 405 W 2 ---738
Res 1700 N Pontiac dr ---3689-W
Robinson C W 728 S Sunset av ---056-R3
Robinson David D 1038 Crescent dr ---2940-R
Robinson Donnie Pearl 107 S Ohio av ---434-J
Robinson Edna E 110 E Albuquerque ---1896
Robinson Field 707 W College blvd ---4824-J
Robinson H T 623 N Main ---4247-W
Robinson Joe N E of Roswell ---065-J2
Robinson M E 1708 N Delaware av ---1558-R
Robinson Macy D 203 S Richardson av ---573
Robinson Rowan S 905 N Lea av ---3046
Robinson Walter C 1004 W 3d ---4329
Robinson Wylie G 109 W Oliver ---4974-W
Robirds Donald R 1710 N Delaware av ---2503-R
Robison Z T 405 S Holland av ---2617-R
Robles Don 1017 S Cahoon av ---4248-M
Robson A S Sgt 28 Martin ---7-2240
Rock Inn Court 1110 S Main ---3932
Rocket Lounge & Package Store 1301 SE Main ---799
Rockhold Cecil L S W of Roswell ---053-J2
Rockwell R E 1302 W 3 ---2389-J
ROCKY MOUNTAIN WHOLESALE CO 208 E 5 ---3314
Rodden W J 206 N Washington av ---3758
RODDEN'S STUDIO 133 W 4th ---562
Rodgers M J 821 E Albuquerque ---3290-R
Rodgers M O 1108 S Washington av ---1303-W
Rodrigue C Leon 214 E Deming ---3150-M
Rodriguez Carmen 401 E Hendricks ---2354-R
Rodriguez John B Capt 523 E 3d ---2339-J
Rodriguez Margarito 1504 S Poplar av ---4318
Rodriquez Lola 312½ E Albuquerque ---2937-M
Roe James E 1409 S Penn av ---2099-R
Roesch Donald F E Lt 500 S Union av ---2349-W
Roff D D 610 W 1st ---2628
Roff & Son 117½ E 3d ---899
Rogers Carl P 821 E 6th ---4077
Rogers Charles O 30 A ---7-2468
Rogers Daniel L Capt 1203 W 7 ---4667-M
Rogers Don 631 E Cherry ---1614-W
Rogers E R 1816 N Michigan av ---1993-W
Rogers H C 1615 W Hendricks ---3197
Rogers J A 405 N Penn av ---1071-M
Rogers J C 1209 N Lea av ---2863
Rogers L H 1704 N Michigan av ---1485-W
Rogers Maggie Mrs 511 E Reed ---806
Rogers R A 500 S Main ---2831-M
Rogers Robert C 1202 S Lea av ---1680-M
Rogers Shirley 510 S Missouri av ---3883
Rogers Sidney L S E of Roswell ---05-J5
Rogers Tom 801 N Union av ---820-R
ROGERS W B 701 N Main ---318
Res 205 W Walnut ---2812
Rogers W D S of Roswell ---325-R
Rogers W H 1614 N Delaware av ---3284-J
Rogers Willard T N E of Roswell ---064-J3
Rohr Carl J Col N M M I ---11
Rohrer H C 210 W 7th ---3790
Roland Rex 1203 W 7 ---1979
Roles Harold Mrs 630 E Cherry ---2894-M
Rollins A R 1109 S Kentucky av ---4516-R
ROLLINS BROS NURSERY 1110 E Plum ---4829
Rollins J R 710 S Sunset av ---3214-M
Rollins W E S W of Roswell ---025-J5
Rollwitz G C 305 W Deming ---880-J
Romero Albert 1405 S Missouri av ---2183-W
Romero Clifford 711 S Missouri av ---662
Romero J S 409 E Albuquerque ---1486-W
Romero T C 301 E Hendricks ---2354-M
Romero Tircio Jr 817 E Tilden ---3144-M
Romo Petra 113 E Summit ---2472-R
Rondeau Paul J 42 E Wells ---7-6687
Roney B C 809 N Penn av ---2749
Rookey E J Capt 1105 S Michigan av ---5248-R
Rooks L R 614 S Union av ---2805-J
Roper D T Sgt 10 E Eyman ---7-2467
Roper Lester 512 E 3d ---3301-J
Rosa James C Mrs 1511 N Delaware av ---3979-W
Rose B F 511 W 7th ---754
Rose Carl D Rev 1712 Pontiac dr ---4590
Rose D H 1102 W Deming ---2538-J
Rose Donald M 908 W Mathews ---4023
Rose E V dentist 400 S Penn av ---2269
Res 1213 W 3d ---4154
Rose Grocery 306 E Chisum ---4961
Rose I B 909 N Kentucky av ---379
Rose Jean H 909 N Kentucky av ---379
Rose Loyd 304 E Chisum ---682-J
Rose Serv Sta 1201 S Main ---2338
Rosendahl Donald E 109 S Washington av ---3976-W
Rosenthal Myron C Lt 407 S Penn av ---5581-W
Ross Charles A Jr Lt 302 E McCune ---4013-R
Ross D W 711 W 12th ---3053-W
Ross George B 1613 Mesa dr ---2809
Ross George W SE of Roswell ---035-J3
Ross Howard C 1301 S Adams av ---2056
Ross James W Sgt 42 Conde pl ---7-6630
Ross Lura Heath Mrs 307 W Alameda ---2374-J
Ross Maude 1802 N Lea av ---2464-R
Ross Paul 500 S Aspen av ---3560-M
Ross Sylvester E Mrs 824 N Main ---1247-W

Rosser Lloyd W Maj 37 Kelly pl ---7-2496
Rosson S E Bulldog 1103 E Brown ---872-M
Rossow Clyde W 104 S Union av ---2022
ROSWELL ANIMAL HOSPITAL 1002 E 2d ---2521
ROSWELL APPLIANCE SERVICE CENTER
618 S Main av ---4871
ROSWELL AUTO CO 126 W 2d ---189
Roswell Barber Shop 100 E 2 ---2157-W
Roswell Baseball Club J P White B ---472
Roswell Beauty Shop 402 N Main ---69
ROSWELL BEDDING CO 411 E 2d ---831
ROSWELL BODY SHOP 104 W Deming ---3155
Childs Ben L 1309 W 3 ---3047
ROSWELL BOWLING LANES 212 W 2 ---256
ROSWELL BUILDING & LOAN ASSN 117 W 3d ---613
Roswell Chamber of Commerce 119 E 5th ---3000
Roswell City of
Animal Pound 407 E Tilden ---5033
City Offices 425 N Richardson av ---2290
City Garage 307 S Grand av ---516
Complaint & Information Dept
425 N Richardson av ---2290
Fire Dept 116 W 1
From Non Dial Telephones
To Report a Fire ---250
For All Other Purposes ---380
From Dial Telephones ---7-2373
Municipal Airport W College blvd ---3350
Municipal Golf Club Cahoon pk ---1520
Police Dept City Hall
From Non Dial Telephones ---2900
From Dial Telephones ---7-4411
Police Judge City Hall ---535
Sewage Disposal Plant N E of Roswell ---012-R3
South Park Cemetery S of Roswell ---078-J1
Water Plant 301 E Alameda ---449
Water & Sewer Dept Clerk
425 N Richardson av ---2290
Roswell Community Chest 119 E 5 ---4010
Roswell Country Club
Club House N E of Roswell ---199
Shop N E of Roswell ---3414
Swimming Pool N E of Roswell ---3413
Roswell Credit Bureau
Office 102 W 4 ---26
Collection Dept 102 W 4 ---1616
ROSWELL CYCLE SHOP 120 E 4th ---43-W
ROSWELL DAILY RECORD 424 N Main ---2286
ROSWELL DRUG CO 126 N Main ---36
Roswell Federation of Musicians Local 640
211 W Deming ---2438
ROSWELL FLORAL CO 505 N Atkinson av ---196
ROSWELL FROZEN FOOD LOCKERS 620 S Main ---2460
Roswell Garden Homes Inc 132 E Byrne ---7-4451
If no answer call ---7-2155
Roswell Gin Co E of Roswell ---478
ROSWELL GLASS & MIRROR CO 1421 W 2 ---1548
ROSWELL HARDWARE 1803 SE Main ---1288-W
Roswell Homes Inc 300 E Church ---1550
Roswell Hotel 509 N Virginia av ---3149
Roswell Ice Co 1001 N Virginia av ---183
Roswell Inn 301 E Buena Vista ---1629
ROSWELL INSURANCE & SURETY CO 117 W 3d ---613
ROSWELL LAUNDRY CO 515 N Virginia av ---16
ROSWELL LINEN SERVICE 206 E 6th ---911
Roswell Livestock Commission Co 900 N Garden av ---1956
ROSWELL MAP & BLUE PRINT CO 211 W 4 ---230
ROSWELL MEAT CO 210 E 7 ---106
Roswell Motor Supply
505 S Main ---3311
206 N Virginia av ---3222
ROSWELL MOVING & STORAGE CO
109 N Virginia av ---4188
ROSWELL MUSEUM 104 W 11th ---1006
Roswell Neon Sign Co Highway 285 ---1323
ROSWELL OSTEOPATHIC HOSPITAL 401 N Lea av ---5000
Roswell Package Store 511 S Main ---3376
Roswell Petroleum Bldg 200 W 1st ---2552
ROSWELL PLUMBING & HEATING CO 123 E 23 ---1784
If no answer call ---3896-J
ROSWELL PRINTING CO 412 N Richardson av ---3139
Roswell Production Credit Assn 115 W 3d ---373
Roswell Recreation Council 807 N Missouri av ---3154
ROSWELL RUG & UPHOLSTERY CLEANERS 308 E 2 ---3471
ROSWELL SAND & GRAVEL CO 1000 W Hobbs ---2484
ROSWELL SASH & DOOR CO 424 E 2d ---2060
ROSWELL SEED CO 115 S Main ---92
ROSWELL SERVICE CENTER 501 N Main ---993
Roswell Stamp Service 206 W 4 ---1637
ROSWELL STATE BANK 116 N Main ---2198
ROSWELL TELEPHONE SECRETARIAL SERVICE
306 S Kentucky av ---4754
Roswell Trading Co E 2d & Grand av ---126

Roswell Truck Terminal 1800 W 2 ---1181
Roswell Truck Terminal Cafe 1800 W 2 ---1959-W
Roswell Tune-Up Service 102 W Deming ---4007
Roswell Typewriter Co 408 N Main ---674
Roswell Washing Machine Shop 504 E 5 ---466-J
Roswell Western Freight Line 209 E 9 ---2544
ROSWELL WOOL & MOHAIR CO 205 N Railroad av ---1432
Rotary Engineering Co 306 S Kentucky av ---4228
Rotary International 119 E 5th ---3000
Rothkrug E Maj 8 W Byrne ---7-2276
Rothman T I Lt 1606 S Missouri av ---916-W
Roudebush W C Lt Col 2007 N Louisiana av ---2730-M
Rounds Mary Pearle 611 N Ohio av ---1448-J
Rountree John B 812 W Deming ---3133
Roush John E S of Roswell ---072-J11
Rousselot Norman R 1017 N Plain Park dr ---4294
Row W C 410 W Forest ---2486
Rowan Richard 1504 S Missouri av ---2326
Rowe Charles 614 E Albuquerque ---3098-W
Rowe Guy M E 2d ---4684-J
Rowe James E 1108 N Delaware av ---5295-W
Rowell Fred Cleveland Mrs 102 S Kentucky av ---1150-J
Rowell Fred G 711 N Lea av ---2978
Rowland Edna B Mrs 415 N Garden av ---1689
ROWLAND HUGH archt 125 W Walnut ---1692
Res 1611 N Montana av ---3002-J
Rowles Clyde 509 S Pine ---3560-R
Rowles Mattie Mrs 421 E 4th ---1168-W
Rowley Raymond E 101 E ---7-6684
Rowntree Robert J 1604 Pontiac dr ---1182-W
ROYAL MOTEL 2001 N Main ---4446
Roybal Ruby 400 W Forest ---551-M
Royel Cafe 308 S Main ---1130
Royka Charles J Sgt 2010 N Mississippi av ---3447-M
Rubricius Jeanette phys surg 103 N Penn av ---2514
Res 411 W 7 ---3353
If no answer call ---2514
Ruby E W 910 W Summit ---1179-R
Ruby Robert 2000 N Mississippi av ---3018-J
Rucker Lee M 515 S Spruce av ---5494-J
Rucker W M 104 S Kentucky av ---2089-M
Ruffin R H 722 E Pear ---3567-R
Ruhl Joe A 111 S Missouri av ---1757-M
Ruhl John 1011 N Delaware av ---4997-W
Rummel Leonard N Capt 39 W Wells ---7-2194
Runion Joy 209 W Alameda ---2360-M
Runkel Clara Mrs 807 W 9th ---3956-W
Runkel George H SE of Roswell ---03-R4
Runyard Gerald D Maj 4 W Byrne ---7-5523
Runyon James Maj 315 E Church ---2109-R
Rushmore F P Jr oil J P White B ---4794
Res 704 S Ohio av ---5313
RUSSELL BACON & SHEPHARD ins 206 W 3 ---2414
Russell Buck Mrs 712 N Main ---1449
Russell Buck Plumbing & Heating Co
117 W Walnut ---1166
Russell George E 416 E 3d ---3842-J
Russell Irene 109 W 5 ---2163-J
Russell James R Lt 1614 S Stanton av ---4918-R
Russell Jessie 112 S Penn av ---871
Russell Joe D 409 N Grand av ---4784-J
RUSSELL JOHN F atty J P White B ---4287
Res 1516 S Madison av ---3553
Russell Lillian R Mrs 305 S Missouri av ---824
Russell Marvin 106 S Sherman av ---5085-J
Russell R J Jr Capt 46 W Byrne ---7-2476
Russell Robert B Capt 23 W Wells ---7-2410
Rust Jack B trailer cts N of Roswell ---4455
Rutenbeck Arnold A Mrs 409 E 3 ---1003-J
Rutkovitz Daniel E Lt 25 Langley pl ---7-2248
Rutledge Ross R 211 S Stanton av ---3579
Ruzic James B Lt 34 A ---7-2207
Ryan H A 1108 N Richardson av ---1903-J
Ryan Jack 102 S Kentucky av ---4089
Ryan Mary E 1621 W Alameda ---1889-R
Ryan Thomas F Jr Maj 9 Hunsicker pl ---7-2108
RYAN WALTER R loans 200 W 1st ---2552
Res N of Roswell ---3455
Ryde Randall C 1911 N Mississippi av ---4092-J

S

S & A VARIETY STORE 1135 S Main ---1063
S & H GREEN STAMPS 109 N Main ---4662
SACRA BROS CO 1306 E 2 ---2200
Sacra Glaze 57 Riverside dr ---4061
Sacra T A 312 S Lea av ---1859
Sacra T A Jr 1306 E College ---1256
Sadler Farren M 404 S Michigan av ---2337-M
Safeco Insurance Co of America 812 W 2 ---5243
SAFETY CAB CO 506 N Main ---2020
Sagar K E 1307 S Adams av ---1255-W
Sagar Milton M 1604 S Penn av ---3443
Saint G D 708 W Hendricks ---5365-W
St Andrews Episcopal Church 505 N Penn av ---3234
St John Charlotte 102 S Lea av ---622
St John Richard F 1112 W Deming ---3128-J
St John's Confectionery 200 W 1st ---4858
ST MARY'S HOSPITAL S Main ---185

St Peter's Convent 805 S Main----1625
Salazar Alfred 402 S Sequoia av----5355-W
Salazar Daniel P 709 E Bland----3623
Salazar R B 219 E Wildy----4260-R
Salcido Albert W 509 S Holland av----2219-M
Sale Malcolm 1308½ N Kentucky av----855-W
Salganik Donald G Lt 502 W Deming----2682-M
Salines Victor 724 E Alameda----5120
Salisbury Gerald P 1506 N Ohio av----3809-R
Sallee Billy Mrs 908 N Orchard av----1849-M
Sallee Fred L 407 W 8----3895-W
Sallee G Roy N of Roswell----09-J4
Sallee Lem Mrs 1522 N Michigan av----4028-R
Sallee Walter E 705 Eldora dr----4056-R
Salmon Pierre MD 406 N Penn av----2868
Res 200 N Kansas av----4679
If no answer call----4492
Salomon Walter C 610 N Wyoming av----1721-R
Salomon Warren C 610 N Wyoming av----1721-R
Salsman E D 409 E 4th----1872-M
Salsman Glenn 706 N Garden av----1572-J
Salvation Army Quarters 408 S Main----756
If no answer call----1257
Salyards Roy C 810 W College----2688-M
Salzman R D 1607 S Jackson av----2077-M
Sam L H S/Sgt 214 E Forest----1796-M
Sample Alton 806 N Richardson av----692-W
Samples Darryl 325 E Church----5476
Samples Ida 706 N Virginia av----2692-W
Samples L L Lt 1513 N Michigan av----1877-W
Samson H E 405 N Lea av----321
Sanchez Candelario 110 S Kansas av----1780-R
Sanchez Dorothy 1403 S Sherman av----2405-R
Sanchez Edward 1310 N Michigan av----712-J
Sanchez Ermino 1418 S Poplar av----4297-R
Sanchez Frank 302 E Reed----3012-M
Sanchez Lola 810 E Bland----3186-M
Sanchez Louis G S of Roswell----7-2259
Sanchez Marcail 718 E Alameda----1645-M
Sanchez Mary 703 E Bland----3098-J
Sanchez Ruben 1104 W College----1283-J
Sanchez Satero R 506 S Montana av----2174-W
Sanchez Savino 308 E Reed----3012-J
Sanchez Seferino 1710 Pontiac dr----4239-J
Sanders Archie 912 W Hendricks----2973
Sanders B F Sgt S of Roswell----045-J2
Sanders Fred D 107 N Lincoln av----4729-W
Sanders Jack 913 W 17th----2807-M
Sanders Jimmy N of Roswell----4322-W
Sanders Lyman A Jr 1513 S Madison av----1453
Sanders Lyman A Mrs 407 N Kansas av----645
Sanders Olga M 909 W Mathews----1665
Sanders Ralph K 23 Reynolds pl----7-2459
Sanders T Irene Mrs 711 W Hendricks----4737-J
SANDERS T T JR atty J P White B----95
Sanders Truman T Jr rch S of Roswell----3296
Sanders W E 1809 N Maryland av----1701-W
Sando Rita A Mrs 107 E Bland----1917-R
Sandoval Charles 401 S Fir av----5505-W
Sandoval Joe G 305 E Deming----4360-J
Sandoval Louis 109½ W Tilden----905-R
Sandry W J Sgt 1513 W Hendricks----2462-M
Sanford William H S of Roswell----026-R1
Sanitary Barber Shop 113 W 3d----4178-W
Sanny Max J Maj 35 W Wells----7-5543
Santa Fe Railway Co
Freight Depot 301 E 5th----24
Freight Depot 301 E 5th----1200
Passenger Depot 301 E 5th----54
Santamaria Henry 809 W Deming----2233-W
Santheson S S first 505 N Atkinson av----196
Santheson Stanley 411 N Orchard av----3417
Sappenfield Luther 1603 S Kansas av----2683-J
Sargent Dot Mrs E of Roswell----048-J2
Sargent Frederic A Jr Capt 10 Zettle pl----7-3343
Sargent's Buckhorn Bar 120 N Main----1944
Sartin I M Jr 1208 N Kentucky av----4724
Sartin O D N E of Roswell----3526-J
Satcher M Ollie 1100 W 11----2718-M
Sattelberg Robert I Sgt 105 E Byrne----7-4483
Saunders Gordon R 515 S Aspen av----2182-R
Saunders James W 1010 W Mathews----2532-J
Saunders Robert W Lt 1207 W Deming----273-M
Saunders Wayne W 411 N Union av----1879-M
SAVAGE BROS ELECTRICAL CO 426 E 2d----2547
Savage D L 908 S Washington av----1575-J
Savage DeLoy 819 E Albuquerque----3359-J
Savage G J 705 S Ohio av----1049
Savage G L 1600 W Walnut----3143-J
Savage Jack 910 S Washington av----1575-W
Savage M G 213 E Summit----1913-J
Savage Pete S W of Roswell----074-J2
Savage Willis E 1214 E 1st----2094-W
Savel Harry R 703 S Kentucky av----3950-M
SAVOY HOTEL 102½ W 2d----915
Sawey Charles M Jr 703 S Union av----2416-J
Sawey Chuck Gulf Serv Sta 224 W 2d----4290
Sawyer D F 1524 N Michigan av----2105-M
Sawyer James W Sgt 115 W Oliver----4727
Sayre G Merton Lt Col 1621 N Kansas av----3943-J
Scaife Nelle Mrs 104 S Stanton av----4729-M
Scaife William P 1001 W Deming----2305-J
Scarafiotti G C 305½ N Kentucky av----1491-J
Scarano Vincent T Maj 63 W Eyman----7-3396
Scarritt Charles H 805 N Richardson av----2722-J
SCAVARDA'S Old Dexter hwy----1365
Schaal John H Capt 1010 W 8----759-J
Schacherer J J 1002 S Lea av----5317
Schafer Mildred Vickers 511 N Lea av----4179
Schardong J G Maj 65 Luebke pl----7-3300
Scharmen Merrill E 27 B----7-2142
Schauer W C Mrs 2101 W Alameda----5296-J
Schauer William C atty 1st Natl Bk B----2160
Schechner Ken R 2419 N Main----1885-J
Schell Keith E 801½ N Kentucky av----5143-J
Schenck's H W Dental Laboratory
309½ N Penn av----2710-M
Schenk Richard B 1009 W Deming----5012
Schieman David F Lt 508 S Spruce av----3020
Schierloh Henry Rev 1103 W Summit----5290
Schindler D F 208 N Montana av----2664-W
Schlarmann R F Lt 1412 S Lea av----5484
Schlatter Lavern S of Roswell----7-5507
Schlumberger Well Surveying Corp 706 S Main----2302
Schmid H K 805 N Union av----2152-W
Schmid Herbert 1105 S Hahn av----2092-M
Schmidkofer N P Mrs 306 S Sequoia av----5266-R
Schmidt George R Capt 1611 S Washington av----4650-W
Schmidt William I Dr 1517 N Delaware av----4476-M
Schmittgens William A 803 N Kentucky av----1732-M
Schmoyer Lola Doyal 308 S Kansas av----1954-R
Schnaible J J 209 W Deming----1061-J
Schnedar C L E College blvd----2630
Schneider Carl 411½ N Union av----2909-R
Schoen R J 932 Davidson dr----1975
Schoene Robert W 709 S Atkinson av----1736-J
Schoenfelder James W S of Roswell----078-R5
Schomp Justus K 310 W College blvd----1031-J
Schools City
Public Schools Adm Ofc 200 W Chisum----5550
Central Library 300 N Kentucky av----503
Maintenance Office 1411 S Elm av----4025
City School Nurse
300 N Kentucky av----584
500 S Richardson av----425
Senior High School
Office 400 W Hobbs----5500
Principal 400 W Hobbs----5349
Cafeteria 400 W Hobbs----5502
Junior High School 300 N Kentucky av----561
South Junior High School
Principal 500 S Richardson av----72
East Side School 509 E 5----55
Edgewood School 701 N Garden av----431
Exceptional Children's School
711 S Michigan av----3453
Flora Vista School 1208 E Bland----2342
Highland School 1000 S Virginia av----1793
Mark Howell School 508 W College blvd----990
Missouri Ave School 700 S Missouri av----982
Parkview School 1700 W Alameda----2892
Pecos School 600 E Hobbs----1783
South Hill School 500 E Bland----1794
Washington Av School 408 N Washington av----794
Schools County
Supt of Schools Court House----658
Berrendo School N E of Roswell----08-R4
East Grand Plains School S E of Roswell----035-J2
L F D School E of Roswell----032-J2
Mountain View School S of Roswell----061-J2
W A F B Elementary School S of Roswell----7-2111
Schoonover D G 219 E Church----3711-J
SCHORN LEO ins J P White B----2871
Res 310 E Bland----1149-R
Schott C W Genl 1 Walker pl----7-4411
Schram Asa M 415 E 5----1923-M
Schrimsher Beulah 412 N Main----3129-J
Schrimsher Cecil 3 Riverside dr----1134
Schrimsher E V Mrs 211 S Missouri av----2267
Schrimsher Fred 903 Davidson dr----4839
Schroeder G Z Maj 21 Langley pl----7-2160
Schroeder E Robert 1618 S Stanton av----4918-J
Schroeder Lawrence G 1312 N Kansas av----2242-R
Schroth Raymon 913 N Missouri av----2842-J
Schueneman Ted 506 S Union av----2349-R
Schuler Elbert K 1210 Highland rd----3798
Schulte T J 607 W Alameda----2994-W
Schultz John A 413 E Country Club rd----060-J3
Schultz Paul G Mrs 406 S Kentucky av----1236-W
Schultz Robert L 700 W Summit----2308-W
Schumacher James F 1704 N Washington av----3965-J
Schumaker Floyd A 1722 N Delaware av----2569-R
SCHUMPERT GENERAL TIRE CO 615 E 2----3200
If no answer call----4944-W
Schuster Alfred J 1511 S Adams av----4057
Schwab Carl 1616 N Delaware av----3194-W
Schwab R C 102 N Kansas av----3464-W
Schwanecke L D 1809 W 3----4292
Schwarz Roy 609 N Missouri av----5321
Schwede Walter R 109 E Forest----1848-M
Schweiger Dale 1118 S Penn av----4516-W
Scifres E D 2417 N Garden av----3602-M
Scott A F 1708 N Ohio av----4830
Scott Albert E Capt 405 S Cedar av----3226-W
Scott Ben Ike 1618 W Walnut----1889-W
Scott Charlie D 501 S Kentucky av----4862
Scott Gladys 200½ N Lea av----1512-W
Scott Harry Sgt S of Roswell----045-R4
Scott Jack 608 W Mathews----894-J
Scott Kenneth 400 S Hemlock av----2466-J
Scott Lawrence W 1715 N Maryland av----4245
Scott R A 105 N Missouri av----1340-M
Scott R E osteo phys surg 100 N Lea av----214
Res 706 N Wyoming av----453
Scott Robert E 1105 W Mathews----1880-W
Scott Robert I Maj 4 W Wells----7-2254
Scott Robert R Capt 16 W Wells----7-2268
SCOTT SERV STA 710 W 2d----359
Scott V C 704 N Ohio----1817-R
Scott William M 1206 S Kentucky av----4251-M
Scotty's Club W of Roswell----5235
Scotty's Hik-ry Pit 422 N Main----87
Scribner Robert F 517 E 4----5257-J
Seaboard Oil Co J P White B----4710
Seale Carolyn 813 N Washington av----4457
Seale Gerry 1715 N Michigan av----1201
Seale Inez C ofc 507 W 1st----3341
Seale Raymond 207 S Missouri av----757
Searcy Felix 608 W McGaffey----3193-J
SEARS ROEBUCK AND CO 120 W 3d----3090
Catlg Dept 120 W 3d----2289
SECURITIES ACCEPTANCE CORP 503 S Main----977
SECURITY FINANCE CO 106 W 4----1932
Sedillo E R W of Roswell----024-J4
Sedillo Porfiria 1202 N Ohio av----3944-W
Sedillo Tony 917 N Delaware av----1341-M
Seeds Harry A 1600 S Cahoon av----2054-J
Seeger Janie L 1618 S Washington av----1249-M
Seelinger M L 1307 N Lea av----1726-R
Seifert Clarence H 2207 N Garden av----4383-W
Sellars Leo R Mrs 205 S Montana av----1161-J
Sellman Tom 504 S Kansas av----4199-W
Selman Benjamin S of Roswell----026-R11
Semolke Lawrence 908 Purdy dr----1661-M
Sena F G 1405 S Poplar av----1664-R
Sena Melecio 512 S Holland av----3382-M
Seright E M Lt 17 A----7-6677
Serna Annie 812 S Kentucky av----2409-W
Service Allen C phys surg 109 N Union av----5164
If no answer call----4492
Res NE of Roswell----3075
SERVISOFT OF ROSWELL INC 806 S Main----2579
Session Ossie 1402 S Calhoun av----4993
SEVEN-UP BOTTLERS INC 1106 S Main----4392
SEVENTH STREET HELP-YOUR-SELF LAUNDRY
105 E 7----7
Sevier Gilbert J 605 S Washington av----4713
Sexe Laura M Mrs 1012 W Summit----1819-J
Sexton Edith 627 N Richardson av----963-R
Seyda R R Rev 510 S Michigan av----3217-M
Shackelford Wilbur L 1201 E 1st----2979-W
Shady Camp Trailer Court N of Roswell----4455
Shaeffer Robert T 1511 W Hendricks----2966
Shafer Jack E 501 S Richardson av----3984
Shafer Lenore 1201½ N Kentucky av----2131-M
Shahan L Kenneth 1007 N Washington av----2181-M
Shakespeare M L Rev study 108 S Michigan av----2504
SHAMAS FOOD STORES
Store 1021 S Main----2537
Store 912 E 2d----383
Store 1305 N Main----2928
Office 1021 S Main----3974
Shamas Joe 400 N Atkinson av----1053
SHAMROCK PETROLEUM PRODUCTS DISTR
214 E Alameda----677
Shaner William L ins adjstr J P White B----2024
Res 1304 W 8----1312
Shank Robert C Jr 1402 E McGaffey----044-R5
Shank Robert C Sr 400 E Albuquerque----3098-R
Shank Woodie J 638 E Orange----5591-M
Shanks George 704 S Kentucky av----2206
Shannon Carl SE of Roswell----4320-W
Shannon Gib 632 E 6th----86
Shannon Hugh R 104 W Oliver----797
Shannon W B 630 E 6th----86
Shapiro Eugene P 107½ S Missouri av----2372-M
Sharp Edward 1718 N Kansas av----113-W
Sharpling X L 1108 S Hahn av----2132
Shaver B D Jr 905 Purdy pl----1763-M
Shaw A T 1109 W 8----1957-J
Shaw A Wash 315 E Summit----2319-W
Shaw D T 900 N Union av----3396-J
Shaw J F 307 S Richardson av----2823
Shaw Johnnie 317 E Forest----1789-M
Shaw L U 907 S Washington av----1222-W
Shaw L U Jr 415 S Hemlock av----3587-M
Shaw Otis 111 E Forest----3277-M
Shaw Robert W 619 E Apple----1274-W
Shaw W S 302 N Penn av----1390-W
Shaw's Grocery & Market 406 W 2d----350
Shearman Dale D 507 S Sycamore av----2457-J
Shelford Paul K 1710 S Stanton av----2539-M

Shell Jim 1614 N Union av---3428-J
Shell Oil Co 110 E 3d---4325
Shelton John E 1700 N Union av---1082-J
Shepard George 505 E 3---2339-W
Shephard Bert M 1021 S Kentucky av---3106-J
Shephard Violet I Mrs 907 N Richardson av---2832-W
Shepherd Fern 404½ N Shartell av---2149-R
Shepherd Max G 811 E 5th---1024
Shepherd Mildred 102 E Pear---3907-W
Shepherd N G 1403 W Tilden---4277-R
Sheppard Betty 606 E Summit---4648-J
Shepperd B F N of Roswell---2253-W
SHERIFF Court House---950
Sherman Edd B 1209 N Kentucky av---3049-J
Sherman F L Mrs 604 S Missouri av---3856-W
Sherman Frank 601 E College blvd---1377-W
Sherouse Lollie L 503 E Albuquerque---2073-R
Sherrell Ethel NE of Roswell---4383-R
Sherrell Rice T Capt 46 Andrews pl---7-2469
Sherrett Donald W 724 N Main---4625-W
Sherrill Henry 511 S Washington av---1508-J
Sherrill Lena Mrs 311 E Reed---1603-J
Sherrod Harold W 311 E Church---4926
SHERWIN-WILLIAMS CO 107 E 5th---3394
Shick Robert L Lt 40 Langley pl---7-2119
Shields Alma 401 S Sequoia av---2466-M
Shields Marvin L 600½ S Lea av---3095-R
Shields Melvin L 90 E Wells---7-3362
Shinkle J D 1100 N Penn av---1719-J
Shinn Lily M 1318 N Richardson av---3058-J
Shipman B A Mrs S of Roswell---059-R3
Shipp John B Sgt 14 Murphy pl---7-2339
Shively Earl E Lt 217 E Church---2421-W
Shmiske Paul C 101 S Union av---1197
Shockley James W 1608 S Washington av---4372-W
Shoemake Frank 410 E Forest---4561-M
Shoemaker Jean 504 S Ohio av---749-M
Shoemaker Mattie Mrs 1301 N Richardson av---4567-J
Shook Lowell 103 E Byrne---7-4484
Shooter Eugene A Maj 81 Fitzgerald pl---7-2356
Shores D M 418½ E 4---4502-W
Shores H C 600 E 5---2985-J
Short M Lou 805 N Penn av---4475
SHORT & MANSEL contrs 720 E Pear---4059
Short R V Mrs 805 N Penn av---4475
Shotts Kermit 1513 S Missouri av---1860
Shrecengost D J 100 S Missouri av---624
Shrecengost D J Co 204 W 3d---146
Shue Lela N of Roswell---4432-W
Shuey Charles A 502 S Washington av---2586-R
Shull Burnie 1116 S Virginia av---2279-W
Shults La Roy 314 E Jefferson---5279
Shultz D F 941 Davidson dr---4357
Shumaker Lewis 1514 S Adams av---1596
Shuman H C 1309 N Richardson av---2728-M
Shuman O K 326 E 6th---1276-M
Shuman T M S W of Roswell---029-J4
Shumard George 609 S Union av---2805-M
Shumard H D Capt 16 Langley pl---7-2109
Shuping William C 502 S Pine av---2625
Sias Betty Mrs 712 E Alameda---1475-M
Sierks Raymond C 105 S Washington av---2994-J
Siete C R 807½ W Albuquerque---2487-W
Sifford Bill B Lt 21 A---7-9968
Sigler Roland E Sgt 31 F---7-6680
Sikes James H Maj 1613 W Alameda---1966
Sikora J E Lt 116 E Frazier---5490-W
Sikorski M S Sgt 12 E Byrne---7-6619
Silva Joe 600 E Deming---4371-W
Silva Juan 900 S Elm av---4371-J
Simmons Hazel E 408 S Penn av---110-W
Simmons R W 405 S Fir av---4744-R
Simon Eugene E 67 Holloman pl---7-6683
Simon John K 1907 N Mississippi av---615-M
Simonson Clifford W Maj 8 Thiel pl---7-2456
Simpson C L Mrs 205 S Delaware av---1865-R
Simpson Claude 304 W Alameda---471
Simpson Frank V 1616 W Walnut---5587-W
Simpson James L 401 S Penn av---1907-W
Simpson Orell 109 E Byrne---7-3385
Sims C H Mrs 806 W Mathews---1147-M
Sims Robert E Jr Mrs 1109 S Penn av---1750-J
Sinclair Crude Oil Co 110 E 3---4670
Sinclair Oil & Gas Co 110 E 3d---4720
Sinclair Serv Sta 1426 W 2d---3939
Sinenson E G Col 77 Holloman pl---7-4400
Singer Sewing Machine Co 309 N Main---2127
Sisley Art 323 E 8th---1237-W
Sisson Viola Mrs E of Roswell---051-J1
Sisson Virginia M 1016 E 2---4697-M
Sisters of St Casimir 316 E Hendricks---804-J
Skains M S 1112 E Walnut---2856-R
Skalinder H E Lt 208 W Deming---2156-M
Skibbe H W Capt 1013 W Mathews---5069-J
Skillman Carrie 409 N Lea av---372-J
Skinner Bill 1703 N Michigan av---4503-W
Skinner Don E 709 W 14---3921-J
Skinner Edward W Jr 609 S Lea av---1950-J
Skinner G F 1700 N Washington av---1494-W
Skinner John W Sgt 106 E 7th---1668-W
Skinner Julius 102 N Lea av---697-W
Skinner S W S of Roswell---078-J2
Skipper W C Jr 610 S Union av---2029-J
Skipworth A B Mrs 420 E McGaffey---2939-R
Skordas Pete J Capt 39 Kelly pl---7-4467
Slade W C 1501 W Tilden---2582
Slagle J S 407 S Michigan av---1163-M
Slate Melvin H 21 B---7-2168
Slater Henry G Capt 9 W Eyman---7-2135
Slater Oral E 1420 S Elm av---2245-W
Slaton Bill 612 E 2d---1507-M
Slaughter George Morgan 600 N Penn av---200
Slaughter Tom 1601 Mesa dr---4636
Slaughter W G 1007 Rancho rd---4762-R
Slayton Randall O 809 W Mathews---3122-J
Sledge Elton Sgt 34 H---7-2184
Sleeper Alan G Sgt 111 E Byrne---7-5577
Slicer George 1419 W Tilden---2890-W
Sloan Fred E 6 Murphy pl---7-2370
Sloan Mark 111 N Michigan av---5457
Sloan Sam S 929 Davidson dr---4323-W
Sloop A J 520 E 3d---2475-R
Sloop J R 1801 N Michigan---4235-J
Slover Charles W 1703 N Pontiac dr---1845-M
Slover Consuelo A Mrs 1703 N Pontiac dr---1845-M
Slusher Robert A 609 W Mathews---2395-J
Small J W 203 S Stanton av---3418-M
Small W P 1401 S Madison av---1383-M
SMALL'S BAKE SHOP 607 W 2d---29
Smarrella Anthony P 1721 N Delaware av---2654-W
Smelter Supply Co 306 E 4th---86
Smiddy Earl C 413 W Tilden---4213-W
Smith B B 210 S Poplar av---3050-M
Smith B C Barney 1109 S Michigan av---3339
Smith Bob N E of Roswell---2427-W
Smith Bob Jr 634 E Orange---1578-R
Smith Bob D 704 S Washington av---5595
Smith C E S E of Roswell---017-J4
Smith C N N of Roswell---2757-J
Smith Cecile K Mrs 307 W Forest---4591-J
Smith Charles D 1402 N Kentucky av---1726-J
Smith Chas D 109 N Lea av---2089-J
Smith Charles F 70 Riverside dr---2599-R
Smith Chester F 311 E Bland---2937-W
Smith Claude N of Roswell---3520-J
Smith Clifford G 711 W 7th---988
Smith Clyde G 105 W Tilden---1788
Smith Clyde H Maj 214 E Church---4769-J
Smith D M Mrs 306 E 7th---1277
Smith E Carl 1019 S Penn av---3438-M
Smith E Lee 501 S Cedar av---4994-J
Smith Edward H 1201 W 11---3970-R
Smith Elizabeth H 1516 N Kentucky av---3699-R
Smith Ernest D 2404 N Garden av---3520-R
Smith Eugene F 512 N Atkinson av---2228
Smith Eva E 207 W 6---1874-J
Smith Evans 808 S Main---1741-W
Smith F L 210 S Richardson av---807
Smith Frank E N of Roswell---2253-J
Smith Frank L Jr W McGaffey---830-W
Smith George S E of Roswell---036-J12
Smith George Jr 1001 Crescent dr---2654-R
Smith George E 506 S Hemlock---3587-R
Smith George R 510 S Hemlock av---3624-W
Smith Glenn D 1107 S Missouri av---1588-J
Smith Gordon B 56 Werkheister pl---7-9987
Smith Harold B 1312 W 4th---479
Smith Harriett 700 N Union av---1065
Smith Harry D 1310 S Richardson av---2964-J
Smith Harry E Jr Capt 1418 W Tilden---1898-J
Smith Henry R NE of Roswell---028-J5
Smith J A Maj 13 W Eyman---7-2324
Smith J C 508 S Holland av---5589
Smith J J 601 E Summit---2309-R
Smith J M 109 S Ohio av---132-J
Smith Jack K 606 S Delaware av---5047-R
Smith James E 1723 W Alameda---2965-M
Smith James E Sgt 30 Harris pl---7-2314
Smith James F 210 W 1---2350-J
Smith James Y E of Roswell---063-J2
Smith Jerry N 1605 S Adams av---1953
Smith Joe Harold 1708 W Walnut---5095-J
Smith John D 302 E Jefferson---2079-M
Smith John E 507 S Lea av---2050-W
Smith John Earl 912 N Kentucky av---784-J
Smith John R Capt 33 Langley pl---7-5554
Smith Joseph L 115 E Byrne---7-6681
Smith Katie 1002 N Kansas av---3952-R
Smith Kenneth 906 N Richardson av---4003
Smith Kenneth J 415 S Sycamore av---5250-R
SMITH L E rl est 1303 N Richardson av---2889
Smith Lee 1500 S Poplar av---4757-W
Smith Lois Mrs 634 E Orange---1578-R
Smith Louis D Col 502 S Lea av---2915
Smith Lowell M 1607 W Alameda---4198-W
Smith M B 103 W Mathews---153-W
Smith M C 1209 S Virginia av---1576
SMITH MACHINERY CO INC 512 E 2d---3980
Emmick Cressie L 408 S Washington av---2431-J
Schrimsher Cecil 3 Riverside dr---1134
Smith Clifford G 711 W 7---988
Smith Mack N of Roswell---3460-M
Smith Malcolm 69 Lighthall pl---7-9960
Smith Maurice A 206 N Kansas av---2593-R
Smith Merle M 510 S Union av---2029-W
SMITH MOTOR CO 205 N Virginia av---391
Smith Newell D S of Roswell---061-J4
Smith Ole M 1702 N Ohio av---4930
Smith Ray C Jr S/Sgt 1009 W 7---4453-M
Smith Raymond 701 S Michigan av---2763
Smith Robert 1716 N Washington av---4375-M
Smith Robert J Sgt 1710 N Ohio av---3684-M
Smith Robert V 921 Davidson dr---4730-M
Smith Roy A S E of Roswell---036-J3
Smith Ruby 211 E Summit---3044-M
Smith Ruel D 211 E Country Club rd---3089-W
Smith Russell S E of Roswell---075-J1
Smith Seretha Mrs 510 S Virginia av---1891-J
Smith Stanley D 709 S Delaware av---3878-J
Smith T H E of Roswell---01-R5
Smith W Hershel 1004 W Walnut---4062-J
Smith W J Bill 1011 W Walnut---3531-J
Smith W L S E of Roswell---01-R2
Smith W W 501 E 5---2179-J
Smith Wayne S ofc 311 N Richardson av---4122
Res 705 S Union av---2494
Smith William A 101 N Delaware av---5493
Smith William E 607 S Union av---2805-W
Smitherman J E Col 48 W Byrne---7-2303
Smukowski Shirley M 1714 N Maryland av---1867-M
Smyrl H B 708 N Penn av---583
Smyth Marie 910 N Kentucky av---2184-M
Snead Paul atty 123 W 4th---2500
Res 1516 S Adams av---1287
Snedegar Aubrey 1200 W 8th---1878-W
Sneed Virgil 807 W 13---3946-M
Sneesby E A 627 E Apple---3294-J
SNELL JIM rl est 600 S Main---5066
Res 1037 Crescent dr---2803-W
Snell W D 612 E 2d---246
Snelson Paul 508 S Sunset av---2174-M
Snipes Helen G Mrs 502 S Virginia av---1489
Snipes Sudie A 1006 W Albuquerque---2029-R
Snipes W A S of Roswell---3227-M
Snorf Annie 205½ N Kentucky av---487-J
Snow E R S of Roswell---079-J5
Snow J F 9 Morningside pl---2451-J
Snow Morris H 1208 E Walnut---2713-R
Snowden Ollia May Mrs 501 S Lea av---2050-J
Snyder Chet L dentist 208 W 3---274
Res 1009 N Kentucky av---810
Snyder Gus A 56 Riverside dr---3218
Snyder Mary E Mrs 306 W 3---975
Soare Valdora Mrs 1103½ N Kentucky av---1537-W
Social Security Admin City Hall---97
SOFT WATER SERVICE CO—
See Culligan Soft Water Service Co
Soleman Lloyd E 821 E 5---3515-J
Soliday Carl 1411 W Tilden---4835-W
Solomon J R 508 E 5---2294-J
Somerville Lee M Jr M/Sgt 2 Martin---7-5573
Sommer Frederick J Capt 15 Hunsicker pl---7-5528
Sommers J E Sgt 68 E Byrne---7-3365
Sommerville Travis 607 E 5---1613-R
Sonnier J H Lt 45 A---7-4493
Sorensen Eugene W 610 W Deming---3496-J
Sorenson David J 1101 S Michigan av---3618-W
Sorrell Martin A Capt 50 W Byrne---7-2282
Sorrells Henry C 1007 W 3d---2596
Soucie Frederick A Jr Lt 205 N Kansas av---3765-W
South I W 105 N Atkinson av---3546-J
South Kentucky Groc Store 305 S Kentucky av---961
South Side Grocery 622 S Main---2509
South Springs Farmers Gin Co S E of Roswell---3242-W
Southeast Garage 805 E McGaffey---1380
Southern Geophysical Co 400 W Forest---4657
Southern Petroleum Exploration Inc 200 W 1st---119
Southern Union Gas Co
Regulator Station 1111 S Atkinson av---1431
Night calls long distance---Dexter 2301
Night calls long distance---Hagerman 2831
Air Base Office 132 E Byrne---7-2154
SOUTHWEST DISTRIBUTING CO 112 S Lincoln av-5540
Southwest Engineering & Supply Co of Roswell
602 W 2--5406
Southwest Outdoor Advertiser 112 E 4---32
Southwestern Business College 116 W 2---3475
SOUTHWESTERN CLAIMS SERVICE 125 W 4th---4164
SOUTHWESTERN EQUIPMENT CO
604 W Albuquerque--1551
Southwestern Eye Ear Nose & Throat Clinic
113 S Kentucky av--428
SOUTHWESTERN INVESTMENT CO 607 N Main---4790
SOUTHWESTERN PUBLIC SERVICE CO
Office 415 N Richardson av---3700
Electric Dept---3700
Gas Dept---3700
After 5 PM week days Saturday afternoons
Sundays & Holidays call Trouble Dept---142
Night Emergency call only
Electric Line Dept
Brabham Thomas M 1001 W Mathews--2538-W
Naron O J 507 S Union av---4265
(Continued Following Page)

30 Southwestern—Sweatt ROSWELL

(Continued from Preceding Page)
Night Emergency Call Only—(Con'd)
Gas Dept
  Sisley Art 323 E 8 — 1237-W
  Hutchinson Sam 106 S Delaware av — 3697
  District Manager — 3010
  Division Supt — 1405
Southworth Grady 108 W Albuquerque — 1593-W
Sowell J H 341 E 8th — 2611-J
Sowell Virgil L 711 W 14th — 3921-W
Spalten Robert G Lt 1736 N Ohio av — 954-W
Spanish American Recreation Council
  901 E Alameda — 2641
Sparkman O H 903 N Penn av — 469-J
Sparks A G Sgt 423 E 5 — 1276-R
Sparks Marvin J 1609 N Missouri av — 1143-J
Sparks O M Mrs 1202 N Kentucky av — 1726-W
Spear Leo B 708 W 9 — 5129-W
Spear William W Sgt 19 Rouhonen pl — 7-2260
Spearhas Rose Mrs 623 N Richardson av — 1772-R
Spence Elmer H 1621 N Union av — 3207-W
Spence M C 2003 N Mississippi av — 4092-W
Spencer C E 420 W 16 — 2006-W
Spencer Cecil C Jr Capt 42 Geiger pl — 7-6602
Spencer Donald E 107 N Kentucky av — 2293-R
Spencer Gene 414 N Missouri av — 721
Spencer L C 501 S Montana av — 1284-J
Spencer Samuel S 1503 S Adams — 3855-M
Spencer Troy 607 S Ohio av — 1157-J
Spencer W J 827 E Hendricks — 1579-J
Sperry & Hutchinson Co 109 N Main — 4662
SPIC & SPAN 306 E 2 — 2792
Spiczka Florian 84 E Eyman — 7-2178
Spieth Charles L tCol 14 W Wells — 7-5551
Spinello Ignazzio 1102 N Lea av — 1888-J
Spinnler G E Jr 1107 Melrose dr — 5295-J
Spires George W 1010 W Deming — 1880-R
SPITZER ELECTRICAL CO 216 W 2d — 676
Spoo James 22 G — 7-4407
SPORTSWEAR SHOP THE 314 N Richardson av — 792
Spradling Elmer Ray 1606 N Union av — 3882-W
Spradling J E 1616 N Union av — 2627-W
Spratt W R Sgt 96 E Byrne — 7-3336
Spring River Court 1013 N Main — 377
Springer Charlie 1400 S Adams av — 1255-R
Springer Helen Mrs 311 W 6 — 2011
Sproul Alice 209½ N Kentucky av — 3598-M
Spudnut Shop 104 W Tilden — 3104-J
Spurlin Teddy C 1510 S Pecos av — 3470-J
Spurlock L P 1300 N Penn av — 849
Spurrier Buck R 219 E Frazier — 3540-W
Spurrier Helen 121 S Stanton av — 3033-M
Spwertnik Charles B Sgt 35 Jackson pl — 7-5568
Squire Sidney L 1007 S Lea av — 2369
Srader R R Rev 806 W Tilden — 4291-J
Srader Wanda J Mrs S of Roswell — 078-R3
Stacy Allen 1200 N Lea av — 5314
Stacy F A sand gravel 207 E 19th — 1101
Stadler Leslie 1733 N Ohio av — 4227-J
Staeden Charles 905 Davidson dr — 3820-W
Staeden Steven 7 Morningside — 4519-W
Stafford Robert K Sgt 1 H — 7-2420
Staggs Hubert 909 S Lea av — 630
Standard Brands Inc 609 W 10 — 3113
STANDARD OIL CO OF TEXAS
  Service Station 201 N Virginia av — 680
  Branch Office 801 N Virginia av — 4391
  Distributors 801 N Virginia av — 4390
Standcliff Willie Stell 1501 N Delaware av — 4354-M
Standhardt Frank M 607 N Union av — 2045
Standifer W F Bill 406 S Richardson av — 2696-W
Stanfield Jim 805 W Mathews — 4984-W
Stanfield S E 703 S Delaware av — 4437-W
Stanhope Carmella Mrs 1005 E Bland — 3359-W
Stanley Home Products Agency 906 Davidson dr — 4883
  Fulcher Tommie Mrs 906 Davidson dr — 4883
Stanley Howard 1510 W Alameda — 4836
Stanley Wayne 1102 S Washington av — 5467-J
Stanolind Oil & Gas Co 200 W 1st — 4700
Staplecamp Eldon H 39 Brown pl — 7-6636
Stapleton Joe 1421 S Elm av — 4230-J
Stapp James B 1616 N Michigan av — 3837-W
Stapp T B 503 S Kentucky av — 467-J
STAR BAR 309 S Main — 2638
STAR RADIATOR SALES & SERVICE 714 S Main — 2943
  Miller Scott D 1500 W Tilden — 2412
Stark Jay 1604 S Cahoon av — 1992-M
Starkey James E 1413 W Tilden — 5113-J
Starkey Ned 404 S Kentucky av — 3642
Starks Charles H Sgt 1009 Crescent dr — 3767-W
Starlite Twin Theatre New Dexter hiwy — 2780
Starr Charles W 306 S Kentucky av — 5280
Starr D H H Maj 127 N Richardson av — 1107-J
Starr Pete J Dr W of Roswell — Long Distance
Starritt O B 503 E Forest — 2093-J
Startzman E E 501 N Washington av — 984-W
STATE DISTRIBUTING CO 100 N Lincoln av — 4431
STATE FARM INSURANCE CO 1121 S Main — 79
  Buckner C C 1903 N Louisiana av — 4192-M
STATE TV SERVICE 109 E 7 — 1976

Stathos T L Jr Lt 1302 E Alameda — 2422-W
Staton Edward E 1119 S Lea av — 5460
Stearman Lucille 1011 E 2 — 2413-M
Stedman Thomas W 510 S Aspen av — 5378-J
Steele D C 609 E 6th — 1747-M
Steil Joseph N 89 E Eyman — 7-6652
Stein Edward L 61 A — 7-5501
Stein M David Capt 910 W Deming — 3128-M
STEINBERGER DRILLING CO 423 E 2 — 2633
Steinberger R J 1313 W 3 — 4990
Steinert Earl A 900 N Main — 4367-J
Stelzer Frank A Lt 305 W 3d — 3829-M
Stenberg C D 710 W College — 712-M
Stephens Anna 110 N Missouri av — 236
Stephens Arthur J 612 S Lea av — 1636-J
Stephens G E 415 S Aspen av — 4789-J
Stephens Glenn F Capt 17 B — 7-6654
Stephens H G 1214 W Walnut — 3874-M
Stephens James R Lt 33 A — 7-6626
Stephens Tom P 505 S Pine av — 2121-M
Stephenson T J 1505 N Union av — 4163-R
Sterba Paul Sgt 119 E Church — 4870
Sterling Dick 100 S Penn av — 925-M
Sterrett W A S E of Roswell — 02-J3
Sterrett Wendell D S E of Roswell — 037-J1
Stevenish A G 1708 N Kentucky av — 5288-W
Stevens C P 631 E 6 — 1571
Stevens Cecil 607 S Kansas av — 2337-W
Stevens David D Mrs 1708 W 3 — 3833-R
Stevens Flora Mae 330 E 7 — 2328-J
Stevens G B 506 N Garden av — 1923-J
Stevens Grace Mrs 511 W 6th — 1920-W
Stevens J T 1905 N Mississippi av — 615-W
Stevens Jessie W 309½ N Main — 1353-W
Stevens John W 1307 S Lea av — 1450
Stevens Nolan D 94 E Eyman — 7-2249
Stevens Norman L Jr 1617 N Union av — 3430-W
STEVENS O D contr 410 N Atkinson av — 2385
Stevens O K 605 W Mathews — 4914
Stevens Roy Lee 906 N Penn av — 5143-R
Stevens South Kansas Grocery 707 S Kansas av — 4989
Stevens W C 2110 W 1 — 5396-W
Stevenson Ellick G 1301 W Deming — 273-R
Stevenson J S trailer cts N of Roswell — 4455
Steve's Grocery & Market 616 N Main — 2003
Stewart D P 1402 S Lea av — 4587-M
Stewart Delbert R 409 W 8 — 213-W
Stewart I D Mrs 1013 N Kentucky av — 3467-W
Stewart Joe 1009 S Virginia av — 1603-W
Stewart John W Maj 52 W Byrne — 7-2439
Stewart Katherine J 9 I — 7-2181
Stewart M E N E of Roswell — 1718-W
Stewart Nettie 1205 N Washington av — 1503-R
Stewart Ruth 619 E Orange — 1253-J
Stice Annie H 211 W Tilden — 4018-R
Stickler B W 1000 W Summit — 3825-J
STIFF GLENN G atty 113 E 3d — 4780
  Res 301 W Alameda — 3185
Stiles C C 1011 E 2 — 2413-R
STILES CHAS C plstr 1212 N Lea av — 2929
Stiles L C 1706 S Munroe av — 2296-M
Still Bob D 104 W Tilden — 2785-J
Stillberger Milton W Sgt 10 Martin — 7-2288
Stilwell C J Mrs 400 N Michigan av — 370
Stilwell Wilbur K 707 S Atkinson av — 4388-M
Stinchcomb George J Capt 1732 N Ohio av — 3689-M
Stinchfield Frank S/Sgt 1207 W 7 — 4667-W
Stipp T F 1605 N Montana av — 1182-J
Stirman Mary E 110 E Bland — 4714-J
Stirman W L 110 E Bland — 4714-J
STITES J S mechl contr 1100 E Alameda — 2111
  Res 1516 S Missouri av — 4289
Stites J S Plumbing & Heating Co 1100 E Alameda — 2111
Stock Joseph B Maj 14 W Eyman — 7-5593
Stockard Jay 1012 E Bland — 1795-J
Stockard W E Elmo 122 S Stanton av — 1202
Stockard Wesley 806 S Atkinson av — 1736-R
Stockley Chester W 1717 W Alameda — 4653-J
Stockley Ruby 705 W 8th — 2418-R
STOCKMEN'S WELL & SUPPLY CO 317 E 4th — 1413
  If no answer call — 1369
Stockton James M 411 W Walnut — 5439-J
Stockton L D 405 W Bland — 1950-M
Stockton O L N of Roswell — 010-R5
Stockton Oscar N of Roswell — 2229-W
Stockton Thelma Mrs 313 E Frazier — 5079-M
Stoddard L L 505 E Albuquerque — 2364-R
Stoes Phillip E Mrs 404 N Lea av — 716
Stoker Barbara E 701 S Missouri av — 2911-W
Stoker H W 701 S Missouri av — 2911-M
Stokes Adelin F 300 S Kentucky av — 1949-W
Stokes Glenneth E 415 W Tilden — 1442-M
Stokes S Dewey Jr 1005 Kings dr — 3074-W
Stolaroff S 107 S Pennsylvania av — 317
Stolburg Hazel V 1609 N Ohio av — 3638-J
Stone B Mrs gifts 107 W 4th — 748
Stone Charles T 1205 Stone — 1245-J

Stone Donald S Capt 413 S Aspen av — 2218-W
Stone F R Mrs 1201 Stone — 1245-W
Stone Howard L 1104 Rancho rd — 5308
Stone J W L 1000 S Union av — 3820-M
STONE MACHINE & WELDING WORKS
  214 N Virginia av — 124
Stone Reba S Mrs 1200 E Bland — 1258-J
Stone W E 2100 W 2 — 5276
Stoneburner Edwin E T/Sgt 94 E Byrne — 7-2257
Stopher C L 312 W College blvd — 5147
Storey Clyde 1719 W Alameda — 2828-W
Storey Kenneth B 1409 W Hendricks — 1958-R
STOREY WALTER D REAL ESTATE & MORTGAGE LOANS 206 W 3 — 2414
  Storey Walter D 604 N Missouri av — 327
Stoughton John M 409 S Spruce av — 2218-M
Stout B G Sgt 409 S Pine av — 2329-J
Stout Eldridge Maj 35 Kelly pl — 7-6648
Stout William D 1804 N Missouri av — 2464-W
Stovall Vega L 907 W Summit — 3273-M
Stover Dalton 17 I — 7-3305
Strackbein Curtis 1408 S Kentucky av — 4050
Strange Marjorie 508 E Albuquerque — 4552-M
Streck Elden 1002 W Tilden — 3019-J
Streed R E Sgt 67 Powell pl — 7-2118
Street R E 217 E McGaffey — 4240-J
Streit Charles T Maj 17 W Wells — 7-2215
Stribling W J 706 S Washington av — 1362-R
Strickland Dewey F 933 Davidson dr — 4323-R
Strickland Dorothy 100 S Union av — 3531-W
Strickland Frank Mrs 108 S Lea av — 264-W
Strickland J Hassler 1614 W Tilden — 2469-W
Stricklin John M N W of Roswell — 4498-W
Strok Catherine M 408 W Forest — 551-R
Stroud Wade 702 N Garden av — 3146-M
Stroup T T 408 W 12 — 2764-J
Strout Jack 307 S Kansas av — 3019-W
Stuart Robert K 19 H — 7-2341
Stubblefield A L 1116 W College blvd — 1335-J
Stubbs A A 1011 W Summit — 2518-J
Stuber Harold E Warnt Ofcr 324 E Church — 4864-W
Studdard Leuna Mrs S of Roswell — 055-J2
STUDEBAKER SALES & SERVICE 823 N Main — 463
Stumbaugh Clinton N Sgt 8 Martin — 7-2133
Stump Dwight L 2004 N Mississippi av — 3742-J
Stumpf Virgil F 1306 S Adams av — 4499-W
Sturgeon Thelma W of Roswell — 024-R13
Stu's Green Valley Market 504 E 2 — 3778
Style Mor Beauty Salon 418 N Main — 1004
Suggs Construction Co 223 W McGaffey — 5229
Suggs W H 1611 S Kansas av — 2775-J
Sullivan D H 1103 W 3 — 5395
Sullivan Sid 403 W Deming — 4094-J
Sultemeier Frank N Kentucky av — 4464-J
Summers D A 407 E Deming — 3656-M
Summers Nancy Mrs 115 S Lincoln av — 5230-W
Summersgill James 909 N Hendricks — 2114-R
Summersgill John 1900 N Montana av — 783
Summersgill Ray R 1910 N Montana av — 4473-W
Sumner Buddy 1106 S Missouri av — 4892
Sumner Howard Sgt 503 S Hemlock av — 5378-J
Sumner & Molesworth Contractors 708 S Ohio av — 953
Sumner T D contr 1101 S Hahn — 4058
Sumrow T E 1603 S Richardson av — 2032-M
Sun Oil Co 309 N Richardson av — 4380
Sundeen W E Capt 12 Bailey pl — 7-3334
Sunray Oil Corp 1st Natl Bk B — 4801
Sunset Cafe 115 E Walnut — 413
Sunset Serv Sta 1304 W 2d — 3240
Sunshine Court 1422 W 2d — 167
SUPER MEAT MART 608 E 2 — 4009
SUPER 66 SERV STA 1301 S Main — 5307
Superior Oil Co 129 W Walnut — 531
SUPREME RADIO SUPPLY 129 W 2d — 148
Supreme Radio-Television 129 W 2 — 4840
Surette Eulalia C Mrs 1407 S Kentucky av — 1938-J
Surgical Service Inc 410 N Richardson av — 103
Sutherland Leon H 1814 N Missouri av — 1701-R
Sutter W J Sgt 6 E Byrne — 7-2117
Sutton Dan 109 S Kansas av — 835
Sutton H B S of Roswell — 7-4491
Sutton Lewis E Maj 1 W Byrne — 7-2306
Sutton Lucille 510 E Alameda — 1645-J
Sutton Roy 1108 N Kentucky av — 2393-W
Sutton Roy barber 108 W 4 — 1631-R
Sutton Vergie L S E of Roswell — 7-7605
Svoboda John C 41 Van Leuven pl — 7-5516
Swackhammer H L 724 E Pear — 3567-J
Swan Ava Mrs 1014 E 2 — 2865-M
Swann Irene 1210 N Kentucky av — 665-R
Swanson Bob 1508 N Ohio av — 1039-R
Swanson Elmer C N of Roswell — 1885-W
Swartz Guy A 417 S Aspen av — 311-W
Swatek Milton archtct 405 N Virginia av — 939
  Res 1610 W 3 — 939
Swearingen Haskell 1520 S Cahoon av — 4757-M
Swearingen Ina L W of Roswell — 065-J5
Swearingen D D Mrs 408 W Walnut — 3592
Sweat James I 403 S Richardson av — 2831-J
Sweatmon R H S of Roswell — 061-R5
Sweatt W P 111 S Michigan av — 1435

Sweeney D J Lt Col 23 B --- 7-2375
Sweeney Jeri 1013½ S Main --- 4449-W
Sweet Albert Capt 53 Kelly pl --- 7-3349
Sweetbriar Shop Inc 318 N Main --- 3451
Swenumson Glen H 1503 N Ohio av --- 1283-M
Swift & Co 415 E 2 --- 5376
Swigart James E S of Roswell --- 3163-J
Swindall Wesley L 100 S Montana av --- 434-R
Swint Leslie 1606 Juniper --- 1681-M
Swisher Paula Mrs 408 S Penn av --- 110-W
Swisher Roy 107 S Delaware av --- 1217-R
Swope Bess 406 S Michigan --- 3123-J
Sykes H W 412 E 4th --- 1863-M
Symes Clarence Jr 2008 W 1 --- 5044-W
Szappanos B J Lt 20 W Byrne --- 7-2384
Szatkowski Richard 6 Martin --- 7-9995

T

Tabor James J welding 1023 S Atkinson av --- 4036
Tabor N Mozell Mrs 304 S Kansas av --- 3709
Taffe Alice 709 N Main --- 2692-R
Tagliarini Jack R 636 E Orange --- 1457-J
Tailorfine Shop 104 E 2 --- 5138
Tait Donald B 102 E Church --- 4763-W
Talbert Thomas E 78 E Wells --- 7-2292
Talley Andrew M SE of Roswell --- 059-J2
Talmage Frank 114 W 12th --- 442
Talmage Mills 506 W 13th --- 3958-J
Talton Julius E Lt 309 E Frazier --- 2694-R
Tandy E F 708½ W 4 --- 5064-W
TANKERSLEY CLEANERS 508 W 2 --- 362
Tankersley Earl G 1507 W Tilden --- 4607
Tankersley Luther 202 S Missouri av --- 4799
Tankersly L E groc & serv sta 108 N Montana av --- 3240
Tankersly Syl 101 N Washington av --- 2007-R
Tanner Ford M 1112 S Lea av --- 3115-J
Tanner T J Maj 38 Langley pl --- 7-3387
Tansley Frank J Lt 114 E Pear --- 5336
Tapp B F 903 W 13 --- 2371-R
Tapp I E 100 N Missouri av --- 2609
Tapp J B 901 W 13 --- 3947-M
Tapp Joe 907 W 11th --- 2211-R
Tarleton Grocery 406 E McGaffey --- 2423-J
Tarleton Newton 1614 S Washington av --- 1249-J
Tarlow Luba 202 W Alameda --- 2145-J
Tarlowe Leon 108 S Penn av --- 1527
Tarpley E B 801 N Orchard av --- 3014-W
Tarrant Grace phys surg 206½ W 3 --- 1321
Tarwater W V 205 S Sherman av --- 3078-M
Tastee Freez No One 222 S Main --- 27-J
Tastee Freez No Three 1313 N Main --- 2254
Tate Roy W Lt 312 N Washington av --- 1115-R
Tate Shirley 208 E Frazier --- 4064-R
Tatman John L 604 S Union av --- 1669-R
Taulbee James A 212 W McGaffey --- 3871-W
Taulbee Jessie W of Roswell --- 024-R5
Tavarez Armando 1408 E Hoagland --- 044-R11
Taylor A Aylene 508 S Cottonwood av --- 3348-R
Taylor Bob B 1108 N Washington av --- 1374-J
Taylor C L 1004 S Penn av --- 3109-W
Taylor C O 408 N Kentucky av --- 1223-R
Taylor Carl L Lt 208 E Church --- 4769-W
Taylor Clarence S E of Roswell --- 051-J3
Taylor David F W of Roswell --- 3429-W
Taylor Dovie Mrs 1110 N Washington av --- 3818-J
Taylor E P 1203 W 13th --- 3968-J
Taylor Edward A 508 S Cottonwood av --- 3348-R
TAYLOR ELECTRIC CO 1510 N Delaware av --- 4986
  If no answer call --- 5261-W
Taylor Everett 310 S Kentucky av --- 1926-M
Taylor F W Rev 328½ E 6 --- 2417-R
Taylor Frank F 1600 S Washington av --- 4190-J
Taylor Furniture Co
  404 S Main --- 4586
  313 S Main --- 997
Taylor Garland 1018 Crescent dr --- 957-M
Taylor H A 1510 N Delaware av --- 4986
Taylor Harry F 606 W Alameda --- 2882
Taylor Herbert T 706 S Union av --- 3878-R
Taylor Homer A Sgt 1515 S Michigan av --- 5425-W
Taylor Irene 1506 W 7th --- 2336-R
Taylor J F 102 S Ohio av --- 2616
Taylor Jack I ofc 322 N Richardson av --- 4119
  Res 1614 W Alameda --- 4200
Taylor James L Maj 100 W Byrne --- 7-2318
Taylor Jewell 301 W Alameda --- 2374-W
Taylor Lawrence W 1604 S Stanton av --- 2511-J
Taylor Lloyd 508 W 13th --- 3763
Taylor Madison I 513 N Missouri av --- 5534
Taylor Mary E 809 W 10th --- 2932-J
Taylor Mildred C 503 E 2d --- 3857-W
Taylor P I Mrs SE of Roswell --- 055-J3
Taylor Paul H 503 S Cottonwood av --- 2617-W
Taylor Rose Marie Mrs 2116 W 1 --- 3213-R
Taylor Rubin 510 S Washington av --- 1163-R
Taylor Shelton W 907 W Hendricks --- 1954-J
Taylor Susie 706 E Albuquerque --- 2787-W
Taylor Virgil 1110 S Lea av --- 1354-M
Taylor W C 103 N Washington av --- 4685
Taylor W D 904 N Penn av --- 1278-W
Taylor W F Bud 308 S Ohio av --- 778-J
Taylor W H N of Roswell --- 1183-R
Taylor Wm E E of Roswell --- 030-J4
Taylor William J D Capt 65 W Wells --- 7-2242
Taylor's Fruit & Vegetables 606 E 2d --- 2773-W
Tays Jack 1201 E Alameda --- 2094-R
Tays W C 1212 W Deming --- 3122-M
Tays W S 113 S Ohio av --- 154-J
Teague Robert C 1814 N Kentucky av --- 3898-M
Teague T G 705 E College blvd --- 938-M
Teague Willie Mrs 208 W 7th --- 628
Tearnan R A 608 S Cedar av --- 2167-W
Teel Guss O 1605 N Kansas av --- 5212-J
Teel L R M/Sgt 25 E Wells --- 7-2291
Teel W C 509 N Virginia av --- 3149
Tefft Robert G 810 W 5 --- 3951
Tegler F Homer Rev 301 N Michigan av --- 2155
Teigen Milton H M/Sgt 36 H --- 7-5524
Telesco Harry A S E of Roswell --- 03-J3
Temple J C 612 N Missouri av --- 4180
Temple J F 500 S Main --- 3232-J
Tenley Robert E Lt 213 W Summit --- 1014-R
Termin R J M/Sgt 705 S Missouri av --- 3056-M
Terrell J H 340 E 8th --- 3313-J
Terrell Thomas C Maj 29 W Wells --- 7-5578
Terry Clifford E 1029 Crescent dr --- 5271
Terry James P 221 E Church --- 981-W
Tesco Neon Signs Inc 602 E 2 --- 710
TESCO NEON SIGNS INC 605 E 2d --- 77
Tessier R L N of Roswell --- 2247
Tessier Rowland L Jr 1623 W Alameda --- 2760-M
TEXAS CO THE 311 S Virginia av --- 144
Texas Hotel 111½ N Main --- 2512
Texas Ideal Homes Inc 132 E Byrne --- 7-4451
  If no answer call --- 7-2155
  Saturday Sunday Holiday & after
  4:30 pm call --- 7-2155
Tharp Lloyd 321 N Mt Vernon --- 713-M
Thede William H 1110 S Penn av --- 4516-M
Thele Leo W 1607 N Ohio av --- 2207-W
Theodore Andrew P 208 W Walnut --- 1381-W
Theodore Gus 609 N Ohio av --- 2359
Theodore Martha 210 N Lea av --- 3652-W
Thielking Edmund L osteo phys surg 401 N Lea av --- 5000
  Res 404 N Michigan av --- 747
Thoma Paul 110 N Michigan av --- 1275
Thomas B E 1405 S Kentucky av --- 1938-M
Thomas Bide Mrs 1111 W 1 --- 1974-M
Thomas C R 1106 S Virginia av --- 2092-W
Thomas Donald D 608 W 5th --- 3854-W
Thomas E C Mrs 104½ S Missouri av --- 2994-M
Thomas Frank 802 N Penn av --- 2591
Thomas J T 413 S Holland av --- 1821-J
Thomas James B Sgt 21 Reynolds pl --- 7-3327
Thomas L R E of Roswell --- 063-R1
Thomas Lucy A 604 W Tilden --- 1477-J
Thomas Mack 2114 W 1 --- 5377-J
Thomas R H 1808 N Cambridge av --- 4043-J
Thomas Somantha 1400 S Elm av --- 2405-W
Thomas W H Sgt 404 E 5 --- 2294-W
Thomas William L Capt 11 W Wells --- 7-2340
Thomason-Beavers Construction Co 1501 W Walnut --- 5075
Thomason Wilton 1501 W Walnut --- 5075
Thompson Anna Mae Mrs 1509 W Hendricks --- 1834-J
Thompson Byron V S of Roswell --- 7-2261
Thompson C Rev 206 S Michigan av --- 903
Thompson J C Jr 909 Purdy pl --- 1481-J
Thompson J Ed 1706 W 3d --- 3833-W
Thompson James A 1513 N Delaware av --- 3994
Thompson John C Maj 41 Kelly pl --- 7-5534
Thompson L O 105 W Mathews --- 153-M
Thompson L O Tommy Jr 1116 S Penn av --- 2725-W
Thompson LeRoy Rev 1007 N Lea av --- 884
Thompson Margaret F 309 W 5 --- 870-J
Thompson Marjorie 109 W 9 --- 1294-R
Thompson Marjorie R Mrs 211 E McGaffey --- 5481
Thompson O B 211 E Reed --- 1496
Thompson O L Sgt 23 Barlow pl --- 7-6645
Thompson Patt 200 S Penn av --- 3319
Thompson Philip 200 S Penn av --- 3319
Thompson R Dan 1511 W Tilden --- 3307
Thompson Ray 200 W 8th --- 3479-W
Thompson Ray W 1003 Kings dr --- 4225
Thompson Robert Dudley 2 Hillcrest --- 3134-M
Thompson W Leo 1602 N Ohio av --- 1845-J
Thompson Willard 1610 N Delaware av --- 2740
Thompson William N NW of Roswell --- 4071
Thompson Willie 1006 N Union av --- 2002-M
Thompson's Texaco Serv Sta 312 W 2 --- 4816
Thomsen Albert 1603 S Lea av --- 3725
THOMSEN'S 1210 E 2 --- 868
Thorn James M Maj 1505 S Adams av --- 3855-J
Thornbro Albert C 1409 S Kentucky av --- 3221-W
Thorne B H 1600 N Washington av --- 3828
Thorne Harry 300 S Lea av --- 382
Thornhill C J 902 W Summit av --- 4430-W
Thornton L E 416 W 16 --- 4244-W
Thornton Ned R 412 N Lea av --- 3598-R
Thornton T M 1113 E Bland --- 1970-M
Thornton Walter C 1520 S Main --- 4838-W
Three M Body Shop S of Roswell --- 066-J2
Threet Virgil 810 W Albuquerque --- 3920-W
Threlkeld George atty 1220 N Main --- 1368
Tickel William E Lt 405 S Sequoia av --- 5482-J
Tide Water Associated Oil Co 112 E 4 --- 3561
Tidwell F S 405 W 17th --- 3898-R
Tidwell Sam M 606 E 23 --- 3156-W
Tierney James L 106 W Wildy --- 473-J
Tiffin Alton 515 E 6 --- 4377-W
Tigner R M 108 W Deming --- 387
Til's Skateland 613 N Virginia av --- 3094
Tilton Richard 1716 W Walnut --- 2828-W
Tindall Robert L Capt 32 Langley pl --- 7-4453
Tiner Billy H 905 W 9 --- 3195-J
Tingley Patrica Marie 1605 S Kansas av --- 2775-W
Tinnie Mercantile Co Tinnie --- Long Distance
TINY'S RADIO SERVICE 1007 S Lea av --- 2369
TIP-TOP BEAUTY NOOK 1301 N Main --- 2015
TIP-TOP CLEANERS 1301 N Main --- 2015
Tipton A C 704 S Sunset av --- 2063-J
Tipton Clarence I 204 S Stanton av --- 5499
Tisdale Walter A 311 S Kansas av --- 2587-W
Tisler A L 1606 W Alameda --- 2123-W
Titsworth A D 1821 N Lea av --- 4992
Titsworth Frank ofc Tinnie --- Long Distance
  Res Tinnie --- Long Distance
Titus M L 1513 W 1st --- 3388-W
Titus Roy 406 W Forest --- 1212-W
Tixier E B 117 S Lincoln av --- 1962-M
Toby Sadie Mrs 408 E McGaffey --- 4823-J
Todd Betty J Mrs 1513 S Elm av --- 4757-R
Todd Louis 1904 N Mississippi av --- 5359
TODE'S 207 N Main --- 2465
Todhunter C E Mrs 811 W 9th --- 3956-J
Todhunter E B 409 N Kansas av --- 1468-J
Toler Richard M N of Roswell --- 067-J2
Toles J Penrod NW of Roswell --- 1183-W
Tolleson Jack W 207 E Church --- 3711-W
Tollett James R 1306 N Missouri av --- 1503-J
Tomlinson D Y Mrs 204 N Lea av --- 358
Tomlinson Geophysical Service 1000 E 2d --- 357
Tomlinson Jack 1115 S Kentucky av --- 2924-W
Tomlinson James C 1402 E Bland --- 1970-R
Tompkins Gordon P Sr Mrs 600 N Missouri av --- 627
Tompkins Mary E 318 E 6 --- 946-W
Tompkins Wesley A 804 S Lea av --- 5186-J
Top Hat Bottle Shop 411 N Virginia av --- 732
Top Hat Club 413 N Virginia av --- 2551
Tornigal Maxine 1618 Pontiac dr --- 3692-M
Torrence Richard E 311 W 1 --- 5192-W
Torres Louis B 407 E Hendricks --- 1002-R
Torres P J 1621 S Penn av --- 4510-J
Torrez H C 506 E Deming --- 4386-M
Torrez Joe B 507 E Hendricks --- 2110-M
Torrez M Sil 1101 W 8 --- 4330-J
Torrez Tillie 405 E Albuquerque --- 2364-M
Totty Bill 335 E 6 --- 4377-M
Towler Wayne 1108 W 2 --- 4252-J
Towne George W 1606 S Kansas av --- 3925
Townsend Chester 1204 E Walnut --- 2713-M
Townsend Travis 404 S Hale --- 3097-M
Tracey Chris 411 N Garden av --- 3051
Tracey Wade H Sgt 120 G --- 7-3380
TRACTOR RENTAL SERVICE 318 E McGaffey --- 3658
Trailer City Station & Court W of Roswell --- 3909
Trammel Bill D 1703 S Monroe av --- 2012-W
Trammel Roscoe 108 E Bland --- 1847-R
TRAVELERS INS CO OF HARTFORD AGENCY
  500 N Main --- 2902
Travers Margaret D Mrs 9 Oak dr --- 5195-J
Travis James A 1012 S Lea av --- 3115-W
Travis Ralph A 1700 Pontiac dr --- 3873-J
Traxler Harold L S/Sgt 708 W 4 --- 1115-W
Traylor E A 1103 S Missouri av --- 2080-M
Traylor John A W of Roswell --- 024-J5
Traylor Lillian Mrs 500 W 1 --- 2471-J
Treadway L L Sgt 99 E --- 7-2170
Treat A R 40 Riverside dr --- 1064
Treat William C 104 N Washington av --- 1608
Trebel E H 1014 N Missouri av --- 2573-M
Trefry J A 414 S Hemlock av --- 3557-J
Trent B W 1116 E 2 --- 1408
Trent Bill 635 E Apple --- 3331-R
Trent J H 308 E 6th --- 2557
Trent M C S of Roswell --- 3227-J
Trevathan H E M/Sgt 68 G --- 7-2296
Trewitt Harvey S Jr Maj 1601 S Washington av --- 5338
Trey Wadim W 109 S Kentucky av --- 5453-W
Trieb E C Mrs 408 S Missouri av --- 1271
Trimble Garland E Lt 409 W Tilden --- 4960
Trinity Methodist Church 312 W 5 --- 2546
Tripp Guy P 912 N Richardson av --- 2765
Tripp Joe 415 W Wildy --- 1212-M
Tripp Paul F S of Roswell --- 4853-R
Trout Maurice D 205 N Michigan av --- 1935
Troutt W L 1302 W 8th --- 1021-M
TROUTT W L & CO 208 W 4th --- 1556
Trubee Carl A 1500 N Union av --- 3710-J
Trugillo Manuel 1101 S Virginia av --- 3012-R
Trujillo Antonio F 606 W Deming --- 2990-W
Trujillo G B 603 E Tilden --- 4427-W
Trujillo Geronimo C 512 E Deming --- 4371-M
Trujillo Joe 118 E Church --- 5568-W
Trujillo Roy 105 N Sunset av --- 4074-W

Trujillo Sarah 104 N Montana av----723-M
Trulock E A 304½ W Alameda----2678-J
Truman B O 310 W Deming----4584-W
Trussell H C 205 S Poplar av----1811
Tubbs Stella 404 E Van Buren----3774-W
TUCKER BROS QUALITY SHOES 209 N Main----888
TUCKER BROS READY TO WEAR 211 N Main----262
Tucker C J Maj 805 N Kentucky av----1688-J
Tucker Charlene 1120 S Hahn av----2297-M
Tucker Ernest C 208 S Washington av----2695-M
Tucker Harold 715 E 5th----1613-W
Tucker Lee 300 E Bland----1149-M
Tuley W L 316 E 7----2897-J
Tulk James W 1405 S Adams av----4587-W
Tulk Junious 510 N Kentucky av----19
Tulloh Clifton C Lt 38 A----7-2175
Tumbleson C M 1811 N Michigan av----2707-W
Tunnell Ethel 1820 N Cambridge av----4043-W
Tuori Leonard Maj 109 W Country Club rd----4507
Turley W L 1521 S Jackson av----2077-W
Turnage Leonard L 1504 N Delaware av----3621-W
Turner A L 511 S Ohio av----2074-W
Turner C B 1005 W Walnut----4368-W
Turner Carl 203 E Reed----962
Turner Howard E 408 S Union av----5323
Turner Mae 1310 E Hoagland----044-R3
Turner Robert N M M I----2067-W
Turner William L 134 E Pear----267-R
Turney J A 700 W Alameda----827-W
Turney W Jack 507 S Fir av----4008-M
Turonis H R Sgt 1009 W Summit----1073-J
Turrentine James 1514 W Tilden----5306-J
Turrone Rita J 1114 S Michigan av----3548
Tuttle Donald B Capt 318 E Church----5563-W
Tweedy Mansfield 69 Riverside dr----3861
Tweedy Mansfield acct 204 W 4----3678
TWEEDY OIL CO INC 214 E Alameda----677
Twin Lane Auto Clinic S of Roswell----5535
Twin Lane Serv Sta S of Roswell----2450
TWO-O-ONE TAXI CO 100 N Richardson av----201
Tydlaska Joseph H 416 S Spruce av----2167-M
Tyler C M 1308 S Adams av----180-J
TYLER J S' KEY SHOP 306 W 3----1707-J
Tyner Fred 1023 Rancho rd----1666
Tyner Roy V 605 S Union av----2441
TYNER ROY V CO 1023 S Atkinson av----4036
Tyrone Velma 409 E Jefferson----4347-M
Tyrrell Frederick G 1710 W Walnut----1681-W

U

Uhrig W F 208 W Alameda----4018-M
Ulch C E Sgt 79 Lighthall pl----7-2219
Ullery J L 1112 W 8th----1250
Ullery Jim Jr 1100 N Delaware av----4526-R
Ullery Neil 1107 W 7----2399-J
Ullrich Automotive 118 E 2d----3
Ullrich Bill 1616 N Ohio av----3717-J
Ullrich Bob E of Roswell----4397-W
ULLRICH & DENNEY wldg 1701 E 2d----3335
Underwood Faye 210 S Ohio av----224-R
Underwood Norma L Mrs 715 N Main----2642-W
Underwood Opal F 709 N Main----2692-J
Union Oil Co of California 116 E 4----3550
United Benefit Life Insurance Co 212 W 4----4183
United Credit Service 106 W 4----4889
UNITED ENGINEERING CO 1607 W 2d----3568
United Farm Chemical Co 1306 E 2d----2200
UNITED STATES FIDELITY & GUARANTY CO
J P White B--2662
United States Geological Survey Municipal Airport-5122
United States Government
Agriculture Dept of
Farmers Home Admin City Hall----854
Production & Marketing Admin County
Committee J P White B----1694
Soil Conservation Service City Hall----1401
Air Force Dept of
Walker Air Force Base S of Roswell----7-4411
Army
Instructor 200th A A A Group NMNG
Federal B--935
Bitter Lakes Refuge Bitter Lakes----Long Distance
Commerce Dept of
Civil Aeronautics Admin
Interstate Airway Communication Sta
Municipal Airport--2942
Weather Bureau Municipal Airport Admin B---239
Fish & Wildlife Service Bitter Lake---Long Distance
Health Education & Welfare Dept
Social Security Administration City Hall----97
Interior Dept of
Bureau of Land Management J P White B---1310
Geological Survey Federal B----1800
Internal Revenue Collector Federal B----1110
Marine Corps Recruiting Station Federal B----3620
Marshal Federal B----399
Navy Recruiting Office Federal B----1918
(Continued Following Column)

(Continued from Preceding Column)
9834th Air Reserve Squadron
Municipal Airport--3435
Organized Reserve Corps
Unit Instructor Municipal Airport----3325
Post Office Federal B----3080
Post Office Inspector Federal B----3080
Selective Service Board Court House----3041
United Van Lines 121 E 2----4637
UNIVERSAL APPLIANCE CO 123 N Main----895
If no answer call----1611
Universal C I T Credit Corporation 108 W 1----3510
Urquides Adan 1607 S Mulberry av----1992-W
Urton W C rch N E of Roswell----033-J1
Usrey Crawford V 1204 Highland rd----1066-M
Ussery Weldon T 106 E Eyman----7-2351
UTILITIES CONSTRUCTION INC 2501 E 2----4658

V

Valdez Cafe 300 S Main----774
Valentine J B 602 W 7----160-W
VALLEY BUILDING CO
Contrs Eqpt 1729 SE Main----3334
Office 131 W Walnut----127
Shop 1729 SE Main----5081
VALLEY DISTRIBUTING CO 127 W Walnut----4882
VALLEY KITCHENS 127 W Walnut----4882
VALLEY MACHINERY CO INC 715 S Atkinson av---3581
VALLEY MOTOR SUPPLY 1402 E 2d----3585
VALLEY OIL CO 520 E 2----902
VanClief Harold O S of Roswell----3163-R
VandeKraats John 510½ E 5----2365-W
Vander Leest Robert M/Sgt 28 E Bryne----7-6624
Vander Muellen June 110 W Oliver----1767-W
Vandeveer F W 908 N Virginia av----1778-M
Vandewart Ralph 510 S Pennsylvania av----844
Van Doren C L S E of Roswell----022-J4
Van Doren Elwood S E of Roswell----020-R2
Van Doren Fred S E of Roswell----01-R4
VanDoren G E 511 E 3----3159
VanDoren G E Woodie Trucking Co 511 E 3----3159
Van Doren W C 108 W 8th----1960-J
VanEaton Hazel A 210 S Missouri av----2576-J
Van Eaton Ray 1525 N Union av----591-R
VanMeter Clyde 1014 Rancho rd----5411-W
Van Orsdol M 106 S Missouri av----4660
Van Scholk Fredrick P Sgt 12 E Eyman----7-5553
Van Vranken Allen E 306 W Hendricks----1038-R
Van Winkle J P 1411 W 2d----2153-R
VanWinkle L G SE of Roswell----059-R2
Van Winkle W D 807 W 1st----1790-J
Varela J M 1105 N Union av----2371-W
Vargas Albert 1518 N Michigan av----2848-R
VARIETY LIQUOR STORE 1100 W 2d----1538
Varise Anthony F 1700 Pontiac dr----3691-W
Varley John E Sgt 32 Harris pl----7-2138
Vasquez Frank C 703 E Tilden----4427-M
Vasquez G D 319 E Reed----1603-M
Vauchelet Sadie Mrs 414 N Lea av----392
Vaughan A G 1707 Pontiac dr----2717-M
Vaughan Arthur H 2112 W 1----5377-W
Vaughan Jewelers 107 E 3----164
Vaughan L D 612 W Deming----843-J
Vaughan Richard H General Contractor
2318 N Garden av--2230
Vaughn Donald E 1700 N Union av----4738-W
Vaughn Edward Sgt 203 S Virginia av----1121-J
Vaughn G H 907 E Alameda----2856-M
Vaughn George L 707 S Michigan av----1362-W
Veatch Roy 1703 N Kansas av----440
Veator Frank E 615 E Cherry----1490
Velasquez Salvador SE of Roswell----045-R2
Velez Alice S of Roswell----7-4489
Venable O H 1703 W Walnut----4524-W
Venegas David 1109 W Stone----172
Vennum Ralph 100 S Delaware av----1974-W
Venrick Glenn N N of Roswell----015-J4
Veretto A Marie Mrs 610 S Montana av----2063-W
Verhines Bill 511 S Fir av----3777-W
VERHINES CARL AUTOMOTIVE SERVICE
110 N Richardson av--4555
Verhines W C 1210 N Lea av----1870-J
Vernagelli Dom T 1709 S Stanton av----4921-W
Verner William Lt 1036 Crescent dr----4907
Veron Frank 1816 N Kentucky av----1524-M
Vertrees Charles X 104 N Atkinson av----3546-W
Vest John Mrs 401 N Kentucky av----2872-M
Vest Ollie 1109 W 2d----3386-J
Veterans Information Service
1009 N Richardson av--1804
Veteto Burton 1614 S Michigan av----4916
Vick R F 112 S Union av----4368-J
Viera Andres Rev 600 E Tilden----2772-M
Viets H W Sgt 18 Neiss pl----7-2219
Vigil Caroline 301 E Summit----2825-W
Vigil Dan P 707 E Tilden----4427-J
Vigil Floyd A 1801 W Juniper----1912-M
Vigil Mary 307 E Summit----2319-R
Village Cafe 1501 W 2d----3750
Villalobos Della Mrs 1106 W College----1335-W
Villaneuva D Lt 1718 N Delaware av----4227-W
Villard R L 506 W Alameda----336
Villareal G Rev 412 E Mathews----2081-M
Villeneuve Dormand E 25 I----7-2226
Villescas C S 1210 N Washington av----3946-R
Vineyard Hazel 904 N Kentucky av----784-R
Vinskey George Maj 36 A----7-6606
Vogel R F 807 W Deming----2480
Vogt Boyd K 64 Werkheister pl----7-6638
VOGUE CLEANERS 508 W 2d----362
Voigt Melvin E 607 W Hendricks----1309-J
Volk L W 626 E Orange----4056-W
Voll H J 1709 W Alameda----2965-J
Vollert Alan E Lt 406 W Walnut----4668
Volner J L 602 E Country Club rd----3156-J
Vorhees R W 21 Riverside dr----944-W
Vorhees & Standhardt 1607 W 2----1533
Vose Rhea M Mrs 96 Lighthall pl----7-3357
Voss Edgar J 1706 W Walnut----1713-M
Voss Leroy 1608 S Munroe av----2143-R

W

W & H Bakery & Cafeteria 308 N Richardson av----161
Wabashaw C C 105 S Union av----1780-J
Wachter Robert J 1726 N Ohio av----4194-J
Wade D E E of Roswell----063-R12
Wade T H 1908 N Mississippi av----3018-W
Wade Ted E 1811 N Missouri av----4174
Waggoner Ben F Rev E of Roswell----016-J12
Waggoner Bennie NE of Roswell----033-R4
Waggoner Eugene A 502 S Cottonwood av----2219-R
Waggoner Glen N E of Roswell----013-R2
Waggoner J D 1520 W 2d----2674-W
Waggoner Orban S S E of Roswell----01-J3
Waggoner R P surg 504 N Richardson av----208
Res 1512 N Washington av----752
Waggoner Station & Grocery 1520 W 2d----2674-W
Wagner A S rch N E of Roswell----012-R4
Wagner C H 211 S Sherman av----3050-J
Wagner Charles 500 E Country Club rd----060-J5
Wagner E A 1619 S Kansas av----3955-J
Wagner E L S E of Roswell----011-J4
Wagner Harry T Capt 305 E Church----3814
Wagner Howard E 317 E Church----2263-R
Wagner J Ernest N of Roswell----015-R3
Wagner J F S E of Roswell----018-R2
Wagner S J NE of Roswell----01-R1
Wagner W L 2515 N Garden----068-J5
Wagoner James D 612 E Mathews----2446-J
Wagoner Lonnie K 203 S Kansas av----4276
Wagoner Ray Mrs 410 W 3----699-J
Wagoner Ruby 1412 S Cahoon av----2405-M
Wagoner W F 206 S Kansas av----1206
Waite Harold C Sgt 20 Capitan pl----7-2471
Waits David E 408 W 3----2268-J
Wakefield Milton E 1016 S Lea av----3423-J
Walden James F 201 S Stanton av----3539-W
WALDEN'S PRODUCE 615 E 2----364
Waldon Edward L Capt 54 Andrews pl----7-3377
Waldron James D Sgt 89 Lighthall pl----7-2131
Waldron Lloyd O 504 S Pine av----1832
Walker Ben 1606 W Tilden----1015-W
WALKER CLEANERS 312 N Richardson av----143
Walker D E 707 S Virginia av----4360-W
Walker E O 1307 W 7----4349-W
Walker Eugene 1208 S Virginia av----5038-R
Walker J J phys surg J P White B----265
Walker J J Mrs 211 S Penn av----265
Walker James R S/Sgt 907 S Penn av----2197-W
Walker Julian 314 E Church----3534-J
Walker Lee Roy contr 201 W Bland----2670
Walker Lee Roy Jr 209 W Forest----4591-W
Walker Lyle H Maj 44 Andrews pl----7-2377
Walker Norman W 610 S Kentucky av----1440
Walker Opal N E of Roswell----050-J2
Walker Robert F Orchard pk----045-R3
Walker Stanley L 1105 Rancho rd----5269-J
Walker W C Mrs 512 S Delaware av----2074-J
Walker Waite 1502 E 2----4397-M
Walker William G Col 18 B----7-3378
Walkup Harvey S of Roswell----03-J2
Wall Don 405 E Country Club rd----031-J5
Wall J C 1420 W Tilden----5515
Wall J T 1008 N Missouri av----5429-W
Wall Joan B Mrs 1111 S Hahn av----2279-M
Wall Ruby Mae Mrs 1400 E Alameda----579-M
Wall Willard B Jr 1400 E Alameda----579-M
Wallace A E 115 W Country Club rd----1370-J
Wallace Albert C 1607 Pontiac dr----2717-R
Wallace D W 109 W 5----2323
Wallace Harvey W 333 E 7th----2165-J
Wallace Hazel M 607 S Kentucky av----617
Wallace John P 1107 Highland----1205-J
Wallace Richard J 1513 S Pecos av----2886-W
Wallace Wayne V 1009 S Kentucky av----5304
Waller Chas F livestk S E of Roswell----3776
Waller J E 42 Riverside dr----4309
Waller Robert E Capt 51 W Wells----7-2127
Waller W Fields 411 W 6th----3593
Wallisch Joyce 109 W 5----2759-R

Walliser Carol 103 S Union av — 2980-W
Walsh Edward J Maj 88 W Byrne — 7-2480
Walter C Elvin 602 N Washington av — 4647
Walter R H Capt 101 E Church — 5015-W
Walters M M 1114 Rancho rd — 5462-J
Walton L B 1615 N Kansas av — 3625
Walton Opal F 206½ N Kentucky av — 737-J
Walt's Drive-In 1209 E 2 — 951-M
WALT'S GULF SERVICE 915 W 2d — 3495
WAPLES-PLATTER CO 506 N Grand av — 3121
Ward Byron C 606 W 7 — 4177
Ward Charles F Col N M M I — 805
Ward Clara Lena 1005 Rancho rd — 4933-M
Ward Elizabeth Mrs 1010 E 2 — 4338
Ward Florence 135 E Pear — 5099-W
Ward H A Capt 41 Langley pl — 7-6629
Ward Jerrie Lee 111 S Stanton av — 1529-J
Ward M W 203 S Kentucky av — 2293-J
Ward Neil O 3 E Wells — 7-5505
Ward Roy 1107 N Lea av — 2705
Ward Sidney J Capt 1512 W Walnut — 4687-M
Ward William M 206 S Poplar av — 4575-M
Warden Alvin 404 S Ohio av — 5110-W
Ware E T 417 W College blvd — 1190-J
Ware Lee R 513 N Lea av — 3827-W
Ware M D Rev 813 E Deming — 4229-R
Ware R C 801 W 8th — 1092-J
Warmath Moody 1514 N Missouri av — 3815-J
Warnock Stanley Sgt 1419 S Munroe av — 3647-W
Warren Petroleum Co 114 E 4 — 1979
Warren R L Capt 37 A — 7-5526
Washam Noel E 203 S Montana av — 1161-J
Washichek Jack E of Roswell — 4893-J
Washington A W 901 E Summit — 5117-W
Washington Charles Lewis 901 W 10 — 1687-M
Washington Inez 200 S Union av — 3845
Washington Rosa Mae 1008 N Union av — 1626-R
Wasserman Glen G 1002 Rancho rd — 3617-W
WASSON AUTO SALES 1405 S Main — 5167
Wasson Donald C 205 E Church — 4269
Wasson F W 1300 W Deming — 2778-W
WASSON FRANK AUTO SALE 501 S Main — 4160
Watermeier Ralph 209½ W Deming — 1734-W
Waters Charlotte M Mrs 1005 W Deming — 4437-M
Waters E E 1300 Highland rd — 1862-J
Waters F L 704 S Union av — 1254-J
Waters William G Lt 100 N Michigan av — 5387-W
Watkins H C 804 S Atkinson av — 1560-R
Watkins O W 111 W 6 — 1007-R
Watkins Ray M Maj 37 Langley pl — 7-3345
Watkins T Brad 1209 W 7th — 3886
Watson Albert S E of Roswell — 075-R1
Watson Brown P 222 E Summit — 1470-W
Watson H C Mrs 1704 N Missouri av — 3966-W
Watson Henry H 1619 W Alameda — 5270
Watson J T Bunk N E of Roswell — 014-J4
Watson Lowell Capt 49 Kelley pl — 7-4473
Watson M W contr 117½ E 3 — 899
Watson W C 505 W 18th — 1318-W
Watt R M S W of Roswell — 053-J2
Watts Blaine Mrs S E of Roswell — 081-R1
Watts Donna R 418 E 3 — 3857-J
Watts G T 1008 N Kentucky av — 2636
Watts John L 1805 W 1 — 1682-J
WATTS NURSERY & GIFT SHOP 804 S Atkinson av — 4592
Watts R T 1012 W Deming — 3128-R
Watts T L 1108 N Union av — 2211-R
Waxler F N 505 N Ohio av — 3622
Waxler F N Chevron Station 201 N Virginia av — 680
Wayne R H Capt 38 Gieger pl — 7-2234
Weadock Edward A 1300 S Adams av — 4511-W
Weather Bureau Municipal Air Port Admin B — 239
Weatherford J B 319 E 6 — 2897-W
Weathers B F E of Roswell — 039-R1
Weaver A L S W of Roswell — 078-R2
Weaver G P 1104 Melrose dr — 3801-R
Weaver John W 819 N Garden av — 4717-J
Webb C F 402 W Forest — 3363-M
Webb Claudia N Mrs 710 W 10 — 1232-J
Webb Delores M Mrs 638 E Apple — 3158-W
Webb Edward M 1118 S Lea av — 1588-W
Webb Frank E Jr N E of Roswell — 073-J1
Webb Freeman 905 S Lea av — 502-J
Webb James L Lt 638 E Apple — 3158-W
Webb John E N of Roswell — 010-J3
Webb R O 415 E 23 — 3206-W
Weber I P S E of Roswell — 035-J4
Webster Charles vet 711 N Virginia av — 515
 If no answer call — 3660-R
Webster Charles Jr Dr 413 S Sequola av — 5258-W
Webster Lula 706 E Deming — 2876-M
Weckel R W M/Sgt 910 Davidson dr — 3324-W
Weddle R Jack N of Roswell — 4219
Weeks James H Capt 312 E Church — 2972-J
Weeks Robert L 1604 S Main — 5344
Weibert B E 1603 Mesa pl — 2330-W
WEIBERT EQUIPMENT CO 410½ N Main — 145
Weier W L 825 E 5 — 4081-J
Weightman Steve S 718 E Pear — 1306-W
Weiler Bernard S Lt 1412 W 7 — 2038-R
Weiss Earl Maj 43 W Wells — 7-6621

Weiss Robert M Lt 1700 N Union av — 5473-J
Welborn Norman L 505 N Montana av — 2517-R
Welch C M 410 S Washington av — 2142
Welch D R 1007 Crescent dr — 2618
Welch Donald 1308 N Virginia av — 2516-W
WELCH-ERWIN CORP 909 N Virginia av — 734
Weich Rudolph J 908 Edgewood av — 1390-J
WELDERS SUPPLY CO 602½ E 2d — 319-J
 After 6 pm Sundays & Holidays call — 3436-M
Weldy Tom 106 N Montana av — 1598-R
Weller L H 605 N Washington av — 1243-W
Welliver Paul E Lt 1612 S Stanton dr — 2458
Wells Charles 616 S Atkinson av — 1821-W
Wells Dale F 1107 E 1st — 3138-W
Wells Ella Mrs 602 E 5th — 2998-W
Wells Joyce 608 W Alameda — 3390-J
Wells Walter J Mrs 711 S Ohio av — 1989-J
Welter Grady 201 N Michigan av — 1455-W
Welter Grover C 504 S Michigan av — 1360
Welty W S Mrs 1003 W 8th — 1532-W
Wemple Neil W Col 6 Walker pl — 7-2120
Wenger Daniel E 71 W Byrne — 7-3321
Wentzell Loretta C Mrs 408 N Kentucky av — 1016-J
Wenzel Camilo 813 N Washington — 4457
Werner Allie J 904 N Richardson av — 3667-M
Wesseling Victor E Sgt 1207 E Walnut — 1703-M
Wessen Donald E 706 S Kentucky av — 4094-W
Wesson Lewis L 1112 S Richardson av — 3960
West College Market 600 W College blvd — 3869
West First Street Laundry 1112 W 1 — 559
West Fred R 1620 S Penn av — 4594-R
West I L 935 Davidson dr — 2992
West Leonard R 1729 N Delaware av — 2321-M
West Mathews Street Grocery 312 W Mathews — 694
West Raynes T 502 S Missouri av — 1508-W
West Tenth Street Laundry 802 W 10 — 281-J
Westaway Vaughan 820 N Main — 4307-J
Westerfield V L 216 W McGaffey — 2095-J
Western Electric Co 311 N Richardson av — 104-W
Western Motel 1710 W 2 — 4428
Western Union Telegraph Co 118 W 2d
 To send a telegram cablegram or radiogram
 at any time ask operator for — Western Union
 For messenger & other purposes — 1300
Western Welders Supply Co 1707 SE Main — 5178
 If no answer call — 3103-W
Westfield Lillian 121 E 10 — 2658
Westover J L 800 N Atkinson av — 1036-J
Westrum Lyle 414 N Penn av — 1584
WESTRUM MORTUARY 414 N Penn av — 28
Weverka Winnie 205 W 11th — 1135-J
Whalen Tim E of Roswell — 021-R1
Wharton Richard G Lt N of Roswell — 4498-M
Whatley J V 140 E Pear — 2721-R
WHATLEY PRODUCE CO 515 E 2d — 418
Whatley W H 1805 W 3 — 4793
Wheat Nan C 1403 S Penn av — 5291-J
Wheat Zack 305 W Summit — 2238-J
Wheeler Clarence S E of Roswell — 05-J2
Wheeler Curtis 414 E 4th — 1863-W
Wheeler Glen C S E of Roswell — 05-J1
Wheeler Ida L Mrs 420 N Richardson av — 4175-J
Wheeler Morris 1518 N Missouri av — 3749-R
Wheeler R F 507 N Orchard av — 3321-M
Wheeler S W 1711 Missouri av — 2733-R
Wheeler Tim E 108 N Kentucky av — 955-J
Wheeler Wilson 412 W College blvd — 4957
Whelan Ruth E 907 N Richardson av — 2832-M
Whicker S G 712 N Kansas av — 1414
Whisenant G A 1500 W 1 — 1059-M
Whisnand Earl W 1417 W Tilden — 2890-J
Whisnant Elizabeth 212 E Church — 5479-R
Whitaker Eldon J 702 N Ohio av — 1351-M
Whitaker Floy Marie 718 N Main — 2549-R
Whitaker Frank rl est 105 W 3d — 3060
 Res 506 N Kentucky av — 414
Whitaker Howard E N E of Roswell — 013-R5
Whitaker John E 605 N Van Buren — 4649-R1
Whitaker Lynn R 107 W 9 — 4307-R
Whitaker Mamie W 301 N Alameda — 3169-W
Whitcamp Garage 624 S Atkinson av — 3261-J
Whitcamp J R 500 S Kansas av — 4199-M
Whitcamp Leon 1205 S Bland — 3566-W
Whitcamp R S 500 S Kansas — 4199-M
Whitcamp Serv Sta S of Roswell — 4389-J
Whitcamp T S 501 S Holland av — 3348-J
Whitcamp W I 1101 E Peach — 1174-R
White Byron B 1014 W 3d — 3352
White Carl W S of Roswell — 072-R13
White Carrol 1700 N Union av — 5473-R
White Charlie E E of Roswell — 048-R2
White Claude A 520 E 5th — 2365-M
White Clossie 1001 W Summit — 2532-R
White D Eugene 6 Morningside pl — 554-W
White E C 116 E Pear — 1632-M
White Emmett D oils J P White B — 2070
 Res 1501 W 7th — 3640
White Erma Mrs 104 S Atkinson av — 4278
White Flossie 829 E 5 — 3474-W
White Francis E Sgt 37 Brown pl — 7-5531
White G C Capt 1100 S Washington av — 5248-W

White Harold L dentist 402 S Richardson av — 3549
 Res 113 W Oliver — 1655-J
White Harold M 904 Purdy pl — 1661-W
White Harry S 608 N Missouri av — 921-J
White Henry C Sgt 404 W Tilden — 1618-R
White Hershel 805 W 13 — 1728-J
WHITE HOUSE GROCERY 814 W 2d — 698
White J P Jr E of Roswell — 438
White J P Sr Mrs 200 N Lea av — 53
White J P Co J P White B — 456
WHITE J P INDUSTRIES E of Roswell — 4604
White J P Jr Ranch W of Roswell — Long Distance
White J Ray 1508 S Adams — 1585
White Jay W 805 W 4th — 361
White Kitchen 409 E 2 — 834-M
White L M 1001 N Plains Park dr — 3472
White Luther H 1511 S Sherman av — 2833
White Martin 1700 Pontiac dr — 5037
WHITE MATTRESS FACTORY 604 E 2d — 384
 After 6 pm Sundays & Holidays call — 4695-W
White Mountain Fruit Growers Hondo — Long Distance
White N M Mrs 337 E 7 — 2879-M
White O H Blacksmith & Welding Shop 401 E 2d — 566
White Onous H 109 W Deming — 1734-W
White Oscar 400 N Kentucky av — 1223-J
White Patricia A 1102 N Atkinson av — 1034-J
White R O E of Roswell — 4695-W
White Ralph L Capt 313 E Church — 3648-W
White Robert O Jr 606 N Ohio av — 2962-M
White Tom D 700 N Kentucky av — 1075
White William C 717½ N Main — 2204-J
Whited Gean 613 S Atkinson av — 4522
Whitehead Albert E 619 S Atkinson av — 3231-R
Whitehead S E farm SE of Roswell — 037-J5
 Res 403 S Missouri av — 3333-J
Whitehead William E Sgt 1508 S Pecos av — 2316-W
Whitehurst Joe 500 E College blvd — 1378-W
Whiteman A L 200 E Albuquerque — 861-J
Whiteman Bros Store 118 E 1st — 1372-W
Whiteman Jack 306 N Penn av — 1231-W
Whitfield A H 408½ E 5 — 2562-J
Whitfield C B 1304 Highland rd — 1862-W
Whitman Logan F 1308 W 7 — 4280-J
Whitmore Theresa 1504 S Madison av — 4523-W
Whitmore W E Jr 204 W McGaffey — 4672
Whitney C S Jr Maj 1207 N Kentucky av — 1719-R
Whitney Corinne Mrs 109 E Albuquerque — 2097-M
Whitney Ellis S E of Roswell — 037-R1
Whitney Ross S E of Roswell — 037-R2
Whitson William 1104 S Union av — 4856-W
Whitten Coy C 1013 W 14 — 4066-M
Whitten Ronald Royce 402 E McGaffey — 5076-J
Whittenburg Elijh 204½ E Hendricks — 3404-J
Whittle Bob 1004 W 2d — 1543
Whittle H E 1612 N Ohio av — 3961-M
Whittlesey E C S of Roswell — 7-2336
Whitwood Roy A 711½ N Missouri av — 2241-W
Whitzel Rozell 308 S Missouri av — 2930-W
Whyte James 39 W Byrne — 7-2368
Wickersham Charles R 409 N Kentucky av — 3441-R
Wickstrom E R S/Sgt 206 E Church — 5011-R
Wieburg Donald G 123 E Pear — 4185-M
Wiegman Lawrence A 204 E Church — 5289-J
Wiese A E 407 S Spruce av — 3562-W
Wiggins Bill 711 W 8 — 4643-J
Wiggins L Z N E of Roswell — 076-J1
Wiggins M B 513 N Kentucky av — 3374-J
Wiggins S M 407 W 1st — 1947-W
Wiggins S M farm S W of Roswell — 029-J1
Wiggins Walt 1 Hillcrest — 3134-W
Wilbanks Kenneth 1100 W Mathews — 4052-W
Wilbur John Sgt 1400 N Michigan av — 3672-M
Wilburn Joseph H T/Sgt 13 E Reynolds — 7-2198
Wilcox George 702 S Washington av — 3783
Wilcox Martin 303 S Washington av — 2930-A
Wilcox Roy A 1206 Stone — 2367-W
Wilcoxon Lydia P Mrs 901 N Union av — 3635-W
Wilcoxson Charles W 409 W Wildy — 2698-W
Wilds Ausbun J Jr S of Roswell — 7-9984
Wiley C H S W of Roswell — 029-J1
Wiley James Sgt 302 E 7 — 1909-W
Wilhite J R Mrs 111 S Lea av — 1947-R
Wilkerson Burl J 908 Davidson dr — 3634
Wilkerson H E 723 E Pear — 3014-W
Wilkerson Ruby 604 S Michigan av — 2697-W
Wilkins Harry C Sgt 1735 N Delaware av — 5452-J
Wilkinson Luther W S E of Roswell — 03-J11
Wilkinson Richard Sgt 811 E Hendricks — 3355-R
Willard K R Capt 502 S Kansas av — 4719-W
Wilcox Bertram N 810 N Atkinson av — 3628-M
Willett Charles P Lt 1615 N Union av — 3698-M
Wilhite J M Lt S of Roswell — 325-J
Williams Asbury Mrs 206 W 5th — 2715-M
Williams Ben N E of Roswell — 033-R1
Williams Daisy Mrs 403 S Summit — 2081-R
Williams Dora B 207 S Michigan av — 3306
Williams E H Mrs 600 N Kentucky av — 1153-W
Williams E J 307 N Washington av — 714
Williams E L 1417 S Jackson av — 2691-R
Williams Earle E 1803 W Juniper — 1946-M
Williams Emmett 2001 W 1st — 1884-J
Williams Freddie E 1616 S Cahoon av — 1977-M

Williams–Zamora — ROSWELL

Williams Freddie Lee 914 N Union av — 4671
Williams Grant L 1614 S Kansas av — 1069-R
Williams H L 907 N Penn av — 695-W
Williams Harlon 1411 S Madison av — 3537
Williams Harrison N E of Roswell — 4335-W
Williams Holland 503 N Missouri av — 547
Williams Homer H 1109 E 1st — 1607-W
Williams Howard G Maj 13 W Wells — 7-4452
Williams J L 1600 S Main — 3795
Williams J P phys surg 211 W 3d — 600
  Res 513 N Penn av — 1040
  If no answer call — 4492
Williams James A 100 E Church — 4742
Williams Jane Yeo 709 S Kansas av — 2233-R
Williams Jessie M Mrs 1614 N Kansas av — 3862-M
Williams John Hinton Maj 1009 W Mathews — 941
Williams John R 212 W Bland — 2485-W
Williams Joyce Mrs 106 E Eyman — 7-2445
Williams Leroy L Lt 31 A — 7-4457
Williams Mack N E of Roswell — 4090-J
Williams Marion Maj 20 B — 7-6679
Williams May Mrs 605½ N Penn av — 1282-W
Williams News Agency 212 N Richardson av — 706
Williams O L Mrs 506 S Kentucky av — 450
Williams Pat 1610 W Walnut — 1713-W
Williams Paul R 71 E Byrne — 7-2484
Williams Percy Jr 401 S Sycamore av — 5264-J
Williams Philip R 1717 N Delaware av — 2667-M
Williams R Norris 209 S Washington av — 4734-W
Williams S C Rev S of Roswell — 03-J5
Williams Thomas E 1211 E Walnut — 2877-M
Williams V N 106 S Penn av — 1379-R
Williams Willis J 811 N Richardson av — 5346-J
Willingham H H 1515 S Adams av — 4690-W
Willingham Q B 1616 S Washington av — 3160-M
Willingham Robert C Lt 321 E Church — 2263-J
Willis A L 504 S Holland av — 3382-J
Willis Al 206 W Bland — 2485-W
Willis Al Jr 621 S Atkinson av — 3231-W
WILLIS FORD AGENCY INC 302 N Richardson av — 93
  Nights Sundays Holidays call — 5106
  If no answer call — 1129
Willis Jean 211 W Summit — 2565-R
Willis Lucille Mrs 513 S Beach av — 3382-R
Willis Ollie M Mrs 206 S Sherman av — 3418-W
Willis Peggy 1208 E 1st — 2094-M
Willis S S 1210 E 1st — 2713-W
Willmon W L 511 S Montana av — 3650-M
Willner C A 409 S Aspen av — 2218-R
Willson R I 906 W Mathews — 1224
Willys Authorized Sales & Service 225 N Virginia av — 688
Wilmore Donald E 305 S Penn av — 4018-W
Wilmot Dan H 105 S Penn av — 841
Wilmot Dan Hinton Jr 312 N Missouri av — 2108
WILMOT HARDWARE CO 113 N Main — 634
Wilmot Paul D 208 S Kentucky av — 495
Wilson Adolph 207 N Ohio av — 3670-J
Wilson Alonza 303 E Reed — 2919
Wilson Alva R 812 N Kansas av — 2152-J
Wilson B B 108 N Missouri av — 985-J
Wilson Ben 600 W McGaffey — 2584-M
Wilson Bill 1113 W 2d — 3257
Wilson Bonnie 1105 S Lea av — 285
Wilson C H 802 N Kansas av — 820-J
Wilson Cecil 1612 N Washington av — 2748-J
Wilson Charles V 1105 S Lea av — 285
Wilson Doil 417 W 17 — 4598-J
Wilson Donald E Sgt 908 W Deming — 3128-W
Wilson E B 55 Riverside dr — 3619
Wilson E F Lt 116 E Church — 5479-J
Wilson Faye Mrs 710 W Tilden — 1445-W
Wilson George C 508 E Mathews — 2309-J
Wilson Grant H Jr Maj 1017 Rancho rd — 1094-R
Wilson Hazel Mrs 205 N Lea av — 2615
Wilson J Caldwell ofc 212½ W 4 — 4514
  Res 1607 Mesa dr — 342
Wilson J Preston 706 W 4th — 1232-W
Wilson J Sam 1620 N Washington av — 4546-R
Wilson James A 100 E Eyman — 7-2174
Wilson Joe Chevron Serv Sta 611 S Main — 2598
Wilson John W 302 S Michigan av — 1395-M
Wilson L E Tom 1405 W 4 — 1471
Wilson Leroy R 1908 N Montana av — 3449-M
Wilson M E 1702 N Kentucky av — 4965-J
Wilson Mark 411 S Hemlock av — 3959-M
Wilson Mary L Mrs 216 E Forest — 5132-R
Wilson Richard L Lt 1411 S Kentucky av — 4956-J
Wilson Roy W N of Roswell — 010-J1
Wilson W D 1700 N Union av — 3797-W
Wilson Wallace N 706 S Lea av — 458
Wilson Wm J 703 S Ohio av — 3225-J
Wilson Willie 1707 N Michigan av — 2744-R
Wilson Woodrow A 415 E Forest — 3205-W
WILSON'S 412 N Main — 363
Wilson's Texaco Serv Sta
  600 N Main — 102
  1112 N Main — 5544
Wiltse Franklyn L 903 W Mathews — 1880-M
Wimberly D D 200 S Lea av — 2581-J
Winchell Clifford E 408 W 6 — 338-R
Wind Esther A 104 S Lea av — 1412-J
Windham Essie Mrs 309 W 5th — 2575-M

Winfrey Helen L 216 W 4 — 4857-W
Wing Cleaners S of Roswell — 7-2113
Wingate C L W of Roswell — 024-J2
Wingfield R E S W of Roswell — 054-R1
Wingfield W R 1007 S Kentucky av — 4047
Winkler Ed Mrs 1722 N Washington av — 2744-J
Winkler Hans 1412 Highland rd — 375
Winsett Frank 1306 Highland rd — 3975
Winsor William J Capt 1104 W Summit — 2308-R
Winston Sue M 212 N Kansas av — 1978
Winters Roger W Sgt 1611 W Tilden — 1973-R
Wippert Thomas 1610 N Ohio av — 3723-W
Wischhof Donald H 504 W Alameda — 4868-M
Wise Donald Capt 81 Holloman pl — 7-5509
Wise J Bebe Mrs 511A W 5 — 5451
Wise John Q Capt 33 W Wells — 7-9974
Wise Karl E 105 W Oliver — 4535-W
WISE KENNETH GULF SERV STA 2600 N Main — 3267-W
Wise Marvin K Sgt 511A W 5 — 5451
Wiseley W E Mrs 712 N Union av — 660
Wiseman E S vet 1002 E 2d — 2521
  Res 1112 N Kentucky av — 2764-W
Wiseman Maxine 205 S Kentucky av — 4296-J
Wishard A L 620 S Atkinson av — 3231-W
Wishard R W W of Roswell — 057-R2
Wisman John 1112 N Hendricks — 1630-W
Witherspoon Lee 2324 N Texas av — 3509-M
Witko George J 9 E Wells — 7-2391
Witmer F C 1102½ N Missouri av — 1621-W
Witt Bill 925 Davidson dr — 2314
Witt C D Capt 95 W Eyman — 7-9989
Witt Corrie B 505 W College blvd — 4950
Witt Harry 1716 N Kentucky av — 4145
Witt J A Mrs 627 E 6th — 2560-W
Witt W D Sgt 520 E 4 — 2009-R
Woford C M Maj 917 Davidson dr — 4261-J
Wolf David 1010 S Penn av — 3109-M
Wolf Fred T 301 W Deming — 1761-W
Wolf J E 209 N Kentucky av — 2036-M
Wolf W H Bill rfr 1704 SE Main — 460
  Res 1032 Crescent dr — 4941
Wolfe B E 1400 W 8 — 2461-W
Wolfe C I 409 N Missouri av — 2843-J
Wolfe J C 1000 N Orchard av — 3547-M
Wolfe Lawrence Mrs 1310 N Main — 1696
Wolff Alfred H 28 I — 7-6614
Wolff E H Capt 15 A — 7-5588
Wolffe Collie 302 S Kansas av — 2358-W
Wolffe F Patterson III 908 W 4 — 5412
Wolffe Harlan D Lt Col 20 W Wells — 7-5549
Womack Elra 314 E Albuquerque — 861-R
Womack M L 706 W 9 — 4643-R
Woman's Club 503 N Kentucky av — 618
Wood Charles A 308 E McGaffey — 2093-W
Wood James S of Roswell — 079-J4
Wood Robert Capt 98 W Byrne — 7-2342
Wood Roscoe 1311 N Lea av — 3034
Wood W A Capt 6 Bailey pl — 7-4494
Wood W R 414 N Garden av — 2168-J
Wood Walter B Sgt 65 Boley pl — 7-2429
Wood Wilson R Col 10 Walker pl — 7-2435
Woodard John 914 W 11th — 1829-W
Woodburn Al W 313 S Michigan av — 1163-J
Woodbury C M 1301 N Lea av — 4253
Woodhead L F 309 N Penn av — 334
Woodrome Glenn D 216 E Church — 5423-J
Woodruff H D Col 56 W Byrne — 7-9996
Woods A G N of Roswell — 4792-W
Woods Howard H 1112 N Missouri av — 1621-M
Woods Richard M Lt 1510 S Washington av — 4875-J
Woods Robert F Lt 412 N Kansas av — 3919-M
Woodward Hazel P 713 E 5th — 2425-R
Woodward Winston E 46 E Byrne — 7-2105
Woody Bill NE of Roswell — 4322-R
Woody's Body and Trim Shop 116 E Walnut — 1270
Wooldridge C C 206 S Delaware av — 396-W
Wooldridge Lucille 1205 N Lea av — 1042-J
WOOLDRIDGE W OLAN air serv Municipal Airport — 1651
  Res W of Roswell — 5219-W
WOOLDRIDGE'S 301 N Main — 446
Woolsey Albert G 1511 S Pecos — 2881-W
Woolsey Don 608 W Deming — 843-R
Woolsey I W 306 N Washington av — 976
Woolsey Talmadge 1515 W Walnut — 3459-J
WOOLSEY'S 113 S Main — 4844
Woolworth F W Co 212 N Main — 4212
Worley Auto Sales 411 S Main — 3250
Worley Earl 314 E McCune — 3473
Worley William W 1700 N Union av — 5473-W
WORRELL'S DON MOTOR SERVICE
  1610 N Washington av — 3926
Worsham Jabe 512 W Deming — 1712-W
Worstell W R 903 N Delaware av — 5187-W
Worthington Frank F 501 S Pine av — 4221-J
Worthington Mathilde S 304 W Hendricks — 1215
Worthington Pauline 110½ E Bland — 2472-M
Worthington William N radiologist
  506 N Richardson av — 932
  Res S E of Roswell — 4320-J
Wray Charles L 311 N Penn av — 4482
Wright A J 114 E Forest — 3285-M

Wright Aron W 641 E Apple — 2894-J
Wright Charlie 506 S Sunset av — 2174-R
Wright Don C 1023 Crescent dr — 3270
Wright Frederick C Capt 13 Langley pl — 7-3368
Wright Guy 600 N Garden av — 3786
Wright James F 642 E Cherry — 2894-R
Wright James I 403 S Sycamore av — 5265-W
Wright L J 108 Lighthall pl — 7-6639
Wright Loyd 1303 Highland rd — 1791-J
Wright Marvin Capt 31 B — 7-6660
Wright Robert F 404 S Cedar av — 4283-W
Wright Ronald 308 W Deming — 4584-M
Wright Verle I 207 E Mathews — 3989-R
Wright's Grocery Store 1622 N Missouri av — 1067
Wurm W A 404 S Missouri av — 4173-R
Wurm's Jewelry 330 N Richardson av — 2126
Wyatt Charles H 1809 N Lea av — 1524-R
Wyatt L O Rev 1015 S Lea av — 5529
Wyatt Maynard C 201 E Country Club rd — 3087-W
Wyatt Wilbur 1107 W Mathews — 5069-W
Wyche Dewey M 300 N Kentucky av — 1515-W
Wylie J A 1015 S Penn av — 4211
WYLIE'S DRIVE-IN 1310 SE Main — 2355
Wyly John H 105 N Washington av — 1812-W
Wyly R H 608 N Penn — 2147-J
Wyly Victor L 1607 W Walnut — 3372-M
Wyly's Toggery 303 N Main — 2795
Wynn Will 210 E Summit — 2335-W

Y

Yager Jack R Sgt 1714 N Pontiac dr — 954-M
Yancey Buna Mrs 911 N Kentucky av — 2756-M
Yarborough George 307 S Missouri av — 889
Yarborough W W 200 W Deming — 3772-W
Yarbrough Marie 114 S Missouri av — 3976-J
Yarish E J 1106 S Michigan av — 5269-W
Yarnell Bobby M W of Roswell — 054-J5
Yarnell C E 909 W Walnut — 3464-J
Yarnell Glenn W of Roswell — 054-J5
Yarnell Marion C E of Roswell — 4893-W
Yates David W 110 W Alameda — 3241
Yates J O 310 S Kansas av — 995-J
Yates L E 907 W Deming — 273-J
Yauk William 306 W McGaffey — 1580-R
Yeager Ella 505 S Sycamore av — 2457-W
YELLOW CAB CO 506 N Main — 90
Yeo Robert W 407 E 5 — 2179-R
Yoakum Roy R 516 S Spruce av — 4271-W
Yocum Thomas L 711 W Albuquerque — 1445-M
Yoder K A 402 S Lea av — 1304
Yohn Coburn D 60 G — 7-6695
Yorgensen R W 1616 N Kansas av — 2807-J
York M E 510 W 13th — 1686-M
YORK M E ED AUTO TRIM SHOP 1209 N Missouri av — 1876
York V R 506 S Spruce av — 4744-W
Young C R 1511 N Missouri av — 3817
Young Coy N 1603 N Delaware av — 1951-J
Young Frank 1212 N Kentucky av — 2824
Young Frank Jr 1401 S Adams av — 4963
Young Frank Y 110 N Delaware av — 5512
Young J A 1517 S Elm av — 1963-R
Young J J W of Roswell — 027-R1
Young James NE of Roswell — 06-R1
Young John C 1501 Highland rd — 3145-W
Young John C Real Estate 309 N Virginia av — 5039
Young John E Jr Capt 20 Langley pl — 7-2360
Young Johnny Belle 906 W 9d — 4678-W
Young M K 1104 S Penn av — 4571
Young Mae 110 N Delaware av — 5512
Young Marvin Capt 1412 S Lea av — 5484
Young Melvin E 1617 Pontiac dr — 3722-J
Young R V 602 N Missouri av — 883-W
Young R V Lumber Co 108 E Tilden — 1980-J
Young Ralph 1302 W 4th — 3853
Young Raymond D Capt 30 W Eyman — 7-2347
Young Russell F 1106 Kenlea av — 2239-R
Young Vera N 308 W 1st — 1640-R
Young W B N E of Roswell — 08-J5
Young W D Mrs 411 S Richardson av — 1504-W
Young & Young rl est Nickson Hotel — 4379
Youngblood Elizabeth 1303 E Tilden — 3103-R
Youree Willie H 1400 W 7th — 1281-M
YOUSE JOHN R rl est 402 W 2 — 2673
  Res 409 S Penn av — 3805
Youse Lucy B Mrs 303 S Richardson av — 1907-R
Yowell Ralph 2007 W Juniper — 1815-W
Yriart Graciano 104 N Michigan av — 1965
  If no answer call — 3572-M
Yucca Beauty Service 109½ S Kentucky av — 484
Yucca Cafe 217 W 3d — 89
YUCCA COURTS N of Roswell — 3499
YUCCA NITE CLUB S of Roswell — 1904
Yucca State Trailer Park 2605 N Main — 4472
Yucca Theatre 124 W 3d — 2780

Z

Zacharias W B 1510 S Adams av — 1305-W
Zalonka Adam F 10 Thiel pl — 7-5544
Zamora Pete M 716 E Hendricks — 3290-W
Zamora Raymond 311 E Hendricks — 1002-W

Zamora Rosalio 809 E Albuquerque 1945-R	Zike H G ofc 200 N Richardson av 2967	Zipp Charles J 1011 W Mathews 2120-J
Zarris Jack 1610 Mesa dr 4682	Res Orchard pk 045-J5	Zody M G 301 W Alameda 1427-M
Zaverl Louis Sgt 98 E 7-6663	Zimmerman Muriel H Mrs 506 S Kansas av 1738-W	Zoodsma Marion D 2 Oak dr 1912-R
Zeeveld H E 513 W 11th 3864	Zink G W Mrs 414 N Michigan av 2829-R	Zook George Robert 1110 W Alameda 5133-W
ZENER WALTER R ADJUSTMENT CO 210 W 4 211	Zink Paul 11 Morningside 1646	Zuni Corporation The 1615 S Michigan av 4828
Ziegler E 209½ N Kentucky av 2036-R	**ZINKS** 322 N Main 2456	**ZUNI MOTEL** 1201 N Main 206
	Zinn H E N of Roswell 012-J2	

ROSWELL
CLASSIFIED TELEPHONE DIRECTORY
WINTER 1954-55

For Information Regarding Representation or Advertising in This Directory Communicate With Our Local Manager

The Telephone Company assumes no liability for errors or omissions occurring in this Directory
Errors or omissions will be corrected in subsequent issue if reported by telephone or in writing to the Company

Copyright 1954 by The Mountain States Telephone and Telegraph Company

This directory is the property of The Mountain States Telephone and Telegraph Company

Abdominal Supports
- **CATHEY-JACOBS PRESCRIPTIONS** 225 W 2----4600
- **NASH PHARMACY** 404½ N Penn av----2434
- **PRESCRIPTION PHARMACY THE** 205 W 3d----1164

Abstracters
- **CHAVES COUNTY ABSTRACT CO**
  R H Harton, Sec'y
  125 W 4----169
  125 W 4----538
- **GESSERT-SANDERS ABSTRACT CO**

  Lawyers Title Insurance Co.
  Title Insurance Co. of El Paso
  L. A. Sanders, Jr.
  112 E 3d----493

Accountants—Certified Public
- Deason T J Jr 421 N Richardson av----50
- Jones R D 1st Natl Bk B----107
- Linder Burk & Stephenson 1st Natl Bk B----3440
- McKinney Donald D 421 N Richardson av----50
- Miller James R 1st Natl Bk B----3440

Accountants—Registered Public
- Allman Earl S 204 W 4----3678
- Bassett Johnston & Deason 421 N Richardson av--50
- **CITTY FLOYD F** J P White B----159
- **HARVEY J G ACCOUNTING & BOOKKEEPING SERVICE** 404 N Penn av----490
- **TWEEDY MANSFIELD** 204 W 4----3678

HANDY! These pages tell you where you can buy most anything — quickly, comfortably, by telephone.

Acoustical Materials
ACOUSTONE-AUDITONE ACOUSTICAL TILES
COMPLETE
ACOUSTICAL
SERVICE
"FOR INFORMATION CALL"
CONTRACTORS—DISTRIBUTORS
WELCH-ERWIN CORP 909 N Virginia av----734

CLOWE & COWAN INC
SOUND INSULATION
DUCT LINER
MACHINERY MOUNTS
Wholesale Only
805 N Virginia av----1025

Adding & Calculating Machines
ALLEN-WALES ADDING MACHINES
SERVICE and SUPPLIES
"FOR SERVICE CALL"
NATIONAL CASH REGISTER CO 613 W 2d--2122

ALLIED BUSINESS MACHINES CO
OLIVETTI
The Only Fully Automatic
Printing Calculator
"It Adds - Subtracts - Multiplies and Divides"
Gives You a Printed Record
410 N Richardson av----3674

BURROUGHS ADDING AND CALCULATING MACHINES—
FACTORY SALES & SERVICE
BURROUGHS CORP
Factory Service Burroughs Products
309 Richardson av----1567
Burroughs Corp 309 N Richardson av----1567

FRIDEN AUTOMATIC CALCULATORS
THE THINKING MACHINE OF AMERICAN BUSINESS

Does More Automatically
Sales — Service — Rentals
"FOR INFORMATION CALL"
FRIDEN CALCULATING MACHINE INC
212 N Richardson av--4288

FRIDEN CALCULATING MACHINE INC
212 N Richardson av----4288
(See Advertisement This Page)
HENDRIX OFFICE EQUIPMENT CO 206 W 4th---2665

(Continued Following Page)

NEW "NATURAL WAY" ADDING MACHINE BY Friden

...the first American 10-key machine to show actual items before they are printed on tape

Just put your hand on it

...the first adding machine made to fit and pace the human hand. To see it and try it call

FRIDEN
Calculating Machine CO., Inc.
PHONE 4288
212 N. RICHARDSON AV.

ADDING MACHINES & TYPEWRITERS
SOLD • RENTED • REPAIRED

VICTOR-Adding Machines
SMITH-CORONA-Typewriters
CASH REGISTERS
CALCULATING MACHINES

OFFICE SUPPLIES
FOUNTAIN PENS
PHONE 674
DESKS
CHAIRS
FILES
SAFES

ROSWELL TYPEWRITER CO.
408 N. MAIN

These YELLOW PAGES are *Your* CLASSIFIED TELEPHONE DIRECTORY

In the following Yellow Pages, business firms and individuals are "classified" according to the kind of business they do. There is a separate Classified Heading for each different business, product or service, for example: Architects, Department Stores, Florists, Sporting Goods, Sewing Machines-Repairing, etc. Classified Headings are alphabetically arranged and the names under each one are also alphabetically listed.

It's EASY to use the YELLOW PAGES!
Here's all you do . . .

1. WHEN YOU WANT TO BUY SOMETHING . . .

Suppose you want a refrigerator—FIRST find the classification "REFRIGERATORS" in the "R" Yellow Pages. Under this classification, conveniently listed for you, are the merchants who are anxious to sell you the refrigerator of your choice. Simply pick out any store or dealer you wish, one whose advertisement attracts you, or who sells the brand you want, or whose location is convenient, or whose name may be familiar or recommended.

2. WHEN YOU NEED A SERVICE OF SOME KIND . . .

Suppose you want a radio repaired, or a dead tree removed or you are moving to a new home—FIRST find the proper classification, such as, "RADIO REPAIRING," "TREE SERVICE," or "MOVERS" in the "R," "T" or "M" pages, then simply pick out the one you want.

3. WHEN YOU WANT TO FIND OUT WHO SELLS OR SERVICES A CERTAIN "BRAND NAME" OR TRADE MARKED PRODUCT . . .

If you want to find a dealer for a nationally known product or service, such as a service station handling a particular brand of gasoline . . . FIRST turn to "SERVICE STATIONS" in the "S" pages. Then look for the Trade Mark or brand name of the product you seek. Usually one or more dealers who handle this brand will be listed under the Trade Mark name.

If the particular brand name you are looking for is not listed this way, a quick look through the advertisements within this classification will show what brands the various firms feature.

Because it is so easy, 9 out of 10 people use the Yellow Pages when looking for thousands of other products or services. You can use it too, to learn who in your city, handles a certain product that has been recommended or which you have seen advertised elsewhere.

The Yellow Pages are useful in other ways!

4. PERHAPS IT ISN'T CONVENIENT TO SHOP IN PERSON . . .

Simply select a store or individual merchant of your choice, and call them by telephone. Usually they are able to deliver promptly to your home. Often the ads in these Yellow Pages tell you they are anxious to do so.

5. SUPPOSE YOU REMEMBER THE LOCATION OF A BUSINESS FIRM, BUT HAVE FORGOTTEN THE NAME, OR AREN'T SURE OF THE SPELLING, BUT YOU'D RECOGNIZE THE NAME IF YOU SAW IT . . .

Of course, you know it's very difficult to find anyone in the white alphabetical section unless you know the exact name. Here's where the Yellow Pages can help you—just suppose you want to call the drug store at 25 Central Avenue. Simply turn to the classification of "DRUGGISTS" in the Yellow Pages. Then look through the listed names until you see the address you know or the name which you recognize.

6. EVEN WHEN YOU KNOW THE NAME, IT IS OFTEN EASIER TO FIND IT IN THE YELLOW PAGES . . .

Suppose you want to call Mr. Smith who is a plumber. Just look in your Yellow Pages for the classification of "PLUMBERS." It is much easier to find your Mr. Smith there, among the relatively few "Smiths" who are Plumbers, than in the long list of "Smiths" in the white alphabetical section of the directory.

IT'S EASY TO USE THE YELLOW PAGES! Usually you can find the classification you wish without any difficulty. But sometimes it is hard for us and for the business firms who list their names in the "classified," to know the exact word or phrase YOU are going to think of as the "Classification" when you look in the Yellow Pages for a certain thing.

You might look under "ICE BOXES" which we show as "REFRIGERATORS," or you might look for "ATTORNEYS" which we list as "LAWYERS." We always try to use a classification worded in the way it is most commonly used to designate a business or product, but sometimes there is another way of saying it.

Often we include "cross-references" which are designed to guide you to the right place to look for the desired list, such as "Attorneys, See Lawyers." Sometimes there are no cross-references, so when you look for a service or product and can't find it, try and think of a word or phrase which also describes that service or product.

Sometimes, when you are looking for a specific item, such as a hub cap for a certain make and model of automobile, you may not always find entries under the specific heading of "HUB CAPS." You will usually find many listings of firms who can help you under the more general classifications of which the specific item you want is a part, such as "AUTOMOBILE PARTS & SUPPLIES," "AUTOMOBILE WRECKING" or "AUTOMOBILE REPAIRING."

The Yellow Pages Tell You Where . . . . . The Telephone Will Take You There!

It's Easy to use the Yellow Pages to Find Out

WHERE TO BUY IT

WHO CAN FIX IT

WHAT THEY DO

LOOK IN THE YELLOW PAGES

HOW TO GET PROPER REPRESENTATION IN THESE YELLOW PAGES

If you are in business, you will be giving better service to your customers and prospects if you advertise your goods or services under all headings descriptive of the products you sell or services you render. For details about advertising or additional listings in these YELLOW PAGES, just call your local business office.

Adding & Calculating Machines— (Cont'd)

JOHN OFFICE SUPPLY

Underwood Sundstrand
Adding Machines
Underwood Typewriters
Sales and Service

212½ N Richardson av------629

MARCHANT CALCULATORS INC
203½ Gold av SW Albuquerque
  Long Distance--Albuquerque 7-9341
Monroe Calculating Machine Co Inc 116½ W 2d--2672

NATIONAL ADDING MACHINES

Scientifically designed to do more work, in less time, with less effort.

SALES • SERVICE • SUPPLIES

"WHERE TO BUY THEM"
NATIONAL CASH REGISTER CO 613 W 2d--2122

REMINGTON RAND ADDING MACHINES—
HENDRIX OFFICE EQUIPMENT CO
  206 W 4th--2665

Roswell Typewriter Co 408 N Main------674
(See Advertisement Preceding Page)

Adding & Calculating Machines— Rental

Friden Calculating Machine Inc
  212 N Richardson av--4288

Adjusters

AMERICA FORE CLAIM OFFICE

Representing

Fidelity & Casualty Co. of New York
Continental Insurance Co.
Niagara Fire Insurance Co.
American Eagle Fire Insurance Co.
Fidelity Phenix Fire Insurance Co.

216 N Richardson av------3508

BRYANT HARRY R CO 602 W 2d------3343
BRYANT HARRY R CO 125 W 4------4164
CROSBY & NEWTON CLAIM SERVICE 210 W 4--211
GENERAL ADJUSTMENT BUREAU INC
  307 N Richardson av--3188
  Nights Sundays & holidays call------2679-M

LYLE ADJUSTMENT CO

A NATIONALLY RECOGNIZED
CLAIM SERVICE
HANDLING ALL LINES
SERVING NEW MEXICO, WEST TEXAS
AND ARIZONA

409 W 2------3637

Shaner William L J P White B------2024
SOUTHWESTERN CLAIMS SERVICE
 Elwood Johnston
  125 W 4th------4164
Zener Walter R Adjustment Co 210 W 4------211

Advertising

K S W S RADIO STATION 1723 W 2------3737
MOUNTAIN STATES TEL & TEL CO
  322 N Richardson av--4100
  (See Advertisement This Page)
PECOS VALLEY ADVERTISING CO INC
  111 N Washington av--755
SOUTHWEST OUTDOOR ADVERTISER
 National & Localized Poster Service
  112 E 4------32

a REAL BARGAIN

in your family budget

More of your friends and neighbors have telephones than ever before. You can call more people - more people can call you. Yet telephone service actually takes a smaller part of the average family budget than it did ten years ago

AIR CONDITIONING

SALES & SERVICE

Residential & Commercial

▼

SHEET METAL WORK

▼

COMPLETE INSTALLATIONS

▼

We Service All Types & Makes

▼

Phone 9987   Phone 437

Burnworth & Coll
"YOUR COMFORT IS OUR BUSINESS"

309 N. Virginia Ave.

Advertising Agencies
FALL R W ADVERTISING SERV
  Advertising of All Kinds
    J P White B----------------------2944

Agricultural Implements
See Farm Equipment

Air Compressors
PALACE MACHINE SHOP 505 E 2d----------1434

Air Compressors—Repairing
Palace Machine Shop 505 E 2----------1434

Look for it in the "Classified."

Air Conditioners—Room
INTERNATIONAL HARVESTER ALL-SEASON
REFRIGERATED ROOM AIR CONDITIONERS

COOL IN SUMMER
WARM IN WINTER
YOU CAN DECORATE TO MATCH
YOUR ROOM —
THEY'RE BEAUTIFUL
TERMS AVAILABLE

"WHERE TO BUY THEM"
INTERNATIONAL HARVESTER CO
    120 E Walnut--4030
McCORMICK FARM EQUIP STORE
    120 E Walnut--4030

Air Conditioning Contractors
BURNWORTH & COLL CO
  309 N Virginia av--------------437
  309 N Virginia av--------------2866
  (See Advertisement This Page)
CARRIGAN PAUL CO 124 E 2----------308
(Continued Following Page)

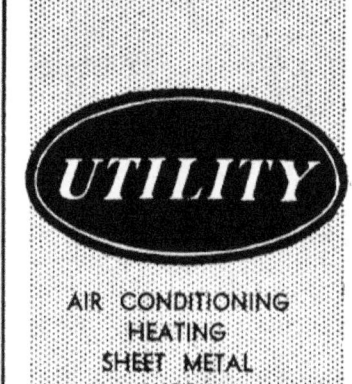

UTILITY

AIR CONDITIONING
HEATING
SHEET METAL
WORK

• Residential
• Industrial
• Commercial

PERFECT COOLING
CLEAN AIR
FOR YOUR OFFICE
AND YOUR HOME

PHONE
187
RES. TEL. 3919-W

ELLIOTT
SHEET METAL CO.
111 E. Tilden St.

USE

LONG DISTANCE

to get *anywhere* fast...

AT LOW COST

Air Conditioning Contractors—(Cont'd)

ELLIOTT SHEET METAL CO 111 E Tilden------187
(See Advertisement Preceding Page)
IMPERIAL PLUMBING & HEATING 106 E Tilden-4855
LACEY SHEET METAL SHOP 413 E 2d------2555-W
(See Advertisement This Page)

THOMSEN'S
RESIDENTIAL - COMMERCIAL
WINDOW OR ROOF
INSTALLATIONS
INSULATION CONTRACTORS
1210 E 2------868

Air Conditioning Equipment & Supplies

AMERICAN-STANDARD
SUNBEAM AIR CONDITIONERS
Complete line for residential cooling and year 'round air conditioning. Also commercial Packaged Units.

"FOR INFORMATION CALL"
RETAILERS
CARR PLUMBING & HEATING CONTRACTORS
409 S Richardson av--781
JONES J W PLUMBING & HEATING CO
311 N Union av--2604

ARCTIC CIRCLE AIR COOLERS—
THOMSEN'S 1210 E 2------868

CARRIER AIR CONDITIONING—
A name recognized the world over for fine air conditioning. Individual units or complete systems for stores, offices, buildings, industries, homes. Engineering aid, prompt service.

"FOR INFORMATION CALL"
HOME WEATHERMAKERS—DEALERS
WEIBERT EQUIPMENT CO 410½ N Main---145

(Continued Following Column)

If you have goods for sale, the Classified Telephone Directory provides purchasers one of the quickest ways to find your goods. You are invited to call our Business Office for detailed information on advertising in the Classified Telephone Directory.

To Find Someone in
your NEIGHBORHOOD
WHO SELLS IT

Looking for someone close by who sells or has a service you want will be easy when you
LOOK IN THE
Classified
TELEPHONE DIRECTORY
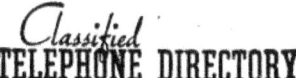
Tell the man you call that you found his name in the Classified.

Air Conditioning Equipment & Supplies—(Cont'd)

CLOWE & COWAN INC
AIR HANDLING EQUIPMENT
REFRIGERATION
Self Contained or Central Station
Controls and Accessories
Sales and Engineering
Wholesale Only
805 N Virginia av------1025

FRIGIDAIRE CONDITIONERS
Thrifty-Twin Room Air Conditioners for homes and offices
Master-matic Conditioners for business and industry
Year Round Conditioners heat in winter, cool in summer

"WHERE TO CALL"
CONDITIONING SYSTEMS
UNIVERSAL APPLIANCE CO 123 N Main----895
HERRING APPLIANCE CO 118 W 4th--------346

LENNOX AIRE-FLO AIR CONDITIONING—
All Season Air Conditioning Systems for homes, stores, offices — Made by LENNOX, World's Largest Manufacturers of Warm Air Heating Systems. Engineering aid in connection with Heating and Air Conditioning, prompt service.

"WHERE TO BUY IT"
DEALERS
BURNWORTH & COLL CO 309 N Virginia av-2866

PHILCO AIR CONDITIONER
SALES AND SERVICE
Models for individual rooms in homes, apartments, offices, etc. Reasonably-priced. New thermo-cool units cool or heat the air. Easily and quickly installed. Buy Philco . . . Famous for Quality the World Over.

"WHERE TO BUY THEM"
DEALERS
FURNITURE MART 109 E 2----------1649

SERVEL WONDERAIR AIR CONDITIONERS—
Dependable Wonderair "All-Year" and Wonderair Self-Contained units that heat and cool. Residential and Commercial applications. Steam operated Water Chillers for industrial processing and comfort cooling.

"WHERE TO BUY THEM"
DISTRIBUTORS
Boyd Engineering Co 609 N Laurel
El Paso Texas Long Distance--El Paso 3-7575
Weibert Equipment Co 410½ N Main--------145

WOOLSEY'S
HOTPOINT AIR CONDITIONING
AIR CONDITIONING UNITS FOR
HOMES, OFFICES, STORES
Window Type Units for Cooling,
Dehumidifying and Filtering
113 S Main--------4844

YORK AIR CONDITIONING EQUIPMENT—
Commercial, Industrial and Residential Air Conditioning Equipment from the smallest to the largest installation. Sales, Service & Supplies
"HEADQUARTERS FOR MECHANICAL COOLING SINCE 1885"

"WHERE TO BUY IT"
DISTRIBUTORS
BIGGERSTAFF & GOOCH INC
1630 Myrtle av El Paso, Texas
Long Distance--El Paso 2-5619
DEALERS
THOMSEN'S 1210 E 2-----------868
ZINKS 322 N Main-----------2456

Look . . . For the answers to all your buying problems right in these pages.

Air Conditioning Equipment & Supplies—Wholesale

ELECTRICAL & MECHANICAL SUPPLY CO INC
709 N Virginia av--4078

Air Express Service

Air Express Division-Railway Express Agency Inc
610 N Main--76

Air Freight

CONTINENTAL AIR LINES INC Municipal Airport-4786
Air Freight Pick-up & Delivery----------4787

Air Line Companies

CONTINENTAL AIR LINES INC Municipal Airport-4786
Information Reservations ----------4786
Air Freight Pick-up & Delivery----------4787

Air Services—Chartered

ASSOCIATED CALLENS FLYING SERVICE
CHARTER SERVICE
FLIGHT INSTRUCTION
Dealers for
Beach Bonanza - Piper - Cessna
Sales and Service
Municipal Airport -----------1660
Night Phone -----------4394-J

Wooldridge W Olan Municipal Airport--------1651

Airplane Model Supplies

See Model Construction Supplies

Airplane Schools

Associated Callens Flying Service
Municipal Airport--1660

Alterations

See Tailors; also Dressmakers

**Alpine
Air Coolers
&
Service**

Forced Air Heating
with PAYNE Furnaces

• Filters
• Service

**HEATING — VENTILATING
AIR CONDITIONING**

• Tanks – Troughs
• Cafe Equipment

**Phone 2555-W
Lacey Sheet Metal Shop
413 E. 2d**

Ambulance Service

ASSOCIATED CALLENS FLYING SERVICE
  Air Chartered Ambulance Service
    Municipal Airport ---------------- 1660
BALLARD FUNERAL HOME 910 S Main------400
  (See Advertisement This Page)
WESTRUM MORTUARY 414 N Penn av--------28
  (See Advertisement This Page)

Amusement Places

Eastern New Mexico State Fair S E of Roswell--182
TIL'S SKATELAND 613 N Virginia av---------3094

Antiques—Repairing & Restoring

Conboy Furniture Co 311 S Sunset av-------5105

Apartments

Anderson Apartments 512 N Virginia av-------4237
Greenhaven Courts 612 E 2d---------------246
Newlin Rooms 615 N Richardson av---------1982
Paul's Court Apartments 405 E 3---------1000

Architects

French Edwin C 115 E 3d-----------------2804
Lembke-Clough & King Inc N of Roswell-------404
Rowland Hugh 125 W Walnut---------------1692
Swatek Milton 405 N Virginia av-----------939
Vorhees & Standhardt 1607 W 2-----------1533

Armatures—Repairing

Reddoch Electric Shop 212 E 5-----------2019

Army & Navy Goods

Army & Navy Store 111 N Main------------5080

Art Galleries

ALLEY BOOK STALL & ART GALLERY
    314 N Richardson av--2221-M

Art Schools

DONAHUE'S ART STUDIO 819 N Main--------4264

Artificial Limbs

Christopher's Brace & Limb Co El Paso, Texas
    Long Distance El Paso-5-3841

Artists

Greenhaw Signs 1112 N Lea av-----------1929

Artists' Materials & Supplies

DANIEL PAINT & GLASS CO 208 N Richardson av-39
SHERWIN-WILLIAMS CO 107 E 5-----------3394

Associations

See also Clubs; also Lodges
A A A American Automobile Association
    1412 S Main--560
  (See Advertisement This Page)
Alcoholics Anonymous -----------------4046
(Continued Following Page)

Join AAA Now

American Automobile Association

New Mexico Motor Club

Membership Includes:
- $10,000 TRAVEL ACCIDENT POLICY
- $5,000 BAIL BOND
- EMERGENCY ROAD SERVICE
- WORLD WIDE TRAVEL SERVICE
- AUTO INSURANCE AND MANY OTHER BENEFITS

Roswell Branch
1412 S. Main • PHONE 560

Associations—(Cont'd)

Associated Veterans Council
   1009 N Richardson av--1804
Ave Maria Center 401 E Bland----------863
Boy Scouts of America Council 413 1101 W 4th--219
Chamber of Commerce 119 E 5th----------3000
Chaves County Rodeo Association S of Roswell--5332
Girl Scout Hdqtrs 500 N Delaware av--------1635
Ingalls Memorial Home 1009 N Richardson av--1804
Knife & Fork Club of Roswell 1212 E Walnut--2515
Red Cross Hdqtrs 304 E Bland------------3555
Roswell Community Chest 119 E 5--------4010
Roswell Recreation Council 807 N Missouri av--3154
Salvation Army Quarters 408 S Main--------756
Spanish American Recreation Council
   901 E Alameda--2641

Athletic Goods
See Sporting Goods

Attorneys
See Lawyers

Auditors
See Accountants—Certified Public; also Accountants—Registered Public

Automobile Accessories
See Automobile Parts & Supplies

Automobile Bodies
See Bodies

Automobile Dealers—New Cars

ACE AUTO CO INC 901 S Main----------539
BIDDY & ROBERSON AUTO SALES
   1022 S Main--960-W
  (See Advertisement This Page)
BRAGG-LEVERS MOTOR CO 119 S Main------3171

BUICK AUTHORIZED SALES & SERVICE

WHEN BETTER AUTOMOBILES
ARE BUILT
BUICK WILL BUILD THEM.

"WHERE TO BUY IT"
LUSK BUICK CO 603 S Main----------4900
BURDETT MOTORS 610 S Main----------2996

CADILLAC SALES & SERVICE

"STANDARD
OF THE
WORLD"

"WHERE TO BUY IT"
BRAGG-LEVERS MOTOR CO 119 S Main----3171

CHEVROLET AUTHORIZED SALES & SERVICE

CHEVROLET
Out-Values...
Out-Sells...
All Others!

"WHERE TO BUY IT"
DEALERS
McNALLY-HALL MOTOR CO 512 N Main---4400

CHRYSLER-PLYMOUTH SALES & SERVICE

THE
BEAUTIFUL
CHRYSLER

"WHERE TO BUY THEM"
LOWREY AUTO CO 204 W 2d----------210
DEAN MOTOR CO 323 N Virginia av--------2968
(Continued Following Column)

Automobile Dealers—New Cars—(Cont'd)

DE SOTO-PLYMOUTH SALES & SERVICE

GREATEST
DE SOTO
EVER BUILT

"FOR SERVICE CALL"
DEALERS
SMITH MOTOR CO 205 N Virginia av------391
(Continued Following Column)

Practically everything you'll ever want to buy is listed conveniently in the Classified Telephone Directory.

Automobile Dealers—New Cars—(Cont'd)

DODGE AUTHORIZED SALES & SERVICE

America's most
Dependable car

"WHERE TO BUY THEM"
McDONALD MOTORS INC
   209 N Richardson av--344
DURHAM'S AUTO SALES 215 S Main--------5213
  (See Advertisement This Page)
Elton Ellis Motor Co 823 N Main----------463
(Continued Following Page)

Look... For the answers to all your buying problems right in these pages.

NEW CARS & TRUCKS

Chevrolet
Pontiac
Oldsmobile
Buick
Cadillac
Plymouth
Dodge
De Soto
Chrysler

Ford
Mercury
Lincoln
Hudson
Nash
Studebaker
Packard
Willys
Jeep

SEE US FIRST

WE CAN GET ANY MAKE OR MODEL OF
NEW CAR OR TRUCK FOR YOU AT A

TREMENDOUS SAVINGS

Biddy & Roberson Auto Sales
1022 S. MAIN • PHONE 960-W

DURHAM'S AUTO SALES

*Roswell's Finest
New and Used Cars*

BOUGHT - SOLD - TRADED

Special Attention Given to
Military Personnel of Any Rank

Phone 5213

215 S. Main

WASSON Auto Sales

NEW & USED CARS
WE PAY CASH FOR GOOD
CLEAN USED CARS
*Special Attention Given Military Personnel
of All Ranks*

CALL 5167

1405 S. MAIN

Automobile — Roswell Classified Telephone Directory (p. 8)

Automobile Dealers—New Cars—(Cont'd)

FORD AUTHORIZED SALES & SERVICE

BRING YOUR FORD BACK HOME FOR SERVICE

"WHERE TO BUY IT"
ROSWELL AUTO CO 126 W 2d — 189
Hairston Motor Co 225 N Virginia av — 688

HUDSON AUTHORIZED SALES AND SERVICE

NEW HUDSON AUTOMOBILES AND HUDSON'S PROTECTIVE SERVICE

"WHERE TO BUY THEM"
DEALERS
DEAN MOTOR CO 323 N Virginia av — 2968

KAISER-WILLYS SALES & SERVICE
HAIRSTON MOTOR CO 225 N Virginia av — 688

LINCOLN-MERCURY SALES AND SERVICE

Fully trained sales and service personnel, plus the newest factory-approved equipment for your convenience and satisfaction.

"WHERE TO BUY THEM"
ACE AUTO CO INC 901 S Main — 539
LUSK BUICK CO 603 S Main — 4900
Massey-Nash Co
 603 E 2 — 492
 603 E 2 — 596
McDonald Motors Inc
 209 N Richardson av — 344
 209 N Richardson av — 3541
McNally-Hall Motor Co 512 N Main — 4400

MERCURY SALES AND SERVICE

Fully trained sales and service personnel, plus the newest factory-approved equipment for your convenience and satisfaction.

"WHERE TO BUY THEM"
ACE AUTO CO INC 901 S Main — 539

NASH SALES AND SERVICE

- AMBASSADOR
- STATESMAN
- RAMBLER
- METROPOLITAN

"DEALERS READY TO SERVE YOU"

"FOR INFORMATION CALL"
MASSEY-NASH CO 603 E 2d — 492

OLDSMOBILE

ROCKET! HYDRA-MATIC! OLDSMOBILE HAS BOTH!

"WHERE TO CALL"
BRAGG-LEVERS MOTOR CO 119 S Main — 3171

PACKARD AUTHORIZED SALES & SERVICE

ASK THE MAN WHO OWNS ONE

"WHERE TO BUY IT"
BURDETT MOTORS 610 S Main — 2996

(Continued Following Column)

Automobile Dealers—New Cars—(Cont'd)

PLYMOUTH SALES AND SERVICE

Plymouth Builds Great Cars
... Good Service Keeps Them Great

"FOR INFORMATION CALL"
DEALERS
LOWREY AUTO CO 204 W 2d — 210
McDONALD MOTORS INC
 209 N Richardson av — 344
SMITH MOTOR CO 205 N Virginia av — 391

PONTIAC SALES AND SERVICE

Protect your Pontiac with Pontiac service — your best assurance of factory-trained mechanics, factory-engineered parts and factory-developed tools.

"FOR SERVICE CALL"
DEALERS
RELIABLE PONTIAC & GMC TRUCK SALES
 124 E 4 — 720
 124 E 4 — 4076

RELIABLE PONTIAC & GMC TRUCK SALES
 124 E 4 — 720
ROSWELL AUTO CO 126 W 2d — 189
Smith Motor Co 205 N Virginia av — 391

STUDEBAKER SALES AND SERVICE

CARS and TRUCKS of Outstanding Style, Performance and Economy
Expert car and truck service for Studebaker and other makes

"WHERE TO CALL"
AUTHORIZED SALES & SERVICE
ELTON ELLIS MOTOR CO 823 N Main — 463
Wasson Auto Sales 1405 S Main — 5167
(See Advertisement Preceding Page)

WILLYS SALES AND SERVICE

AERO WILLYS PASSENGER CARS
WILLYS STATION WAGONS
WILLYS TRUCKS
UNIVERSAL JEEPS

"WHERE TO BUY THEM"
DEALERS
HAIRSTON MOTOR CO 225 N Virginia av — 688

Automobile Dealers—Used Cars

ACE AUTO CO INC 901 S Main — 539
Auto Mart S & A 1400 S E Main — 1252
AUTO MART THE

WE BUY, SELL & TRADE
LATE MODEL CARS
IMPORTED SPORT CARS
Low Finance Rates

 1400 SE Main — 4733-W

Biddy & Roberson Auto Sales 1022 S Main — 960-W
BRAGG-LEVERS MOTOR CO 119 S Main — 3171
Childs John Auto Sales 408½ S Main — 3775
DURHAM'S AUTO SALES 215 S Main — 5213
G & G Auto Sales 201 S Main — 1289
Garoutte N C Used Cars 1112 S Main — 2259
GOINS CALVIN GARAGE 1100 N Washington av — 3787
Ingram's Frank Used Cars 1100 S Main — 960-J
Kee Auto Sales 1203 S Main — 2252
LUSK BUICK CO 603 S Main — 4900
McNALLY-HALL MOTOR CO 512 N Main — 4400
Reliable Pontiac & GMC Truck Sales 124 E 4 — 720
Wasson Auto Sales 1405 S Main — 5167
WASSON FRANK AUTO SALE 501 S Main — 4160
Worley Auto Sales
 411 S Main — 3250
 711 S Main — 2845

Automobile Electrical Service

AUTO-LITE OFFICIAL SALES & SERVICE

Our Official Service Stations are fully equipped and qualified to render complete service on starting, lighting, ignition. 'Auto-Lite—Life-Line of your Car'

"WHERE TO BUY IT"
DISTRIBUTORS
SPITZER ELECTRICAL CO 216 W 2d — 676

DELCO-REMY AUTHORIZED SERVICE

Official Delco-Remy Stations For Starting - Lighting and Ignition Stations Are Listed Below.

Starting - Lighting - Ignition Delco-Remy

"WHERE TO BUY IT"
DISTRIBUTORS
CAR PARTS DEPOT 401 N Virginia av — 4205
SPITZER ELECTRICAL CO 216 W 2d — 676
SALES & SERVICE
BENNETT GARAGE 2206 W 2d — 3448
GENERATOR EXCHANGE OF ROSWELL
 1407 W 2 — 3003

GENERATOR EXCHANGE OF ROSWELL
 1407 W 2 — 3003
McNALLY-HALL MOTOR CO 512 N Main — 4400
SAWEY CHUCK GULF SERV STA 224 W 2d — 4290
SPITZER ELECTRICAL CO 216 W 2d — 676

Automobile Filling Stations

See Service Stations

Automobile Keys

See Keymakers; also Locksmiths

Automobile Machine Shops

ROSWELL MOTOR SUPPLY 206 N Virginia av — 3222
VALLEY MOTOR SUPPLY
 Crankshaft Grinding in the Car
 1402 E 2 — 3585

Automobile Motor Tune-Up

Bennett Garage 2206 W 2d — 3448
Roswell Tune-Up Service 102 W Deming — 4007
SAVAGE BROS ELECTRICAL CO 426 E 2d — 2547
SAWEY CHUCK GULF SERV STA

TUNE-UP
BRAKE SERVICE
GENERATOR AND STARTER SERVICE

 224 W 2d — 4290

Worrell's Don Motor Service
 1610 N Washington av — 3926

Automobile Painting

Bud & Bill's Body Shop 409 E McGaffey — 4554

DUCO AND DULUX REFINISHING

BODY AND FENDER REPAIR. WRECKS REBUILT. TOUCH-UP AND COMPLETE REFINISHING WITH DU PONT MATERIALS.

"WHERE TO BUY IT"
DISTRIBUTORS
CAR PARTS DEPOT 401 N Virginia av — 4205

Economy Body Shop
 See Advertisement under Bodies - Repairing
 104 W Reed — 731
Roswell Auto Co 126 W 2d — 189
ROSWELL BODY SHOP 104 W Deming — 3155
WOODY'S BODY & TRIM SHOP 116 E Walnut — 1270

Automobile Parts & Supplies

Gamble Store 117 W 2d---128
Glenn Appliance Co
   Auto Accessories, Seat Covers, Tires
   111 S Main---2325
Mid-West Auto Supply Co 125 N Main---1987
Phillips' Exchange Service 116 E Walnut---4768
   (See Advertisement This Page)

ROSWELL MOTOR SUPPLY

Nic-L-Lyte Batteries — Hastings Rings
A.C. Products — Toledo Products
Federal Mogul Bearings
Seat Covers and Accessories
Complete Machine Shop Service
Two Locations

206 N Virginia av---3222
505 S Main---3311

VALLEY MOTOR SUPPLY

Complete Line of New & Used
AUTOMOTIVE PARTS &
SUPPLIES
OPEN 7 A.M. to 6 P.M.
AUTOMOBILE MACHINE SHOP

1402 E 2---3585

Automobile Parts & Supplies—Used

Valley Motor Supply 1402 E 2d---3585

Automobile Parts & Supplies—Wholesale

CAR PARTS DEPOT

WHOLESALE
Auto Parts — Delco-Remy
• DELCO BATTERIES
• DELCO SHOCK • LOCKHEED BRAKES
New Departure and Hyatt Bearings
Arvin Heaters

401 N Virginia av---4205

HINKLE MOTOR CO 131 W 2d---12
SPITZER ELECTRICAL CO 216 W 2d---676

Automobile Polishing

See Automobile Washing & Polishing

Automobile Radiators—Repairing

Reliable Radiator Shop 425 E 2---834-W
   (See Advertisement This Page)
Star Radiator Sales & Service 714 S Main---2943
   (See Advertisement This Page)

More and more people are finding that by consulting the Yellow Pages as a buyers' guide they save both time and effort.

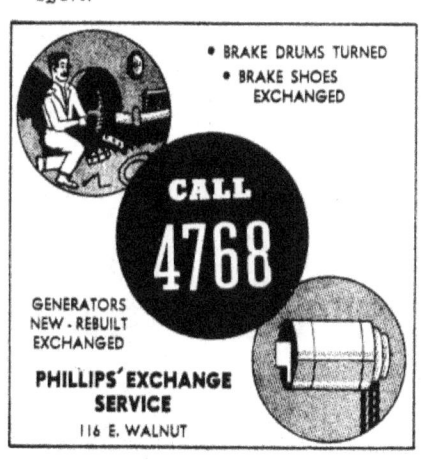

• BRAKE DRUMS TURNED
• BRAKE SHOES EXCHANGED

CALL 4768

GENERATORS
NEW - REBUILT
EXCHANGED

PHILLIPS' EXCHANGE SERVICE
116 E. WALNUT

HOT or COLD
IT'S TIME TO CLEAN YOUR RADIATOR

FULL STOCK OF COPPER CORE RADIATORS

WE CLEAN - REPAIR - RECORE ALL MAKES OF RADIATORS
• FREE PICK-UP AND DELIVERY   • ALL WORK GUARANTEED
NEW AND USED RADIATORS — RADIATOR CORES
WHOLESALE AND RETAIL

RELIABLE RADIATOR SHOP
Phone 834-W
Night Phone 1395-M
425 East Second Street

"Ask Your Friends"

Star RADIATOR
SALES and SERVICE

NEW MEXICO'S MOST COMPLETE RADIATOR SHOP

DRIVE IN SERVICE
▶ ROD OUT
▶ BOIL OUT
▶ FLUSH OUT
▶ RECORE

PHONE 2943

Complete Stock of
RADIATORS & CORES
FOR ALL MAKES OF CARS
TRUCKS — TRACTORS

SCOTT D. MILLER
714 SO. MAIN

Distributors For
HARRISON-McCORD-
G&O RADIATORS & CORES

CAR RENTAL

— by the —
- Hour
- Day
- Week
- Month

Free Delivery
Any Place in City

☆ ☆

Call 1660
Night Phone 4394-J

☆ ☆

CALLENS RENT-A-CAR
MUNICIPAL AIRPORT

Automobile Rental

CALLENS RENT-A-CAR Municipal Airport-----1660
   (See Advertisement This Page)
DRIVE-A-KAR INC Municipal Airport---------3788

HERTZ RENT-A-CAR SYSTEM

The world's largest car rental organization. New Fords, larger cars. Day or night. Low rate includes gasoline & oil, Public Liability, Property Damage, Fire & Theft Insurance, & $100.00 deductible collision protection, at no extra cost.

"WHERE TO GET SERVICE"
DRIVE-A-KAR INC Municipal Airport-------3788

Automobile Repairing & Service

BENNETT GARAGE

GENERAL AUTO AND TRUCK
REPAIRING
PARTS

Mobile Gas and Oil

2206 W 2d------------------3448

BILL KOGLIN SERVICE 1407 S E Main--------4456
BRAGG-LEVERS MOTOR CO 119 S Main------3171

CHEVROLET AUTHORIZED SERVICE

Chevrolet Super Service means skillful, efficient, courteous service... priced fairly... performed by Chevrolet-trained mechanics using Chevrolet parts and modern tools and equipment.

"FOR SERVICE CALL"
McNALLY-HALL MOTOR CO 512 N Main----4400

(Continued Following Column)

You can find it in the Yellow Pages.

Automobile Repairing & Service— (Cont'd)

ECONOMY GARAGE 114 W Bland-----------5393
  (See Advertisement This Page)
ELLETT MOTOR CO INC 1901 N Main--------2426
GOINS CALVIN GARAGE 1100 N Washington av-3787
  (See Advertisement This Page)
I & S MOTOR CO E of Roswell------------048-J3
LINCOLN-MERCURY AUTHORIZED SERVICE—
  ACE AUTO CO INC 901 S Main-----------539
Lowrey Auto Co 204 W 2d------------------210

McDONALD MOTORS INC

DODGE - PLYMOUTH
Authorized Sales and Service
MOPAR PARTS

209 N Richardson av-----------------344

McMillen Auto Service 304 S Virginia av------2138

McNALLY-HALL MOTOR CO

• CHEVROLET •
Authorized Sales and Service
Complete Auto Repair Dept.
Service Station Open 24 Hours

512 N Main------------------------4400

RELIABLE PONTIAC & G M C TRUCK SALES
                              124 E 4--720
ROSWELL AUTO CO 126 W 2d---------------189
Southeast Garage 805 E McGaffey----------1380
STELL'S GARAGE 410 E 2d---------------1394-W
Ullrich Automotive 118 E 2d------------------3
VERHINES CARL AUTOMOTIVE SERVICE
        110 N Richardson av--4555
  (See Advertisement This Page)
WORRELL'S DON MOTOR SERVICE
    1610 N Washington av--3926

ECONOMY GARAGE
GENERAL AUTOMOTIVE REPAIRING
FAMOUS SUN MOTORS

- TUNE UP
- BRAKE SERVICE
- WHEEL ALIGNMENT
- ELECTRICAL SERVICE

HACK GRAHAM
5393
114 W. BLAND

CALVIN GOINS GARAGE

— USED CARS —
Bonded Dealer
REPAIRS ON ALL MAKES
SPEED EQUIPMENT
CHROME ACCESSORIES

Phone 3787
1100 N. Washington Ave.

Complete Auto Service

CARL VERHINES AUTOMOTIVE SERVICE

Phone 4555
110 N. Richardson Av.

Automobile Seat Covers

BILL'S TRIM SHOP 501 S Main------4160
ECONOMY BODY SHOP 104 W Reed------731
  (See Advertisement This Page)
ROSWELL AUTO CO 126 W 2d------189

SARAN SEAT COVERS

In custom and ready made seat covers, buy saran for new beauty, longer wear, permanent trim fit, and carefree year-round driving comfort.

SARAN

"WHERE TO BUY THEM"
ROSWELL BEDDING CO 411 E 2d------831

WOODY'S BODY & TRIM SHOP 116 E Walnut--1270
YORK M E ED AUTO TRIM SHOP
    1209 N Missouri av--1876

Automobile Springs—Repairing
See Springs—Repairing

Automobile Steam Cleaning
BILL KOGLIN SERVICE 1407 S E Main------4456

Automobile Storage
See Garages

Automobile Tires
See Tires

Automobile Tops
BILL'S TRIM SHOP 501 S Main------4160
Economy Body Shop 104 W Reed------731
WOODY'S BODY & TRIM SHOP 116 E Walnut--1270
York M E Ed Auto Trim Shop
    1209 N Missouri av--1876

Automobile Towing
A A A American Automobile Association
    1412 S Main--560
  Towing after hours—call------3787
McNALLY-HALL MOTOR CO 512 N Main------4400

Automobile Washing & Polishing
Brotherton's Sixty-Six Station 300 W 2d------666
Cacy's Texaco Serv Sta 816 S Main------1620
Calhoun's Service S of Roswell------7-9939
Central Serv Sta 600 S Main------2017

DUNIHO GULF SERV STA

BRIGHT AS A DIME IN NO TIME
MIRROR GLAZE
CUSTOM POLISHING

Pick-up and Delivery Service

523 N Main------2513

Johnson's Gulf Serv Sta 1220 E 2------253
KOGLIN BILL SINCLAIR SERV STA
    1407 S E Main--4456
Koth Magnolia Serv Sta 125 E 2------1452
P V SERV STA 1221 E 2------4746
Rio Pecos Co 1205 S Main------3399

Automobile Wheel, Axle & Frame Service
AMONETT'S SAFETY LANE BODY SHOP
    316 N Richardson av--203

Awnings

THOMSEN'S

CUSTOM BUILT
ALUMINUM AWNINGS

Free Estimates

1210 E 2------868

TODE'S 207 N Main------2465

Baby Chicks
McCAW HATCHERY & POULTRY FARM
  306 S 13 Artesia
  Long Distance--Artesia SH 6-2571
PECOS VALLEY TRADING CO 603 N Virginia av--412

Baby Furniture
See Furniture

Baby Shops
See also Children's & Infants' Wear
Bib 'n Tucker 127 W 4------4255-W
CHILDREN'S FASHION CENTER 508 W 2------4441
Hays Children's Shop 1133 S Main------3535

Baggage Transfer
See Express Business; also Transfer Business

Bags—Paper
Waples-Platter Co 506 N Grand av------3121

Bakers

ALSUP'S CAKE SHOP
Formerly Dixie Pastry Shop
The Perfect Gift
A CAKE BY "DEAN"
The Southwest's Finest in
DECORATED CAKES
For All Occasions
On Richardson Between Alameda & Tilden
304 S Richardson av------4051

HOLSUM BAKING CO 723 N Main------4000
MEAD'S FINE BREAD CO 219 E Chisum------3323
OSCAR BAKING CO 1121 E 2------2773-M
SMALL'S BAKE SHOP 607 W 2d------29
  (See Advertisement This Page)
SPUDNUT SHOP 104 W Tilden------3104-J
  (See Advertisement This Page)
W & H Bakery & Cafeteria
    308 N Richardson av--161

12 Bakers–Batteries   ROSWELL CLASSIFIED TELEPHONE DIRECTORY

Bakers–Wholesale
Mead's Fine Bread Co 219 E Chisum----3323

Ball Bearings
See Bearings

Banks
First Thrift & Loan Assn
  See Ad under Savings & Loan Associations
  118 2 SW Albuquerque
    Long Distance--Albuquerque 3-4576
FIRST NATIONAL BANK 226 N Main----44
  (See Advertisement This Page)
ROSWELL STATE BANK 116 N Main----2198

Barbecue
SCOTTY'S HIK-RY PIT
— Genuine Pit Barbecue —
COMPLETE DINNER
FOR 5 — TO GO $2.95
Also
Spare Ribs - Ham - Pork - Chicken - Beef
422 N Main----87

Barbers
Ace Barber Shop 103 E 1st----1229-W
Armstrongs Barber Shop 319 S Main----4885
Arnold Barber Shop 1123 S Main----4469-J
Central Barber Shop 105 E 2----136
Chief Barber Shop
  L E Griffin - Owner
  111 W 4th----1559-J
CITY BARBER SHOP
  C B Whitfield-Owner
  203½ W 3----4673
Deluxe Barber Shop 118 S Main----4611-J
Foutch Guy Barber Shop 418½ N Main----470-W
Ideal Barber & Beauty Shop 108 W 4----1631-R
(Continued Following Column)

Barbers–(Cont'd)
Plaza Barber Shop
  J D Lander & J C Powell
  1003 W 2----4751
Roswell Barber Shop 100 E 2----2157-W
Sanitary Barber Shop
  L E Griffin Manager
  113 W 3----4178-W

Barbers' Equipment & Supplies
New Mexico Barbers' Supply Co 122½ E 2--2157-M

Bars
See also Beer Parlors
Horse-Shoe Bar 102 S Main----2548

Baths
BATH & MASSAGE INSTITUTE
  Bath & Swedish Massages, Hours 8 to 6,
  Evenings by Appointment
  111 S Michigan av----1435
CIRCLETTE SALON OF BEAUTY
  Steam Baths-Swedish Massage
  302 W 3----1416

Batteries
ATLAS BATTERIES
Atlas Batteries, sold by Chevron Stations, are backed by unconditional warranty good at 38,000 Atlas Dealers coast-to-coast. More power, longer life, low cost-per-mile.

"WHERE TO BUY THEM"
DISTRIBUTORS
STANDARD OIL CO OF TEXAS
  801 N Virginia av--4390
DEALERS
Roswell Service Center 501 N Main----993
(Continued Following Column)

Batteries–(Cont'd)
AUTO-LITE STA-FUL BATTERIES—
  DEALERS
  SPITZER ELECTRICAL CO 216 W 2d----676
BATTERY SHOP THE 508 E 2----319-R
  (See Advertisement This Page)
BILL & CHARLIE'S CONOCO SERVICE 200 W 2-2164
Car Parts Depot 401 N Virginia av----4205
EXIDE BATTERIES
THE HONEST, ACCURATE ADVICE OF THE DEALERS LISTED BELOW WILL PROLONG YOUR BATTERY'S LIFE.
WHEN IT'S AN EXIDE YOU START

"FOR SERVICE CALL"
WHOLESALE DISTRIBUTORS
IZARD TIRE CO 126 S Main----353
FIRESTONE STORES 110 W 2d----116
GOODYEAR BATTERIES—
  DEALERS—DISTRIBUTORS
  BILL DEANE 105 S Main----3400
McNALLY-HALL MOTOR CO
  Willard Batteries
  512 N Main----4400
PRICE OIL CO
  Any Type of Batteries
  2408 N Main----4223
RELIABLE PONTIAC & G M C TRUCK SALES
  124 E 4--720
RIO PECOS CO
  Willard & Continental Batteries
  Firestone Inland Tires-24 Hour Service
  1205 S Main----3399
SAWEY CHUCK GULF SERV STA 224 W 2d----4290
Smelter Supply Co
  We Buy Used Junk Batteries
  306 E 4----86

Batteries–Used
Battery Shop The 508 E 2----319-R

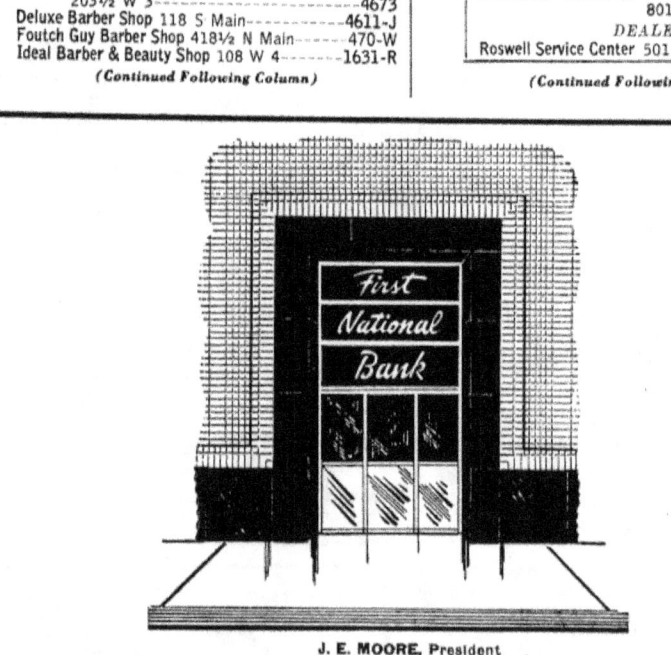

The First National Bank
J. E. MOORE, President
FLOYD CHILDRESS, Vice President
F. W. BLOCKSOM, Vice President
E. R. KAIN, Vice President
D. E. KESTER, Vice President
J. H. WYLY, Assistant Vice President
D. H. COOKSON, Assistant Vice President
GRADY SOUTHWORTH, Asst. Vice President
FRANK YOUNG, JR., Cashier
HILTON P. COX, Assistant Cashier
J. E. MARSH, Assistant Cashier

DIRECTORS
J. E. Moore   L. T. Lewis   Floyd Childress   Clarence E. Hinkle
F. W. Blocksom   Chas. S. Dabbs   D. H. Cahoon

MEMBER OF THE FEDERAL DEPOSIT INSURANCE CORPORATION
226 N. Main — Founded 1890 — PHONE 44

The BATTERY SHOP

"Batteries Exclusively"
New Battery Distributor
For
Continental & Prest-O-Lite
☆
GOOD
Rebuilt Batteries
RECHARGING
☆
Complete Repair Service
☆
FENDER SKIRTS & LOWERING BLOCKS
FOR ALL CARS

Phone 319-R
508 E. 2d

Bearings

CLOWE & COWAN INC 805 N Virginia av --1025
TIMKEN BEARINGS—
   CAR PARTS DEPOT 401 N Virginia av --4205

Beauty Culture Schools

LEA'S BEAUTY SCHOOL 102½ N Main --2841

Beauty Shops

ARTIES BEAUTY SHOP 1612 N Missouri av --186
BEAUTY BAR
   Marie Killingsworth - Operator
   911 N Main --403
BELLAIRE BEAUTY SALON 304 N Penn av --2986-W
BLANCHE'S BEAUTY SHOP 711 S Missouri av --662
CIRCLETTE SALON OF BEAUTY 302 W 3 --1416
   (See Advertisement Following Page)
CUT'N CURL 116 E 3d --1714-W
   (See Advertisement Following Page)
DAY HOUSE OF BEAUTY 706 W 2d --462
   (See Advertisement This Page)
Helen's Beauty Salon 1039 Crescent dr --2013
   (See Advertisement Following Page)
IDEAL BARBER & BEAUTY SHOP
   Specializing in
   HAIRCUTS - PERMANENTS
   DYEING
   A Complete Beauty Service
   108 W 4 --1631-R
LA VONE BEAUTY SHOPPE
   Mercedes Miranda Mgr
   213 W 3d --3256
LEA'S GIFT & BEAUTY SHOP 100 N Main --174
   (See Advertisement This Page)
Lo Marr Beauty Nook 211 E Bland --234
   (See Advertisement Following Page)
(Continued Following Page)

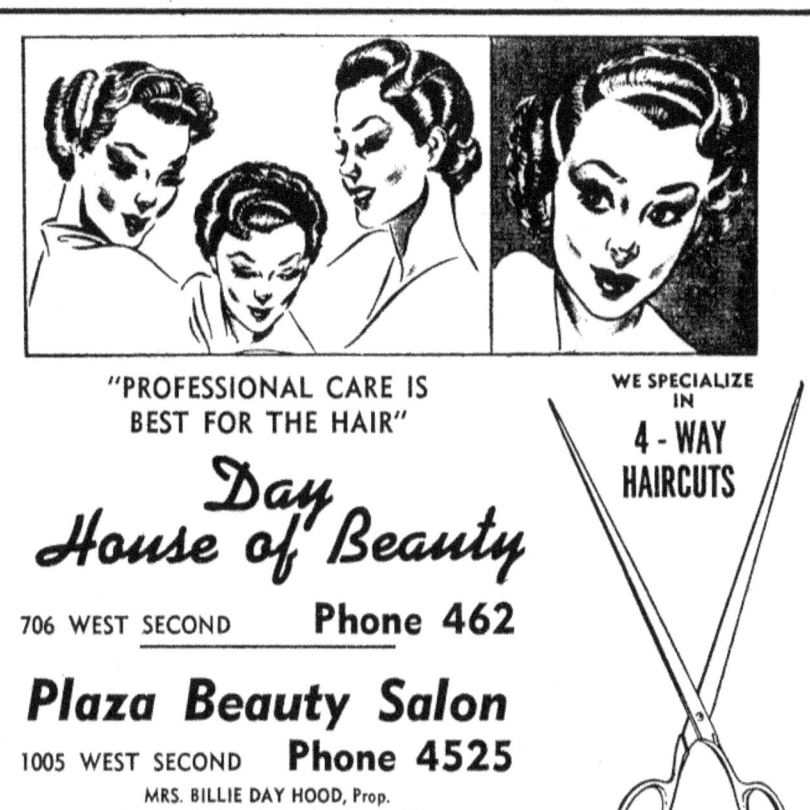

"PROFESSIONAL CARE IS BEST FOR THE HAIR"

Day House of Beauty
706 WEST SECOND   Phone 462

Plaza Beauty Salon
1005 WEST SECOND   Phone 4525

MRS. BILLIE DAY HOOD, Prop.
Member of New Mexico Coiffure Guild
2 Convenient Locations — No Parking Meters

WE SPECIALIZE IN
4 - WAY HAIRCUTS

Lea's Beauty Salon
Complete Beauty Service

Phone 174

MRS. ETHEL LEA ... Stylist
21 Years in Roswell
100 N. Main

Lea's BEAUTY SCHOOL
ALL KINDS OF BEAUTY WORK
AT REDUCED PRICES
STUDENTS PREPARED FOR STATE
BOARD EXAMINATIONS
ENROLL ANY TIME
Capacity of School 40 Students
— Air Conditioned —

Phone 2841
102½ N. Main

STYLE MOR
BEAUTY SALON

BERTHA POWELL, Owner   Mr. CHARLES, Hair Stylist
. Latest Hair Styles   . 4-Way Hair Cutting
. Newest in Techniques   . Trend-o'-Times Equipment

Member of New Mexico Hair Fashion Guild
Finest in Beauty Service for the Discriminating Woman

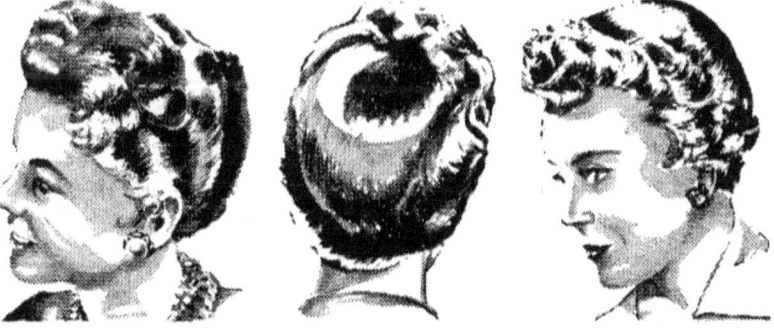

"APPOINTMENTS" Dial **1004** ON HIGHWAY 80 & 70
418 N. MAIN
FREE PARKING IN THE REAR

14 Beauty–Beer — ROSWELL CLASSIFIED TELEPHONE DIRECTORY

ROSWELL BEAUTY SHOP

"Choose the Best"

MRS. LIZZIE PORTER
MRS. DAVID WOLF

- HAIR STYLING
- PERMANENTS
- CUTTING
- TINTING
- MANICURING
- SCALP TREATMENTS

Phone 69

— OUR NEW LOCATION —
402 N. MAIN

HELEN'S Beauty Salon

Formerly Nickson Beauty Salon

HELEN HARKEY
Owner

Hair Styling Our Specialty

Phone 2013

LAST HOUSE ON OHIO (Ohio at 19th)
1039 Crescent Dr.

Beauty Shops—(Cont'd)

NORTON HOTEL BEAUTY SHOP 202 W 3d	276
(See Advertisement This Page)	
Plaza Beauty Salon 1005 W 2	4525
Roswell Beauty Shop 402 N Main	69
(See Advertisement This Page)	
Style Mor Beauty Salon 418 N Main	1004
(See Advertisement Preceding Page)	
TIP-TOP BEAUTY NOOK	
Vivian Meredith, Owner	
1301 N Main	2015
Yucca Beauty Service 109½ S Kentucky av	484

Bedding

See also Mattresses

WHITE MATTRESS FACTORY 604 E 2d — 384

Beds—Rental

LOZIER-BROWN FURNITURE & HARDWARE

WE RENT
ROLLAWAY BEDS - BABY BEDS
HIGHCHAIRS

209 W 2 — 3381

Beer & Ale

Herring Distributing Co 221 E 2d	345
Horse-Shoe Package Store 102 S Main	541
Ilfeld Chas Co 1222 E McGaffey	780
LaBonita Bar 104 E Alameda	5366
Quality Liquor Store 1400 S Main	225

Services of all kinds, including dozens that you ordinarily never think about, are listed conveniently in the Classified

---

LO MARR Beauty Nook

— LOIS DAVIS —

HELENE CURTIS
COLD WAVES

•

HAIR STYLING

Office Hours 9 to 5

211 E. Bland   Phone 234

Circlette Salon of Beauty

WE FEATURE CIRCLETTE
The Only Spray Permanent Wave

- A Scientific Process
- A Soft Wave Without Heat
- Absolutely Guaranteed
- Successful in All Textures of Hair
- Each Wave Completely Restyled

Also All Types of Beauty Services
Steam Baths and Body Massage

302 W. 3   Call 1416

Norton Hotel Beauty Shop

CREATIVE
HAIR STYLES
☆
QUALITY
PERMANENTS

This Shop Will be Located at
101 S. PENNSYLVANIA After Jan. 1st as
SHAMROCK BEAUTY SERVICE

— Merle Norman Cosmetics —

202 W. 3d   •   PHONE 276

Cut'n Curl

Gertrude Rogers   Virginia Gomez

ADVANCED STYLING AND
PERMANENT WAVING
Open Evenings by Appointment

116 E. 3rd   •   PHONE 1714-W

Birthdays

Holidays

All Days

WHATEVER THE
OCCASION, CALL

LONG DISTANCE

The cost is low!

Beer & Ale—Wholesale

HERRING DISTRIBUTING CO 221 E 2d --------- 345
(See Advertisement This Page)
MALOOF GEORGE J & CO 600 N Railroad av --- 5510
(See Advertisement This Page)

JAX BEER

BEST BEER IN TOWN

"FOR INFORMATION CALL"
DISTRIBUTORS
CHAS ILFELD CO 1222 E McGaffey -------- 780
Levers Bros 209 E 2d ------------------- 500
NEW MEXICO SELLING CO 210 E 7 --------- 5543
PABST BLUE RIBBON DISTRIBUTOR
600 N Railroad av -- 5510
(See Advertisement This Page)

SCHLITZ

THE BEER THAT MADE MILWAUKEE FAMOUS

"WHERE TO BUY IT"
DISTRIBUTORS
PECOS SALES CO 620 N Railroad av ------ 4355
SOUTHWEST DISTRIBUTING CO
112 S Lincoln av -- 5540
STATE DISTRIBUTING CO 100 N Lincoln av --- 4431
(See Advertisement This Page)

Beer Parlors

See also Bars
Father Bear's Den 1000 N Main --------------- 75
LaBONITA BAR 104 E Alameda ---------------- 5366
Mirror Lounge 118 E 3d --------------------- 34
Sargent's Buckhorn Bar 120 N Main --------- 1944
Star Bar 309 S Main ---------------------- 2638

BUDWEISER
— Lager Beer —

Phone 345
— Distributed by —
HERRING DISTRIBUTING CO.
221 E. 2d

George J. Maloof & Co.

Coors  EXTRA DRY BEER

Brewed With Pure Rocky Mountain Spring Water

Phone 5510

600 N. Railroad Ave.

What'll You Have?
call your neighborhood dealer for
Pabst Blue Ribbon

GEORGE J. MALOOF & CO.
PABST BLUE RIBBON DISTRIBUTOR

600 N. Railroad Ave.   Phone 5510
FINEST BEER SERVED ... ANYWHERE!

CALL FOR
THE BALANCED BREW
4431

Mitchell's PREMIUM BEER

STATE DISTRIBUTING CO.
100 N. Lincoln Av.

MITCHELL BREWING CO.
EL PASO, TEXAS

Belting

CLOWE & COWAN INC
Transmission - V-Type
805 N Virginia av---------1025

NYB&P BELTING
Complete line of
Conveyor, Elevator and
Power Transmission Belting
Featuring the original
GILMER
"TIMING" BELT DRIVE

"WHERE TO BUY IT"
CLOWE & COWAN INC 805 N Virginia av----1025

Consult the Yellow Pages before buying. It's one of the quickest ways to locate a local source of supply.

ROSWELL
MAP & BLUE PRINT CO.

- Surveyor's Supplies
- Engineering & Drafting Room Supplies
- Photostat Copies
- Blue Line Prints

Surveyor's & Engineer's Reference Library

PHONE 230
211 West Fourth

Beverages

Pecos Valley Coca-Cola Bottling Co 906 N Main-771
PEPSI-COLA BOTTLING CO 1106 S Main------4393
SEVEN-UP BOTTLERS INC 1106 S Main------4392
ZUNI CORPORATION THE
  Automatic Vending Machines
  Soft Drinks — Coffee
  Served in Cups
  We Furnish Machines, Ingredients & Service
  P. O. Box 318
  M. J. Dollaghan
  1615 S Michigan av-----------------4828

Bicycles

WILMOT HARDWARE CO 113 N Main---------634

Bicycles—Repairing

ROSWELL CYCLE SHOP 120 E 4th----------43-W

Billiard Parlors

Arcade Billiard Parlor 116 E 2d---------1858
Eight Ball Billiard Parlor 209 W 3--------2880
Larry's Billiards 119 W 3d----------------99

Blacksmiths

BOX WELDING SHOP E of Roswell----------507
GOODE'S WELDING SHOP 403 E McGaffey----3934
WHITE O H BLACKSMITH & WELDING SHOP
  401 E 2d--566

Blankets—Cleaners

ESQUIRE CLEANERS 1015 S Main----------4345
Hi-Art Cleaners 122 W 4------------------62

Blue Printing

DELAWARE BASIN REPRODUCTIONS
See Ad under Photo Printers
200 W 1--------------------------254

PECOS VALLEY REPRODUCTIONS
DIRECT PRINTS - BLUE PRINTS
PHOTOSTATS - FILMWORK
Van Dykes and Auto Positives
Engineers' and Architects' Supplies
Pick-up and Delivery Service
Across from the Petroleum Bldg.
207 W 1--------------------------4217

ROSWELL MAP & BLUE PRINT CO 211 W 4----230
(See Advertisement This Page)

Boats

SAWEY CHUCK GULF SERV STA 224 W 2d----4290

Bodies

Roswell Body Shop 104 W Deming---------3155

Bodies—Repairing

ACE AUTO CO INC 901 S Main--------------539
AMONETT'S SAFETY LANE BODY SHOP
  316 N Richardson av--203
BUD & BILL'S BODY SHOP 409 E McGaffey---4554
CLYDE'S BODY SHOP 225½ N Virginia av---3265
(See Advertisement Following Page)
ECONOMY BODY SHOP 104 W Reed---------731
(See Advertisement This Page)
McNALLY-HALL MOTOR CO 512 N Main------4400
(Continued Following Page)

Look for it in the "Classified."

AUTO PAINTING
BAKED ENAMEL   FACTORY FINISHES
NO JOB TOO SMALL   NO JOB TOO LARGE
FENDER & BODY REPAIRS
Phone 731
ECONOMY BODY SHOP
104 W. Reed   Clarence Ramm

A **Handy Man** FOR ANY JOB

and perhaps you want him quickly
It's easy to find the one nearest you by looking in the

Classified
TELEPHONE DIRECTORY

And tell him you found him in the Classified Directory.

Bodies–Repairing–(Cont'd)

ROSWELL AUTO CO 126 W 2d --------- 189
ROSWELL BODY SHOP 104 W Deming ------- 3155
   (See Advertisement This Page)
Three M Body Shop S of Roswell --------- 066-J2
WOODY'S BODY & TRIM SHOP 116 E Walnut -- 1270

Boilers

CLOWE & COWAN INC
STEAM or WATER
FOR
HEATING or PROCESSING
• Auxiliary Equipment
• Sales and Engineering
— Wholesale Only —
805 N Virginia av ---------- 1025

SOUTHWESTERN EQUIPMENT CO
  604 W Albuquerque -- 1551
STITES J S 1100 E Alameda ---------- 2111

Boilers–Repairing

COGGIN & SONS BOILER SHOP 401 E 4 ----- 2541
   (See Advertisement This Page)
STITES J S 1100 E Alameda ---------- 2111

Bolts & Nuts

Houston Lumber Co 109 W Alameda --------- 59

Bonding Companies

Gardner & Markl Inc 105 W 3d --------- 3060
Roswell Insurance & Surety Co 117 W 3d ----- 613
Willis Ford Agency Inc 302 N Richardson av ----- 93

Bookkeeping & Accounting Machines

BURROUGHS ACCOUNTING AND BOOKKEEPING MACHINES—
  BURROUGHS CORP 309 N Richardson av -- 1567
NATIONAL ACCOUNTING MACHINES—
  NATIONAL CASH REGISTER CO 613 W 2d - 2122

Bookkeeping Service

ALLMAN EARL S acct 204 W 4 --------- 3678
GIBBANY ARLINE 407 N Penn --------- 277
HARVEY J G ACCOUNTING & BOOKKEEPING
  SERVICE 404 N Penn av --------- 490

Booksellers

ALLEY BOOK STALL & ART GALLERY
  Best Sellers, Fiction & Non-Fiction
  314 N Richardson av --------- 2221-M
COBEAN STATIONERY CO 320 N Richardson av -- 166

Bottled Gas

See also Butane
Anderson & Watkins 813 N Virginia av --------- 22
CORTEZ GAS CO 1901 N Main --------- 549
SACRA BROS CO
BUTANE — PROPANE
EQUIPMENT — TANKS
APPLIANCES
Wholesale - - - Retail
Anhydrous Ammonia Fertilizer
1306 E 2 --------- 2200

Bowling Alleys

ROSWELL BOWLING LANES 212 W 2d --------- 256

Brakes

BENDIX-WESTINGHOUSE AIR BRAKES—
  CAR PARTS DEPOT 401 N Virginia av -- 4205
Phillips' Exchange Service
  Brake Shoe Exchange Drum Turning
  116 E Walnut --------- 4768
TYNER ROY V CO
  Air-Vacuum-Electric
  1023 S Atkinson av --------- 4036

Brakes–Service

Burdett Motors 610 S Main --------- 2996
SAWEY CHUCK GULF SERV STA 224 W 2d ---- 4290

Make it easy for your customers to find you. Representation in the Classified pages does just that.

Brick

PECOS VALLEY LUMBER CO 200 S Main ------- 175
WHITE J P INDUSTRIES
CAVITEX
MASONRY BRICK
ALL COLORS
For Information Call 4604
E of Roswell --------- 4604

Brick Contractors

SHORT & MANSEL 720 E Pear --------- 4059

Builders' Hardware

See Hardware

BODY REPAIRING
WRECKS REBUILT

ROSWELL BODY SHOP
(BEN L. CHILDS, OWNER)

Phone 3155

104 W. DEMING

BODY and PAINT SHOP

• Wrecks Rebuilt
  • Fender Repairing
    • Paint Matching
— Free Estimates —

CLYDE'S BODY SHOP
CLYDE ALLENSWORTH
225½ N. Virginia Av. Phone 3265

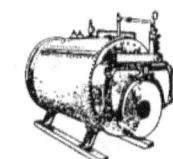

STEAM BOILERS
— Sales and Service —

Coggin & Sons Boiler Shop
Gray and Bob Coggin

PHONE 2541
401 E. Fourth

Building Contractors

ALLISON & HUTCHINSON CO INC	
410 S Main	247
1308 S Washington av	1240
BURNS JOHN A 1423 W Tilden	3518
De SHURLEY CONSTRUCTION CO	
S E of Roswell	070-J1
FRASER W L CO 1312 W 3	4097
Gardner & Markl Inc 105 W 3d	3060
KEITH LANGFORD 300 E Church	1550
PECOS CONSTRUCTION CO 404 W 2	2925
SHORT & MANSEL 720 E Pear	4059

STEVENS O D

Specializing in
HOME CONSTRUCTION
REMODELING AND REPAIRS
F.H.A. and G.I. Loans

410 N Atkinson av --------------- 2385

Sumner T D 1101 S Hahn --------- 4058

VALLEY BUILDING CO

GENERAL BUILDING
CONTRACTORS
A Complete Building Service
Builders' Supplies

131 W Walnut --------------- 127

Valley Building Co
  1729 SE Main --------- 3334
  1729 SE Main --------- 5081
VAUGHAN RICHARD H GENERAL CONTRACTOR
  2318 N Garden av --------- 2230
WALKER LEE ROY 201 W Bland --------- 2670

Building & Loan Associations

See also Savings & Loan Associations
Chaves County Bldg & Loan Assn
  309 N Richardson av --------- 71
Equitable Bldg & Loan Assn 107 W 3d --------- 809
(Continued Following Column)

Building & Loan Associations—(Cont'd)

ROSWELL BUILDING & LOAN ASSN
— Since 1901 —
Resources Over $5,000,000
A Savings and Home Building Institution
Savings Investment Certificates are Insured up to $10,000.

117 W 3d --------- 613

Building Materials

ATLAS CONCRETE CINDER BLOCKS—	
PECOS VALLEY LUMBER CO 200 S Main	175
BECK LUMBER CO 2211 N Main	398
BOWMAN LUMBER CO 1400 W 2	3202
BUILDERS BLOCK & STONE CO	
S E of Roswell	3108
(See Advertisement This Page)	
HETTINGA BROS INC 905 W McGaffey	3247
HOUSTON LUMBER CO 109 W Alameda	59
HOVEY CONCRETE PRODUCTS CO	
S E of Roswell	2802
(See Advertisement This Page)	
ISLER BUILDERS SUPPLY 207 E McGaffey	3432-W
KEMP LUMBER CO	
Johns-Manville Building Materials	
212 E 4th	1136
MAYES LUMBER CO 115 S Virginia av	315
NEAL'S BUILDERS' SUPPLY	
Paint-Linoleum-Tile & Venetian Blinds	
214 W 3d	2410
NEW MEXICO BUILDERS SUPPLY	
1007 E McGaffey	1013
NEW MEXICO BUILDING PRODUCTS CO	

CONCRETE ROOFING TILE
Distributors For
Rusco Metal Windows
and Door Frames
Texboro
Kitchen Cabinets

106 E 10 --------- 1046

Pecos Ready Mix Concrete Co 1011 E McGaffey	4741
PECOS VALLEY LUMBER CO 200 S Main	175
PIRTLE-LIVELY CO 1200 E 2	3730
REEVES F M & SONS INC	
Concrete & Pumice Blocks	
S Sunset av	3244
Shrecengost D J Co 204 W 3d	146
VALLEY BUILDING CO 1729 S E Main	3334
1729 SE Main	5081
WELCH-ERWIN CORP	

Distributors
ACOUSTICAL TILE
MODERNFOLD DOORS
KITCHEN CABINETS
CABINET TOPS
GARAGE DOORS
FLOOR COVERINGS
WALL TILE

909 N Virginia av --------- 734

Building Materials—Wholesale

ELECTRICAL & MECHANICAL SUPPLY CO INC	
709 N Virginia av	4078
McFADDEN GEORGE C CO 108 S Missouri av	312
SHRECENGOST D J CO 204 W 3d	146

Buildings

City Hall	425 N Richardson av
Court House	N Main
Federal Bldg	313 N Richardson av
First Natl Bk Bldg	226 N Main
Frazier Bldg	106 E 4th
J P White Bldg	300 N Main
ROSWELL PETROLEUM B 200 W 1st	2552

HOVEY Pumice CONCRETE BLOCKS

Manufactured by
Besser Vibrapac Process

Controlled Curing and Aging
Only Graded Aggregate Used

★ FIRE SAFE
★ VERMIN PROOF
"FREE ESTIMATES"
WE DELIVER ANYWHERE

Call us FIRST!!

2802

HOVEY CONCRETE PRODUCTS COMPANY

P. O. Box 6603
S.E. of Roswell
¼ Mile S. of McGaffey on
Old Dexter Highway

BUILDERS BLOCK AND STONE CO.

Manufacturers of . . .

CONCRETE & PUMICE BLOCKS

All Supplies for Masonry
MASONRY PAINTS

FABRICATED, STRUCTURAL
& REINFORCED STEEL

Prompt Service and Delivery

Phone 3108

1 MILE SOUTH OF CITY
ON THE RAILROAD

Bus Lines

Air Base Bus Line 126 S Main----------4034-J
BUS DEPOT 515 N Main-------------------222
NEW MEXICO TRANSPORTATION CO
  Daily Service between AMARILLO - CLOVIS
  ROSWELL - CARLSBAD - PECOS
  EL PASO - ALBUQUERQUE - SANTA FE
  AND LAS VEGAS. Connecting with Grey-
  hound at EL PASO, AMARILLO, SANTA FE,
  PECOS AND ALBUQUERQUE.

  515 N Main--------------------------222

Business Colleges

SOUTHWESTERN BUSINESS COLLEGE
  DAY AND EVENING CLASSES
  SHORTHAND - TYPING
  ACCOUNTING
  VETERAN APPROVED
  Next Door to Western Union

  116 W 2-----------------------------3475

Butane

See also Bottled Gas
ANDERSON & WATKINS
  Butane & Propane Gas
  813 N Virginia av-------------------22
CORTEZ GAS CO 1901 N Main--------------549
  If no answer call-------------------2030

Butane—Wholesale

ARROW GAS CORP 1306 E 2----------------3421

Butter

CLARDY'S DAIRY 200 E 5-----------------796

Cabinet Makers

Cox Jack W Cabinet Shop 1101 N Lea av--1818
GILES MILL WORKS W of Roswell----------024-J11

Cabinets

HOTPOINT KITCHEN-LAUNDRY CABINETS
  Full line of quality metal base
  and wall cabinets. Also acces-
  sories. Make your Kitchen-
  Laundry convenient and complete with Hotpoint Cabinets
  and home appliances.

  "WHERE TO BUY IT"
  DISTRIBUTORS
  WELCH-ERWIN CORP 909 N Virginia av---734

MENGEL ROYAL-WOOD KITCHENS
  A Complete Line of
  SMARTLY STYLED
  WOOD CABINETS
  COUNTER TOPS
  ACCESSORY UNITS
  Made By
  "AMERICA'S LARGEST MANUFACTURER
  OF HARDWOOD PRODUCTS"
  "WHERE TO BUY THEM"
  DISTRIBUTORS
  WELCH-ERWIN CORP 909 N Virginia av---734

(Continued Following Column)

CARPETS & RUGS
Authorized Dealers for
FIRTH & MOHAWK
THOMSEN'S
Expert Installation by Our Own
Specially Trained Personnel
1210 E. 2   Phone 868

Cabinets—(Cont'd)

ST CHARLES KITCHENS
  VALLEY KITCHENS 127 W Walnut--------4882
TEXBORO KITCHEN CABINETS
  The Hardwood Cabinets
  With Baked on Enamel
  Finishes
  Wide Choice of
  Colors and Finishes
  White Enamel - Pastels
  Natural Wood

  "WHERE TO BUY"
  NEW MEXICO BUILDING PRODUCTS CO
                          106 E 10--1046

Valley Kitchens 127 W Walnut-----------4882

Cafe & Cafeterias

See Restaurants

Candy

Ballew Bros Wholesale Co 308 W 2d------3276
MARTHA WASHINGTON CANDIES—
  GREENE'S 110 N Main-----------------644

Candy—Wholesale

PONCA WHOLESALE MERC CO
  CHASE CANDIES
  All Popular Lines
  of Candy Bars

  214 E 5-----------------------------323

ROCKY MOUNTAIN WHOLESALE CO
  Franchise Distributors For
  • E. J. Brach & Sons
  • Richardson's U-All-No Mints
  • Mrs. J. G. McDonald's Chocolates; also
    Richardson Fountain Supplies
  Southwest's Largest Candy House
  Bulk - Package

  208 E 5-----------------------------3314

Carbonic Gas

BARBEE WELDING SUPPLY CO 1103 E 2------378

Carburetors

CARTER CARBURETOR AUTHORIZED
SALES AND SERVICE
  Specialists in
  Carburetors and
  Automatic Choke
  Equipment

When in Need of Parts, Repairs or Adjustments, Pa-
tronize the OFFICIAL CARTER OUTLETS Listed Below.

  "WHERE TO BUY IT"
  DISTRIBUTORS
CAR PARTS DEPOT 401 N Virginia av------4205
SAVAGE BROS ELECTRICAL CO 426 E 2d-----2547
  SALES & SERVICE
SPITZER ELECTRICAL CO 216 W 2d---------676

Carpenters

BECK LUMBER CO 2211 N Main-------------398
Giles Mill Works W of Roswell---------024-J11
MR FIXIT 905 W McGaffey----------------3247

Carpets & Rugs

ALEXANDER SMITH CARPETS & RUGS—
  DABBS FURNITURE CO INC 119 N Main---426
FORSTER C FURNITURE CO 120 W 2d--------122
PURDY FURNITURE CO 321 N Main----------197
THOMSEN'S 1210 E 2---------------------868
  (See Advertisement This Page)

Carpets & Rugs—Cleaners

MILLER'S RUG & UPHOLSTERY CLEANING
                          J P White B--1012
  (See Advertisement Following Page)
  (Continued Following Page)

IT DOES MAKE A DIFFERENCE WHO CLEANS AND REPAIRS YOUR RUGS

FOR YOUR HEALTH
Roswell Rug & Upholstery Cleaners
RUGS SHOULD BE CLEANED YEARLY

26 Years Experience
MOTH PROOFING • CLEANING • BINDING & SIZING
• REPAIRING

W. E. ROLLINS
Phone **3471**
W. E. "BILL" ROLLINS

ROSWELL RUG & UPHOLSTERY CLEANERS

308 E. 2nd St.

Carpets & Rugs—Cleaners—(Cont'd)

ROSWELL RUG & UPHOLSTERY CLEANERS
    308 E 2--3471
 (See Advertisement Preceding Page)

Cash Registers

BURROUGHS CASH REGISTERS—
 FACTORY SALES & SERVICE
 BURROUGHS CORP
  Factory Service Burroughs Products
  309 N Richardson av------1567
National Cash Register Co 613 W 2d----2122
 (Continued Following Column)

Plan your shopping with the Classified Telephone Directory.

CARPETS
RUGS
FURNITURE
In Our Plant or on Your Premises
Call - 1012 If No Ans Call 030-R1
Free Pick-up & Delivery in Radius of 50 Miles
MILLER'S
RUG & UPHOLSTERY CLEANING
— 3 DAY SERVICE —
J. P. White Bldg. 122 E. 1st St.

FOR FAMOUS BRANDS

INFANTS - BOYS and GIRLS through 14
Carters Billy the Kid

BIRTHDAY and GIFT ITEMS
McKEM Youngland

FURNITURE and NURSERY ACCESSORIES
PROPER-FIT Lazy-Bones

The One-Stop Children's Shop

phone
4441

CHILDREN'S FASHION CENTER
508 W. Second Roswell, N. M.

Cash Registers—(Cont'd)

NATIONAL CASH REGISTERS—
Only Company branch office in this city. Cash Registers sold, bought, rented, repaired and exchanged. Expert repairing by factory-trained servicemen. Genuine, factory-made parts and supplies.
"WHERE TO BUY THEM"
NATIONAL CASH REGISTER CO 613 W 2d--2122

Roswell Typewriter Co 408 N Main-------674

Cash Registers—Repairing

NATIONAL CASH REGISTER REPAIRS—
 NATIONAL CASH REGISTER CO
  New & Used
  Repairs & Supplies
  613 W 2d-------------2122

Caterers

PHONE & DINE
 See Our Large Ad under Restaurants
 1301 N Main-------------5090
SCOTTY'S HIK-RY PIT

— CATERING SERVICE —
Banquets • Parties • Picnics
We Take Care of Any Size Group
"Served Anywhere — Anytime In the State of New Mexico"
422 N Main--------------87

Cement

PECOS VALLEY LUMBER CO 200 S Main----175

Cemeteries

Memory Lawn Memorial Park 719 N Main----2649

W. B. Higgins
DOCTOR OF CHIROPRACTIC

THE GREATEST PIECE OF MECHANISM IN THE WORLD

"YOUR BODY"

GUARD IT WELL FOR THOSE EXTRA YEARS OF HEALTH AND HAPPINESS

For Appointment

Phone 376

512 N. Kentucky Av.

Cesspools—Builders

Hatley's Reliable Cesspool & Septic Tank Co
 1727 W Alameda--4691
MUTUAL SEPTIC TANK CO
 See Ad under Septic Tanks
 1712 N Michigan av--------1549

Chains

CLOWE & COWAN INC
ROLLER - Silent & Detachable
Chains & Sprockets
Conveyor & Elevator Chains
Welded Link Log & Coil Chains
805 N Virginia av----------1025

Chairs

COBEAN STATIONERY CO
Complete Line of Wooden and Metal Office Chairs
• Globe-Wernicke Aluminum
 • Cosco Steel
  • Cramer Posture
   • Jasper Wooden
320 N Richardson av---------166

Checkwriters & Checksigners

F & E CHECK WRITER CO 419 Central av NW
 Albuq Long Distance--Albuq 3-3585

Cheese

CLARDY'S DAIRY 200 E 5-------796

Chemicals

DODSON CHEMICAL CO OF NEW MEXICO
  1203 E 2--1553
 If no answer call------------5-3554
Mutual Septic Tank Co 1712 N Michigan av--1549

Children's & Infants' Wear

BURR'S DEPARTMENT STORE 1009 W 2----5237
CHILDREN'S FASHION CENTER 508 W 2d----4441
 (See Advertisement This Page)
HAYS CHILDREN'S SHOP 1133 S Main----3535
Kessel's Department Store 201 N Main----2520
Wyly's Toggery 303 N Main-----------2795

Chinaware

BOELLNERS 316 N Main--------------701

Chinese Foods—Wholesale

New China Cafe 400 S Main----------2681

Chiropodists

Linard Hazel G
 Foot Specialists
 110 S Lea av-----------------522

Chiropractors

HIGGINS W B 512 N Kentucky av------376
 (See Advertisement This Page)
McLEOD DONALD B
 Specific Chiropractic
 J P White B------------------886
 If no answer call-------------3004

You can carry your firm's name and advertising into the homes and business places of your best prospects by being represented in the Classified section of the Telephone Directory.

Churches—Assemblies of God

Central Assembly of God	1200 W Alameda
First Assembly of God	4 & Garden
Pastor's Telephone	4201
Southside Assembly of God	1220 S Elm

Churches—Baptist

Bethel Baptist Church	2322 N Shartell
Calvary Baptist Church	1008 W Alameda
Pastor's Study	1881
First Baptist Church 500 N Penn av	2481
Pastor's Telephone	608
Galilea Baptist Church	513 E Mathews
Immanuel Baptist Church The	337 E 6
Res Phone	2417-R
Mexican Baptist Church	403 E Albuquerque
Mt Gilead Baptist Church Colored	108½ S Kansas
Mountain View Baptist Church	Air Base rd
South Hill Baptist Church	
William Bill Parson Pastor	
315 E Wildy	
Study phone	2055
Tabernacle Baptist Church	107 W 11
Ingram Howard study	3262
Res 1506 N Delaware	4766
Washington Ave Baptist Church	
	1400 N Washington av

Churches—Catholic

St John's Catholic Church	318 E Hendricks
Sunday Masses 6:00, 8:00, 9:30 & 11:00 AM	
Franciscan Fathers Telephone	814
St Peter's Catholic Church	801 S Main
Masses 6-8-10-11:15	
Telephone	501

Churches—Christian

First Christian Church	400 N Richardson av
Rev Elbert L Hanes, Pastor	
Study	1098

Churches—Christian Science

First Church of Christ Scientist	1st & Lea

Churches—Church of Christ

Church of Christ 612 W College blvd	2777
Allen E Johnson Study	2777
Res 1306 N Lea av	1882
Church of Christ	1212 N Richardson av
Minister	1609-R
Church of Christ	900 S Main
Minister's Study	2797-J
Church of Christ	424 E 5th
Church of Christ Colored	201 S Michigan av
Mexican Church of Christ	705 E Tilden

Churches—Church of God

Church of God	512 S Michigan av

Churches—Church of God in Christ

Church of God in Christ Colored	1000 N Union
Community Church of God in Christ	409 S Lincoln av

Churches—Church of Jesus Christ of Latter-Day Saints

Latter Day Saints Church 1707 W Juniper	1959-J
Garner Willie L Res 1106 S Union av	4856-J

Would you like a separate business listing under your own name in the Telephone Directory? Does anyone in your business or home wish a personal listing? The charge for extra listings is small, the convenience often great.

Churches—Episcopal

St Andrews Episcopal Church 505 N Penn av	3234
St Andrews Episcopal Church	211 W 5th
Rector's Telephone	322

Churches—Lutheran

Immanuel Lutheran Church	3d & Missouri av
Brase A J Pastor	543

Churches—Methodist

African Methodist Episcopal Church	
	110 S Michigan av
First Methodist Church	2d & Penn
Austin H Dillon Pastor Phone	4467
Study 200 N Penn av	1176
Res Phone	252
Mexican Methodist Church	213 E Albuquerque
Rev Jose A Gutierrez Jr	1085
TRINITY METHODIST CHURCH 312 W 5	2546
Cantrell R C Pastor Phone	452

Churches—Nazarene

Church of the Nazarene	301 E 7th
First Church of the Nazarene	8th & Missouri
Rev Hugh R Jordan, Pastor	
Pastor's study	4209-J

Churches—Pentecostal

United Pentecostal Church	1212 N Washington av

Churches—Presbyterian

Presbyterian Church First 400 W 3d	366
The Manse	2155

Churches—Salvation Army

SALVATION ARMY QUARTERS 408 S Main	756
If no answer call	1257

Churches—Seventh Day Adventist

Seventh Day Adventist Church	105 S Lea
Seventh Day Adventist Church Colored	
	104 S Michigan av

Churches—Various Denominations

Apostolic Faith Church	17th & Washington av
Paul A Clanton study	2751-J
Church of God of Prophecy	221 E Jefferson
Rev Theodore J Lowe Pastor	3012-W
Smith's Chapel	206 S Michigan av

Cigarette Lighters

Ponca Wholesale Merc Co 214 E 5th	323

Cigarettes—Wholesale

PONCA WHOLESALE MERC CO 214 E 5th	323

Cigars

Donoho's Tobacco Shop 106 W 1	4034-W

Cigars—Wholesale

BALLEW BROS WHOLESALE CO 308 W 2d	3276
ROCKY MOUNTAIN WHOLESALE CO	

```
          CIGARS
 • Phillies      • Dutch Masters
 • Tampas        • Harvesters
 • Red Dots      • Perfecto Garcias
    Other Nationally Advertised Brands

 208 E 5-                            3314
```

Cinder Blocks

Builders Block & Stone Co	
See Our Ad under Building Materials	
SE of Roswell	3108

City Offices

See Alphabetical Section under Roswell City of

Go to the Church of your choice...

TAKE SOMEONE WITH YOU, YOU'LL BOTH BE RICHER FOR IT . . . .

Consult this classification for further information

Sponsored by:

THE MOUNTAIN STATES TELEPHONE & TELEGRAPH CO.

22 Cleaners — ROSWELL CLASSIFIED TELEPHONE DIRECTORY

Cleaners & Dyers
See also Specific Kinds

AZTEC CLEANERS 1000 W 2d	4170
(See Advertisement This Page)	
Bailey's Cleaning Works 420 N Main	890
CASH & CARRY CLEANERS 209 W 4th	424
DEE'S DRIVE IN CLEANERS 1410 S Main	4603
ESQUIRE CLEANERS 1015 S Main	4345
(See Advertisement Following Page)	
EXCELSIOR CLEANERS & DYERS 116 S Main	6
(See Advertisement This Page)	
EXCLUSIVE DRY CLEANERS 414 E 2d	1394-J
(See Advertisement This Page)	
HI-ART CLEANERS 122 W 4	62
(See Advertisement This Page)	
Lee Mack Laundry 503 E 2	3935
(Continued Following Page)	

Many buyers turn to the Yellow Pages first.

HI-ART CLEANERS

"It Costs So Little to Look Your Best"

- One Day Service
- Pressing While You Wait
- Chevrons Sewed on For Military Personnel

Blankets, Curtains Household Items Cleaned

Phone 62

Pick-Up & Delivery Service
122 W. 4th

One Hour Special Service

Telephone
4345
ESQUIRE CLEANERS
1015 S. Main
LAUNDRY SERVICE

"Where to Buy It" — Cleaners—Concrete 23

Cleaners & Dyers—(Cont'd)

PALACE DRY CLEANERS
ROSWELL'S *ONLY*
REFRIGERATED FUR STORAGE
Fumigated Wool Storage
20% Discount Cash and Carry
209 W 4 --------- 424

Quality Cleaners 108 E McGaffey --------- 4483-W
ROSWELL LAUNDRY CO 515 N Virginia av --------- 16
(See Advertisement This Page)
SPIC & SPAN 306 E 2 --------- 2792
(See Advertisement This Page)

STA-NU FINISHING PROCESS
NATIONALLY ADVERTISED
Revitalizes fabrics by replacing vital textile finishing agents . . . for color-fresh look . . . cashmere-soft feel . . . soil and wrinkle resistant qualities in your clothes . . . Sta-Nu costs nothing extra.

"FOR SERVICE CALL"
Excelsior Cleaners & Dyers 116 S Main --------- 6

TANKERSLEY CLEANERS 508 W 2d --------- 362
TIP-TOP CLEANERS 1301 N Main --------- 2015
VOGUE CLEANERS 508 W 2d --------- 362
WALKER CLEANERS 312 N Richardson av --------- 143

Cleaners' & Dyers' Equipment & Supplies

Southwestern Equipment Co
604 W Albuquerque --1551

Clinics

Marshall Clinic 401 N Penn av --------- 30

Clocks

Purdy Electric Co Inc 120 S Main --------- 188

Clothes Line Posts

Goode's Welding Shop 403 E McGaffey --------- 3934

Clubs

See also Lodges; also Labor Organizations; also Associations

Community Service Center
211 E Hendricks --------- 2333
121 W 3 --------- 599
Elks Club 200 N Richardson av --------- 78
Municipal Golf Club Cahoon pk --------- 1520
Roswell Baseball Club J P White B --------- 472
Roswell Country Club
N E of Roswell --------- 199
N E of Roswell --------- 3413
N E of Roswell --------- 3414
Woman's Club 503 N Kentucky av --------- 618

Clutches

PHILLIPS' EXCHANGE SERVICE 116 E Walnut --------- 4768

Cocktail Lounges

Colonial Club 419 E 2d --------- 1267
EL RANCHO COFFEE SHOP 2100 N Main --------- 2736
HOTEL NORTON COCKTAIL LOUNGE 204 W 3 --------- 970
(See Advertisement This Page)
MIRROR LOUNGE 118 E 3 --------- 34
NICKSON COCKTAIL LOUNGE Nickson Hotel B --------- 195
NICKSON HOTEL 123 E 5th --------- 800
SCAVARDA'S Old Dexter hwy --------- 1365

Coffee

Farmer Bros Coffee Co 905 N Virginia av --------- 3625
Standard Brands Inc 609 W 10 --------- 3113

Cold Storage

Roswell Ice Co 1001 N Virginia av --------- 183

Collection Agencies

CREDIT BUREAU OF ROSWELL
BONDED
COLLECTION AGENCY
Member of the Associated Credit Bureaus of America and American Collector Association
All Types of Collections Anywhere Including
MEDICAL, DENTAL AND PROFESSIONAL
102 W 4 --------- 1616

UNITED CREDIT SERVICE
COLLECTIONS ANYWHERE
LICENSED & BONDED
Member of American Collectors Association
106 W 4 --------- 4889

Compressors—Air

See Air Compressors

Concrete Contractors

Walker Lee Roy 201 W Bland --------- 2670

Concrete Ditch Liners

Cassity & Wolfe 1019 S Atkinson av --------- 2004
Concrete Ditch Liners Co
607 W Washington av Artesia
Long Distance--SH 6-2891
(See Advertisement This Page)

Look . . . For the answers to all your buying problems right in these pages.

YOU CAN HAVE *DRY CLEANING-*
BEAUTIFUL TOO
AT
Roswell Laundry Co.
CASH and CARRY
Phone 16
515 N. Virginia Ave.

SPIC & SPAN
CLEANERS
— 4 Hour Service —
QUALITY CLEANING AT LOW COST
We Pick-up and Deliver
Phone 2792
306 E. 2

Concrete Products

BUILDERS BLOCK & STONE CO
See Our Ad under Building Materials
SE of Roswell --------- 3108

BURKE W J & CO
CONCRETE SPECIALTIES
• Concrete Form Ties
• Expansion Joint Material
• Concrete Curing Compounds
• Kraft Paper
• Concrete Admixtures
• Concrete Floor Treatments
• Adjustable Shores
604 Louisiana blvd SE
Long Distance--Albuquerque 5-7549

HOVEY CONCRETE PRODUCTS CO
See Our Ad under Building Materials
S E of Roswell --------- 2802

(Continued Following Page)

Hotel
NORTON
COCKTAIL LOUNGE
Where Good Friends Meet
— Package Goods Delivered —
PHONE 970
204 W. 3rd

CONCRETE DITCHES
FULLERFORM
METHOD
A Proven IRRIGATION SYSTEM

THERE'S NOTHING - Absolutely No Other System Can Duplicate The Irrigation Economy and Efficiency of the Patented . . .

FULLERFORM DITCH LINING METHOD

Concrete Ditch Liners Co.
Phone Long Distance
Artesia SH 6-2891

24 Concrete–Contractors   ROSWELL CLASSIFIED TELEPHONE DIRECTORY

READY MIX CONCRETE

Also
- Sand • Gravel
- Fill Dirt
- Curb & Gutter Construction
- Concrete Paving
- Reasonable Prices
- Immediate Delivery

Call 4741

Pecos Ready Mix Concrete Co.
1011 E. McGAFFEY

F. M. REEVES & SONS INC.

PHONES 3244 & 3237

QUALITY • FULL MEASURE • SERVICE
BUILDING BLOCKS • SAND & GRAVEL

—— Serving Southeastern New Mexico ——

SOUTH SUNSET AV.

Concrete Products—(Cont'd)

PECOS READY MIX CONCRETE CO
   1011 E McGaffey--4741
REEVES F M & SONS INC S Sunset av--------3244
SACKRETE READY MIXED CONCRETE—
   PECOS VALLEY LUMBER CO 200 S Main--175
WHITE J P INDUSTRIES
   See Listing under Pipe
   E of Roswell--------------------------4604

Concrete—Ready-Mixed

PECOS READY MIX CONCRETE CO
   1011 E McGaffey--4741
   (See Advertisement This Page)
REEVES F M & SONS INC S Sunset av--------3244
   (See Advertisement This Page)

Confectioners

Nickson Fountain & Sundries Nickson Hotel----2960
St John's Confectionery 200 W 1st----------4858

Confectioners' Supplies

Rocky Mountain Wholesale Co 208 E 5--------3314

Continuous Forms

Hall-Poorbaugh Press 210 N Richardson av-----999

Contractors' Equipment & Supplies

ELECTRICAL & MECHANICAL SUPPLY CO INC
   709 N Virginia av--4078
Phillips Roy C 913 W 14------------------5223-W

Contractors–General

See also Other Specific Kinds; i.e., Building Contractors; Electric Contractors; Etc.

Anderson E E Co 1401 S Atkinson av--------2619
Armstrong & Armstrong 132 W Walnut--------1048
Bateson J W & Co Inc S of Roswell--------7-9966
Brackeen A E 707 S Montana av------------5421
BROCKMAN J E W of Roswell----------------5234
Denton & Griggs Construction Co
   1410 S Washington av--4588
De Shurley Construction Co S E of Roswell---070-J1
FRASER W L CO 1312 W 3-------------------4097
Groseclose Myron S of Roswell------------7-3329
Hughes H D & Co 405 N Virginia av---------1128
Hutter Construction Co S Main-------------5358
Lewis A H 512 E 2------------------------3980
   (See Advertisement This Page)
Mendiola Octavio 317 S Sycamore av--------5343
Mullinix Aggregate Co E of Roswell--------083-R2
PECOS CONSTRUCTION CO 404 W 2d--------2925
RAINS CONSTRUCTION CO S of Roswell----077-R1
Reeves F M & Sons Inc
   S Sunset av-------------------------3237
   S Sunset av-------------------------3244

(Continued Following Page)

WATER WELL Drilling & Repairs

Licensed Well Contractor

Artesian & Domestic WD 37
Cable Tool Drillers

A. H. LEWIS
1206 W. Deming

PHONE 2778-R

512 E. 2nd — 3980

Contractors–General–(Cont'd)

STEVENS O D
Specializing in
HOME CONSTRUCTION
REMODELING AND REPAIRS
F.H.A. and G.I. Loans
410 N Atkinson av--------2385

Stites J S 1100 E Alameda--------2111
Suggs Construction Co 223 W McGaffey------5229
Sumner & Molesworth Contractors
708 S Ohio av--953
VALLEY BUILDING CO 131 W Walnut--------127
VAUGHAN RICHARD H GENERAL CONTRACTOR
2318 N Garden av--2230
Walker Lee Roy 201 W Bland--------2670
Watson M W 117½ E 3--------899

Conveyors

CLOWE & COWAN INC 805 N Virginia av-----1025

RAPISTAN CONVEYORS
• GRAVITY
  Wheel and roller, steel and aluminum
• POWER, portable or permanent; floor-to-floor, horizontal
• CASTERS, steel-forged and cold-forged
• ENGINEERED "FLOW" SYSTEMS
"WHERE TO BUY THEM"
Flournoy E D Co 1224 E Missouri El Paso
Long Distance--El Paso 4-1531

Doctors, dentists, merchants and all kinds of products and services are listed in the Yellow Pages. Keep the Classified Telephone Directory handy — it saves you time and effort.

Cooling Towers

CLOWE & COWAN INC
ATMOSPHERIC OR INDUCED DRAFT
RESIDENTIAL - COMMERCIAL
INDUSTRIAL
Wholesale Only
805 N Virginia av--------1025

Cork Insulations
See Insulation Materials

Cosmetics

BELLAIRE BEAUTY SALON 304 N Penn av--2986-W
Cut'N Curl 116 E 3d--------1714-W
Five Point Drug 1125 S Main--------1188
Hamilton's Union Plaza Drug 1001 W 2-------3522
HERBOLD'S COSMETICS—
SPORTSWEAR SHOP THE
314 N Richardson av--792
Lea's Gift & Beauty Shop 100 N Main--------174
MERLE NORMAN COSMETICS—
NORTON HOTEL BEAUTY SHOP 202 W 3d--276
Owl Drug Co 220 N Main--------41
Roswell Beauty Shop 402 N Main--------69
Tip-Top Beauty Nook 1301 N Main--------2015

Cosmetics–Wholesale

DICKENSON WHOLESALE CO 1615 S Sunset av--992

Cotton

Anderson Clayton & Co 108½ N Main--------100
Bondurant W E J P White B--------2523-M
Luttrell Bert J P White B--------2124
Martin Charles M Jr 1201 E 2--------2072
Pecos Valley Compress Co S Atkinson av--------270
Roswell Gin Co E of Roswell--------478
Troutt W L & Co 208 W 4th--------1556

Cotton Gins

Farmer's Inc
  S Atkinson av--------1221-J
  S Atkinson av--------227
  SE of Roswell--------035-R4
South Springs Farmers Gin Co
  S E of Roswell--3242-W

Cotton Linters

Pecos Valley Cotton Oil Co 301 E 2d--------58

Cotton Seed Products

PECOS VALLEY COTTON OIL CO 301 E 2d-----58

County Offices

See Alphabetical Section under Chaves County of

Crating & Packing Service

See Packing & Crating Service

Credit Reporting Bureaus

Credit Bureau of Roswell 102 W 4--------25
Roswell Credit Bureau 102 W 4--------26

Crop Dusting & Spraying

ASSOCIATED CALLENS FLYING SERVICE
Municipal Airport--1660

Curios

BROWN-MAID SHOP
The Original Indian Store
102 W 1st--------4041
Massey Louise Curio Shop Picacho-----Long Distance

Dairies

See also Milk
BORDEN CO THE NE of Roswell--------919
CLARDY'S DAIRY 200 E 5th--------796
(See Advertisement This Page)
(Continued Following Page)

"LOOK FOR IT
IN THE
Classified—
BE SURE TO TELL HIM
YOU SAW IT
IN THE
Yellow Pages"
The
Mountain States Telephone
and Telegraph Company

"There is a Difference!"
For Goodness.. For Richness..
PHONE 796   PHONE 796
Clardy's DAIRY
PHONE 796
ROSWELL NEW MEXICO
200 E. 5th

Dairies—(Cont'd)
    Clardy's Dairy Farm N of Roswell------038-R2
    Clardy's Oasis Ranch Shop S E of Roswell----04-J4
    Price's Creameries Inc 1101 S Main--------790
        (See Advertisement This Page)

Dairy Products
    CLARDY'S DAIRY 200 E 5th------------796
    DAIRY QUEEN'S
        512 S Main--------------------5160
        701 W 2----------------------5216
    TASTEE FREEZ NO ONE 222 S Main------27-J
    Tastee Freez No Three 1313 N Main--------2254

Dancing Instruction
    McEVOY SCHOOL OF ALLIED ARTS
        201 N Michigan av--1313

Delivery Service
    City Cab Co 102 W Alameda------------5555

Dental Laboratories
    DUNLAP DENTAL LABORATORY
        406½ N Penn av--2986-J
    Schenck's H W Dental Laboratory
        309½ N Penn av--2710-M

Dentists
    BLACKMAR F S 101 N Penn av------------393
    CONNOR THOMAS EUGENE 211 W 3d--------600
    DAVIS R M 200 W Tilden----------------509
    EIFFERT C M S of Roswell--------------5062
    HAIRSTON T E 400 S Penn av------------2269
    Johnson H D Jr 401 N Penn av------------30
    JOHNSON SAM G
        Practice Limited to Dental Oral
        Surgery-Extractions & X-Ray
        401 N Penn av--------------------30
        Res----------------------------1246
    McPHERSON WALTER D 108 S Kentucky av--240
    Robinson C C 405 W 2-------------------738
    ROSE E V 400 S Penn av----------------2269
    Snyder Chet L 208 W 3d-----------------274
    WHITE HAROLD L 402 S Richardson av----3549

Department Stores
    Anthony C R Co 217 N Main--------------4500
    Burr's Department Store 1009 W 2--------5237
    Hinkel's 308 N Main--------------------2100
    KESSEL'S DEPARTMENT STORE 201 N Main--2520
    Kress S H & Co 206 N Main---------------4530
    MONTGOMERY WARD & CO
        202 N Main-----------------------433
        202 N Main----------------------2653
        202 N Main----------------------4809
    PENNEY J C CO 313 N Main--------------1600
    POPULAR DRY GOODS CO
        Texas, N Mesa av & San Antonio
        El Paso Texas Long Distance--El Paso-2-7755
            (See Advertisement This Page)
    SEARS ROEBUCK AND CO
        120 W 3d-------------------------3090
        Catalog Dept---------------------2289

Detective Agencies
    ARGUS INVESTIGATION SERVICE
        414½ Central av SE Albuquerque
            Long Distance--Albuquerque 2-9554

Diamonds
    HUFF'S JEWELRY STORE 222 N Main--------40

Dictating Machines
    AUDOGRAPH SALES & SERVICE—
        ROSWELL TYPEWRITER CO 408 N Main--674
    DICTAPHONE DICTATING MACHINES—
        DICTAPHONE CORP
        Call Us Collect for Information
        5005 Central av NE Albuquerque
            Long Distance--Albuquerque-5-8148

Diesel Fuel Injection Equipment
    REYNOLDS BATTERY & MAGNETO CO
        American Bosch & Scintilla
        801 Myrtle av El Paso, Texas
            Long Distance--El Paso 2-5601

Dishwashing Machines
    See also Kitchen Equipment—Household
    HOTPOINT AUTOMATIC DISHWASHERS—
        DISPOSALLS and DISHWASHERS
        Hotpoint's Automatic Electric Dishwasher...the cleaner, quicker, easier, safer way to wash and dry dishes. Hotpoint's Electric Disposall ends garbage problems. Shreds food waste and washes it away automatically. Fits most any sink.
        "WHERE TO BUY THEM"
            DEALERS
        WOOLSEY'S 113 S Main----------------4844
    KITCHEN-AID DISHWASHERS—
        WILMOT HARDWARE CO 113 N Main----634

Display Cards
    Greenhaw Signs 1112 N Lea av------------1929

Doctors
    See Specific Headings, i.e., Chiropodists;
    Chiropractors; Dentists; Optometrists;
    Osteopathic Physicians & Surgeons;
    Physicians & Surgeons M.D.;
    Veterinarians; etc.

Dog & Cat Hospitals
    CITY ANIMAL HOSPITAL 711 N Virginia av----515
        If no answer call-------------------5258-W
    ROSWELL ANIMAL HOSPITAL 1002 E 2d------2521

Door Closers & Checks
    WILMOT HARDWARE CO
        Complete Repairs-Service All Makes
        113 N Main----------------------634

Doors
    MODERNFOLD DOORS—
        Accordion-Like in Opening and Closing. Fabric Covered for Beauty, Metal-Framed for Rigidity and Strength. Saves Space. Eliminates Swing Area of Conventional Doors. Assures Attractive, Economical Room Division. Wide Variety of Colors.
        "WHERE TO BUY THEM"
            DISTRIBUTORS
        WELCH-ERWIN CORP 909 N Virginia av----734
    MORRISON ROLY-DOOR—
        The Sensational New FOUR-SECTIONAL ALL-STEEL OVERHEAD GARAGE DOOR Touch-and-go finger-tip operation the world's only 4-sectional all-steel overhead garage door...weatherproof. Sales - Installation - Service - Guarantee.
        "WHERE TO BUY IT"
        WELCH-ERWIN CORP 909 N Virginia av----734
    MOSLER VAULT DOORS—
        COBEAN STATIONERY CO
            320 N Richardson av--166
    PECOS PLYWOOD CO 1208 N Grand av------204
    PECOS VALLEY LUMBER CO 200 S Main------175

Price's CREAMERIES, Inc...

Home of PROTECTED Dairy Products

PRICE'S MILK • BUTTERMILK • COTTAGE CHEESE
PRICE'S & AMERICAN HOSTESS ICE CREAM
STOKELY'S HONOR BRAND FROZEN FOODS
MINUTE MAID FROZEN JUICES • MRS. CHESSHER'S CHICKENS

at your grocer's or

Phone 790

Price's CREAMERIES, Inc.
1101 S. MAIN STREET — ROSWELL, N. M.

"The Southwest's Greatest Department Store"

If your Hometown Merchant Cannot Supply Your Needs, Rely on

POPULAR DRY GOODS CO.

Doors—Overhead

CRAWFORD MARVEL-LIFT DOORS—
  CRAWFORD DOOR SALES OF EL PASO
  2910 Durazno
          Long Distance—El Paso 3-1631

OVERHEAD DOOR CO
  7840 North Loop rd El Paso Texas
          Long Distance—ULstr 9-8678

Doughnuts

OSCAR BAKING CO 1121 E 2 --------- 2773-M
Spudnut Shop 104 W Tilden --------- 3104-J

Draperies

FORSTER C FURNITURE CO 120 W 2 ----- 122

Drapery Cleaners

Aztec Cleaners 1000 W 2d ---------- 4170
Esquire Cleaners 1015 S Main ------- 4345
SPIC & SPAN 306 E 2 -------------- 2792

Drapery Materials

Hardcastle Upholstering Shop 111 W Walnut --- 27-R
PURDY FURNITURE CO 321 N Main ------ 197

Dressmakers

ALTERATION SHOP
ALTERATIONS
OF ALL KINDS
RESTYLING - BUTTONHOLES
SEWING & MENDING
Shop at 304 West Third
302 W 3 -------------------------- 1416

Drilling Companies

Keyes Drilling Co 1012 S Penn av ----- 684
Penrod Drilling Co 709 S Ohio av ----- 396
Rayflex Exploration Co 1011 E 2d ---- 4862
Trinity Drilling Co 202 S Stanton av -- 3303-R

Drilling Contractors

Exploration Drilling Co 1123 S Atkinson av --- 4037
Steinberger Drilling Co 423 E 2 ------- 2633

Drug Sundries

Dickenson Wholesale Co 1615 S Sunset av --- 992

Druggists

CATHEY-JACOBS PRESCRIPTIONS 225 W 2 --- 4600
  (See Advertisement This Page)
City Drug Store 104 N Main ----------- 2498
EASTSIDE PHARMACY 1115 E 2 --------- 355
FIVE POINT DRUG 1125 S Main --------- 1188
HAMILTON'S UNION PLAZA DRUG 1001 W 2 --- 3522
KLING PETE PRESCRIPTIONS-DRUGS

"Professional Service for Your
Prescriptions"
Sick Room Supplies
Abdominal Supports - Crutches - Canes
Elastic Hose
Free Delivery - City Wide
403 W College blvd ----------------- 3446

Mitchell's Pharmacy
  320 N Main ---------------------- 416
  320 N Main ---------------------- 833

NASH PHARMACY

For
Reliable Prescriptions
Prenatal Supports
Free Delivery
Sick Room Supplies

404½ N Penn av -------------------- 2434
Nights call ------------------------- 1359

(Continued Following Page)

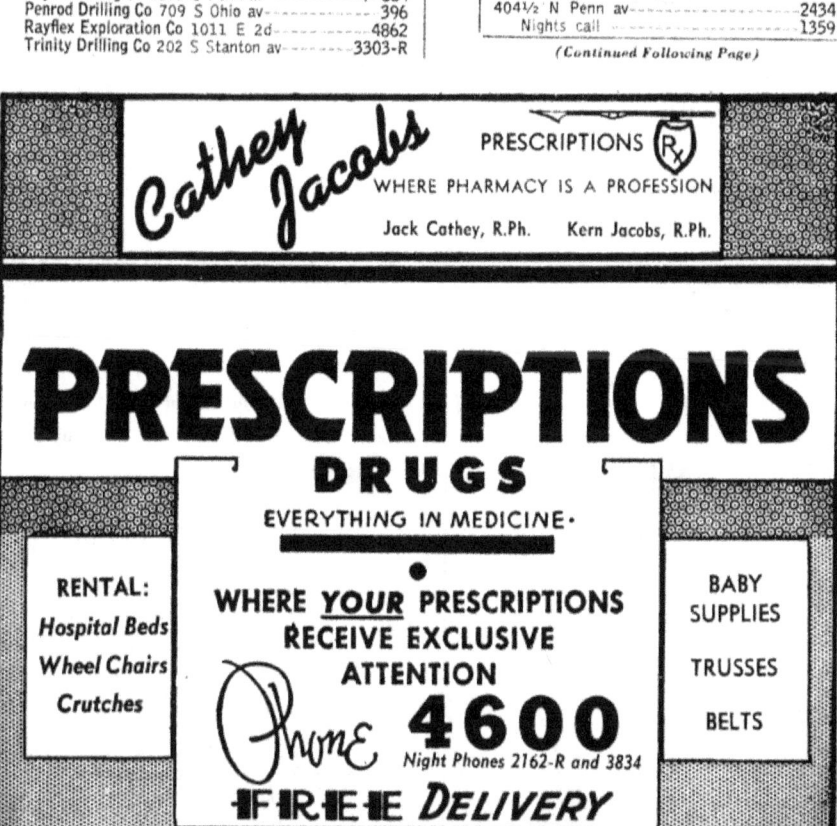

DRUGS AND PRESCRIPTIONS

Just Phone
41

For Accuracy Dependability

IN FILLING YOUR DOCTORS'

PRESCRIPTIONS

CALLED FOR AND DELIVERED

- COSMETICS
- SUNDRIES
- SODA FOUNTAIN
- CIGARS
- FILMS
- CAMERAS
- CANDY

BE WISE SAVE! with

Owl Drug Co.

2 Big Locations to Serve You

No. 1—220 N. Main
PHONE 41

No. 2—Air Base Gate
PHONE 7-2348

Free Delivery on Base

Cathey Jacobs
PRESCRIPTIONS ℞
WHERE PHARMACY IS A PROFESSION

Jack Cathey, R.Ph.   Kern Jacobs, R.Ph.

PRESCRIPTIONS
DRUGS
EVERYTHING IN MEDICINE

WHERE **YOUR** PRESCRIPTIONS
RECEIVE EXCLUSIVE
ATTENTION

Phone **4600**
Night Phones 2162-R and 3834

FREE DELIVERY

RENTAL:
Hospital Beds
Wheel Chairs
Crutches

BABY SUPPLIES
TRUSSES
BELTS

225 W. 2ND   NO PARKING PROBLEM

Druggists—(Cont'd)

OWL DRUG CO
  220 N Main — 41
  S of Roswell — 7-2348
    (See Advertisement Preceding Page)
  Palace Drug Store 300 N Richardson av — 51
    (See Advertisement This Page)
PARKVIEW PHARMACY
  Free Delivery on Telephone Orders
  1705 W Alameda — 2311-W
PECOS VALLEY DRUG CO 312 N Main — 1
PLATT DRUG STORES
  317 N Main — 447
  514 W 2 — 2377
  126 N Main — 36
  Customer Accounts 118 E 4 — 3792
PLAZA DRUG 1001 W 2 — 3522
PRESCRIPTION PHARMACY THE 205 W 3d — 1164
  (See Advertisement This Page)
REXALL DRUG STORE 312 N Main — 1

Dry Goods

KESSEL'S DEPARTMENT STORE 201 N Main — 2520
Lehman's Shoe & Clothing Store 211 S Main — 303
Penney J C Co 313 N Main — 1600
POPULAR DRY GOODS STORE 107 N Main — 661
Tucker Bros Ready to Wear 211 N Main — 262

Dryers

BENDIX AUTOMATIC HOME DRYERS—
  ZINKS 322 N Main — 2456
THOR AUTOMATIC CLOTHES DRYERS
  All type Gas and Electric Models. The dryer your clothes turn off—with "Selecto-Dry" control! From the makers of famous Thor Gladiron, Automatic Spinner and Wringer Washers.
  "WHERE TO BUY THEM"
  DEALERS
HERRING APPLIANCE CO 118 W 4th — 346
ZINKS 322 N Main — 2456

Dyers—Fabric

EXCELSIOR CLEANERS & DYERS
  Specializing in Leather Goods
  116 S Main — 6

Eggs

Griffith Produce E of Roswell — 4899
Whatley Produce Co 515 E 2d — 418

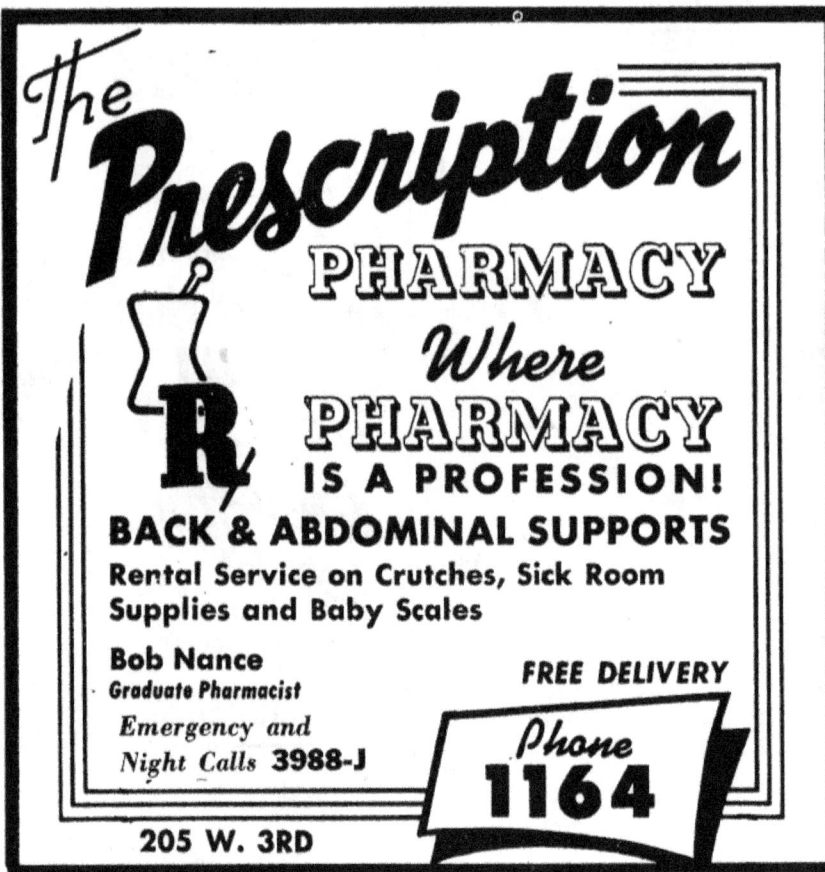

The Prescription Pharmacy
Where Pharmacy Is A Profession!
BACK & ABDOMINAL SUPPORTS
Rental Service on Crutches, Sick Room Supplies and Baby Scales
Bob Nance — Graduate Pharmacist
Emergency and Night Calls 3988-J
FREE DELIVERY
Phone 1164
205 W. 3RD

Guy Wright's PALACE DRUG STORE

"Prescriptions"

First Aid & Sickroom Supplies
Fountain Service
Air Maid Hosiery
Baby Needs • Cosmetics
Pangburn's Candy

"Free Delivery"

Ask Your Doctor to Call Us
OPEN 7 DAYS A WEEK
8 A.M. to 10 P.M.

Call 51

300 N. Richardson Av.
3rd & Richardson Av.

Help Yourself to FASTER long distance service... always CALL BY NUMBER

Services of all kinds, including dozens that you ordinarily never think about, are listed conveniently in the Classified Telephone Directory.

The ADDRESS REMEMBERED but NAME FORGOTTEN

If the principal business of the firm is known, it is then easy to locate the name and telephone number in the

Classified TELEPHONE DIRECTORY

LOOK UNDER THE HEADING WHICH IS A GENERAL DESCRIPTION OF THE BUSINESS.

When you call a firm, be sure to tell him you saw his name in the classified.

"Where to Buy It" — Electric 29

Electric Appliances

Anderson & Watkins Appliance Store 127 E 3--5119

CROSLEY ELECTRIC APPLIANCES

Shelvador® Refrigerators - Shelvador® Freezers - Ranges - Sinks and Cabinets - Automatic Dishwashers - Food Waste Disposers - Water Heaters - Radio and Television Receivers - Room Air Conditioners.
*Made Only by Crosley.®

"FOR INFORMATION CALL"
DEALERS
GLENN APPLIANCE CO 111 S Main--------2325
FIRESTONE STORES 110 W 2d-----------116

FRIGIDAIRE APPLIANCES

New Cycla-matic Frigidaires with famous Meter-Miser. Also Frigidaire electric ranges, food freezers, water heaters, automatic washers, dryers, ironers, dehumidifiers, and room air conditioners.

"WHERE TO CALL"
SALES & SERVICE DEALERS
UNIVERSAL APPLIANCE CO 123 N Main----895
Gamble Store 117 W 2-----------------128
HERRING APPLIANCE CO 118 W 4th--------346

HOTPOINT ELECTRIC APPLIANCES

See your Hotpoint dealer listed below for one of America's finest line of Home Appliances: Ranges — Refrigerators — Water Heaters — Home Freezers — Dishwashers — Disposalls — Washers — Dryers — Ironers — Cabinets — Sinks.

EVERYBODY'S POINTING TO HOTPOINT

"WHERE TO BUY THEM"
DEALERS
WOOLSEY'S 113 S Main-----------------4844

(Continued Following Column)

Look for it in the "Classified."

Electric Appliances—(Cont'd)

KELVINATOR
Complete line of Electric Refrigerators, Electric Ranges, Home Freezers, Electric Water Heaters, Room Air Conditioners, Dehumidifiers, Garbage Disposers and Laundry Equipment

"WHERE TO BUY THEM"
WILMOT HARDWARE CO 113 N Main------634
DEALERS
PURDY FURNITURE CO 321 N Main-------197
Lozier-Brown Furniture & Hardware 209 W 2--3381
(See Advertisement This Page)
Thomsen's 1210 E 2------------------868
Universal Appliance Co 123 N Main-----895
WILMOT HARDWARE CO 113 N Main------634
WOOLSEY'S 113 S Main----------------4844
ZINKS 322 N Main--------------------2456
(See Advertisement This Page)

Electric Appliances–Repairing

CITY SEWING MACHINE EXCHANGE
    203 N Missouri av--3063
PURDY ELECTRIC CO INC 120 S Main------188
ROSWELL APPLIANCE SERVICE CENTER

WE REPAIR ANY TYPE OF
ELECTRIC OR GAS APPLIANCE
Our Rates Are Reasonable and
Our Work Is Guaranteed
Free Pick-up and Delivery
618 S Main av------------------4871

Electric Appliances–Wholesale

ELECTRICAL & MECHANICAL SUPPLY CO INC
    709 N Virginia av--4078

Many buyers turn to the Yellow Pages first.

The ADDRESS REMEMBERED but NAME FORGOTTEN

If the principal business of the firm is known, it is then easy to locate the name and telephone number in the

Classified TELEPHONE DIRECTORY

LOOK UNDER THE HEADING
WHICH IS A GENERAL
DESCRIPTION OF THE BUSINESS.

When you call a firm, be sure to tell him you saw his name in the classified.

Lozier - Brown

☆ LAUNDROMAT WASHERS
☆ DRYERS
☆ REFRIGERATORS
☆ RANGES
☆ TELEVISION SETS
☆ HOME FREEZERS

Emerson Television and Radio   **Deepfreeze** HOME FREEZERS

Easy Terms — Liberal Trade-Ins

Hardware for the Home and Builder

PHONE 3381

209 - 15 W. 2d

ELECTRIC APPLIANCES

RCA VICTOR
• TELEVISION
• RADIOS
• RECORD PLAYERS
• RECORDS

MAYTAG
• WASHING MACHINES
• FREEZERS
• IRONERS

Needle Craft
• SEWING MACHINES

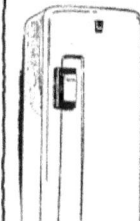

Kelvinator
• REFRIGERATORS
• FREEZERS
• RANGES

SERVEL
• ELECTRIC REFRIGERATORS

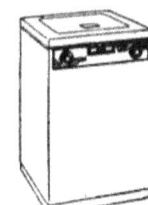

BENDIX AUTOMATIC
• WASHERS
• DRYERS
• IRONERS

Call 2456

Established 1899

322 NORTH MAIN STREET

Electric Contractors

BLEA ELECTRIC CO 106 W Albuquerque	1509
If no answer call	2480
If no answer call	4681
(See Advertisement This Page)	
DANENBERG ELECTRIC CO 408 S Fir av	2044

(Continued Following Column)

If you need help quickly, the Classified Telephone Directory is the place to look. Roofers, painters, plumbers and thousands of other services and dealers are listed in the Classified Telephone Directory for your quick reference.

Electric Contractors—(Cont'd)

Embry Electric Co Inc NE of Roswell	3011
GLASS GEORGE ELECTRIC CO 107 E 7	907
(See Advertisement Following Page)	
HANSON ELECTRIC CO	

Electrical Contractors
Wiring • Repairs
Fluorescent Lighting
Commercial - Residential

607 N Virginia av	4832
If no answer call	1796-W
Herbert Electric Co 907 S Main	703

(Continued Following Page)

Look for it in the "Classified."

BLEA Electric COMPANY

CALL 1509
FREE ESTIMATES

If No Answer Call 2480
If No Answer Call 4681

★

WIRING AND MAINTENANCE
—COMMERCIAL
—INDUSTRIAL
—RESIDENTIAL

★

No Job too Large or too Small

☆

FIXTURES

★

Complete Repairs and Maintenance

CALL 1509
FREE ESTIMATES

If No Answer Call 2480
If No Answer Call 4681

106 W. Albuquerque

TAYLOR ELECTRIC CO.

CALL 4986
If No Answer Call 5261-W

ELECTRICAL CONTRACTOR

Free Estimates

**COMMERCIAL • RESIDENTIAL
LIGHT FIXTURES
REPAIRING
MAINTENANCE**

1510 N. DELAWARE AVE.

GOOEY CONFECTION | SUDDEN DEFLECTION
CLASSIFIED SECTION | PERFECT PROTECTION

2-25

To Find Someone in your **NEIGHBORHOOD** *WHO SELLS IT*

Looking for someone close by who sells or has a service you want will be easy when you

LOOK IN THE

Classified **TELEPHONE DIRECTORY**

Tell the man you call that you found his name in the Classified.

Electric Contractors—(Cont'd)

PURDY ELECTRIC CO INC 120 S Main --------188
   (See Advertisement This Page)
TAYLOR ELECTRIC CO 1510 N Delaware av---4986
   (See Advertisement Preceding Page)

Electric Equipment & Supplies— Wholesale

ELECTRICAL & MECHANICAL SUPPLY CO INC
   709 N Virginia av---4078

Electric Generating Plants

KOHLER ELECTRIC PLANTS—
  WAUKESHA SALES & SERVICE INC
  305 W Marland Hobbs
   Long Distance--Hobbs 3-4127

Electric Lamp Bulbs—Wholesale

SYLVANIA LAMPS—
  ELECTRICAL & MECHANICAL SUPPLY
  CO INC 709 N Virginia av---------4078

Electric Light & Power Companies

SOUTHWESTERN PUBLIC SERVICE

YOUR
ELECTRIC
SERVANT

"FOR SERVICE CALL"
SOUTHWESTERN PUBLIC SERVICE CO
  415 N Richardson av--3700
  After 5 pm Weekdays on Sundays
  & Holidays call Trouble Dept-------142

Electric Motors

GENERAL ELECTRIC MOTORS
A complete line of G-E Motors, all types and sizes. Motor starters, Manual and Magnetic and pushbuttons. Adjustable Speed Drives. Electronic Control.

"WHERE TO BUY THEM"
BLEA ELECTRIC CO 106 W Albuquerque---1509
CLOWE & COWAN INC 805 N Virginia av--1025
SMITH MACHINERY CO INC 512 E 2-----3980

Electric Motors—Repairing

REDDOCH ELECTRIC SHOP 212 E 5------2019
  (See Advertisement This Page)
SAVAGE BROS ELECTRICAL CO 426 E 2d---2547

Electric Repair Service

Savage Bros Electrical Co 426 E 2d--------2547

Electronic Equipment & Supplies

BLAKESTAD COMMUNICATIONS & ELECTRONICS
  125 W 2--289

Would you like a separate business listing under your own name in the Telephone Directory? Does anyone in your business or home wish a personal listing? The charge for extra listings is small, the convenience often great.

Electronic Equipment & Supplies— Wholesale

ELECTRICAL & MECHANICAL SUPPLY CO INC
  709 N Virginia av--4078

Elevators

NELSON ELEVATOR CO
  Passenger, Freight & Home Elevators
  1619 E 3d El Paso, Texas
   Long Distance--El Paso-3-3112

Employment Agencies

Courtesy Employment Service 602 W 2-----2343
  (See Advertisement This Page)
NEW MEXICO STATE OF—EMPLOYMENT SERVICE
  114 W 1st--632
PECOS VALLEY EMPLOYMENT SERVICE
  125 W 4--3029
  (See Advertisement This Page)

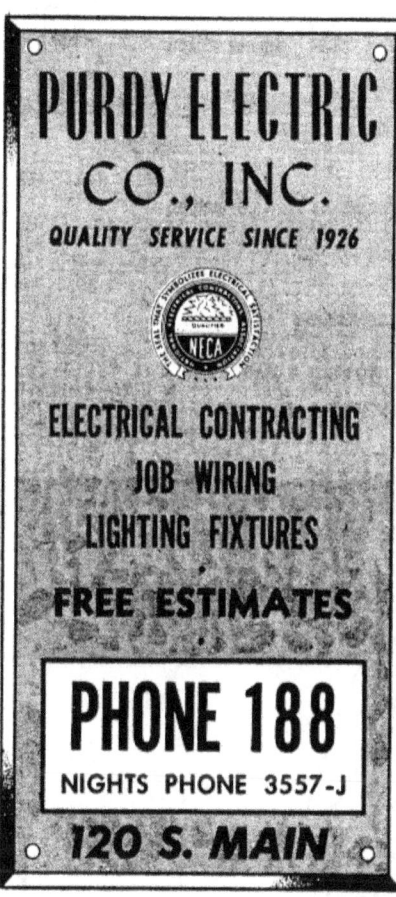

PURDY ELECTRIC CO., INC.
QUALITY SERVICE SINCE 1926

ELECTRICAL CONTRACTING
JOB WIRING
LIGHTING FIXTURES

FREE ESTIMATES

PHONE 188
NIGHTS PHONE 3557-J

120 S. MAIN

George Glass Electric Co.
Electrical CONTRACTORS

JOB WIRING • LIGHTING FIXTURES
COMMERCIAL - RESIDENTIAL

Phone 907
107 E. 7th

ELECTRIC MOTORS
Motor and Armature Winding
Electrical Repairing
STARTER and GENERATOR
Service
WE EXCHANGE GENERATORS

REDDOCH Electric Shop

212 East 5th   Phone 2019

Employers and Employees
Hunting for

6 YEARS IN ROSWELL   QUALIFIED EMPLOYEES

CALL 3029

NO CHARGE TO EMPLOYERS
ALL TYPES OF EMPLOYMENT

MEN
• OFFICE • SALESMEN • BOOKKEEPERS
• CAFE • LABORS • FARMS • RANCHES

WOMEN
• PRIVATE SECRETARIES • TYPISTS
• STENOGRAPHERS • BOOKKEEPERS
• GENERAL OFFICE • WAITRESSES
• HOUSEKEEPERS • MAIDS

PECOS VALLEY EMPLOYEE SERVICE
125 WEST 4th

Your JOB is Our JOB

EMPLOYMENT

SALES - OFFICE - TECHNICAL
EXECUTIVE - INDUSTRIAL
PROFESSIONAL

Phone 2343

Listings and Applicants Receive Our Prompt and Courteous Attention

COURTESY EMPLOYMENT SERVICE
A SERVICE FOR QUALIFIED EMPLOYEES
602 W. 2

32 Engineering—Farm — ROSWELL CLASSIFIED TELEPHONE DIRECTORY

Engineering Equipment & Supplies

CITY BLUE PRINT CO
ENGINEER'S TRANSITS
BUILDER'S & FARM
LEVELS
409 MYRTLE AV.
EL PASO, TEXAS
Long Distance -------- El Paso-2-1072

PECOS VALLEY REPRODUCTIONS 207 W 1---- 4217

Engineers—Consulting

ROBERTS ENGINEERING CO 2321 Bassett av
  El Paso, Texas Long Distance-- El Paso-3-3745
UNITED ENGINEERING CO 1607 W 2d-------- 3568

Engineers—Petroleum

Morrell Foster Nickson Hotel B---------- 3031

Engines—Diesel

GENERAL MOTORS DIESEL ENGINES—
  SMITH MACHINERY CO INC 512 E 2---- 3980
WAUKESHA DIESEL ENGINES—
  WAUKESHA SALES & SERVICE INC
  305 W Marland Hobbs
    Long Distance-- Hobbs 3-4127

The extra cost for separate listings is small—and a separate business listing under your own name frequently can mean great convenience to you.

Engines—Gas

Industrial Engine Service 1717 Dexter hwy----- 609
WAUKESHA ENGINES
  Gas - Gasoline
  Butane - Diesel
  For Every Type Service
  Sales - Service - Parts
  State Distributors

"FOR INFORMATION CALL"
WAUKESHA SALES & SERVICE INC
305 W Marland Hobbs
  Long Distance-- Hobbs 3-4127

Engines—Gasoline

ALLIS-CHALMERS ENGINES—
  GAS — GASOLINE
  BUTANE
  Any Size to Fit Your Needs
  SALES - SERVICE - PARTS

"WHERE TO BUY IT"
SMITH MACHINERY CO INC 512 E 2d------ 3980
KOHLER ENGINES—
  WAUKESHA SALES & SERVICE INC
  305 W Marland Hobbs
    Long Distance-- Hobbs 3-4127
WAUKESHA GASOLINE ENGINES—
  WAUKESHA SALES & SERVICE INC
  305 W Marland Hobbs
    Long Distance-- Hobbs 3-4127

Excavating

Dillard Earl N of Roswell------------------ 3008
HURFORD J D SAND & GRAVEL
  S W of Roswell-- 054-R3
STACY F A 207 E 19th------------------ 1101
(Continued Following Column)

Excavating—(Cont'd)

STITES J S
DITCH DIGGING
FOUNDATIONS - PIPE LINES
SEWERS - TANK HOLES
1100 E Alameda---------------------- 2111

TRACTOR RENTAL SERVICE
  See Our Ad Pipeline Contractors
  318 E McGaffey---------------------- 3658
UNIVERSAL GRADING CO 500 Phoenix av NW
  Albuq Long Distance-- Albuq 4-5606

Express Business

See also Transfer Business
Railway Express Agency Inc 610 N Main-------- 76

Exterminating & Fumigating

See also Termite Control
HUMPHREY LESTER PEST CONTROL SERVICE
EFFICIENT EXTERMINATION OF
ROACHES • RATS
MICE • SILVER FISH
ANTS • WATER BUGS
SCORPIONS • FLEAS
AND OTHER INSECTS
Termite Control and Mothproofing
Member National Pest Control Assn.
See Ad This Classification
213 W 4---------------------- 4314

Orkin Exterminating Co Inc 125 W 4---------- 4422
ORKIN EXTERMINATING SERVICE
SCIENTIFIC PEST CONTROL
Rats - Roaches - Ants
SURETY - BONDED TERMITE
CONTROL - Insured by One
of America's Leading Bonding
Companies.
Free Inspections—Convenient Payments
"World's Largest Pest Control Co"—Est. 1901

"FOR INFORMATION CALL"
ORKIN EXTERMINATING CO INC
125 W 4-- 4422

Fabrics

BURR'S DEPARTMENT STORE 1009 W 2------ 5237
Carriebelle's Fabric Shop 514 W 2----------- 4418

Fans—Ventilating

CLOWE & COWAN INC
VENTILATING FANS
PROPELLOR OR CENTRIFUGAL
RESIDENTIAL - COMMERCIAL
INDUSTRIAL
Wholesale Only
805 N Virginia av-------------------- 1025

Farm Equipment

Allen Implement Co 602 N Virginia av--------- 324
ALLIS-CHALMERS EQUIPMENT—
• 2 Cycle Diesel Crawler Tractors
• Farm & Industrial Wheel Tractors
• Farm Equipment
• Road Machinery
• Parts & Service

"WHERE TO BUY IT"
SMITH MACHINERY CO INC 512 E 2d------ 3980
CASE J I FARM EQUIPMENT—
  MITCHELL IMPLEMENT CO
    1702 SE Main-- 1659
Farm Equipment Co Inc 1201 S Atkinson av---- 4362
(Continued Following Page)

HANDY! These pages tell you where you can buy most anything — quickly, comfortably, by telephone.

"Where to Buy It" — Farm–Financing 33

Farm Equipment—(Cont'd)

FORD TRACTORS
THE MODERN LOW COST
METHOD OF POWER
FARMING
SEE IT - DRIVE IT and
YOU'LL BUY IT
PARTS - SALES and SERVICE
"WHERE TO BUY IT"
DEALERS
FARM EQUIPMENT CO INC
   1201 S Atkinson av--4362
GRAVES TRACTOR & EQUIPMENT CO 208 E 2d 3210

INTERNATIONAL HARVESTER EQUIPMENT
FARMALL TRACTORS
STANDARD WHEEL TRACTORS
GASOLINE and DIESEL POWER UNITS
FREEZERS and REFRIGERATORS
"WHERE TO BUY THEM"
SALES—PARTS—SERVICE
INTERNATIONAL HARVESTER CO
   120 E Walnut--4030
McCORMICK FARM EQUIP STORE
   120 E Walnut--4030

MASSEY-HARRIS FARM MACHINERY—
FARM EQUIPMENT CO INC
   1201 S Atkinson av--4362
McCormick Farm Equip Store 120 E Walnut--4030
Mitchell Implement Co 1702 SE Main--------1659
MYERS CO INC 106 S Main------------------360

Farm Equipment—Repairing
BOX WELDING SHOP E of Roswell---------507
TYNER ROY V CO 1023 S Atkinson av-------4036

Farm Equipment—Used
Myers Co Inc 106 S Main------------------360

Federal Offices
See Alphabetical Section under
United States Government

Feed

PATTERSON BROS FEED MILL
H X BRAND
RANGE CUBES
"A Reliable Brand on the Range
or in the Bag"
S E of Roswell----------------3118

Pecos Valley Trading Co 603 N Virginia av----412

PURINA CHECKERBOARD FEEDS
All Purina livestock and poultry
Chows are now Micro-Mixed to
assure you of ever better quality
in the Checkerboard Bag . . . and
Micro-Mixed Chows are available
ONLY at your Purina Dealer's.
"WHERE TO BUY THEM"
Pecos Valley Trading Co 603 N Virginia av----412

Rancher's Supply Co 416 E 2d--------------17
WHITE J P INDUSTRIES E of Roswell--------4604

Feed—Wholesale
A A A Alfalfa Milling Co S of Roswell------4880
OKAY FEEDS—
WORLEY MILLS 117 E Commercial
Portales Long Distance--Portales-27

Fences
Banes Company Inc The
Local Representative
E of Roswell--------------------4604
(See Advertisement This Page)
BECK LUMBER CO 2211 N Main----------398
(Continued Following Column)

Fences—(Cont'd)
HOUSTON LUMBER CO 109 W Alameda--------59
NEW MEXICO FENCE CO 1008 E 2-----------5539
(See Advertisement This Page)
Pecos Valley Lumber Co 200 S Main--------175
WILMOT HARDWARE CO 113 N Main--------634

Fertilizers
Roswell Seed Co 115 S Main-----------------92

Filing Equipment & Supplies
COBEAN STATIONERY CO 320 N Richardson av--166

Filling Stations
See Service Stations

Filters
CLOWE & COWAN INC 805 N Virginia av-----1025
FIBERGLAS DUST-STOP AIR FILTERS—
CLOWE & COWAN INC 805 N Virginia av-1025
R P AIR FILTERS—
CLOWE & COWAN INC 805 N Virginia av-1025

Financing
See also Loans
Adams-Allen Co Inc 310 N Richardson av----2527
Citizens Finance Co J P White B------------641
First National Bank 226 N Main--------------44
FOUNDATION INVESTMENT CO 205½ W 3----2300
G A C FINANCE CORP 112 W 4------------3780
GOVERNMENT EMPLOYEES FINANCE CO
   126 S Main--353
KIRKPATRICK FINANCE CO INC
Auto Financing & Refinancing
See Our Ad under Loans
800 S Main-----------------------3072
Personal Finance Co 328 N Richardson av----571
Roswell Production Credit Assn 115 W 3d----373
Ryan Walter R 200 W 1st-----------------2552
(Continued Following Page)

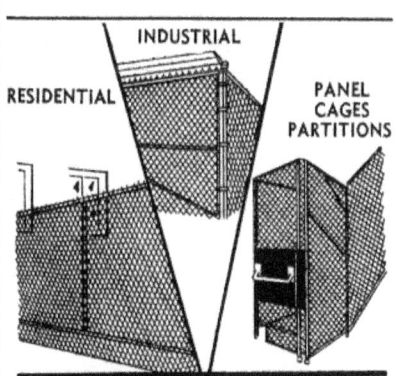

PAGE FENCES by BANES
AMERICA'S FINEST WIRE FENCES
SINCE 1883

INDUSTRIAL
RESIDENTIAL
PANEL CAGES PARTITIONS

THE BANES Company INC.
EAST OF ROSWELL
Phone 4604
Free Information – No Obligation

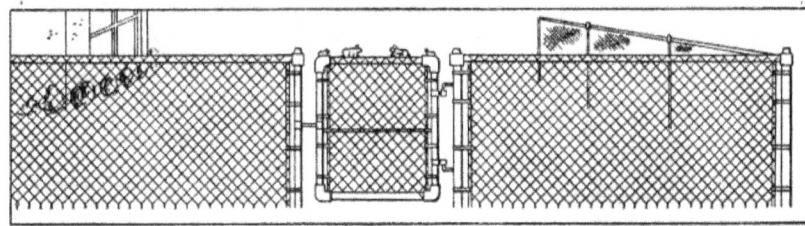

CHAIN LINK FENCE

For Permanent Guaranteed Fence
- RESIDENCES
- FACTORIES
- RANCHES
- PLAYGROUNDS, ETC.

TERMS ARRANGED
NO DOWN PAYMENT
and Up to 36 Months to Pay

Estimates Without Obligation

Phone 5539
DAY OR NIGHT

NEW MEXICO FENCE CO.
1008 EAST SECOND

34 Financing–Florists   ROSWELL CLASSIFIED TELEPHONE DIRECTORY

Financing–(Cont'd)

SECURITIES ACCEPTANCE

COMPLETE
LOAN &
FINANCING
SERVICE

"WHERE TO CALL"

Securities Acceptance Corp 503 S Main-----977

Securities Acceptance Corp 503 S Main--------977
SECURITY FINANCE CO 106 W 4------------1932
SOUTHWESTERN INVESTMENT CO 607 N Main-4790

Fire Department

FIRE DEPARTMENT
  From Non Dial Telephones
    To Report a Fire------------------250
    For All Other Purposes-------------380
  From Dial Telephones-----------------7-2373

Pirtle-Lively Co.

— For Rent —

Floor Sanders — Floor Polishers
Paint Sprayers
Power Sprayer for Trees

Low Rates . . . Day or Week

Phone 3730

1200 E. 2

Fire Extinguishers

BARBEE WELDING SUPPLY CO

ALL KINDS
SALES AND SERVICE
Extinguishers Recharged Locally
24 HOUR SERVICE

1103 E 2------------------------378

CLOWE & COWAN INC

Pyrene Fire Extinguishers
C-O-Two Fire Extinguishers
and Systems

805 N Virginia av-----------------1025

WELDERS SUPPLY CO
  Sales & Service-CO₂ Fire Extinguishers
  & Dry Chemical
    602½ E 2d----------------------319-J

Fire Protection Service

East Grand Plains Fire Station
    S E of Roswell--02-J11

Fishing Tackle

See also Sporting Goods
Wilson's 412 N Main----------------363

Floor Machines

Dodson Chemical Co of New Mexico 1203 E 2--1553

Floor Machines–Rental

GURLEY PAINT & SUPPLY CO 405 S Main-----1279
NEAL'S BUILDERS' SUPPLY
  We Rent Sanders, Waxers, Polishers
    214 W 3d-----------------------2410
(Continued Following Column)

Floor Machines–Rental–(Cont'd)

PIRTLE-LIVELY CO 1200 E 2-------------3730
  (See Advertisement This Page)
SHERWIN-WILLIAMS CO
  Wax, Waxers, Polishers & Sanders
    107 E 5th-----------------------3394

Floor Materials & Laying

AZROCK FLOORING PRODUCTS

Beautiful, Durable Floors. Unlimited Designs, Many Colors, Easily Maintained. For Homes, Offices, Stores, Factories, Choose AZROCK Asphalt Tile, AZPHLEX Thermoplastic Tile, VINA-LUX Vinyl Tile, DURACO Industrial Tile.

"WHERE TO BUY IT"
NEAL'S BUILDERS' SUPPLY 214 W 3d----2410
DABBS FURNITURE CO INC 119 N Main-----426

KENTILE

Modern floors; beautiful colors, unlimited design, GUARANTEED, inexpensive, rugged, easy to maintain — for home, store, office, industry. Other products: KENCORK, KENFLEX, KENRUBBER, KENFLOR.

"WHERE TO BUY IT"
Thomsen's 1210 E 2------------------868

NEAL'S BUILDERS' SUPPLY 214 W 3d--------2410
PURDY FURNITURE CO 321 N Main----------197
WELCH-ERWIN CORP 909 N Virginia av-----734

Florists

BARRINGER FLORAL CO 214 N Richardson av---408
  (See Advertisement This Page)
BLOSSOM SHOP THE

WHEN WORDS FAIL
SEND FLOWERS
Flowers By Wire

707 S Lea av--------------------33
(Continued Following Page)

Would you like to get your share of business from customers in your neighborhood? Then why not advertise in the Classified Telephone Directory? You can call the business office of the telephone company and ask for the Directory Advertising Representative. He can help you plan an effective message.

When the NEED is URGENT

Whether the situation requires a batteryman, garage, radio repairman, veterinarian or other service

LOOK IN THE

Classified
TELEPHONE DIRECTORY

"THE PLACE TO LOOK IS
IN THE YELLOW PAGES"

for the Firm you wish to Call—And be sure you tell them you found them in the Classified.

BARRINGER Floral Co.
- Cut Flowers
- Potted Plants
- Funeral Design
- Wedding Flowers
- Table Decoration
- Dish Gardens
- Corsages

214 N. Richardson Ave.
RUBY BARRINGER

"Flowers Are Always Appreciated"
Nite Phone 022-R1

Phone 408
FREE DELIVERY

Florists—(Cont'd)

GLOVER'S FLOWERS 405 W Alameda----------275
    (See Advertisement This Page)
ROSWELL FLORAL CO 505 N Atkinson av-------196
Watts Nursery & Gift Shop 804 S Atkinson av--4592

Freezers—Food Storage Units

*See also Refrigerating Equipment—
Commercial; also Refrigerators*
HOTPOINT HOME FREEZERS—
  WOOLSEY'S 113 S Main------------4844
**INTERNATIONAL HARVESTER FREEZERS
AND REFRIGERATORS**

See the "Femineered" I.H. Home
Freezers, in sizes and models to fit
all families, kitchens, budgets. 5-yr.
warranty on "Tight-Wad" Refrigeration unit. Seven Decorative Models.

"WHERE TO BUY THEM"
INTERNATIONAL HARVESTER CO
    120 E Walnut--4030
McCORMICK FARM EQUIP STORE
    120 E Walnut--4030

KELVINATOR HOME FREEZERS—
  WILMOT HARDWARE CO 113 N Main-----634
  ZINKS 322 N Main------------------2456
MANITOWOC UPRIGHT FREEZERS—

Eat Better for Less . . .
and Enjoy Eye-Level Convenience, File-Cabinet Simplicity, THERMA-SEAL
Protection and the "WORLDS OF SPACE" in Manitowoc Distinctive Upright Design.

"WHERE TO BUY IT"
DEALERS
ROSWELL FROZEN FOOD LOCKERS
    620 S Main--2460

Maytag Snowkist of Roswell 121 W Walnut----5463
SERVEL ELECTRIC HOME FREEZERS—

Home Freezers, Chest or Upright
with the famous Cold Seal construction. 5 year warranty and food
spoilage plan. From 9 to 22 cubic
foot models.

"WHERE TO BUY THEM"
DEALERS
SACRA BROS CO 1306 E 2------------2200

THOMSEN'S 1210 E 2-----------------868

Freight Forwarders

ACME NATIONWIDE L C L FREIGHT SERVICE—
  ACME FAST FREIGHT INC
    419 N Virginia av--23

Many buyers turn to the Yellow Pages first.

Who SELLS IT?

When a specific product or service is needed and there is an uncertainty as to who sells it. The

Classified
TELEPHONE DIRECTORY
Will Direct You

*to a dealer who has what you wish
to buy. Be sure to tell him the
classified directed you to him.*

Frozen Food Locker Plants

FROSTED FOOD LOCKER CO
  Locker Rentals Food Processing
    415 E 2d-------------------468
ROSWELL FROZEN FOOD LOCKERS
  Complete Locker Service, Locker Rentals,
  Mgr W S Northcott
    620 S Main-----------------2460

Frozen Foods

FROSTED FOOD LOCKER CO 415 E 2-----468
ROSWELL FROZEN FOOD LOCKERS
  Complete Line Frozen Foods
  Meats-Poultry-Etc
    620 S Main------------------2460
ROSWELL INN
    Mrs. A. P. Crist
  Packed by Roswell Inn
  HOME MADE TAMALES
  COMBINATION MEXICAN DINNER
    MEXICAN TACO PLATE
    CHILI WITH BEANS
    CHICKEN TACOS
  At Your Grocer's Frozen Food Counter
    301 E Buena Vista-----------1629
SUPER MEAT MART 608 E 2----------4009

Frozen Foods—Processors

FROSTED FOOD LOCKER CO 415 E 2d----468

Frozen Foods—Wholesale

STOKELY'S HONOR BRAND FROZEN FOODS—
  PRICE'S CREAMERIES INC 1101 S Main--790

Fruits

Taylor's Fruit & Vegetables 606 E 2d----2773-W
White Mountain Fruit Growers
    Hondo N M--Long Distance

Fruits—Wholesale

CUNNINGHAM PRODUCE CO
    710 S Washington av--2847
HERRING PRODUCE CO 221 E 2d--------406
Walden's Produce 615 E 2---------------364

Funeral Directors

BALLARD FUNERAL HOME 910 S Main------400
WESTRUM MORTUARY
  See Our Ad under Ambulance Service
    414 N Penn av---------------28

Fur Business

Century Cleaners & Furriers 123 E 3d-------3116
WHITTEN FURS
  Cleaning, Dyeing, Restyling,
  Repairing & Storage
    600 N Stanton El Paso Texas
      Long Distance--El Paso 3-5543

Fur Cleaners & Dyers

EXCELSIOR CLEANERS & DYERS 116 S Main----6

Fur Remodeling & Repairing

POPULAR DRY GOODS CO
  Texas, N Mesa av & San Antonio
    El Paso Texas Long Distance El Paso-2-7755

Fur Storage

EXCELSIOR CLEANERS & DYERS 116 S Main----6
PALACE DRY CLEANERS

POLARIZED FUR STORAGE
*Roswell's Only
Refrigerated Fur Storage*

  209 W 4th------------------424

POPULAR DRY GOODS CO
  Texas, N Mesa av & San Antonio
    El Paso Texas Long Distance--El Paso-2-7755
ROSWELL LAUNDRY CO 515 N Virginia av-----16

"Say it with Flowers"
GLOVER'S FLOWERS
"The Finest.....yet so Reasonable"
ARRANGED TO SUIT THE OCCASION
WEDDINGS - PARTY DECORATIONS
BOUQUETS - FUNERAL DESIGNS - CORSAGES
OUR MODERN GREENHOUSE ASSURES YOU
OF FRESH GROWN FLOWERS IN SEASON

FREE DELIVERY

Call 275

**HELEN & HOWARD GLOVER
405 W. ALAMEDA**

Furnaces—Furniture

Furniture Mart
ROSWELL'S HOME FURNISHERS

ALL PHILCO APPLIANCES

EASY AUTOMATIC WASHERS DRYERS & SPINDRIERS

- MOHAWK CARPETS
- CONGOLEUM FLOOR COVERINGS
- SLUMBERON MATTRESSES

Nationally Advertised Brands of Fine Furniture

JAMES M. DOWALIBY, owner

PHONE 1649
109 EAST SECOND

N. A. HENDRIX FURNITURE CO.

COMPLETE LINE OF HOME FURNISHINGS APPLIANCES

▼

NEW & USED

▼

Phone 5364

▼

Furniture Ordered at Discount Prices

▼

1603 W. Second

LOZIER - BROWN Furniture

Complete Home Furnishings

Featuring

★ **KROEHLER** CUSHIONIZED FURNITURE

- Bedroom
- Dining Room
- Juvenile Furniture & Accessories
- Unpainted Furniture
- Floor Covering
- Lawn Furniture
- Lamps & Pictures

Easy Terms • Liberal Trade-Ins

PHONE 3381
209 - 15 W. 2d

Furnaces

AMERICAN-STANDARD
SUNBEAM HEATING & COOLING

Complete line for residential warm air heating, cooling, electrostatic air cleaning and year 'round air conditioning.

"FOR INFORMATION CALL"
RETAILERS
JONES J W PLUMBING & HEATING CO
　311 N Union av--2604
STITES J S 1100 E Alameda----------2111

CLOWE & COWAN INC

NATURAL GAS - LIQUEFIED
PETROLEUM GAS - OIL
Attic - Closet - Counterflow
Basement
Wholesale Only

805 N Virginia av----------1025

COLEMAN BLEND-AIR HEATING SYSTEM

Made only by Coleman; magic blenders in each room blends freshly heated furnace air with room air. Conditions your home for health and comfort. Uses gas, oil or LP-gas fuels.

"WHERE TO BUY IT"
DEALERS
BURNWORTH & COLL CO 309 N Virginia av-2866

ELLIOTT SHEET METAL CO
　See Our Ad under Heating Contractors
　111 E Tilden------------------187
IMPERIAL PLUMBING & HEATING 106 E Tilden-4855
JANITROL HEATING EQUIPMENT—
　WEIBERT EQUIPMENT CO 410½ N Main--145
LACEY SHEET METAL SHOP 413 E 2d-----2555-W

LENNOX-AIRE-FLO HEATING SYSTEMS
More families buy LENNOX than any other make! There is a LENNOX Warm Air Heating System to fit your needs — large or small — for gas, oil or coal. LENNOX dealers are trained experts — always at your service for prompt installation, cleaning and repairing.

"WHERE TO BUY IT"
DEALERS
BURNWORTH & COLL CO 309 N Virginia av-2866

PAYNEHEAT FURNACES—
　CARRIGAN PAUL CO 124 E 2------------308
PAYNEHEAT SALES & SERVICE—
　THOMSEN'S 1210 E 2------------868

RHEEM CENTRAL HEATING EQUIPMENT

RELY ON RHEEM for fully automatic warm air heat. Rheem "Fire-Tested" furnaces filter and circulate warmth to every room.

"WHERE TO BUY THEM"
WHOLESALE ONLY
CRANE-O'FALLON CO 102 S Virginia av----3038
ELECTRICAL & MECHANICAL SUPPLY CO
　INC 709 N Virginia av--------------4078

SACRA BROS CO 1306 E 2------------2200

Furnished Rooms

Crockett J A Rooms 509 N Richardson av-----1466

Furniture

Baldinell Pat 119 E 2d---------------------263
Bi-Lo Trading Post 501 E 2-----------------2357
DABBS FURNITURE CO INC 119 N Main-------426
DREXEL FURNITURE—
　DABBS FURNITURE CO INC 119 N Main---426
Forster C Bargain Furniture Store
　　　　402 S Main--3104-W
FURNITURE MART 109 E 2------------------1649
　(See Advertisement This Page)
Gamble Store 117 W 2----------------------128

(Continued Following Page)

"Where to Buy It" — Furniture–General 37

Furniture–(Cont'd)

Hendrix N A Furniture Co 1603 W 2 — 5364
  (See Advertisement Preceding Page)
Jacks Furniture Co
  110 E 2 — 191
  507 S Main — 3616
Lozier-Brown Furniture & Hardware 209 W 2 — 3381
  (See Advertisement Preceding Page)
New Mexico Furniture & Mattress Mfg Co
  812 S Main — 4891
PURDY FURNITURE CO 321 N Main — 197
Railroad Furniture Sales Co 306 N Railroad — 4873
Taylor Furniture Co
  313 S Main — 997
  404 S Main — 4586
THOMSEN'S 1210 E 2 — 868
  (See Advertisement This Page)
WILSON'S 412 N Main — 363
  (See Advertisement This Page)

Furniture Cleaners

ROSWELL RUG & UPHOLSTERY CLEANERS
  See Ad under Carpets & Rugs-Cleaners
  308 E 2 — 3471

Furniture Repairing & Refinishing

CONBOY FURNITURE CO

- REPAIRING
- REFINISHING

K. E. Brackeen   A. R. Medaris

311 S Sunset av — 5105

Fernandez C de 1423 W 2 — 4215-W
Hardcastle Upholstering Shop 111 W Walnut — 27-R

ROSWELL BEDDING CO

QUALITY
FURNITURE
  REFINISHING
    REPAIRING
— Guaranteed Workmanship —

411 E 2 — 831

Furniture–Unfinished

Lozier-Brown Furniture & Hardware 209 W 2 — 3381

Furniture–Used

FORSTER C BARGAIN FURNITURE STORE
  402 S Main — 3104-W
Hendrix N A Furniture Co 1603 W 2 — 5364
Taylor Furniture Co 313 S Main — 997
WILSON'S 412 N Main — 363
  (See Advertisement This Page)

Garages

A A A AUTO ASSOCIATION

OFFICIAL EMERGENCY ROAD
SERVICE
ANYTIME - ANYWHERE

Tire, Battery, Gasoline Delivery

"WHERE TO CALL"
A A A AMERICAN AUTOMOBILE ASSOCIATION
  1412 S Main — 560
GOINS CALVIN GARAGE
  1100 N Washington av — 3787
ROSWELL SERVICE CENTER 501 N Main — 993

Ace Auto Co Inc 901 S Main — 539
BENNETT GARAGE 2206 W 2d — 3448
BILL KOGLIN SERVICE 1407 SE Main — 4456
DEAN MOTOR CO

REPAIRS
ON ALL MAKES

Authorized Dealer
HUDSON

323 N Virginia av — 2968

(Continued Following Column)

Garages–(Cont'd)

Economy Garage
  See Our Large Ad under
    Automobile Repairing & Service
  114 W Bland — 5393
ELLETT MOTOR CO INC
  Diamond T Trucks
  1901 N Main — 2426
Goins Calvin Garage 1100 N Washington av — 3787
HAYES GROCERY & SERV STA 1401 W 2d — 2040
Hondo Valley Garage Tinnie — Long Distance
I & S Motor Co E of Roswell — 048-J3
Jack's Garage N of Roswell — 4219
McNALLY-HALL MOTOR CO 512 N Main — 4400
Reliable Pontiac & G M C Truck Sales
  124 E 4th — 4076
Stell's Garage 410 E 2d — 1394-W
Twin Lane Auto Clinic S of Roswell — 5535
Verhines Carl Automotive Service
  110 N Richardson av — 4555
WORRELL'S DON MOTOR SERVICE
  1610 N Washington av — 3926

Garbage Disposing Units– Household

HOTPOINT ELECTRIC DISPOSALS—
  WOOLSEY'S 113 S Main — 4844

WASTE KING KITCHEN PULVERATOR

MOST ADVANCED - MOST
EFFICIENT GARBAGE DISPOSER
IN THE WORLD
Faster - More Convenient
Silent - Dependable

"WHERE TO BUY THEM"
DISTRIBUTORS
CLOWE & COWAN INC 805 N Virginia av — 1025

Gas Appliances

SACRA BROS CO 1306 E 2 — 2200
  (See Advertisement This Page)

Gas–Bottled

See Bottled Gas; also Butane

Gas Burners

CLOWE & COWAN INC

GAS BURNERS - INDUSTRIAL
GAS OR OIL
ATMOSPHERIC OR POWER
CONTROL SYSTEMS
Wholesale Only

805 N Virginia av — 1025

Gas Companies

Southern Union Gas Co
  1111 S Atkinson av — 1431
  132 E Byrne — 7-2154
SOUTHWESTERN PUBLIC SERVICE CO
  415 N Richardson av — 3700

Gasoline & Oil Distributors

Cosray Serv Sta 721 S Main — 5092
Leonard Oil Co
  Gulf Products Jobbers
  911 N Virginia av — 655
Malco Products Inc Trucking Dept
  409 E College blvd — 885

Gauges

CLOWE & COWAN INC 805 N Virginia av — 1025

General Contractors

See Contractors–General; also Other Specific Kinds

General Stores

BOWSER FRED P CO Picacho — Long Distance
Denton Bros Serv Sta & Store Kenna — Long Distance
Elkins General Store Elkins — Long Distance
Gallagher Produce Store Hondo — Long Distance
Hondo Trading Post Hondo — Long Distance
Tinnie Mercantile Co Tinnie — Long Distance

EVERYTHING FOR THE HOME

Famous
National Brands

- EASY TERMS •

"Every Purchase Guaranteed"

THOMSEN'S

Plenty Free Parking

1210 E. 2   Phone 868

Furniture

WE BUY — SELL — TRADE
WE PAY CASH AND—
  —SELL ON TERMS
"Since 1924"

Call 363

WILSON'S

412 N. Main

— NEW & USED —
FURNITURE

We Buy Anything of Value

TAYLOR FURNITURE CO.

313 S. Main   •   PHONE 997
404 S. Main   •   PHONE 4586

GAS APPLIANCES

Sales & Service

Servel
The GAS Refrigerator
Water Heaters

Roper
Gas Ranges

PHILCO

SACRA BROS. CO.

Phone 2200

1306 E. 2nd

Generators

KOHLER ELECTRIC PLANTS—
  WAUKESHA SALES & SERVICE INC
  305 W Marland Hobbs
  Long Distance--Hobbs 3-4127

PHILLIPS' EXCHANGE SERVICE
  New, Rebuilt, Repaired
  116 E Walnut------4768

Geologists

BEJNAR WALDEMERE

> CONSULTING GEOLOGIST
> GROUND WATER - OIL
> MINERAL DEPOSITS
> ENGINEERING GEOLOGY
> 113 Bernard - Socorro
>
> Long Distance------Socorro 440

Cave H S J P White B------266
Hill Ewing R 200 W 1------4949
Kelly John M 803 E 2d------2112
Permian Basin Sample Laboratory 200 W 1------4949
United States Geological Survey
  Municipal Airport--5122

Geophysicists

General Geophysical Co 506 E 2------1194
The Texas Co 415 N Penn av------3674-J
Tomlinson Geophysical Service 1000 E 2d------357

Gift Shops

ALLEY BOOK STALL & ART GALLERY
  314 N Richardson av--2221-M
Alta's Gift Shop 1220 N Main------1368
Alta's Trading Post 103 N Main------1372-R
Art Gift Shop 107 W 4th------748
Boellners 316 N Main------701
Brown-Maid Shop 102 W 1st------4041
BURR'S DEPARTMENT STORE 1009 W 2------5237
Greene's 110 N Main------644
LEA'S GIFT & BEAUTY SHOP 100 N Main------174
S & A VARIETY STORE 1135 S Main------1063
WATTS NURSERY & GIFT SHOP
  804 S Atkinson av--4592
WILMOT HARDWARE CO 113 N Main------634

Glass

Beck Lumber Co 2211 N Main------398
BUD & BILL'S BODY SHOP 409 E McGaffey------4554
DANIEL PAINT & GLASS CO 208 N Richardson av--39
Kemp Lumber Co 212 E 4th------1136

LIBBEY-OWENS-FORD GLASS

> Window, plate & safety;
> E-Z-Eye Safety Glass; Tuf-flex®
> tempered glass; Vitrolite®
> glass paneling; Thermopane®
> multiple-pane sealed insulating
> unit. Heat absorbing plate
> glass. Blue Ridge wire and
> patterned glass. *®
>
> *"WHERE TO BUY IT"*
> DISTRIBUTORS
>
> **ROSWELL SASH & DOOR CO** 424 E 2d------2060

MAYES LUMBER CO 115 S Virginia av------315

(Continued Following Column)

ROSWELL GLASS AND MIRROR CO.

- STORE FRONT CONSTRUCTION
- GLASS BLOCKS
- MIRRORS
- WINDOW GLASS
- PLATE GLASS
- SHOWER DOORS
- TUB ENCLOSURES

PHONE 1548
1421 W. 2nd

Glass—(Cont'd)

PECOS VALLEY LUMBER CO 200 S Main------175
ROSWELL GLASS & MIRROR CO 1421 W 2------1548
  (See Advertisement This Page)
Roswell Sash & Door Co 424 E 2------2060

Glass Blocks—Structural

ROSWELL GLASS & MIRROR CO 1421 W 2------1548

Government Offices

See Alphabetical Section under Chaves
County of; New Mexico State of; Roswell
City of; United States Government

Grain Elevators—Equipment & Supplies

CLOWE & COWAN INC 805 N Virginia av------1025

Greeting Cards

ALLEY BOOK STALL & ART GALLERY
  314 N Richardson av--2221-M
COBEAN STATIONERY CO 320 N Richardson av--166

Grilles

CLOWE & COWAN INC

> AIR GRILLES
> HEATING - VENTILATING
> AIR CONDITIONING
>
> *Wholesale Only*
>
> 805 N Virginia av------1025

Grinding Wheels

CLOWE & COWAN INC
  Carborundum Grinding Wheels & Abrasives
  805 N Virginia av------1025

Grocers

See also Meat

Alameda Grocery 108 E Alameda------2767
ASHTON E C GROCERY 403 E 5th------4083-W
B & A SUPER MARKET
  Free Delivery Anywhere in Town
  104 S Virginia av------1770
B & J Grocery & Service E of Roswell------021-J12
Bailey R N 1211 E Bland------3281-W
Bizzell's Grocery 901 W 11------5156
BURNS GROCERY & MARKET S of Roswell--7-2479
Cochran Grocery 2603 N Main------3096-J
Coker J W Mission Trading Post E of Roswell--021-R3
Corner Grocery 811 E Alameda------2306-W
Cross Roads Grocery & Service Sta
  SE of Roswell--075-J2
Davidson's Grocery
  On Old Dexter Highway
  S E of Roswell------070-R5
East Grand Plains Grocery S E of Roswell------018-J3
Fay's Food Market 1500 W 2d------2674-J
FOOD MART

> WE GIVE
> S & H GREEN STAMPS
> BONDED MEATS
> HIGH QUALITY FRUITS
> AND VEGETABLES
> — 2nd and Union —
>
> 1001 W 2------1915

FOOD'S O' CHOICE
  Free Delivery
  216 W 3d------2482
FOSTER GROCERY CO
  Free Delivery Service
  119 W 4th------444
FURR FOOD STORES 601 W 2d------47
Hayes Grocery & Serv Sta 1401 W 2------2040
Hi-Way Market 907 W 2------1737
Horne Food Stores
  601 N Main------536
  401 S Main------851-W
  600 E 2d------3405
KNOEDLER GROCERY & MARKET 513 W 5th------283

(Continued Following Column)

Grocers—(Cont'd)

MADDUX GROCERY 706 N Main------711
Mason's Food Store
  Free Delivery Anywhere
  712 E Bland------2280
McKeg Grocery Store 801 N Washington av------2536
Modern Food Market 225 S Main------157
Mountain View Grocery S of Roswell------077-R2
North Kentucky Grocery 1500 N Kentucky av------4928
Piggly Wiggly 1706 N Union av------3824
SHAMAS FOOD STORES
  1305 N Main------2928
  1021 S Main------2537
  1021 S Main------3974
  912 E 2d------383
SHAW'S GROCERY & MARKET 406 W 2d------350
South Kentucky Groc Store
  Cary Peterson, Owner
  305 S Kentucky av------961
South Side Grocery 622 S Main------2509
Stevens South Kansas Grocery 707 S Kansas av------4989
Steve's Grocery & Market 616 N Main------2003
Stu's Green Valley Market 504 E 2------3778
Super Meat Mart 608 E 2------4009
Tankersly L E 108 N Montana av------3240
Tarleton Grocery 406 E McGaffey------2423-J
Waggoner Station & Grocery 1520 W 2d------2674-W
West College Market 600 W College blvd------3869
West Mathews Street Grocery 312 W Mathews--694
WHITE HOUSE GROCERY
  E F Blair-Free Delivery
  814 W 2d------698
Whiteman Bros Store 118 E 1st------1372-J
Wright's Grocery Store 1622 N Missouri av------1067

Grocers—Wholesale

FLETCHER & CO
  Wilson's Line of Canned Meats
  Kraft's Products
  100 N Lincoln av------2510
  100 N Lincoln av------2530
KIMBELL-ROSWELL CO 610 N Railroad av------3850
Roswell Trading Co E 2d & Grand av------126
WAPLES-PLATTER CO
  White Swan-Wapco Quality Brands
  506 N Grand av------3121

Guns

WILMOT HARDWARE CO
  Expert Gunsmiths Repair All Makes
  113 N Main------634
WILSON'S 412 N Main------363

Hardware

BECK LUMBER CO 2211 N Main------398
Burnworth & Coll Co 309 N Virginia av------2866
BURR'S DEPARTMENT STORE 1009 W 2------5237
Hettinga Bros Inc 905 W McGaffey------3247
KEMP LUMBER CO 212 E 4th------1136
LOZIER-BROWN FURNITURE & HARDWARE
  209 W 2--3381
MYERS CO INC 106 S Main------360
NEW MEXICO BUILDERS SUPPLY
  1007 E McGaffey--1013
PECOS VALLEY LUMBER CO 200 S Main------175
PIRTLE-LIVELY CO 1200 E 2------3730
ROSWELL HARDWARE 1803 SE Main------1288-W
S & A VARIETY STORE 1135 S Main------1063
WILMOT HARDWARE CO 113 N Main------634

Hardware—Wholesale

ELECTRICAL & MECHANICAL SUPPLY CO INC
  709 N Virginia--4078

Hats

STETSON HATS—
  DUVALL JAY MEN'S WEAR
  122 N Main--2436-W

Hats—Cleaners & Renovators

Cash & Carry Cleaners 209 W 4th------424
EXCELSIOR CLEANERS & DYERS 116 S Main------6
GLOVER'S HAT SHOP
  Cleaning, Blocking, New Hats Made
  509 W 2------3385
SPIC & SPAN 306 E 2------2792

Hay

See Feed

Hearing Aids

MOUNTAIN STATES TEL & TEL CO

A special amplifying unit enables most persons with impaired hearing to use the telephone.

Call our Business Office.

322 N Richardson av----------4100

ZENITH HEARING AIDS

New 3-transistor models meet every hearing aid need. Outstanding features, performance, convenience! Low price, small operating cost. 1-Year Warranty, 5-Year Service Plan. By makers of Zenith TV, radios. 10-DAY MONEY-BACK GUARANTEE

"WHERE TO BUY THEM"
MITCHELL'S PHARMACY 320 N Main------416

Heaters—Unit

CLOWE & COWAN INC

PROPELLER OR CENTRIFUGAL
GAS - STEAM - WATER
ELECTRIC
Wholesale Only

805 N Virginia av------------1025

Heating Contractors

BURNWORTH & COLL CO 309 N Virginia av----2866
  (See Advertisement This Page)
Carr Plumbing & Heating Contractors
  409 S Richardson av--781
(Continued Following Page)

Alpine Air Coolers & Service

Forced Air Heating
with PAYNE Furnaces

- Filters
- Service

**HEATING – VENTILATING
AIR CONDITIONING**

- Gutters – Downspouts
- Cafe Equipment

Phone 2555-W

Lacey Sheet Metal Shop

413 E. 2d

- GAS
- OIL

**WARM AIR AUTOMATIC HEATING SYSTEMS
SALES • INSTALLATIONS • SERVICE
HEATING • AIR CONDITIONING • SHEET METAL**

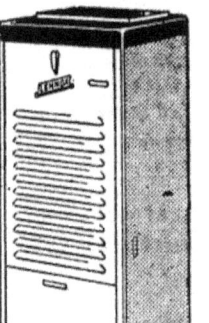

CALL

2866

OR

437

BURNWORTH **C**OLL CO.

"YOUR COMFORT IS OUR BUSINESS"

309 N. VIRGINIA AV.

AUTHORIZED DEALERS OF

HEATING and AIR CONDITIONING UNITS

| WE CLEAN AND REPAIR ALL MAKES OF FURNACES |  | SHEET METAL WORK |

**TIME PAYMENTS IF DESIRED
RESIDENTIAL - COMMERCIAL - INDUSTRIAL
PHONE 187**

RES. TEL. 3919-W

ELLIOTT SHEET METAL CO.

111 E. TILDEN ST.

Heating Contractors—(Cont'd)

CARRIER WEATHERMAKERS—
  WEIBERT EQUIPMENT CO 410½ N Main--145
CARRIGAN PAUL CO 124 E 2d--308
Clem Plumbing Co 506 E 2--4020
ELLIOTT SHEET METAL CO 111 E Tilden--187
  (See Advertisement Preceding Page)
GAINES PLUMBING & HEATING CO
  2301 N Main--3378
HILL PLUMBING & HEATING CO 2½ Hillcrest--231
Huntley Plumbing Co 311 E McCune--2185
IMPERIAL PLUMBING & HEATING 106 E Tilden--4855
Jones J W Plumbing & Heating Co
  311 N Union av--2604
LACEY SHEET METAL SHOP 413 E 2d--2555-W
  (See Advertisement Preceding Page)
Lum W B Plumbing & Heating Contractor
  814 S Main--2657-J
NELSON LOUIS PLUMBING & HEATING
  1313 N Richardson av--4732
O'Neal Plumbing Co 212 E 5th--2920
PAYNEHEAT SALES & SERVICE—
  THOMSEN'S 1210 E 2--868
Plumbing Heating & Engineering Co
  406 S Penn av--5488
STITES J S 1100 E Alameda--2111

Heating Equipment

See also Specific Kinds, i.e., Boilers;
Furnaces; Water Heaters; etc.

AMERICAN-STANDARD HOT WATER HEATING

Modern residential and commercial heating equipment for hot water and steam systems—boilers, baseboard panels, convectors, radiators, conversion burners and water heaters.

"FOR INFORMATION CALL"
RETAILERS
JONES J W PLUMBING & HEATING CO
  311 N Union av--2604
STITES J S 1100 E Alameda--2111

(Continued Following Column)

NICKSON HOTEL

125 Outside Rooms

Coffee Shop —
— Drug Store

Cocktail Lounge in Connection

Phone 800

E. 5th and VIRGINIA AVE.

Heating Equipment—(Cont'd)

CLOWE & COWAN INC

WALL HEATERS
NATURAL GAS - LP GAS
ELECTRIC CIRCULATING
GRAVITY FLOW
Wholesale Only

805 N Virginia av--1025

JANITROL UNIT HEATERS—
  WEIBERT EQUIPMENT CO 410½ N Main--145
LACEY SHEET METAL SHOP 413 E 2--2555-W
SACRA BROS CO 1306 E 2--2200

Heating Equipment—Industrial

CLOWE & COWAN INC

STEAM OR HOT WATER
DIRECT GAS FIRED UNITS
Supplies to Central Plants
Sales and Engineering
Wholesale Only

805 N Virginia av--1025

Heating Equipment—Wholesale

ELECTRICAL & MECHANICAL SUPPLY CO INC
  709 N Virginia av--4078

Helium

Barbee Welding Supply Co 1103 E 2--378

Hides

BOND BAKER CO INC 211 E 4th--1090

Hobby Shop Supplies

DOYLE LARRY HOBBY SHOP 521 N Main--605

Hoists

CLOWE & COWAN INC

ELECTRIC HOISTS
Also Hand Operated Hoists
And Trolleys
Cranes, Power and Manually
Operated

805 N Virginia av--1025

Home Planning Service

MOUNTAIN STATES TEL & TEL CO

Plan for concealed telephone
wiring when building or
remodeling.

*For assistance call our
Business Office.*

322 N Richardson av--4100

Hose

CLOWE & COWAN INC 805 N Virginia av--1025
NYB&P INDUSTRIAL HOSE

Hose for Water, Air, Steam, Gasoline, Oil, Chemicals, Sand, Acids, etc.
... for Suction or Discharge Service.
Featuring "HY-TEST" Steam Hose that "just can't burst"

"WHERE TO BUY IT"
CLOWE & COWAN INC 805 N Virginia av--1025

Hospital Equipment & Supplies

Nash Pharmacy 404½ N Penn av--2434

Hospital Service Organizations

BLUE CROSS PLAN-NEW MEXICO

HOSPITAL SERVICE
Endorsed by New Mexico
Hospital Association
and the Only Plan Sponsored
and Approved by the American
Hospital Association

"FOR INFORMATION CALL"
HOSPITAL SERVICE INC
  410 N Richardson av--103
SURGICAL SERVICE INC
  410 N Richardson av--103

BUSINESS MEN'S ASSURANCE CO J P White B-2871
MUTUAL OF OMAHA 212 W 4--4183

Hospitals

**EASTERN NEW MEXICO MEDICAL CENTER &
NURSE EDUCATION ASSOC**
  405 W Country Club rd--4827
ROSWELL OSTEOPATHIC HOSPITAL
  401 N Lea av--5000
ST MARY'S HOSPITAL S Main--185

Hotels

Aunt Kate's Hotel 122 E 2--3922
Del Rio Hotel 204 E 2d--2042
HOTEL NORTON 200 W 3d--900
New Modern Hotel 309½ N Main--3437
NICKSON HOTEL 123 E 5th--800
  (See Advertisement This Page)
PLAZA HOTEL
  Daily or Weekly Rates
  119½ W 3d--474
ROSWELL HOTEL 509 N Virginia av--3149
SAVOY HOTEL 102½ W 2d--915
TEXAS HOTEL 111½ N Main--2512

House Cleaning Equipment & Supplies

See also Janitors' Supplies
Reliable House & Window Cleaning Co
  705 S Kansas av--4560

House Movers

ARMOLD TRANSFER & STORAGE CO

Equipped For Any
Building or House

419 N Virginia av--23

CURRY & MAXWELL HOUSE MOVERS
  See Ad under Movers
  1413 S Main--3006

Ice

ROSWELL ICE CO 1001 N Virginia av--183

Ice Cream

CLARDY'S DAIRY 200 E 5th--796
Daricreme 407 S Main--851-J
PRICE'S CREAMERIES INC 1101 S Main--790
Swift & Co 415 E 2--5376

Ice Making Equipment

CARRIER AUTOMATIC ICEMAKERS
Compact, trouble-free units that automatically freeze and store BOTH ice cubes and crushed ice. Two sizes for any restaurant, bar, tavern, hotel, hospital, or club.

"FOR INFORMATION CALL"
WEIBERT EQUIPMENT CO 410½ N Main--145

Income Tax Service

See Tax Return Preparation

Indian Goods

BROWN-MAID SHOP
　The Original Indian Store
　　102 W 1st----------------------4041

Industrial Equipment & Supplies

CLOWE & COWAN INC 805 N Virginia av------1025

Insecticides

DODSON CHEMICAL CO OF NEW MEXICO
　　1203 E 2--1553

Insulation Contractors

THOMSEN'S 1210 E 2--------------------868

Insulation Materials

CLOWE & COWAN INC
INDUSTRIAL INSULATION
MATERIALS
Pipe Coverings
Asbestos — Magnesia — Cork

805 N Virginia av----------------------1025

KEMP LUMBER CO 212 E 4th--------------1136
PECOS VALLEY LUMBER CO 200 S Main------175

Insurance

ACCEPTANCE AGENCY
　R D Little General Insurance
　　J P White B--------------------647
ADAMS PIERCE INSURANCE AGENCY

Representing the
TRAVELERS
and Other Fine Stock Companies

Wayne Adams and Lloyd Pierce

500 N Main------------------------2902
　If no answer call---------------3428-W

AMASON & McGEE INSURANCE AGENCY
　　J P White B--456
American Hospital & Life Ins Co 102½ N Main-4753
AMERICAN NATIONAL INSURANCE CO
　Industrial Branch
　Charlie M Johnson, District Manager
　　110 S Richardson av---------------356
AUTOMOBILE CLUB SERVICE AGENCY INC
　A A A Automobile Association
　　1412 S Main---------------------560
Ball H H 302 N Richardson av-----------93
Blair Insurance Agency 814 W 2---------20
BLUE CROSS PLAN OF NEW MEXICO
　See Our Ad under Hospital
　Service Organizations
　　410 N Richardson av--------------103
BRYANT HARRY R CO
　Insurance Claims Adjusted
　A L Johnson, Mgr
　　602 W 2d------------------------3343
　　If no answer call---------------1836-J
Buckner C C 1121 S Main----------------79
BUSINESS MEN'S ASSURANCE CO J P White B-2871
Butler Chas E J P White B-------------641
CHAVES COUNTY BLDG & LOAN ASSN
　Automobile, Fire, Theft, Casualty, Bonds
　　309 N Richardson av---------------71
Cranford K Real Estate & Insurance Co
　　611 W 2d--3088
DAVIDSON INSURANCE AGENCY

Insurance Programming
★ FIRE　　★ AUTO
★ CASUALTY　★ BONDS
MORTGAGE LOANS

412 S Main-------------------------3340

ELY ROBERT V 105 E 3-----------------152
EQUITABLE ASSURANCE SOCIETY OF THE U S
　Lowell E Orrison District Mgr
　Morris M Pruitt Special Agent
　Lloyd Barnes Agent
　　J P White B---------------------2895
　　J P White B---------------------5520
(Continued Following Page)

FOUNDATION INVESTMENT CO.

AGENTS & BROKERS

H. H. CRAIG - INSURANCE MANAGER

OFFICES — 205½ W. 3D

FARMERS INSURANCE GROUP

"The Leading Writers of Auto & Truck Insurance in the West"

Auto — Truck Insurance

Fire Insurance Exchange
Truck Insurance Exchange

Prompt, Local Claims Service

Everett C. Lankford
District Agent

CALL 2711

206½ W. 4th

GENERAL INSURANCE

FIRE » CASUALTY
AUTO » LIABILITY

Life and Polio Insurance

Insurance Underwriting in Roswell Over 25 Years

Phone 3052

◆

M. L. NORTON

THIRD AND RICHARDSON

Norton Hotel

Insurance—(Cont'd)

Farmers Insurance Group 206½ W 4 — 2711
(See Advertisement Preceding Page)
FORD WILLIS AGENCY INC 302 N Richardson av — 93
Nights-Sundays-holidays call — 5106
FOUNDATION INVESTMENT CO
INSURANCE SPECIALISTS
FIRE—AUTO
CASUALTY and BONDS
REAL ESTATE and MORTGAGE LOANS
"Serving The Pecos Valley 26 Yrs."
(See Large Ad This Classification)
205½ W 3d — 2300
Franklin Life Insurance Co 1700 W Juniper — 1187
FRIENDLY FINANCE CO 104 W 1st — 693
(Continued Following Column)

INSURANCE
ALL FORMS

PHONE 112   PHONE 112

WITH
HINCH INSURANCE AGENCY, INC.
110 W. Third
IN FIRST NAT'L BANK BLDG.

Roff & Son
GENERAL INSURANCE
• AUTO   • TRUCK
• FIRE   • CASUALTY
• PLATE GLASS • LIABILITY

Phone 899

117½ East Third

STATE FARM INSURANCE

Save Up to 60% Over the Cost of
Ordinary Auto Insurance

Phone 79

1121 South Main

Insurance—(Cont'd)

GARDNER & MARKL INC
REAL ESTATE
INSURANCE
• T. L. GARDNER, JR.
• JIM MARKL
• FRANK WHITAKER
105 W 3d — 3060

General American Life Ins Co 115 E 3d — 3300
GENERAL INSURANCE AGENCY 109 E 5 — 249
 Jarrell A C Res Phone — 2270-W
General Insurance Co of America 812 W 2 — 5243
Hall John W Jr 302 N Richardson av — 93
HINCH INSURANCE AGENCY INC
GENERAL INSURANCE
HINCH INSURANCE AGENCY
First National Bank Bldg.
ROSWELL, NEW MEXICO
(See Large Ad This Classification)
110 W 3d — 112
INTERNATIONAL SERVICE INSURANCE CO
126 S Main — 353
Jefferson Standard Life Insurance Co
J P White B — 744
JOHN HANCOCK MUTUAL LIFE INS CO
J P White B — 2941-M
KIRKPATRICK FINANCE CO INC 800 S Main — 3072
Lankford Everett C 206½ W 4 — 2711
Lawrence Will C 309 N Richardson av — 71
Littell Max 306 N Richardson av — 3022
MATHIS STANLEY H 403 N Richardson av — 298
Miller W H Dub 1700 S Stanton av — 505
Mutual Benefit Health & Accident Assn
212 W 4 — 4183
MUTUAL LIFE INS CO OF NEW YORK
INSURANCE—
 BALL H H 302 N Richardson av — 93
 HALL JOHN W JR 302 N Richardson av — 93
MUTUAL OF OMAHA

COMPLETE FAMILY INSURANCE
PROTECTION PLANS . . . HOSPITAL, SICKNESS, ACCIDENT,
MEDICAL, SURGICAL, GROUP,
INCOME PROTECTION.

"WHERE TO BUY IT"
MUTUAL BENEFIT HEALTH & ACCIDENT
ASSN
Ken Moore & Associates
212 W 4 — 4183

New Mexico Life Ins Co 1600 S Adams av — 681
NEW YORK LIFE INSURANCE—
 LAWRENCE WILL C 309 N Richardson av — 71
 MILLER W H DUB 1700 S Stanton av — 505
NORTON M L Norton Hotel — 3052
(See Advertisement Preceding Page)
ORRISON LOWELL E J P White B — 2895
PIERCE LLOYD 500 N Main — 2902
PRAETORIAN LIFE INSURANCE
Room 205
J P White B — 56
Prudential Insurance Co of America The
J P White B — 3433
PRUITT MORRIS M J P White B — 2895
Pyramid Life Insurance Co 611 W 2 — 5197
ROBINSON-HAUT AGENCY 115 E 3d — 3300
ROFF & SON 117½ E 3d — 899
(See Advertisement This Page)
ROSWELL INSURANCE & SURETY CO
Office With
ROSWELL BUILDING & LOAN ASS'N
GENERAL INSURANCE
L O A N S
SURETY BONDS
117 W 3d — 613
RUSSELL BACON & SHEPHARD 206 W 3 — 2414
Safeco Insurance Co of America 812 W 2 — 5243
SECURITY FINANCE CO 106 W 4 — 1932
(Continued Following Column)

You can find it in the Yellow Pages.

Insurance—(Cont'd)

STATE FARM INSURANCE
Famous careful-driver auto insurance
at rock-bottom rates. We insure more
cars than any other company.
Fast, fair claim service. 7000 agents
In U.S. and Canada.
Also life and fire insurance; residence liability.
(See Advertisement This Page)
"FOR INFORMATION CALL"
AGENTS
BUCKNER C C 1121 S Main — 79
HERROD SIDNEY F 1121 S Main — 79
State Farm Insurance Co 1121 S Main — 79
(See Advertisement This Page)
TRAVELERS INS CO OF HARTFORD AGENCY
Adams Pierce Insurance Agency
500 N Main — 2902
UNITED BENEFIT LIFE INS CO 212 W 4 — 4183
UNITED STATES FIDELITY & GUARANTY CO
J P White B — 2662
WILLIS FORD AGENCY INC 302 N Richardson av — 93
Nights-Sundays-holidays call — 5106
YOUSE JOHN R 402 W 2 —

Insurance Brokers
Norton M L Norton Hotel — 3052

Intercommunicating Systems
MOUNTAIN STATES TEL & TEL CO
Intercommunicating systems
designed to meet your individual needs are available in
connection with your regular
telephone service.
Just call our Business Office.
322 N Richardson av — 4100
SUPREME RADIO SUPPLY 129 W 2d — 148

Interior Decorators
Purdy Furniture Co 321 N Main — 197

Investment Advisory Services
FIRST NEW MEXICO CO
Stocks - Bonds - Mutual Funds -
Investment Securities
419 N Richardson av — 568

Ironing Machines
BENDIX AUTOMATIC IRONERS—
 ZINKS 322 N Main — 2456
MAYTAG AUTOMATIC HOME IRONERS—
 ZINKS 322 N Main — 2456

Irrigation Equipment
Johnston Pump Co of New Mexico
108 S Virginia av — 2800
Stockmen's Well & Supply Co 317 E 4th — 1413

Janitor Service
BAKER WINDOW CLEANING 205 W 6 — 4912
Miller's Rug & Upholstery Cleaning J P White B — 1012
RELIABLE HOUSE & WINDOW CLEANING CO
705 S Kansas av — 4560

Janitors' Supplies
DODSON CHEMICAL CO OF NEW MEXICO
Complete Maintenance Equipment
Sanitary Cleaning Compounds
Fire Extinguishers
Industrial Paints
Write or Call Us for Additional Information
1203 E 2 — 1553
If no answer call — 5355-J

Jewelers

BOELLNERS
Roswell's Oldest and Most Complete Jewelry Establishment.
- Flawless Diamonds - Precision Watches
- Lifelong Silver and Gifts Galore

"Over a Half Century of Service"

"WHERE TO BUY IT"
BOELLNERS 316 N Main------701

BULLOCK'S JEWELRY STORE 215 N Main------436
CRAWFORD WATCH REPAIR SHOP 104 W 4th--3337
FLEMING LAVELL WM 126 N Main------2436-J
Glover Jewelers 314 S Main------1350-W
HUFF'S JEWELRY STORE 222 N Main------40
MORRISON'S JEWELRY STORE 402 N Main--1559-W
Vaughan Jewelers 107 E 3------164
WURM'S JEWELRY 330 N Richardson av------2126

Kennels

CITY ANIMAL HOSPITAL 711 N Virginia av----515
ROSWELL ANIMAL HOSPITAL 1002 E 2d------2521

A store may not immediately come to the mind of a prospect when special services are desired, such as are offered by a Beauty Shop, Radio or Watch Repairing Department. Many establishments, realizing this, advertise under several classifications in the Classified Directory. Thus they direct more business their way.

Help Yourself to FASTER long distance service . . . *always* CALL BY NUMBER

Keymakers

See also Locksmiths
KESSEL VARIETY STORE 223 N Main------1714-J
TYLER J S KEY SHOP

(AAA) Authorized Auto Club
LOCKSMITH
(Mobile Service)

Bonded Locksmith - Key Shop
Keys Duplicated - Locks Fitted
Locks Repaired and Re-Keyed
Safe Combinations Changed
Hand Saws - Machine Filed, Set
and Retoothed

306 W 3------1707-J
WILMOT HARDWARE CO 113 N Main------634
(See Advertisement This Page)

Kindergartens
See Schools

Kitchen Equipment—Household
See also Cabinets

AMERICAN-STANDARD KITCHENS
Complete line of convertible, all-steel cabinets. Accessories. Countertops. Disposer, ventilator. Plus famous American-Standard sinks.

"FOR INFORMATION CALL"
RETAILERS
JONES J W PLUMBING & HEATING CO
311 N Union av--2604

HOTPOINT KITCHEN-LAUNDRY CABINETS
Full line of quality metal base and wall cabinets. Also accessories. Make your Kitchen-Laundry convenient and complete with Hotpoint Cabinets and home appliances.

"WHERE TO BUY IT"
DISTRIBUTORS
WELCH-ERWIN CORP 909 N Virginia av----734

REPUBLIC STEEL KITCHENS
PLANNED AND BUILT BY ONE OF THE WORLD'S LARGEST STEEL COMPANIES. COMPLETE CABINET SINKS, WALL AND COUNTER CABINETS, SPECIAL PURPOSE CABINETS, ACCESSORIES. FORMICA COUNTER TOPS.

"WHERE TO BUY THEM"
DISTRIBUTORS
ELECTRICAL & MECHANICAL SUPPLY CO
INC 709 N Virginia av------4078
DEALERS
DeSHURLEY CONSTRUCTION CO
SE of Roswell--070-J1
NEW MEXICO BUILDERS SUPPLY
1007 E McGaffey--1013

ST CHARLES KITCHENS
Custom built of steel. Your choice of 12 colors baked on . . . or exteriors of select wood. Over 50 special purpose units and accessories. One-piece counter in 6 materials and scores of patterns. Let us measure your room and submit plan and estimate.

"FOR INFORMATION CALL"
Valley Kitchens 127 W Walnut------4882
THOMSEN'S 1210 E 2------868

Labor Organizations
See also Clubs; also Lodges
BUILDING & CONSTRUCTION TRADES COUNCIL
1715 W 2--1820
CARPENTERS LOCAL 511
Bert McLain, F S & B A
323 S Main------5098
PLUMBERS & STEAM FITTERS UNION NO 412
1715 W 2--108

Laboratories
See also Dental Laboratories
Blauw Alfred S
Clinical & Pathological Laboratory
403 W 2------5517
Dunlap Dental Laboratory 406½ N Penn av-2986-J

Ladies' Wear
BRAY-MOORE SHOP 300 N Main------295
Burn's Apparel Shop 1007 W 2------1552
Elizabeth's Dress Shop 129 W 4th------520
Expectation Shop 311½ N Main------43-J
Franklin Store Inc 304 N Main------3318
HINKEL'S 308 N Main------2100
KESSEL'S DEPARTMENT STORE 201 N Main--2520
KNADLE'S 227 N Main------177
MERRITT'S LADIES STORE

"Always First with the Newest"
- FROCKS
  - SUITS
    - ACCESSORIES

213 N Main------4444

POPULAR DRY GOODS STORE 107 N Main----661
SPORTSWEAR SHOP THE 314 N Richardson av--792
Sweetbriar Shop Inc 318 N Main------3451
Wooldridge's 301 N Main------446

Lamps
Dabbs Furniture Co Inc 119 N Main------426
PURDY FURNITURE CO 321 N Main------197

Landscape Gardeners & Contractors
CARPENTER NURSERY & GARDEN CENTER
See Our Ad under Nurseries-Plants & Trees
301 N Orchard av------758
ROLLINS BROS NURSERY
See Ad under Nurseries-Plants & Trees
1110 E Plum------4829
WATTS NURSERY & GIFT SHOP

LANDSCAPING - ROTO-TILLING
FERTILIZER - PEAT MOSS
DIRT - SEEDS - TREES
SHRUBBERIES
LAWN SEED - EVERGREENS

All Kinds of Tractor Work

Free Estimates

804 S Atkinson av------4592

HANDY! These pages tell you where you can buy most anything — quickly, comfortably, by telephone.

KEYS DUPLICATED
WHILE-U-WAIT

Phone **634**

Nights Sundays & Holidays Call 1888-J

LOCKS • OPENED • REPAIRED
• CHANGED • INSTALLED

Safes Opened — Repaired
Combinations Changed

Wilmot Hardware Co.
113 N. Main

Laundries

Beaty's Steam Laundry 109 E Deming	354
(See Advertisement This Page)	
FLUFF-N-FOLD 1107 S Main	4699
(See Advertisement This Page)	
Hobbs Home Laundry 411 E McGaffey	4558
IDEAL STEAM LAUNDRY 401 E 4	2541
(See Advertisement Following Page)	

(Continued Following Column)

Doctors, dentists, merchants and all kinds of products and services are listed in the Yellow Pages. Keep the Classified Telephone Directory handy — it saves you time and effort.

Laundries—(Cont'd)

KEX NATIONAL SERVICE

INDUSTRIAL UNIFORMS
WIPING CLOTHS
SHOP TOWELS

"FOR INFORMATION CALL"
NEW MEXICO TOWEL SERVICE
515 N Virginia av — 3015

King's Laundry 1315 N Maple av	3361
LEE MACK LAUNDRY 503 E 2	3935
(See Advertisement Following Page)	
Lighthouse Laundry 303 S Kansas av	2180
Mighty-Nice Laundry 507 W 1st	3341
North Hill Laundry 1800 N Lea av	4203
ROSWELL LAUNDRY CO 515 N Virginia av	16
(Continued Following Page)	

BEATY'S STEAM LAUNDRY

All Types FAMILY LAUNDRY SERVICE

Every Day **DELIVERY SERVICE** OVER ENTIRE CITY

PHONE 354

- Wash days are happy days when Beaty's takes over your Laundry.
- Have Hygienically Sparkling Clothes All the Time.
- Priced to Fit your Budget.

TAYLOR C. CANFIELD—Owner

BEATY'S
109 E. DEMING ST.

FLUFF-N-FOLD

Washateria Services That Eliminate All Work

- 30 Minute Damp Service
- One Hour Dry-Folded Service
- *Starching Available In Either Service*
- Rugs - Drapes - Curtains Spreads, Dyed
- *No Extra Charges for*
- Soap - Bleach - Bluing or Wrapping

No Work for the Customer... Just Drive up with Your Bundle, and...

Fluff-N-Fold Will
- Carry It From Your Car
- Weigh It
- WASH IT FOR YOU
- Dry It If You Wish
- Package It Neatly
- Carry It To Your Car

4 Hour Finished Laundry and Dry Cleaning Service

1107 South Main   Telephone 4699

A Handy Man
FOR ANY JOB—

and perhaps you want him quickly. It's easy to find the one nearest you by looking in the

Classified TELEPHONE DIRECTORY

And tell him you found him in the Classified Directory.

Laundries—(Cont'd)

Roswell Linen Service 206 E 6th----------911
Seventh Street Help-Your-Self Laundry 105 E 7---7

Laundries—Self Service

AKIN HELP-UR-SELF DRIVE-IN LAUNDRY
- 15 MAYTAG WASHERS •
Wet Wash • Rough Dry
Plenty of Steam and Soft Water
— AIR CONDITIONED —
Pick-up and Delivery
608 E McGaffey----------3107

Claud's Modern Help-Ur-Self Laundry
  505 S Ohio av--766
(See Advertisement This Page)
East Bland Washateria 712 E Bland----------2280
GILL'S LAUNDRY 800 E McGaffey----------2231-W
Graham Help Your Self Laundry
  306 S Holland av--3178-J

HAHN STREET LAUNDRY
Newly Reconditioned Maytags
Wet Wash • Rough Dry • Finish
Dryer • Soft Water
— FREE STARCH —
Bachelor Bundles
Special Attention Given to
Women's Bundles
— *Free Pick-up and Delivery* —
Mrs. Vina Green, Owner
1106 S Hahn av----------1886

HOBBS HOME LAUNDRY
HOME & SELF SERVICE
Wet Wash - Rough Dry - Finished
Bachelor Bundles - Ironing
SOFT WATER
— *Free Pick-up & Delivery* —
Gas Heat & Air Conditioned
411 E McGaffey----------4558

(Continued Following Page)

IDEAL STEAM LAUNDRY
- BACHELOR BUNDLES
- FAMILY BUNDLES
— 4 HOUR SERVICE —
ON REQUEST

Phone 2541

MAYTAG HELP-YOUR-SELF LAUNDRY
401 E. 4th

Quality...
Convenience...
Low Cost...

"Germ Free Laundry"
Roswell Laundry Co.
Phones 15 or 16 or 3015
515 N. Virginia Av.

LeeMack
QUALITY 1-DAY SERVICE
ON BACHELOR BUNDLES

SHIRTS OUR SPECIALTY

4-Hour
Laundry
and
Dry Cleaning
Service
Call
3935

LeeMack
LAUNDRY
503 E. SECOND

LAUNDRY EASE

MODERN & CLEAN
Help-Ur-Self
SOFT • HOT WATER

WET WASH
and
DRYING
SERVICE

OPEN TUESDAY
'TIL 7:00 P.M.

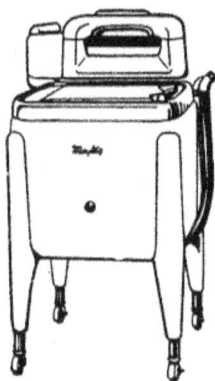

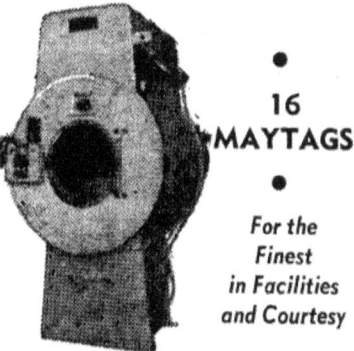

16 MAYTAGS

For the Finest in Facilities and Courtesy

CLAUD'S
MODERN HELP-UR-SELF
LAUNDRY
505 S. Ohio Av.
Located 6 Blocks South of Pop's Drive-In
CALL
766

LAUNDRY EASE

MAYTAG AUTOMATIC
Help Your-Self
LAUNDRY
— COMPLETE LAUNDRY SERVICE —

- WET WASH
- ROUGH DRY
- FINISH

— Soft Water —

Sterilized Diaper Washing

Hours 6:30 a.m. to 5:30 p.m.
Tuesdays 6:30 a.m. to 7:30 p.m.

For Pick-up and Delivery . . .

— **Phone 3341** —

MIGHTY-NICE LAUNDRY

"Inez C. Seale"   507 W. 1st

Laundries—Self Service—(Cont'd)

HUSBAND'S NEW MAYTAG LAUNDRY
 4 NORGE AUTOMATICS
 10 MAYTAG CONVENTIONALS
 2 Laundry Type Tumbler Driers
 Wet Wash - Rough Dry - Finished
 Plenty of Soft Water - Pick-up and Delivery
 6 AM to 8 PM Weekdays - 6 AM to 5 PM Sat.
 222 E McGaffey----------4718

Ideal Steam Laundry 401 E 4----------2541

LAUNDROMAT HALF-HOUR LAUNDRY
                802 S Main--2657-W
  (See Advertisement This Page)

LIGHTHOUSE LAUNDRY 303 S Kansas av------2180
  (See Advertisement This Page)

MIGHTY-NICE LAUNDRY 507 W 1st--------3341
  (See Advertisement This Page)

QUICK-WAY LAUNDRY
 HELP-UR-SELF OR WET WASH
  DRY & FINISHED WORK
    SOFT WATER
  Pick-up Service Available
     Parking Space
  Open 6:00 to 6:00 - 6 Days a Week
 916 E 2----------3999

**SEVENTH STREET HELP-YOUR-SELF
 LAUNDRY** 105 E 7th----------7
  (See Advertisement This Page)
  (Continued Following Page)

If you need help quickly, the Classified Telephone Directory is the place to look. Roofers, painters, plumbers and thousands of other services and dealers are listed in the Classified Telephone Directory for your quick reference.

CALL THE
Laundromat

- SELF SERVICE
- WET WASH
- ROUGH DRY
- FINISHED WORK

☆
All Supplies Furnished
☆
1 Day Dry Cleaning Service

Hours
7:30 am - 5:30 pm
Saturday Close 5 pm
Tuesday Open 'Til 7:30 pm

2657-W

30 Westinghouse Automatic Washers

Do a Week's Wash in Half an Hour

Laundromat Half-Hour Laundry
802 S. MAIN

WE DO IT • YOU DO IT

Help Yourself LAUNDRY
"You do it — We do it"

MAYTAG — BENDIX
AUTOMATICS
Soft Water

- WET WASH • ROUGH DRY • FINISH
  PICK-UP AND DELIVERY
  Laundry Supplies Available
  Air Conditioned

LIGHTHOUSE LAUNDRY
"CLEAN — COURTEOUS"
Corner Alameda & Kansas Ave.

Plenty of Free Parking Space   **CALL 2180**

SEVENTH STREET
HELP YOURSELF
LAUNDRY
— HOURS —
Mon. - Wed. - Thurs. - Fri. - Sat.
6 A.M. to 5 P.M.
Tuesday - 6 A.M. to 7 P.M.

"Soft Water Used Exclusively"

☆ **HELP SELF**
 ☆ **WET WASH**
  ☆ **FLUFF DRY**
   ☆ **CUSTOM FINISH**

— **CALL 7** —
PICK-UP AND DELIVERY
105 EAST 7TH

"Where to Buy It" Laundries—Linoleum 47

Laundries—Self Service—(Cont'd)

West First Street Laundry 1112 W 1----------559
  (See Advertisement This Page)

WEST TENTH STREET LAUNDRY

ROUGH DRY - WET WASH
WE USE SOFT WATER
MAYTAGS - LIVE STEAM

802 W 10 ---------------------- 281-J

Laundry Equipment

SOUTHWESTERN EQUIPMENT CO
  604 W Albuquerque--1551

Lawn Mowers—Repairing

RELIABLE RADIATOR SHOP

LAWN MOWERS
• SHARPENED •
and
• REPAIRED •
— Pick-up and Delivery —

425 E 2---------------------834-W

ROSWELL CYCLE SHOP 120 E 4th--------43-W
WILMOT HARDWARE CO 113 N Main------634

Lawyers

Askren O O J P White B---------------565
Atwood & Malone
  J D Atwood
  Ross L Malone Jr
  Charles F Malone
  Russell D Mann
  E Kirk Newman
    200 W 1---------------------3600
Bean & Osborn 117 E 3-----------------5050
  Res 1508 S Madison av---------------5052
Brice C R J P White B-------------------8
Brown Donald J P White B--------------4286

(Continued Following Column)

Lawyers—(Cont'd)

Bruin James L J P White B--------------95
Buchly Howard C J P White B----------271
Calderon D A 103 W 4-----------------4716
Campbell Jack M J P White B---------4975
Carpenter Eaton & Phelps
  A B Carpenter
  Paul W Eaton Jr
  E Ray Phelps
    J P White B-------------------395
Cullender James M H 108½ N Main-----659
Forbis Thomas B J P White B--------2523-R
Frazier Cusack & Snead
  Lake J Frazier
  Paul Snead
  John P Cusack
    123 W 4----------------------2500
Hervey Dow & Hinkle
  Hiram M Dow
  Clarence E Hinkle
  W E Bondurant Jr
  George H Hunker Jr
  William C Schauer
  Howard C Bratton
  S B Christy IV
    1st Natl Bk B------------------2160
Jennings James T J P White B---------341
Kimmel Lewis C 113 E 3d-------------4780
Russell John F J P White B-----------4287
Sanders T T Jr J P White B-------------95
Stiff Glenn G 113 E 3d----------------4780
Threlkeld George 1220 N Main--------1368

Leather Goods

Old West Leather Goods 1113 S Washington av--1725

Leather Goods—Cleaners & Dyers

EXCELSIOR CLEANERS & DYERS 116 S Main------6

Libraries

Carnegie Library 127 W 3d------------1086

Life Insurance

See Insurance

Lighting Fixtures

BLEA ELECTRIC CO 106 W Albuquerque------1509
GLASS GEORGE ELECTRIC CO 107 E 7th------907
Hanson Electric Co 607 N Virginia av---4832
PURDY ELECTRIC CO INC 120 S Main------188
Taylor Electric Co 1510 N Delaware av---4986

Lighting Fixtures—Wholesale

ELECTRICAL & MECHANICAL SUPPLY CO INC
  709 N Virginia av------4078

Lighting Systems & Equipment

HANSON ELECTRIC CO 607 N Virginia av-----4832

Linen Supply Service

IDEAL LINEN SERVICE 401 E 4----------2541
  (See Advertisement This Page)
ROSWELL LINEN SERVICE 206 E 6th-------911
  (See Advertisement This Page)
SEVENTH STREET HELP YOURSELF LAUNDRY
  105 E 7th--7

Lingerie Shops

See Ladies' Wear

Linoleum

ARMSTRONG LINOLEUM—
  DABBS FURNITURE CO INC 119 N Main--426
CONGOLEUM-NAIRN

GOLD SEAL ®
FLOORS AND WALLS
The famous GOLD SEAL is your guarantee of satisfaction or your money back.

"WHERE TO BUY THEM"
DEALERS

FURNITURE MART 109 E 2---------1649
NEAL'S BUILDERS' SUPPLY 214 W 3d------2410

Furniture Mart 109 E 2d---------------1649
NEAL'S BUILDERS' SUPPLY 214 W 3d-----2410
PURDY FURNITURE CO 321 N Main--------197

WOMACK'S
West First Street Laundry

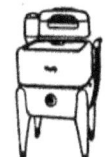

• Help Yourself
or
• Let Us Do It

WRINGER TYPE MAYTAGS
☆ Scalding Hot Water
☆ Live Steam Service
☆ Soft Water

WET WASH — ROUGH DRY
☆ One Day Service
☆ Pick-up & Delivery

CALL 559

1112 W. 1st

HOURS:
6:30 A.M. to 5 P.M. Daily
6:30 A.M. to 7:30 P.M. Mon. & Thur.
Open Sat. Till Noon

IDEAL LINEN SERVICE

Complete Sanitary Linen Rental Service for

• BARBER SHOPS
  • GROCERY STORES
    • CAFES
      • DRUG STORES

Phone 2541

401 E. 4th

Servilinen
"Good for Your Business"
The Quality Service Obtainable from Members of
LINEN SUPPLY ASSOCIATION OF AMERICA

FOR HEALTH'S SAKE

Roswell Linen Service

206 E. 6th   Phone 911

The ADDRESS REMEMBERED but NAME FORGOTTEN

If the principal business of the firm is known, it is then easy to locate the name and telephone number in the

Classified
TELEPHONE DIRECTORY

LOOK UNDER THE HEADING
WHICH IS A GENERAL
DESCRIPTION OF THE BUSINESS.

When you call a firm, be sure to tell him you saw his name in the classified.

Liquors

Name	Phone
Ace Package Store 1801 W 2	1430
Bank Bar Package Store 325 N Main	419
COLONIAL CLUB 419 E 2d	1267
FATHER BEAR'S DEN 1000 N Main	75
HORSE-SHOE PACKAGE STORE 102 S Main	541
(See Advertisement This Page)	
Hotel Norton Cocktail Lounge 204 W 3	970
LA BONITA BAR 104 E Alameda	5366
MIRROR LOUNGE 118 E 3d	34
Nickson Cocktail Lounge Nickson Hotel B	195
Plaza Package Store 111 E 5th	35
QUALITY LIQUOR STORE 1400 S Main	225
Rocket Lounge & Package Store 1301 SE Main	799
Roswell Package Store 511 S Main	3376
SARGENT'S BUCKHORN BAR	
Wines, Liquors, Beers	
120 N Main	1944
STAR BAR 309 S Main	2638
Top Hat Bottle Shop 411 N Virginia av	732
Variety Liquor Store 1100 W 2d	1538
(See Advertisement This Page)	

Liquors—Wholesale

Name	Phone
CHAS ILFELD CO 1222 E McGaffey	780
LEVERS BROS 209 E 2d	500
MALOOF GEORGE J & CO 600 N Railroad av	5510
NEW MEXICO SELLING CO 210 E 7	5543
Pecos Sales Co 620 N Railroad av	4355
RATON WHOLESALE LIQUOR CO 211 E 7th	2346
SOUTHWEST DISTRIBUTING CO 112 S Lincoln av	5540
STATE DISTRIBUTING CO	

- Four Roses   • Paul Jones
- Seagram's Seven Crown
- White Horse Scotch
- Seagram's Gin   • Bacardi Rum
- Garrett's & Virginia Dare Wine
- Mitchell's Premium Beer

100 N Lincoln av --------- 4431

Lithographers

Roswell Printing Co 412 N Richardson av ----- 3139

Livestock

PRODUCER'S LIVESTOCK MARKETING ASSN
Nickson Hotel -- 3973
Roswell Livestock Commission Co
900 N Garden av -- 1956
Waller Chas F S E of Roswell ----- 3776

Livestock Feeding

Green G M Feed Pen 1402 E Bland -------- 3178-W

VARIETY LIQUOR STORE

THE STORE WITH THE REPUTATION
OFFERS YOU THE BIGGEST SAVINGS

Complete Line of the Finest
RUMS, LIQUORS, WINES, LIQUEURS
Always Plenty of COLD BEER

Phone **1538**
FOR DELIVERY
1100 W. 2nd

LIQUORS
HORSE-SHOE
Bar Package Store
"Where the Prices Are Always Right"
WINES   WINES
For Your Favorite Beverage
FOR DELIVERY
Call **541**
BEERS   BEERS
1st & Main
102 S. Main

When the NEED is URGENT

Whether the situation requires a batteryman, garage, radio repairman, veterinarian or other service

LOOK IN THE

Classified
TELEPHONE DIRECTORY

"THE PLACE TO LOOK IS IN THE YELLOW PAGES"

for the Firm you wish to Call—
And be sure you tell them you found them in the Classified.

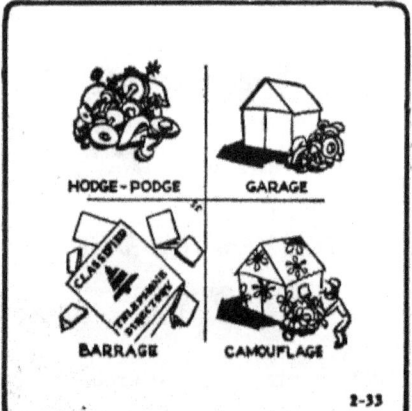

You can have an

EXTENSION TELEPHONE

for only a few cents a day

"Where to Buy It" Loans 49

Loans

See also Financing; also Real Estate Loans

ACCEPTANCE AGENCY
 Mortgage Loans & Financing
  J P White B----------------------647
ADAMS-ALLEN CO INC 310 N Richardson av--2527
Citizens Finance Co J P White B------------641
FIRST NATIONAL BANK 226 N Main-----------44
 (See Advertisement Page 51)
FOUNDATION INVESTMENT CO 205½ W 3d---2300
 (See Advertisement This Page)
FRIENDLY FINANCE CO
 104 W 1-------------------------------693
 104 W 1------------------------------4029
G A C FINANCE CORP 112 W 4------------3780
 (See Advertisement This Page)
GOVERNMENT EMPLOYEES FINANCE CO
  126 S Main--353
INTERSTATE SECURITIES CO 410 N Main-----4775
 (See Advertisement Following Page)
 (Continued Following Column)

Loans—(Cont'd)

KIRKPATRICK FINANCE CO INC 800 S Main---3072
 (See Advertisement Following Page)
Main Loan Co 310 S Main-----------------1350-J
National Farm Loan Assn 106 W 1---------4034-W
PERSONAL FINANCE CO 328 N Richardson av---571
 (See Advertisement Page 51)
Roswell Production Credit Assn
 Livestock & Crop Loans
  115 W 3d---------------------------373
  If no answer call--------------------348
RYAN WALTER R
 Farm & Ranch Loans
  200 W 1st--------------------------2552
 (Continued Following Page)

A complete and up-to-date buyer's guide, the Yellow Pages will save you time and money.

THE BEST AND MOST PLEASANT LOANS

AUTOMOBILE

FURNITURE

PERSONAL

CO-MAKERS

Insurance Service with Sure Insurance

PHONE 2300

Serving the Pecos Valley for 26 yrs.

FOUNDATION INVESTMENT CO.
205½ W. 3rd

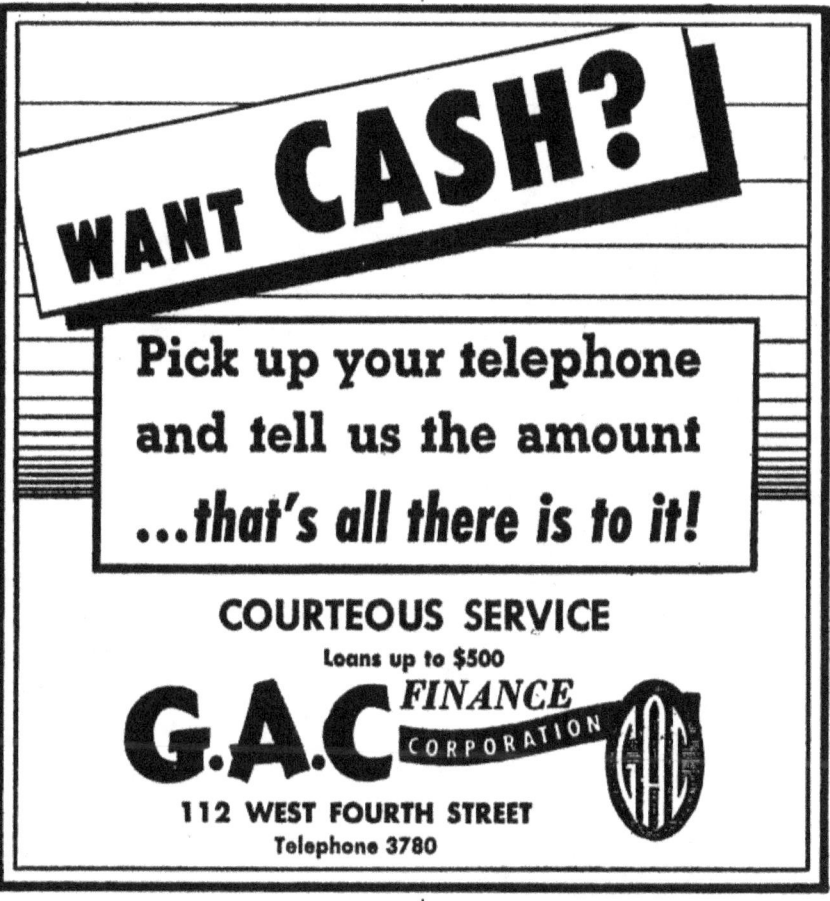

WANT CASH?

Pick up your telephone and tell us the amount ...that's all there is to it!

COURTEOUS SERVICE
Loans up to $500

G.A.C FINANCE CORPORATION

112 WEST FOURTH STREET
Telephone 3780

ANY TIME

When things unexpectedly happen—the demand for promptness of service is usually greater. You'll find firms who render 24-hour service listed in the

Classified TELEPHONE DIRECTORY

Be sure and tell him his classified advertising prompted you to call.

HIGH ROCK   DEAD LOCK
BIG SHOCK   ALPENSTOCK

2-12

50 Loans ROSWELL CLASSIFIED TELEPHONE DIRECTORY

FAST — FRIENDLY — CONFIDENTIAL

$50.00 to $500.00

- Salary • Furniture • Automobile

Phone — Write — or Stop In

INTERSTATE SECURITIES CO.

410 NORTH MAIN
PHONE 4775

— GET THE CASH TODAY

DRIVE IN CASHIER SERVICE

For All Types of Loans

— You'll Like —

KIRKPATRICK FINANCE
COMPANY, INC.

LOW COST AUTO FINANCING AND RE-FINANCING ON
— LATE MODEL CARS —

REDUCE PAYMENTS — GET ADDITIONAL CASH

Call 3072

800 S. MAIN

"PLEASING YOU ASSURES OUR SUCCESS"

Loans—(Cont'd)

SECURITIES ACCEPTANCE

COMPLETE
LOAN &
FINANCING
SERVICE

"WHERE TO CALL"
Securities Acceptance Corp 503 S Main-----977
SECURITIES ACCEPTANCE CORP 503 S Main----977
(See Advertisement Following Page)
(Continued Following Page)

Look . . . For the answers to all your buying problems right in these pages.

"LOOK FOR IT

IN THE

Classified—

BE SURE TO TELL HIM

YOU SAW IT

IN THE

Yellow Pages"

The

Mountain States Telephone

and Telegraph Company

STRANGE PAW — OVERAWE — MOTHER-IN-LAW — HAWKSHAW!

2-27

"Where to Buy It" Loans—Lockers 51

Loans—(Cont'd)
SECURITY FINANCE CO 106 W 4----------1932
  (See Advertisement This Page)
SOUTHWESTERN INVESTMENT CO 607 N Main-4790
  (See Advertisement This Page)
Universal C I T Credit Corp 108 W 1--------3510

Lockers
Roswell Frozen Food Lockers 620 S Main-----2460

IT IS A BUYER'S MARKET IN THE YELLOW PAGES... Look under the classified heading for what you want. A few phone calls—and you make buying easier and quicker.

LOANS

Finance YOUR CAR!

Use Our...
FRIENDLY LOAN SERVICE

☆ New and Used Car Loans
☆ Household Furniture Loans
☆ Collateral Loans

Borrow on the
Protected Payment Plan

Dial 977

Securities Acceptance Corp.
503 S. MAIN

LOANS
PERSONAL - AUTOMOBILE APPLIANCES

YOU SAVE WHEN YOU BORROW AT BANK RATES

FIRST NATIONAL BANK
Bankredit Office 110 W. 3d
226 N. Main   44

AT **Personal**
GET A CASH LOAN
plus THESE BENEFITS ★

★ "Yes" to 4 out of 5 employed men and women, married or single.
★ Lunch hour service.
★ Payment date to fit your payday.
★ 1-visit loans — phone first.

★ Loans for any worthy purpose.
★ Budget counsel — no obligation.
★ Between payday loans for small amounts.

We never encourage unnecessary borrowing... but when a loan is the practical answer, we are always happy to serve you. Phone, come in or write today.

Monthly Pay'ts	CASH YOU GET	
	15 Mos.	24 Mos.
$14.49	$172.93	$250.00
$24.85	302.41	450.00

Above payments cover everything! Loans of other amounts or for other periods in proportion. (N. M.)

Loans $25 to $500 on Salary, Furniture or Car

"THE COMPANY THAT LIKES TO SAY YES"
Personal FINANCE CO.
328 NO. RICHARDSON AVE.
(ACROSS FROM POST OFFICE)

PHONE 571   ROSWELL, NEW MEXICO

S. I. C. LOANS

How much do you need? $200?... $300?... $500? Come in and GET that cash with an S. I. C. PROTECTED PAYMENT LOAN on your car, your furniture, major household appliances, or whatever it might be. And look at the wonderful peace of mind you get with an...

S. I. C. PROTECTED PAYMENT LOAN

1. In case of sickness, or injury, and under a doctor's care (after 7 days)— those payments are PAID FOR YOU, month after month as they come due.

2. In case of permanent disability, or death, the entire unpaid balance is PAID OFF! IN FULL!

Make it your habit, when you need cash for ANY emergency, to...

 "SOS for S.I.C."
PHONE
4790
SOUTHWESTERN INVESTMENT CO.
607 N. Main

SECURITY FINANCE CO.

AUTO LOANS and RE-FINANCING

ON NEW OR USED CARS
— Low Interest Rates —
☆ LOANS FOR ANY NEEDFUL PURPOSE
$200.00 and Up
☆ GENERAL INSURANCE

Call 1932
106 W. 4th

Look for Our Sign...
Your Assurance of
Dependable Service

W. Leo Thompson, Mgr.

Locksmiths

See also Keymakers

TYLER J S KEY SHOP
  (AAA) Authorized Auto Club
      LOCKSMITH
      (Mobile Service)
  Bonded Locksmith - Key Shop
  Keys Duplicated - Locks Fitted
  Locks Repaired and Re-Keyed
  Safe Combinations Changed
  Hand Saws - Machine Filed,
    Set and Retoothed
  306 W 3----------1707-J

WILMOT HARDWARE CO
  See Ad under Keymakers
  113 N Main----------634

Lodges

See also Clubs; also Labor Organizations

I O O F Hall S E of Roswell----------3503-W
Knights of Pythias 1701 W 2d----------328
Masonic Hall 400 N Penn av----------155

Luggage

POPULAR DRY GOODS STORE 107 N Main----------661
SAMSONITE LUGGAGE—
  WILMOT HARDWARE CO 113 N Main----------634

Lumber

BECK LUMBER CO
- LUMBER
- HARDWARE
- PAINT

Nothing Down
36 Months to Pay

2211 N Main----------398

(Continued Following Page)

BOWMAN LUMBER CO.

for LUMBER BARGAINS

A Complete Line of Building Materials

"M. N. Roberts"

- PLUMBING FIXTURES & SUPPLIES
- BUILDERS' HARDWARE • PAINTS
- ROOFING • FENCING
- GLASS • INSULATION
- SHEET ROCK & RELATED PRODUCTS

No Down Payment
Up to 36 Months to Pay

PHONE 3202

1400 W. 2nd

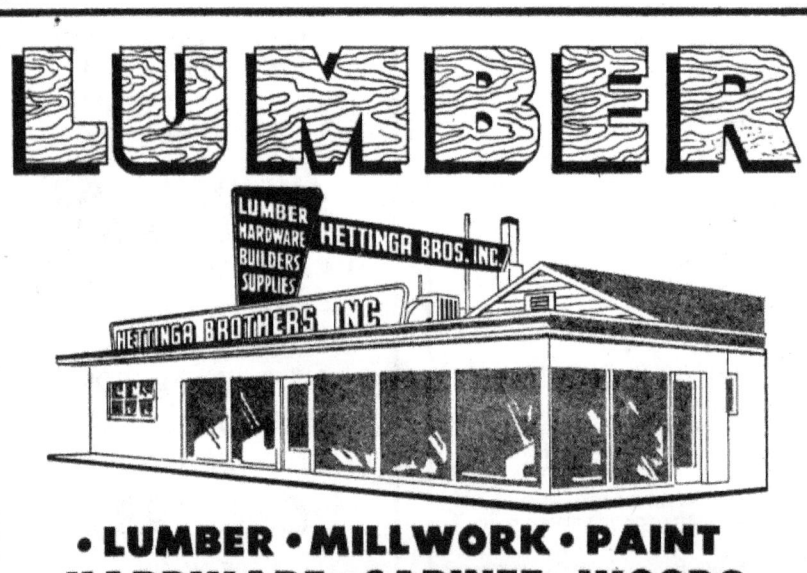

LUMBER

- LUMBER • MILLWORK • PAINT
- HARDWARE • CABINET WOODS
- PLYWOOD • ROOFING MATERIALS

Up to 36 months to pay for remodeling or repair work

FREE DELIVERY   **CALL 3246**   FREE DELIVERY

HETTINGA BROS. INC.

W. McGAFFEY AT UNION

LUMBER

Complete Building Service

Materials for
Home, Farm and Ranch Repairs,
Remodeling and Additions
On Our Easy Budget Plan

PHONE
59 or 61

- Fencing
- Roofing
- Wall Board
- Paint
- Millwork
- Insulation
- Hardware
- Tile

HOUSTON LUMBER CO.

E. L. Certain, Mgr.
Curtis Strackbein, Asst. Mgr.

109 W. ALAMEDA

Lumber—(Cont'd)

Big Jo Lumber Co 800 N Main	14
BOWMAN LUMBER CO 1400 W 2d	3202
(See Advertisement Preceding Page)	
HETTINGA BROS INC 905 W McGaffey	3247
HOUSTON LUMBER CO	
109 W Alameda	59
109 W Alameda	61
(See Advertisement Preceding Page)	
Isler Builders Supply 207 E McGaffey	3432-W
KEMP LUMBER CO 212 E 4th	1136
(See Advertisement This Page)	

MAYES LUMBER CO

Complete Line of
BUILDING MATERIALS
PAINTS &
FENCING
FHA

36 Month Financing

115 S Virginia av --- 315

NEW MEXICO BUILDERS SUPPLY 1007 E McGaffey	1013
PECOS VALLEY LUMBER CO 200 S Main	175
(See Advertisement This Page)	
PIRTLE-LIVELY CO 1200 E 2	3730
Young R V Lumber Co 108 E Tilden	1980-J

Lumber—Wholesale

EVANS R D WHOLESALE LUMBER DEALER
Specializing in Ponderosa Pine
516 S Sequoia av --- 1344

Machine Shops

PALACE MACHINE SHOP 505 E 2d	1434
SMITH MACHINERY CO INC 512 E 2d	3980
STONE MACHINE & WELDING WORKS 214 N Virginia av	124
Tyner Roy V Co 1023 S Atkinson av	4036

Machinery

Lewis A H 512 E 2	3980
Smith Machinery Co Inc 512 E 2d	3980

Magazines

Williams News Agency 212 N Richardson av --- 706

Maps

ROSWELL MAP & BLUE PRINT CO 211 W 4 --- 230

Marble

Maddux Monument Co 2400 SE Main --- 1711

Markets

Ashton E C Grocery 403 E 5th	4083-W
B & A Super Market 104 S Virginia av	1770
Burns Grocery & Market S of Roswell	7-2479
Davidson's Grocery S E of Roswell	070-R5
Food's O' Choice Free Delivery 216 W 3d	2482
Furr Food Stores 601 W 2d	47
Knoedler Grocery & Market 513 W 5th	283
Maddux Grocery 706 N Main	711
Mason's Food Store 712 E Bland	2280
SHAMAS FOOD STORES	
1021 S Main	2537
1305 N Main	2928
Shaw's Grocery & Market 406 W 2d	350
White House Grocery E F Blair-Free Delivery 814 W 2d	698

Masonry Contractors

SHORT & MANSEL 720 E Pear --- 4059
Vaughan Richard H General Contractor
2318 N Garden av --- 2230

Massage

Bath & Massage Institute 111 S Michigan av --- 1435

FOR THOSE NEEDED REPAIRS
REMODELING AND ALTERATIONS
REPAIR LOANS
No Down Payment—UP TO 36 MONTHS TO PAY
LUMBER-DOORS-CEMENT-WINDOWS-SHINGLES-ROOFING
HARDWARE-PAINT-WALLBOARD-INSULATION-SCREENS

KEMP LUMBER CO.
212 EAST 4th   PHONE 1136

 LOWE BROTHERS Style-Tested PAINTCOLORS

FOR BETTER LUMBER!

For
Every Building Need

- LUMBER
- MILLWORK
- INSULATION
- ROOFING
- HARDWARE
- WINDOWS
- WALL BOARD

Solve Your Building or Remodeling Problems Now

**NO DOWN PAYMENT
UP TO 36 MONTHS TO PAY**

- ADDITIONS
- GARAGES
- FENCES

For Complete Information

Phone 175
P. O. BOX 655

Benjamin Moore
QUALITY PAINTS

Farm & Ranch Supplies

Pecos Valley Lumber Co.
200 S. MAIN

54 Maternity—Mattresses — ROSWELL CLASSIFIED TELEPHONE DIRECTORY

Maternity Apparel
EXPECTATION SHOP 311½ N Main ----------- 43-J
WOOLDRIDGE'S 301 N Main ----------------- 446

Mattresses
Forster C Furniture Co 120 W 2d ----------- 122
NEW MEXICO FURNITURE & MATTRESS MFG CO
    812 S Main -- 4891
  (See Advertisement This Page)
ROSWELL BEDDING CO 411 E 2d ----------- 831
  (See Advertisement This Page)
(Continued Following Page)

THE ANSWER to any buying problem is quickly solved by consulting these pages.

New Mexico Furniture and Mattress Mfg. Co.
"SLEEP LIKE A KING"

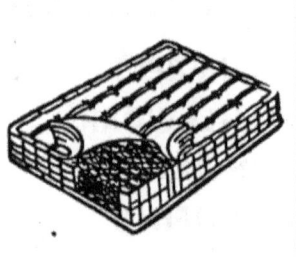

MATTRESSES — BOX SPRINGS
INNERSPRINGS
HOLLYWOOD BEDS

Made to Order » Any Size

"Buy Direct from Factory"

RENOVATING
RECOVERING
COTTON MATTRESSES MADE INTO INNERSPRINGS

OLD COIL BED SPRINGS CONVERTED TO BOX SPRINGS

Our New Plant is Equipped With the Latest Machinery to Produce Any Type Mattress

FREE ESTIMATES AND DELIVERY SERVICE

812 S. Main   **PHONE 4891**

MATTRESSES

★ CUSTOM MADE MATTRESSES
- INNERSPRING   • COTTON   • PILLOWS
★ BOX SPRINGS   ★ HOLLYWOOD BEDS   ★ UPHOLSTERING

SPECIALISTS IN UNUSUAL BEDDING PROBLEMS

QUILTED HEADBOARDS

CONVERSION & RENOVATION OF YOUR OLD MATTRESS

Phone 831

Roswell BEDDING

IN BUSINESS FOR YOUR SLEEPING COMFORT
411 EAST 2nd

When a NAME RECOMMENDED *has been* FORGOTTEN

You remember the recommendation but don't remember the name. If you will

LOOK IN THE
Classified
TELEPHONE DIRECTORY

YOU WILL PROBABLY RECOGNIZE THE NAME WHEN YOU SEE IT.

...and when you call him, tell him you found his name in the classified.

KANGAROO   HULLABALOO
INTERVIEW   TOODLE-OOO

2-31

Mattresses—(Cont'd)
SIMMONS MATTRESSES—
  DABBS FURNITURE CO INC 119 N Main--426
WHITE MATTRESS FACTORY 604 E 2d------384
  (See Advertisement This Page)

Mattresses—Renovating
Roswell Bedding Co 411 E 2d-------------831
WHITE MATTRESS FACTORY 604 E 2d------384

Meat
Food Mart 1001 W 2--------------------1915
Foster Grocery Co 119 W 4th------------ 444
Roswell Meat Co 210 E 7th-------------- 106
Shamas Food Stores 1021 S Main--------2537
SUPER MEAT MART 608 E 2-------------4009

Meat Packers
GLOVER PACKING CO N Garden av--------368

Meat—Wholesale
FLETCHER & CO 100 N Lincoln av-------2510
  If no answer call--------------------2530
GLOVER PACKING CO N Garden av--------368
ROSWELL MEAT CO 210 E 7th------------106
  (See Advertisement This Page)

Medical Service Organizations
Business Men's Assurance Co J P White B----2871

Men's Clothing & Furnishings
AMEEN'S 102 N Main-------------------1897
BALL & RAY
  Hickey-Freeman Clothes & Arrow Shirts
    218 N Main------------------------133
Cate's 127 N Main--------------------3393-J
DUVALL JAY MEN'S WEAR
  Stetson Hats, Justin Boots,
  Manhattan Shirts, Levis
    122 N Main----------------------2436-W
KESSEL'S DEPARTMENT STORE 201 N Main--2520
Model The 216 N Main-------------------313
POPULAR DRY GOODS STORE 107 N Main----661

Metal Windows
LUPTON ALUMINUM & STEEL WINDOWS—
  ELECTRICAL & MECHANICAL SUPPLY
  CO INC
    Michael Flynn Mfg Co's Products
    709 N Virginia av-----------------4078
PECOS VALLEY LUMBER CO 200 S Main----175

RUSCO PRIME WINDOWS
  IN STEEL CASING
  HOT-DIPPED - INGOT-IRON
  GALVANIZED - ZINC GRIP
  FULLY WEATHER STRIPPED
  GLAZED & PAINTED
  THE WINDOW THAT HAS
  EVERY ADVANTAGE
  RUSCO Prime Windows
  "WHERE TO BUY"
  DISTRIBUTORS
  NEW MEXICO BUILDING PRODUCTS CO
    106 E 10--1046

Milk
See also Dairies
CLARDY'S DAIRY 200 E 5th-------------796
PRICE'S CREAMERIES INC
  See Our Ad under Dairies
    1101 S Main-----------------------790

The Classified Telephone Directory provides one of the quickest ways for purchasers to locate where to buy YOUR goods.

Mill Equipment & Supplies
See Industrial Equipment & Supplies

Millwork
GILES MILL WORKS W of Roswell------024-J11
HETTINGA BROS INC 905 W McGaffey-----3247
NEW MEXICO BUILDERS SUPPLY
    1007 E McGaffey--1013

Mirrors
ROSWELL GLASS & MIRROR CO 1421 W 2--1548

Model Construction Supplies
DOYLE LARRY HOBBY SHOP 521 N Main----605
Palace Drug Store 300 N Richardson av-----51

Moldings
HETTINGA BROS INC 905 W McGaffey-----3247

Monuments
MADDOUX MONUMENT CO
  MARKERS - MAUSOLEUMS
  ITALIAN STATUES
  Large Stock of Both Granite and
  Marble Memorials
  We Also Do Commercial Sand Blasting
  SHOP AND DISPLAY ROOM
  ACROSS FROM FAIRGROUNDS ON
  CARLSBAD HIWAY
  2400 SE Main-------------------------1711

Mortgages
See also Real Estate Loans
DAVIDSON INSURANCE AGENCY
  Mortgage-Loans
    412 S Main------------------------3340

Mortuaries
See Funeral Directors

MATTRESS
AND BOX SPRINGS

We Use Chemical Spray for Deodorizing

WHITE'S
Mattress Factory
HOME OF DREME-BILT MATTRESSES

604 East 2nd **Phone 384** Roswell, N. M.

After 6 p.m. - Sundays and Holidays Call 4695-W

Who SELLS IT?
When a specific product or service is needed and there is an uncertainty as to who sells it. The
Classified **TELEPHONE DIRECTORY** Will Direct You
to a dealer who has what you wish to buy. Be sure to tell him the classified directed you to him.

ROSWELL MEAT CO.
Wholesale and Jobbers
210 E. Seventh   PHONE 106

Processors of HONDO BRAND
100% Pure Pork Sausage, Chili
Con Carne, Sweet Pickled Hams,
Kosher Style Corned Beef

Our Highest Esteem . . .
QUALITY & FRIENDLY SERVICE

Motels

Frontier MOTEL
A. A. A. AUTHORIZED
"ONE OF ROSWELL'S FINEST"
★ REFRIGERATED & EVAPORATIVE AIR CONDITIONING
★ PANEL RAY HEAT
★ TILE SHOWERS & TUBS
★ WALL TO WALL CARPET
★ FRANCISCAN FURNISHED
★ CHILDREN'S PLAYGROUND
★ KITCHENETTES

2 Mi. North of Downtown Roswell on Highways 70-285

Phone 2420
Mr. & Mrs. Wm. A. Schmidt—Owners

ROYAL MOTEL
"Fit for a King"

ROSWELL'S NEWEST & FINEST
☆ REFRIGERATED AIR CONDITIONING
☆ STEAM HEAT
☆ TELEPHONES
☆ TELEVISION
☆ TILED BATH (Comb. Tub and Shower)
☆ A FEW ROOMS EQUIPPED WITH MURPHY KITCHENETTES
☆ SALES MEETING ROOM

— AAA Approved —
Two Excellent AAA Approved Restaurants Next Door

LARRY MAUS — H. C. HOGAN
Owner Managed

Call 4446

2001 N. MAIN
U. S. - 70 - 285

APACHE MOTEL

— ALL ROOMS
★ AIR CONDITIONED
★ FULLY CARPETED
★ TILE SHOWERS

A. O. VAUGHN, Owner - Operator

1401 S Main---------2734

Belmont Motel 2100 W 2---------5276
Central Motel 1003 N Main---------3649
Counts Court 2011 W 2---------286-J
CRANE'S COURT 1208 W 2d---------1311
EL CAPITAN MOTEL Highway 285---------1323
EL RANCHO ROSWELL 2100 N Main---------3100
FRONTIER MOTEL N of Roswell---------2420
(See Advertisement This Page)

GREENHAVEN COURTS
CLEAN—MODERN COMFORTABLE
"It's Cool Under Our Shade Trees"
Trailer Court in Connection

612 E 2d---------246

LA CIMA COURT N Main---------1893
(See Advertisement This Page)
LA HONDO COURTS 1011 E 2d---------330
LA SALLE COURTS
E M Hill, Owner
2300 N Main---------5227
Mayo Motel 1716 W 2---------5370
(See Advertisement This Page)
Monterey Courts
Modern Units Mgr A R Jones
1910 W 2---------2062

MOUNTAIN VIEW COURT
Mr. and Mrs. Dub Morgan
Modern - Clean - Comfortable
Air Conditioned
Reasonable Rates

W of Roswell---------286-R

Navajo Motel 1013 W 2d---------349
(See Advertisement Following Page)
Pecos Courts 2001 W 2---------3067
Pioneer Motel 1614 W 2---------5176
PUEBLO COURTS 1501 W 2d---------3444
Riverside Rancho W of Roswell---------Long Distance
Rock Inn Court 1110 S Main---------3932
ROYAL MOTEL 2001 N Main---------4446
(See Advertisement This Page)
Spring River Court 1013 N Main---------377
(Continued Following Page)

Many buyers turn to the Yellow Pages first.

La Cima

♦ TILE BATHS
♦ WALL TO WALL CARPET
♦ CENTRAL HEATING
♦ REFRIGERATED AIR CONDITIONING
♦ TELEPHONES IN EVERY ROOM
♦ DINING ROOM & COCKTAIL LOUNGE

24 Modern 1, 2 and 3 Bed Suites
Reasonable Rates

Phone 1893

La Cima Court
"One of the Most Friendly in Southwest"

NORTH MAIN
U. S. Highways 70 - 285
A. R. HARRIS - Manager

Zuni MOTEL
REFRIGERATED AIR

AMERICAN AUTOMOBILE ASSOCIATION
OFFICIAL APPOINTMENT

—Roswell's Finest—
6 Blocks from the center of Town
REFRIGERATED AIR CONDITIONING AND AIR COOLED
STEAM HEAT • GARAGES • TELEPHONES
• TILE SHOWERS & TUBS
• WALL TO WALL CARPETS
• TV AVAILABLE

Owners and Managers
CLARK & FOWLER
1201 N. Main
On Hghwys 70 & 285   **Phone 206**

The Treasure Trail Through the Land of Enchantment

Mayo Motel

TUBS - SHOWERS - CARPETS
TELEPHONES IN ROOMS

"Service You Will Remember"

On Highways 70 & 380
1716 W. 2nd

Phone 5370

Motels—(Cont'd)

SUNSHINE COURT

- QUIET
- CLEAN
- COMFORTABLE

PANELRAY HEAT

Economy Rates

1422 W 2d --------- 167

WESTERN MOTEL 1710 W 2 ---------- 4428
  (See Advertisement This Page)
YUCCA COURTS N of Roswell ---------- 3499
ZUNI MOTEL 1201 N Main ---------- 206
  (See Advertisement Preceding Page)

Motion Picture Equipment & Supplies

See also Photographic Equipment & Supplies
MACK'S CAMERA CENTER 109 W 3d ------- 4178-J

Motor Cycles

See Motorcycles

Motor Freight Companies

See also Trucking
Albuquerque Phoenix Express 209 E 9 ------- 2544

APEX-ALBUQ PHOENIX EXPRESS

"THRU THE GREAT SOUTHWEST"
TO AND FROM:
ARIZONA
CALIFORNIA

APEX

"FOR PICK-UP CALL"
ALBUQUERQUE PHOENIX EXPRESS
209 E 9 -- 2544

(Continued Following Column)

Motor Freight Companies—(Cont'd)

EL PASO-PECOS VALLEY TRUCK LINES

DAILY OVERNIGHT SERVICE FROM EL PASO TO ROSWELL CARLSBAD - ARTESIA - ALAMOGORDO - TULAROSA RUIDOSO - CARRIZOZO.

BEN CASS, *Agent*

102 S Garden av ---------- 4488

HILL LINES INC 110 E 9 ---------- 718
NAVAJO FREIGHT LINES INC 715 N Virginia av -- 67
QUICK WAY TRUCK LINE
  Daily Service to Dexter
  Hagerman, Lake Arthur & Artesia
  419 N Virginia av ---------- 23

Motor Trucks

See Trucks—Motor

Motorcycles

INDIAN MOTORCYCLE SALES & SERVICE CO
  A J S, Indian Matchless, Royal Enfield
  1805 SE Main ---------- 2277

Motorcycles—Repairing

Harley-Davidson Sales Co 109 E Tilden ------- 4152

Motors—Electric

See Electric Motors

Movers

See also Trucking

AERO MAYFLOWER TRANSIT

Moves your furniture anywhere in the United States—or into Canada — easily, quickly. Modern vans, trained drivers, undivided responsibility for safe delivery. Warehouse agents everywhere.

"FOR INFORMATION CALL"
AGENTS
ARMOLD TRANSFER & STORAGE CO
  419 N Virginia av -- 23

AIRLINE VANS 121 E 2d ---------- 4637
  (See Advertisement This Page)

ALLIED VAN LINES

"World's Largest Long Distance Movers." More than 2300 modern weatherproof vans. Serving all 48 states and Canada. Agents with conveniently located modern furniture warehouses in every key city.

"FOR INFORMATION CALL"
Palace Transfer & Storage Co 121 E 3 -- 451

APEX WAREHOUSE CO

LOCAL MOVING - STORAGE
PACKING - CRATING
SHIPPING
CAR DISTRIBUTING

Agents for National Van Lines, Inc.

209 E 9 ---------- 2544

(Continued Following Page)

HANDY! These pages tell you where you can buy most anything — quickly, comfortably, by telephone.

Movers—(Cont'd)

ARMOLD TRANSFER & STORAGE CO
MOVING
STORAGE - CRATING
Agent for Aero Mayflower
419 N Virginia av — 23

ATLAS VAN SERVICE
MEMBERS AND STORAGE
FACILITIES IN ALL
PRINCIPAL CITIES
NATION-WIDE LONG
DISTANCE MOVING SERVICE
"FOR INFORMATION CALL"
ATLAS VAN SERVICE 1208 N Grand av — 272
(Continued Following Column)

Look for it in the "Classified."

Movers—(Cont'd)

CURRY & MAXWELL HOUSE MOVERS
1413 S Main — 3006
(See Advertisement This Page)

LUTHER TRANSFER & STORAGE INC
MOVING
Agents for
ALLIED VAN LINES
ACROSS THE STATE...
ACROSS THE NATION
401 E 3 — 3211

LYON VAN & STORAGE
ECONOMIZE
Let experts handle
all details when you
MOVE or STORE
ANYWHERE IN THE COUNTRY
LET LYON GUARD YOUR GOODS
"FOR INFORMATION CALL"
LYON VAN & STORAGE 1208 N Grand av — 272
(Continued Following Column)

Movers—(Cont'd)

Mayflower Movers Agency 419 N Virginia av — 23

PALACE TRANSFER & STORAGE CO
PACKING — CRATING
STORAGE
Agent — ALLIED VAN LINES
121 E 3 — 451

RAPP TRANSFER & STORAGE
Hauling - Storage - Crating
Private Railroad Siding
Pool Car Distribution
Commercial Storage
New Modern Warehouse
200 Blk. E. 12th (Rear)
1208 N Grand av — 272

ROSWELL MOVING & STORAGE INC
• MOVING
• STORAGE
• PACKING
• CRATING
Agents for North American Van Lines
109 N Virginia — 4188

UNITED VAN LINES
LONG DISTANCE MOVING in Vans that are "SANITIZED" for extra protection—an exclusive feature of United service. Wherever you move United has an agent to help you.
"FOR INFORMATION CALL"
AIRLINE VANS 121 E 2d — 4637
UNITED VAN LINES 121 E 2 — 4637
(See Advertisement This Page)

Museums

ROSWELL MUSEUM 104 W 11th — 1006

Music Instruction

Connor Janice Huff 308 W 4 — 1291

PECOS VALLEY SCHOOLS OF MUSIC
Specializing in
HAWAIIAN GUITAR LESSONS
Tuesdays and Wednesdays - 4 P.M. - 9 P.M.
SALES ON ALL TYPES
INSTRUMENTS
Musical Instrument Supplies
119 N Virginia av — 3489

Musical Instruments

GINSBERG MUSIC CO
"EVERYTHING MUSICAL"
Piano Sales - Service - Rentals
• BALDWIN • ACROSONIC
• HAMILTON • GULBRANSEN
Band Instruments - Records
Sheet Music - Radios
205 N Main — 10
Pecos Valley Schools of Music 119 N Virginia av — 3489

Musicians

Roswell Federation of Musicians Local 640
211 W Deming — 2438

News Dealers

Eastside Pharmacy 1115 E 2 — 355
WILLIAMS NEWS AGENCY
Wholesale, Retail, Magazine Subscriptions
212 N Richardson av — 706

MOVING?

WE TAKE THE LOAD OFF YOUR MIND
Move You With Care Everywhere

LOCAL & LONG DISTANCE MOVING
PACKING
STORAGE

Long distance moving with specially-designed vans... experienced personnel... expert packing and crating of fragile articles... customer insurance.

UNITED VAN LINES
Agent – Airline Vans
PHONE 4637
121 E. 2ND ST.

MOVERS
DEPENDABLE • INSURED
REASONABLE
EQUIPPED FOR ALL TYPES OF
HEAVY MOVING
House Moving Our Specialty
Licensed by the State of New Mexico
Call 3006
CURRY & MAXWELL HOUSE MOVERS
"WE MOVE THE PECOS VALLEY"
1413 S. Main St.

When REPAIRING
of any KIND is NEEDED

Whether it's the roof, plumbing, electrical or any one of a hundred things, you'll find the service in the

Classified
TELEPHONE DIRECTORY
It Tells "WHERE TO BUY IT"

And "When you Buy It" tell the man you found him in the classified.

Newspapers

- Atomic Blast Newspaper Norton Hotel --- 293
- **EL PASO TIMES-HERALD POST**
  212 N Richardson av --- 706
  (See Advertisement This Page)
- Pecos Valley Sun 203 E McGaffey --- 5190
- **ROSWELL DAILY RECORD** 424 N Main --- 2286
  (See Advertisement This Page)

Night Clubs

- **COLONIAL CLUB** 419 E 2d --- 1267
- **SCAVARDA'S** Old Dexter hwy --- 1365
- Scotty's Club W of Roswell --- 5235
- **YUCCA NITE CLUB** S of Roswell --- 1904

Notaries—Public

- **CHAVES COUNTY ABSTRACT CO** 125 W 4th --- 169
- Gibbany Arline 407 N Penn --- 277
- **McCORMICK MARGIE** 117½ E 3 --- 3990

Notions—Wholesale

- **DICKENSON WHOLESALE CO** 1615 S Sunset av --- 992
- New Mexico Mercantile Co 108 S Virginia av --- 585

Nurseries—Infants' & Children's

- A B C Nursery 312 N Penn av --- 4680
- Child Garden 414 N Lea av --- 1707-W

Nurseries—Plants & Trees

- **CARPENTER NURSERY & GARDEN CENTER**
  301 N Orchard av --- 758
  1002 W 2 --- 2952
  (See Advertisement This Page)
- **GOODWIN'S GREEN THUMB NURSERY** 416 E 2 --- 17

(Continued Following Page)

EL PASO TIMES-HERALD POST

MORNINGS • EVENINGS
SUNDAYS

Complete News Coverage
World Wide and Local

Subscription Rates Available

212 N. Richardson   **706**

Roswell Daily Record

BETTER COVERAGE
of Local, National and
International Events

•

Leased Wires by the
Associated Press

•

424 N. Main   Phone 2286

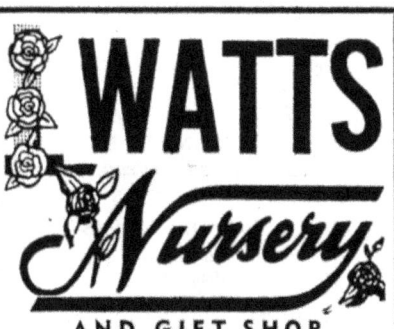

WATTS Nursery
AND GIFT SHOP

Phone
4592

★

PLANTS
SUITABLE FOR
YEAR-ROUND
PLANTING!

★

Home Owned & Operated

- ALL TYPES SHADE TREES
- ORNAMENTAL TREES & FRUIT TREES
- EVERGREEN TREES & SHRUBS
- SHRUBS ADAPTED TO THIS CLIMATE
- ROSE BUSHES
- BEDDING PLANTS & BULBS
- POTTED PLANTS
- GRASS SEED
- FERTILIZERS & INSECTICIDES

— GIFTS —
German Dresden, Venetian Glass,
Porcelain China, Planters, Lamps,
Cups & Saucers in English Bone,
French Lim-o-ges and Shadow Boxes

★

LANDSCAPING
and
YARD WORK
OF ALL KINDS

WATTS Nursery
AND GIFT SHOP
804 S. Atkinson Ave.

Carpenter NURSERY & GARDEN CENTER
Plant America
AAN

TREES - SHRUBS EVERGREENS GRASS SEED	**Roswell's Most Complete Garden Supply Centers**
BEDDING PLANTS SEEDS - BULBS FERTILIZERS PEAT MOSS 	Graduate Horticulturist with Over 20 Years Actual Experience in this Region ★ *Free Estimates & Landscape Consultation* **By Appointment — Call 758**
 ROSE BUSHES POTTED ROSES (CAN BE PLANTED AT ANY TIME)	**2 BIG LOCATIONS** TO SERVE YOU **OPEN EVERY DAY**
HOUSE PLANTS PLANTER BOX ARRANGEMENTS CERAMICS	**301 N. ORCHARD AV.** (One Block No. of Hondo Bridge On E. 2nd) **Phone 758**
 COMPLETE SPRAYING SERVICE FOR ALL TREES SHRUBS & PLANTS	**1002 W. 2ND ST.** (Across from Union Plaza Shopping Center) **Phone 2952**

Nurseries–Plants & Trees– (Cont'd)

ROLLINS BROS NURSERY

SHADE AND FRUIT TREES
PECAN TREES
ALL TYPES OF EVERGREENS
ROSES
FLOWERING SHRUBS

One Block North and One Block East of Hondo Bridge

1110 E Plum--------4829

Watts Nursery & Gift Shop 804 S Atkinson av--4592
(See Advertisement Preceding Page)

Office Equipment & Supplies

See also Specific Kinds, i.e., Adding & Calculating Machines; Bookkeeping & Accounting Machines; Typewriters, etc.

ALL STEEL OFFICE FURNITURE—
ROSWELL TYPEWRITER CO 408 N Main--674
COBEAN STATIONERY CO 320 N Richardson av--166
(See Advertisement This Page)
HALL-POORBAUGH PRESS 210 N Richardson av--999
Hendrix Office Equipment Co 206 W 4th------2665
JOHN OFFICE SUPPLY 212½ N Richardson av--629

REMINGTON RAND OFFICE EQUIPMENT AND SERVICES

Adding, calculating, bookkeeping machines. Kardex visible record systems. Safe-Cabinets. Looseleaf & filing equipment. Photographic records, Duplicator stencils and offset plates. Remington Typewriters.

"WHERE TO BUY THEM"
HENDRIX OFFICE EQUIPMENT CO
206 W 4th--2665

Office Furniture

ALL STEEL OFFICE FURNITURE—
ROSWELL TYPEWRITER CO 408 N Main--674
COBEAN STATIONERY CO 320 N Richardson av--166
HALL-POORBAUGH PRESS 210 N Richardson av-999

Oil Field Contractors

Rotary Engineering Co 306 S Kentucky av-----4228

Oil Field Equipment

Clowe & Cowan Inc 805 N Virginia av-------1025

Oil Field Hauling

TYNER ROY V CO 1023 S Atkinson av-------4036

Oil Field Service

BOOKER GLENN

OIL FIELD SERVICE
Rod, Tubing, Cleanout Service
Deep Well Swabbing and Completion Work
Roustabout Crews
Steam Service
Tank Cleaning - Welding
Artesia Oil Field

Lovington ---------------------4591
Long Distance ---------Artesia ‡ 5-F2

WELEX JET SERVICES

Jet Perforating
Gamma Ray – Neutron
Simultaneous Logging
Other Wire Line Services

"FOR SERVICE CALL"
WELEX JET SERVICE INC
110 S Grimes Hobbs, New Mexico
Long Distance--Hobbs 3-2652

Oil Leases

FRANKLIN ASTON & FAIR J P White B-------1677
HARRIS LAWRENCE C

OIL PROPERTIES
OIL LEASES
OIL ROYALTIES

Hinkle B -----------------3230
If no answer call-----------5177

Magnolia Petroleum Co 116 W 1st----------- 725
New Mexico Osage Cooperate Royalty Co
108½ N Main 659
Warren Petroleum Co 114 E 4----------1979

Oil Producers

ASTON BERT J P White B-----------1677
Atlantic Refining Co The J P White B------- 3497
Barnett John A 1723 W 2d-----------3737
Cities Service Oil Co 200 W 1st-----------4310
Continental Oil Co
200 W 1st-------------4340
200 W 1st-------------4341
200 W 1st-------------4550
FRANKLIN ASTON & FAIR J P White B-----1677
J P White B-------------2048
Gulf Oil Corp 200 W 1st-----------4770
Hanson Ernest A
Oil Operator
200 W 1st-------------4630
HUMBLE OIL & REFINING CO
Exploration Department
Geologic
Land
Scouting
1st Natl Bk B-----------5596
Kelly John M 803 E 2d-----------2112
Keohane Inc J P White B-----------2071
Kewanee Oil Co City Hall-----------3558
LEONARD OIL CO J P White B-----------4576
If no answer call-----------5413
Lion Oil Co J P White B-----------1436
Magnolia Petroleum Co 403 E 2-----------2555-J1
New Mexico Oil & Gas Assn 200 W 1-----------1111
Ohio Oil Co The 102½ N Main-----------5100
Pubco Petroleum Inc 425 N Richardson av--5115
Seaboard Oil Co J P White B-----------4710
(Continued Following Column)

Oil Producers–(Cont'd)

Shell Oil Co 110 E 3d-----------4325
Sinclair Oil & Gas Co 110 E 3d-----------4720
Southern Petroleum Exploration Inc 200 W 1st--119
Stanolind Oil & Gas Co 200 W 1st-----------4700
Sun Oil Co 309 N Richardson av-----------4380
Sunray Oil Corp 1st Natl Bank B-----------4801
Superior Oil Co 129 W Walnut-----------531
If no answer call-----------4693
Tide Water Associated Oil Co 112 E 4-----------3561
Union Oil Co of California 116 E 4-----------3550

Oil Properties

Etz A N J P White B-----------530
Harris Lawrence C Hinkle B-----------3230
Jennings Howard W J P White B-----------3302
Keyes Grant J P White B-----------633
Littlefield George W 110 N Main-----------2052
Morrell Foster Nickson Hotel B-----------3031
Nearburg & Loveless 127 S Richardson av-----5300
Pipkin Eugene H 308 N Penn av-----------4022
Read Charles B J P White B-----------3251
Rushmore F P Jr J P White B-----------4794
White Emmett D J P White B-----------2070

Oil Refiners' Equipment

CLOWE & COWAN INC 805 N Virginia av------1025

Oil Royalties

CAHOON C W JR
City National Building
Wichita Falls Texas
Long Distance--Wichita Falls 2-2446
Keyes Grant J P White B-----------633

Oil Well Logging

Schlumberger Well Surveying Corp 706 S Main-2302
STRATALOG WELL LOGGING SERVICE

CONTINUOUS
FORMATION ANALYSIS
Kent Morgan and Jimmie Little

Permian Bldg Big Spring Tex Toll Call- 4-5825
Night Number Dial Operator
Big Spring Tex Toll Call--7-F3

WELEX JET SERVICES

Jet Perforating
Gamma Ray – Neutron
Simultaneous Logging
Other Wire Line Services

"FOR SERVICE CALL"
WELEX JET SERVICE INC
110 S Grimes Hobbs, New Mexico
Long Distance--Hobbs 3-2652

Oil Well Perforating

WELEX JET SERVICES

Jet Perforating
Gamma Ray – Neutron
Simultaneous Logging
Other Wire Line Services

"FOR SERVICE CALL"
WELEX JET SERVICE INC
110 S Grimes Hobbs, New Mexico
Long Distance--Hobbs 3-2652

Oil Well Supplies

See also Oil Field Equipment
CLOWE & COWAN INC
Wholesale Only
805 N Virginia av-----------1025

The Classified Telephone Directory lists many local tradespeople, services and products. Keep it handy and make it your buying guide.

Oils

ANDERSON & WATKINS

Distributor For
QUAKER STATE
MOTOR OILS

Butane - Gasoline
Kerosene - Diesel Fuel

813 N Virginia av-----------------22

BELL RAY OIL CO
Sinclair Products Distr
  105 E 19th-----------------3366
CONTINENTAL OIL CO 212 E Walnut-----------123
Etz A N J P White B-----------------530
Hodges L B Nickson Hotel-----------------2468
LEONARD OIL CO
Gulf Products Jobbers
  911 N Virginia av-----------------655
  If no answer call-----------------5413
LEVERS OIL CO 209 E 2-----------------500

MAGNOLIA PETROLEUM PRODUCTS

Mobilgas — America's Favorite Gasoline
Mobiloil — World's Largest Selling Motor Oil

"WHERE TO BUY IT"
MULKEY REED CO 300 E Alameda-----------------638

MALCO REFINERIES INC

PETROLEUM
PRODUCERS - REFINERS
MARKETERS

410 E College blvd-----------------3900

Marathon Oil & Gas Distributor 300 E 2d-----114
Norman J C Oil Co 602 E 2-----------------3336
Powers Oil Co 913 N Virginia av-----------------66
Pure Oil Co The J P White B-----------------1633

ROYAL TRITON MOTOR OIL

THE AMAZING PURPLE
HEAVY-DUTY MOTOR OIL
Designed Especially for Today's
High Compression Automobile
Engines

"WHERE TO BUY IT"
VALLEY DISTRIBUTING CO 127 W Walnut--4882

Shamrock Petroleum Products Distr
  214 E Alameda--677
Sinclair Crude Oil Co 110 E 3-----------------4670
Standard Oil Co of Texas
  801 N Virginia av-----------------4390
  801 N Virginia av-----------------4391

(Continued Following Column)

Oils—(Cont'd)
TEXAS CO THE 311 S Virginia av-----------------144
Tweedy Oil Co Inc 214 E Alameda-----------------677
VALLEY OIL CO
  City Service Products
  520 E 2-----------------902

Oils—Wholesale
Mulkey Reed Co 300 E Alameda-----------------638

Optical Goods—Wholesale
BAUSCH & LOMB OPTICAL CO 129 E 3-------2273

Optometrists
Boggs T E 1100 N Main-----------------21
FRY LEROY F 101 N Richardson av-----------------3456
GLOVER VICTOR S 609 W 2d-----------------2855

Organs
GINSBERG MUSIC CO 205 N Main-----------------10
JENKINS MUSIC CO

EXCLUSIVE DEALERS
IN THE PECOS VALLEY
FOR ALL 5 MODELS OF THE
HAMMOND ORGAN
"Music's Most Glorious Voice"
111 W 3-----------------4027

Ornamental Metal Work
Goode's Welding Shop 403 E McGaffey-------3934
  (See Advertisement This Page)

Osteopathic Physicians & Surgeons
BARBOUR L D 401 N Lea av-----------------5000
  Res-----------------1641
REYNOLDS J PAUL 401 N Lea av-----------------5000
  Res-----------------333
SCOTT R E 100 N Lea av-----------------214
  Res Phone-----------------453
THIELKING EDMUND L 401 N Lea av-----------------5000
  Res-----------------747

Outboard Motors
JOHNSON SEAHORSE SALES & SERVICE—
  SAWEY CHUCK GULF SERV STA
  224 W 2d--4290

Oxygen
BARBEE WELDING SUPPLY CO 1103 E 2-------378
Welders Supply Co 602½ E 2d-----------------319-J
Western Welders Supply Co 1707 SE Main----5178

Oxygen Therapy Equipment
BARBEE WELDING SUPPLY CO 1103 E 2-------378
  (See Advertisement This Page)
WELDERS SUPPLY CO 602½ E 2d-----------------319-J
  (See Advertisement This Page)

Packing & Crating Service
Airline Vans 121 E 2d-----------------4637
ARMOLD TRANSFER & STORAGE CO

— Complete —
PACKING AND
CRATING SERVICE
Agent for Aero Mayflower

419 N Virginia av-----------------23

LUTHER TRANSFER & STORAGE INC 401 E 3--3211
Rapp Transfer & Storage 1208 N Grand av-----272
Roswell Moving & Storage Co 109 N Virginia---4188

- Fences
- Guards
- Grills
- Gratings
- Metal Furniture
- Porch Columns
- Flower Stands
- Fireplace Equipment

Call 3934
Goode's Welding Shop
403 E. McGaffey

OXYGEN
THERAPY SERVICE
WELDERS SUPPLY CO.

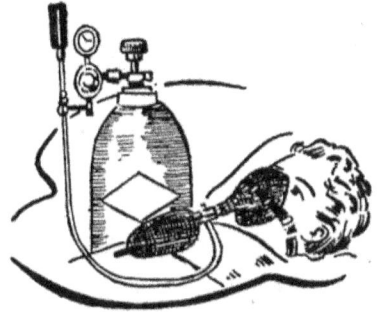

24 Hour Service
- Medical Gases and Equipment
- Regulators and Mask Rental

— Elmer L. Pruit —
602½ E. 2nd

Phone 319-J

If No Answer Call 3264-J

Barbee Welding Supply Co.
MEDICAL OXYGEN
★ BREATHING MASKS
★ REGULATORS

Sold or Rented
24-Hour Service

Phone 378
1103 E. 2

Emergency!

An emergency arises—you need help quickly! Physician, hospital, ambulance, taxi or plumber! The quickest way of finding whom to call is to—

LOOK IN THE
Classified
TELEPHONE DIRECTORY

Paint & Varnish

ALLIED PAINTS

"THE ENDURING FINISH"
For Home and Industry
Tailor Made for this Climate
A Complete Line of Quality
Paints, Varnishes and Enamels

"WHERE TO BUY IT"
DEALERS
HOUSTON LUMBER CO 109 W Alameda------59

BENJAMIN MOORE PAINTS & VARNISHES

"Utilac"—The original four hour Enamel. Varnishes. "Muresco"— "Sani-Flat"— Washable Interior Wall Coating. "Moorwhite"— a perfected exterior House Paint. "USE MOORE PAINT"

"WHERE TO BUY THEM"
PECOS VALLEY LUMBER CO 200 S Main-----175

(Continued Following Column)

LEE'S PAINT STORE

PAINTS

Pioneer PAINTS AND VARNISHES

Minnesota TESTED

COMMERCIAL PAINTING RESIDENTIAL

Full Line of Wallpaper
Automobile Enamels
FLOOR POLISHERS FOR RENT

Visit our Store at...
215 WEST 3rd
Phone 2959

McMURTRY PAINTS

SEE OUR LARGE SELECTION OF
STOCK WALLPAPER
"250 Colors of Odorless Paint"

We Rent Floor Sanders, Floor Polishers and Spray Guns
FLOOR REFINISHING SUPPLIES
— Free Delivery —
— Call 1279 —
GURLEY PAINT & SUPPLY CO.
405 S. Main
— Plenty of Free Parking —

Paint & Varnish—(Cont'd)

BOWMAN LUMBER CO 1400 W 2d----------3202
BURR'S DEPARTMENT STORE 1009 W 2------5237
CHI-NAMEL—
    DISTRIBUTORS
  CRANE SUPPLIES 1801 SE Main----------1288-R
  ROSWELL HARDWARE 1803 SE Main--1288-W
  S & A VARIETY STORE 1135 S Main------1063
Crane Supplies 1801 SE Main--------------1288-R
DANIEL PAINT & GLASS CO 208 N Richardson av--39
DUCO PAINTS AND VARNISHES

Duco Paints and Duco Varnishes — A Paint for Every Purpose — Easier to Use — Leaves no Brush Marks — Dries Quickly — But Not Too Quickly.

"WHERE TO BUY IT"
DEALERS
WILMOT HARDWARE CO 113 N Main------634

FIRESTONE STORES 110 W 2d--------------116
GURLEY PAINT & SUPPLY CO 405 S Main----1279
  (See Advertisement This Page)
HETTINGA BROS INC 905 W McGaffey------3247
ISLER BUILDERS SUPPLY 207 E McGaffey--3432-W
KEMP LUMBER CO
  Lowe Brothers Paint & Varnish
  212 E 4th-----------------------------1136
  Lee's Paint Store 215 W 3d-------------2959
  (See Advertisement This Page)
MAYES LUMBER CO 115 S Virginia av------315

MINNESOTA PAINTS
VARNISHES-ENAMELS-LINSEED OIL

Make the familiar "Minnesota" Tested Trademark your reliable guide to modern paint products & honest quality. Consumer tested & proven since 1870.

"WHERE TO BUY THEM"
DISTRIBUTORS
CRANE SUPPLIES 1801 SE Main----------1288-R
DEALERS
NEW MEXICO BUILDERS SUPPLY
  1007 E McGaffey--1013
ROSWELL HARDWARE 1803 SE Main--1288-W

NEAL'S BUILDERS' SUPPLY
Quality Brands Paint & Varnish
214 W 3d ---------------------------------2410

PABCO PAINTS

Featuring "California Originals" In The New Western Colors! Interior, Exterior, Marine, Industrial Paint, "Hydroseal." Prot. Coatings, "Stainless Sheen" Rubber-base Interior Paint For Other Pabco Products See Pabco Linoleum & Pabco Roofing Dealers

"WHERE TO BUY THEM"
DEALERS
NEAL'S BUILDERS' SUPPLY 214 W 3d------2410

PITTSBURGH PAINT PRODUCTS

Smooth as Glass
Wallpapers — Wholesale
And Retail

"WHERE TO BUY IT"
DEALERS
DANIEL PAINT & GLASS CO
  208 N Richardson av--39

SATIN LUMINALL—
DANIEL PAINT & GLASS CO
  208 N Richardson av--39
Sherwin-Williams Co 107 E 5th----------3394
(Continued Following Column)

Purchasing agents often use the Classified Telephone Directory as their FIRST reference — it is one of the quickest ways to locate a local source of supply.

Paint & Varnish—(Cont'd)

SHERWIN-WILLIAMS PAINTS

Paints for all purposes
Including famous
S W P House Paint,
SUPER KEM-TONE De Luxe
Washable Wall Paint,
KEM-GLO Miracle Lustre Enamel.

"WHERE TO BUY IT"
BRANCH
SHERWIN-WILLIAMS CO 107 E 5th--------3394
DEALERS
PIRTLE-LIVELY CO 1200 E 2--------------3730

SPRED SATIN—GLIDDEN PAINTS

The 100% Latex Emulsion Paint for walls, ceilings and woodwork. Goes on in ½ the time without laps or brushmarks. Dries in 20 minutes. Guaranteed washable. Modern colors.

"WHERE TO BUY IT"
BECK LUMBER CO 2211 N Main------------398
PECOS VALLEY LUMBER CO 200 S Main----175

Paint & Varnish—Wholesale

CLOWE & COWAN INC 805 N Virginia av------1025
CRANE SUPPLIES 1801 SE Main----------1288-R

Simplify your buying—know where to buy it. The dealers in many nationally advertised articles are listed in the Yellow Pages. Make it a habit before buying to "Look inside the Classified."

The ADDRESS REMEMBERED but NAME FORGOTTEN

If the principal business of the firm is known, it is then easy to locate the name and telephone number in the

Classified
TELEPHONE DIRECTORY

LOOK UNDER THE HEADING WHICH IS A GENERAL DESCRIPTION OF THE BUSINESS.

When you call a firm, be sure to tell him you saw his name in the classified.

Painting Contractors

BECK LUMBER CO	2211 N Main	398
LEE'S PAINT STORE	215 W 3d	2959
NILSEN PAINTING CO		

> "COLOR SPECIALIST"
> PAINTING CONTRACTOR
> Residential — Industrial
> (See Advertisement This Classification)
> 1100 W 4th------526

Patent Attorneys & Agents

Wood Cecil L 301 Sinclair B Fort Worth
  Texas Long Distance--FOrtune 2222

Paving Contractors

Thomason-Beavers Construction Co
  1501 W Walnut--5075
  (See Advertisement This Page)

Pawn Shops

Irvine Loan Co S of Roswell------7-3322
MAIN LOAN CO

> MONEY ON ANYTHING OF VALUE
> Diamonds - Firearms - Clothing
> Watches - Sporting Goods
> Jewelry - Tools - Luggage
> Bargains in Unredeemed Pledges
> Licensed Brokers
> 310 S Main------1350-J

Pest Control

See Exterminating & Fumigating; also Termite Control

Pet Shops

Pecos Valley Aviaries 616 N Main------2003
  (See Advertisement This Page)

Pharmacists

See Druggists

Phonograph Records

GINSBERG MUSIC CO 205 N Main------10
ZINKS 322 N Main------2456

Phonographs—Coin Operated

Kronauer Music Co
  24 Hrs Answering Service
  1139 S Main------1019

Photo Finishing

MACK'S CAMERA CENTER 109 W 3d------4178-J
Pecos Valley Photo Service 616 S Main------5277

Photo-Printers

CHAVES COUNTY ABSTRACT CO 125 W 4th------169
DELAWARE BASIN REPRODUCTIONS 200 W 1---254
  (See Advertisement This Page)
PECOS VALLEY REPRODUCTIONS

> DIRECT PRINTS - BLUE PRINTS
> PHOTOSTATS - FILMWORK
> Van Dykes and Auto Positives
> Engineers' and Architects' Supplies
> *Pick-up and Delivery Service*
> Across from the Petroleum Bldg.
> 207 W 1------4217

PAINTING
BETTER MATERIALS
+ BETTER WORK
= A BETTER JOB

RESIDENTIAL • COMMERCIAL • INDUSTRIAL

- SPRAY PAINTING
  Ranches - Bridges - Oil Field Work, etc.
- BRUSH PAINTING
  Homes - Stores - Churches, etc.
- DRY WALL CONSTRUCTION
- PAPER HANGING

QUALIFIED MECHANICS
LICENSED • INSURED
STATEWIDE & OUT OF STATE

PHONE 526

NILSEN PAINTING CO.
1100 W. 4TH ST.

ASPHALT PAVING

Driveways - Subdivisions - Parking Areas
EXCAVATING
— Phone 5075 —
THOMASON - BEAVERS CONSTRUCTION CO.
1501 W. Walnut

 Pet SHOP

- Parrots
- Parakeets
- Love Birds
- Cockatiels
- Canaries

SEEDS & SUPPLIES
Shop Phone **4519-W**
7 Morningside
PECOS VALLEY AVIARIES
616 N. Main • PHONE 2003

YOUR
PHOTOSTAT
COPIES
ARE HANDLED IN STRICTEST CONFIDENCE

LEGAL COPIES OF LEGAL DOCUMENTS
BLUE PRINTS
MAPS AND CHECKS

CALL **254**

Accurate Copies of Anything Any Size

DELAWARE BASIN REPRODUCTIONS
200 W. 1ST.

Photographers

DUFFY'S STUDIO

CAMERA STUDY PORTRAITS
"You at Your Best"
"Photos Everyone Can Afford"
Heavy Oils - Miniatures - Frames

608 N Main --------------- 352

Larkam Studio 308 W 3d --------------- 1308
Mourer Photo & Camera Shop 106 N Main --------------- 2567
Redmon Tony 1111 N Montana av --------------- 1230

RODDEN'S STUDIO

*Serving New Mexico
With Nationally Recognized*
PHOTOGRAPHY
Since 1918

133 W 4th --------------- 562

Photographic Equipment & Supplies

See also Motion Picture Equipment & Supplies; also Photo Finishing
MACK'S CAMERA CENTER 109 W 3d --------------- 4178-J
OWL DRUG CO 220 N Main --------------- 41
PECOS VALLEY DRUG CO
  Eastman Agents
    312 N Main --------------- 1

Physicians' Equipment & Supplies

See also Surgical Supplies
NASH PHARMACY 404½ N Penn av --------------- 2434
PRESCRIPTION PHARMACY THE 205 W 3d --------------- 1164

Physicians' & Surgeons' Exchanges

ASSOCIATED DOCTORS CALL SERVICE

CALL US IF YOU ARE UNABLE
TO LOCATE YOUR DOCTOR
EMERGENCIES • NEWCOMERS
24 HOUR SERVICE

306 S Kentucky av --------------- 4754

PHYSICIAN'S & SURGEON'S EXCHANGE
    606 W Tilden --------------- 4492
Roswell Telephone Secretarial Service
    306 S Kentucky av --------------- 4754

Physicians & Surgeons M.D.

BALDWIN H C
  General Practice X-Ray Laboratory
    612 N Main --------------- 2150
    Res Phone --------------- 2005
BLAUW ALFRED S
  Practice Limited to Laboratory
  Diagnosis & Pathology
    403 W 2 --------------- 5517
    If no answer call --------------- 4492
BOICE ROBERT R
  Eye, Ear, Nose & Throat Specialist
    113 S Kentucky av --------------- 428
    Res Phone --------------- 3295
BROWN FREDERICK R
  General Practice
    302 W Tilden --------------- 4165
    Res Phone --------------- 3532
    If no answer call --------------- 4492
CAHOON D H
  Specialists in Internal Medicine
  & Allergic Diseases
    401 N Penn av --------------- 30
    Res phone --------------- 63
CHILDREN'S CLINIC 109 N Union av --------------- 5164
  If no answer call --------------- 4492
DOLMAGE G H
  Eye Specialist
    113 S Kentucky av --------------- 428
    Res phone --------------- 3263

(Continued Following Column)

Physicians & Surgeons—M.D.—(Cont'd)

ENGLISH F A
  Internal Medicine & Allergy
    309 W Alameda --------------- 216
    Res Phone --------------- 268
FALL H V
  General Practice
    210 W 3d --------------- 290
    Res Phone --------------- 626
GRISWOLD G W
  Eye, Ear, Nose & Throat Specialist
    211 W 3d --------------- 600
    Res --------------- 3527
HYSLOP HENRY R
  Obstetrics - Diseases of Women
    205 N Missouri av --------------- 4490
    Res --------------- 2634
    If no answer call --------------- 4492
JENNINGS EMMIT M
  General Surgery
    309 W 2 --------------- 134
    If no answer call --------------- 4492
KINMAN L M
  Urology
    300 W Alameda --------------- 4559
LANDER E W
  General Practice
    211 W 3d --------------- 600
    Res --------------- 2255
LATIMER EARL A JR
  General Practice
    401 N Penn av --------------- 30
    Res Phone --------------- 2483
LE VEEN HARRY H
  Surgery
    103 N Penn av --------------- 2514
MALONE EARL L
  General Practice
    302 W Tilden --------------- 4165
    Res Phone --------------- 779
    If no answer call --------------- 4492
MARSHALL CLINIC 401 N Penn av --------------- 30

(Continued Following Column)

Physicians & Surgeons—M.D.—(Cont'd)

MARSHALL I J
  General Practice
    401 N Penn av --------------- 30
    Res Phone --------------- 580
MARSHALL STEVE
  General Practice
    401 N Penn av --------------- 30
    Res Phone --------------- 2285
MEDICAL & SURGICAL CLINIC OF ROSWELL
  G W Griswold
  E W Lander
  J P Williams
    211 W 3d --------------- 600
Montgomery Charles 506 N Richardson av --------------- 932
MOORE JOHN S
  Bone & Joint Surgeon
    209 W 1st --------------- 4337
    If no answer call --------------- 4492
MORRISON GEO S
  Eye, Ear, Nose & Throat Specialist
    113 S Kentucky av --------------- 428
    Residence Phone --------------- 798
PRUIT A R
  Obstetrics-Diseases of Women
    205 N Missouri av --------------- 4490
    Res --------------- 813
    If no answer call --------------- 4492
RUBRICIUS JEANETTE
  Obstetrics-Diseases of Women
    103 N Penn av --------------- 2514
SALMON PIERRE
  Internal Medicine &
  Diseases of the Heart
    406 N Penn av --------------- 2868
    Res Phone --------------- 4679
SERVICE ALLEN C
  Specialist in Diseases
  of Infants & Children
    109 N Union av --------------- 5164
SOUTHWESTERN EYE EAR NOSE & THROAT CLINIC
  Morrison Geo S
  Boice Robert R
    113 S Kentucky av --------------- 428

(Continued Following Page)

---

what price **TIME?**

Are you one of those people who feel that Time is a "vital commodity" and should not be wasted? Are you looking about for new ways to save YOUR Time?

Do not, then, overlook the Classified Telephone Directory. It can help you to save a great deal of time.

Plan your shopping and many other contacts with business people with the aid of the

Classified
TELEPHONE DIRECTORY

Say you saw it in the classified.

Physicians & Surgeons—M.D.— (Cont'd)

TARRANT GRACE 206½ W 3 --- 1321
  Res Phone --- 7-2494
WAGGONER R P
  Surgery
    504 N Richardson av --- 208
Walker J J J P White B --- 265
WILLIAMS J P
  General Practice
    211 W 3d --- 600
  Res --- 1040
WORTHINGTON & MONTGOMERY
  X-Ray Diagnosis & Therapy
  Radium Therapy
    506 N Richardson av --- 932

Make it easy for your customers to find you. Representation in the Classified pages does just that.

Piano Movers
See Movers

Pianos
GINSBERG MUSIC CO 205 N Main --- 10
  (See Advertisement This Page)
JENKINS MUSIC CO 111 W 3d --- 4027
  (See Advertisement This Page)

Pianos—Rental
GINSBERG MUSIC CO 205 N Main --- 10
JENKINS MUSIC CO
> Rent New Pianos on Our . . .
> RENTAL Purchase Plan . . .
> BUY LATER IF YOU WISH
> *"Serving the Southwest Over 76 Years"*
> 111 W 3 --- 4027

STEINWAY PIANOS

OTHER WELL KNOWN MAKES

CHICKERING
GEORGE STECK
EVERETT
CABLE-NELSON
ELBURN

Terms if Desired

HAMMOND ORGANS
"Music's Most Glorious Voice"

PHONE **4027**

JENKINS MUSIC CO.
"Serving the Southwest Over 76 Years"
111 WEST 3rd

Emergency!

An emergency arises—you need help quickly! Physician, hospital, ambulance, taxi or plumber! The quickest way of finding whom to call is to—

LOOK IN THE

Classified **TELEPHONE DIRECTORY**

2-28

PIANOS

Sales - Service
Rentals

★ **Baldwin**
★ **Acrosonic**
★ **Wurlitzer**
★ **Hamilton**
★ **Gulbransen**

and
Wurlitzer & Baldwin Electronic Organs

★

BAND INSTRUMENTS
Records - Sheet Music

PHONE 10

205 N. Main

Pianos—Tuning & Repairing
- GINSBERG MUSIC CO 205 N Main---10
- JENKINS MUSIC CO 111 W 3---4027

Picture Frames
- ALLEY BOOK STALL & ART GALLERY
  314 N Richardson av--2221-M
- DANIEL PAINT & GLASS CO 208 N Richardson av-39
- SHERWIN-WILLIAMS CO 107 E 5---3394

Pies
- Alsup's Cake Shop 304 S Richardson av---4051
- Small's Bake Shop 607 W 2d---29

Pipe
- Amarillo Junk-Westex Pipe Co
  4th & Jackson Amarillo Texas
  Long Distance--Amarillo-3-4201
  (See Advertisement This Page)
- STOCKMEN'S WELL & SUPPLY CO 317 E 4th--1413
- WHITE J P INDUSTRIES E of Roswell---4604

Pipe Fittings—Wholesale
- CLOWE & COWAN INC 805 N Virginia av---1025
- Crane-O'Fallon Co 102 S Virginia av---3038

Pipe Line Contractors
- McCORMICK FRANK J 8051 North Loop rd
  El Paso Tex Long Distance--ULstr 9-8697
- STITES J S 1100 E Alameda---2111
- TRACTOR RENTAL SERVICE 318 E McGaffey--3658
  (See Advertisement This Page)
- Utilities Construction Inc 2501 E 2---4658

Pipe—Used
SOUTHERN PIPE & STEEL CO
COMPLETE STOCK
NEW & USED PIPE FOR
IRRIGATION & WATER WELL PURPOSES
IN ALL SIZES
New Black & Galv. Pipe Sizes ½" to 3"
2702 Av. A   "We Will Save You Money"
Lubbock Texas Long Dist--SHerwood 4-0464
Nights & Sunday Lubbock Texas
Long Distance--POrter 3-8192

Pipe—Wholesale
CLOWE & COWAN INC
STEEL PIPE
BRASS PIPE - CAST IRON PIPE
COPPER PIPE - SEWER PIPE
FIBER PIPE - LEAD PIPE
Wholesale Only
805 N Virginia av---1025

Plasterers
- GONZALES C C
  Plastering & Stuccoing Contractors
  503 E Bland---2398
- Stiles Chas C 1212 N Lea av---2929

Plate Glass
See Glass

Plating
- EL PASO PLATING WORKS 212 E Yandell blvd
  El Paso, Texas Long Distance---El Paso-2-9591

Plumbers
- Buck Russell Plumbing & Heating Co
  117 W Walnut--1166
  (See Advertisement This Page)
- CARR PLUMBING & HEATING CONTRACTORS
  409 S Richardson av--781
  (See Advertisement Following Page)

(Continued Following Page)

Dependable Service Since 1910

AMARILLO JUNK-WESTEX PIPE CO.

JOE SIEGEL, Mgr.

New and Used Pipe and Steel
Irrigation Casing - Storage Tanks
Tank Material - Structural Steel
Oil and Water Well Supplies

Amarillo, Texas   Phone 3-4201
(Long Distance)
Night Phone - Long Distance Amarillo 6-6430
4th & JACKSON   P. O. BOX 727

When REPAIRING of any KIND is NEEDED

Whether it's the roof, plumbing, electrical or any one of a hundred things, you'll find the service in the

Classified
TELEPHONE DIRECTORY
It Tells "WHERE TO BUY IT"

And "When you Buy It" tell the man you found him in the classified.

TRACTOR
Rental Service
JOHN R. CUMMINS

DITCH DIGGING . . .
- FOUNDATIONS
- SEWER LINES
- PIPE LINES

— Yard Leveling —

PHONE 3658

318 E. McGaffey

BUCK RUSSELL

PLUMBING & HEATING

"30 Years Serving Roswell"

Call 1166
NIGHTS
3893-W or 1449

PROMPT REPAIRS
Residential — Commercial
NO JOB TOO SMALL . . . NO JOB TOO LARGE

Installations and Repairs on
WATER HEATERS — FURNACES — SEWER SERVICE
COMPLETE LINE OF FIXTURES & SUPPLIES

"We Cover the Pecos Valley"   117 W. WALNUT

100%

That's What We Aim for in Publishing the Telephone Directory—to Have It 100% Correct

BUT... with the thousands of subscribers to be listed, changed addresses, and new numbers, it is easy to see why it is possible for an error to creep in here and there.

Your name, address and telephone number in this directory are most likely correct. But, if by any chance they are not, you'll do us a favor by telephoning or writing to our nearest business office. We'll correct our records promptly so it will appear the way it should in the next issue.

When REPAIRING
of any KIND
is NEEDED . . .

Whether it's something

in the home or about the

home that needs fixing.

Look in the

Classified
TELEPHONE DIRECTORY

"THE PLACE TO LOOK IS
IN THE YELLOW PAGES"

Be sure to tell the firm you call, that you found his ad in the classified.

Plumbers 67

Plumbers—(Cont'd)

CLEM PLUMBING CO
PLUMBING & HEATING
CONTRACTORS
Water Heaters & Heating Equip.
Call 4020
Prompt Repair Service
506 E 2----------------------------4020
If no answer call----------2542 or 3147-J

GAINES PLUMBING & HEATING CO
A COMPLETE PLUMBING
AND HEATING SERVICE
WATER HEATERS FROM $49.95
WATER SOFTENERS FROM $84.95
SPRINKLER SYSTEMS FROM $29.95
Free Estimates
r. i. gaines, owner
2301 N Main--------------------3378
If no answer call------------------3942

(Continued Following Page)

4-12

When the NEED is URGENT

Whether the situation requires a batteryman, garage, radio repairman, veterinarian or other service

LOOK IN THE

Classified
TELEPHONE DIRECTORY
"THE PLACE TO LOOK IS
IN THE YELLOW PAGES"

for the Firm you wish to Call—And be sure you tell them you found them in the Classified.

Carr
PLUMBING & HEATING
— Contractors —

PROMPT REPAIR SERVICE
- REPAIRS • REMODELING
- CONTRACTING

— COMPLETE INSTALLATION —

WATER HEATERS – DURO WATER SOFTENERS
PERMUTIT WATER SOFTENERS
"All Types Plumbing Fixtures"

WE SELL INSTALL SERVICE GUARANTEE 1953

Call 781

409 S. Richardson Av.

Phone **2926**

Quick!

Jim & Bill Godby

Phone **2926**

PLUMBER

All Makes Plumbing Fixtures & Hot Water Heaters

SERVICE - REPAIRS
INSTALLATIONS
HEATING • CONTRACTING

GODBY PLUMBING & HEATING
219 W. 2nd

68 Plumbers — ROSWELL CLASSIFIED TELEPHONE DIRECTORY

PLUMBING AND HEATING
"DEPENDABLE SERVICE SINCE 1932"

PHONE 231

- Residential
- Commercial
- WATER HEATERS
- PLUMBING FIXTURES and
- HEATING EQUIPMENT

We Sell Install Service Guarantee 1953

CONTRACTING --- REPAIRING

HILL PLUMBING & HEATING CO.

LOWELL W. HILL
Res. Tel. 3322

2½ HILLCREST

EDWARD W. LOUDAT
Res. Tel. 4242-R

Plumbers—(Cont'd)

GODBY PLUMBING & HEATING CO 219 W 2d---2926
(See Advertisement Preceding Page)
Hill & Lewis Plumbing 209 S Penn av--------1009
HILL PLUMBING & HEATING CO 2½ Hillcrest---231
(See Advertisement This Page)
HOFFMAN PLUMBING & HEATING CO
212 N Virginia av--168
(See Advertisement This Page)
HUNTLEY PLUMBING CO

> Plumbing & Heating
> BY
> Contract Only
> T. M. Huntley, Owner
> 311 E McCune---------------------2185
> Emergencies—if no answer call-----5487

(Continued Following Page)

Residential ⸱ Industrial ⸱ Commercial

☆

CONTRACTING   **CALL 168**   REPAIRING

Nights & Holidays Call 654 or 3097-R

Hoffman Plumbing & Heating Co.
212 N. VIRGINIA AV.

When a NAME RECOMMENDED *has been* FORGOTTEN

You remember the recommendation but don't remember the name. If you will

LOOK IN THE

Classified TELEPHONE DIRECTORY

YOU WILL PROBABLY RECOGNIZE THE NAME WHEN YOU SEE IT.

...and when you call him, tell him you found his name in the classified.

Plumbers–(Cont'd)

IMPERIAL PLUMBING & HEATING 106 E Tilden--4855
(See Advertisement This Page)
JONES J W PLUMBING & HEATING CO
311 N Union av--2604
(See Advertisement This Page)
Latner Plumbing & Heating Co 203 S Main----5182
LUM W B PLUMBING & HEATING CONTRACTOR
814 S Main--2657-J
NELSON LOUIS PLUMBING & HEATING
1313 N Richardson av--4732
(See Advertisement Following Page)
O'NEAL PLUMBING CO 212 E 5th--------------2920
Plumbing Heating & Engineering Co
406 S Penn av--5488
(See Advertisement Following Page)
(Continued Following Page)

Consult the Yellow Pages before buying. It's one of the quickest ways to locate a local source of supply.

OUT ... OF THE DISCARD

A few minor repairs on that discarded article will restore its life of usefulness and convenience. You'll find the man who can help you listed in the

Classified TELEPHONE DIRECTORY

And be sure to mention it was easy to locate his name in the Classified.

IMPERIAL PLUMBING & HEATING

INDUSTRIAL » COMMERCIAL » RESIDENTIAL

— 30 Years Experience —

24 Hour Service

RETAIL STORE

PHONE

4 8 5 5

Nights & Holidays 09-R3

"We Want That Small Job"

106 E. TILDEN

- WATER HEATERS
- AIR CONDITIONERS
- HEATERS
- FURNACES
- WATER SOFTENERS

AIR CONDITIONING & HEATING CONTRACTORS

REPAIRS • ALTERATIONS
CITY AND COUNTY-WIDE SERVICE

Need a PLUMBER? ...don't fret

We Feature Plumbing at its Best
INDUSTRIAL • COMMERCIAL • RESIDENTIAL
Water Heaters • Water Softeners

Winter and Summer Air Conditioning

SUPREME WATER SOFTENERS — King of Them All

Phone 2604

J. W. JONES Plumbing & Heating Co.
311 NORTH UNION AVE.

70 Plumbers—Pottery   ROSWELL CLASSIFIED TELEPHONE DIRECTORY

MECHANICAL CONTRACTORS
Plumbing Heating & Engineering Co.
"There is a Difference"

24-HOUR REPAIR SERVICE
Call 5488
FREE ESTIMATES   **WORK GUARANTEED**

★ Residential   ★ Commercial   ★ Industrial

- PLUMBING
- HEATING
- AIR CONDITIONING

We Carry Nationally Advertised Fixtures & Supplies

AMERICAN STANDARD
CRANE • ELJER

406 S. PENN AV.

PLUMBING & HEATING

★ REPAIR WORK
★ CONTRACTING

▼

Call for "FREE ESTIMATE"

▼

Louis Nelson

CALL 4732

1313 N. Richardson Av.

PECOS Plywood Co.
- DOORS OF ALL KINDS
- PLYWOOD
- HARDWOOD PANELS

WHOLESALE RETAIL

1208 N. GRAND AVENUE

PHONE 204

Pecos PLYWOOD CO.

When a NAME RECOMMENDED has been FORGOTTEN

You remember the recommendation but don't remember the name. If you will

LOOK IN THE

Classified **TELEPHONE DIRECTORY**

YOU WILL PROBABLY RECOGNIZE THE NAME WHEN YOU SEE IT.

... and when you call him, tell him you found his name in the classified.

Plumbers—(Cont'd)

ROSWELL PLUMBING & HEATING CO 123 E 23--1784
Russell Buck Plumbing & Heating Co
    117 W Walnut--1166
STITES J S 1100 E Alameda----------2111

Plumbing Fixtures & Supplies

AMERICAN-STANDARD PLUMBING FIXTURES

A complete line for bathrooms, kitchens, laundries—known for quality, style, and dependable service.

"FOR INFORMATION CALL"
WHOLESALE DISTRIBUTORS
ELECTRICAL & MECHANICAL SUPPLY CO
  INC 709 N Virginia av----------4078
RETAILERS
CARR PLUMBING & HEATING CONTRACTORS
    409 S Richardson av--781
HOFFMAN PLUMBING & HEATING CO
    212 N Virginia av--168
JONES J W PLUMBING & HEATING CO
    311 N Union av--2604
STITES J S 1100 E Alameda----------2111

BECK LUMBER CO 2211 N Main--------398
BOWMAN LUMBER CO 1400 W 2d-------3202
Electrical & Mechanical Supply Co Inc
    709 N Virginia av--4078
Godby Plumbing & Heating Co 219 W 2d------2925
IMPERIAL PLUMBING & HEATING 106 E Tilden--4855
O'NEAL PLUMBING CO 212 E 5th----------2920

Plumbing Fixtures & Supplies—Wholesale

CLOWE & COWAN INC 805 N Virginia av------1025
CRANE-O'FALLON CO 102 S Virginia av------3038
ELECTRICAL & MECHANICAL SUPPLY CO INC
    709 N Virginia av--4078
KOHLER PLUMBING FIXTURES—
DISTRIBUTORS
CLOWE & COWAN INC 805 N Virginia av-1025

Plywood & Veneers

HETTINGA BROS INC 905 W McGaffey--------3247
PECOS PLYWOOD CO—

    PLYWOOD
    HARDWOOD PANELS
    (All Kinds)
    DOORS
    Wholesale - Retail
    (See Large Ad This Classification)
    1208 N Grand av----------204

PECOS VALLEY LUMBER CO 200 S Main--------175

Police Department

POLICE DEPARTMENT
  From Non Dial Telephones----------2900
  From Dial Telephones--------------7-4411

Posters

Southwest Outdoor Advertiser 112 E 4----------32

Potato Chips

BUSH & LONG POTATO CHIP CO
  2419 Wyoming El Paso, Texas
    Long Distance--El Paso 3-6212

Pottery

TREASURE CHEST THE 223 W 2d----------4158

A complete and up-to-date buyer's guide, the Yellow Pages will save you time and money.

"Where to Buy It" — Poultry–Radiation

Poultry

GRIFFITH PRODUCE
WHOLESALE
- Fresh Dressed Fryers -
Hens • Eggs
E of Roswell --------- 4899

WHATLEY PRODUCE CO
Wholesale — Retail
POULTRY — EGGS
LIVE or DRESSED
CHICKENS — TURKEYS
Highest Cash Prices Paid For
Poultry of All Kinds
515 E 2 --------- 418

Power Transmission Equipment

CLOWE & COWAN INC 805 N Virginia av ------ 1025

Printers

ELMORE PRINTING CO 115 W 4th --------- 777

FOSTER PRINTING SHOP
- Greeting Cards and Programs
- Business Stationery
- Ruled Forms
- Announcements
Call Us For Your Printing Needs
616 S Main --------- 1519

HALL-POORBAUGH PRESS 210 N Richardson av — 999

ROSWELL PRINTING CO
L. E. (LEN) CHENEY, Prop.
COMMERCIAL PRINTERS
LETTERPRESS - OFFSET
Fine Printing • Good Service
Fair Prices
412 N Richardson av --------- 3139

Produce—Wholesale

CUNNINGHAM PRODUCE CO
710 S Washington av -- 2847
HERRING PRODUCE CO
Fruits & Vegetables Wholesale Only
221 E 2d --------- 406
WALDEN'S PRODUCE 615 E 2 --------- 364

Propane—Wholesale

Arrow Gas Corp 1306 E 2 --------- 3421

Property Management

MATHIS STANLEY H 403 N Richardson av ------ 298

Psychiatrists

See Physicians & Surgeons M.D.

Public Address Systems

See Sound Systems & Equipment

Public Stenographers

See Stenographers

Pulleys

CLOWE & COWAN INC 805 N Virginia av ------ 1025

Pumps

BERKELEY PUMPS
Jet Type Water Systems
"Crusader" Deepwell Turbines
Dual-Purpose Deepwell Turbines
Horizontal Centrifugal Pumps
and many special purpose pumps
for agricultural, industrial and
domestic use.

"WHERE TO BUY THEM"
SMITH MACHINERY CO INC 512 E 2d ------ 3980

(Continued Following Column)

Pumps—(Cont'd)

CLOWE & COWAN INC
GOULD CENTRIFUGAL
PUMPS
Vacuum and Condensate
HOT WATER CIRCULATORS
— Wholesale Only —
805 N Virginia av --------- 1025

JACUZZI PUMPS
JACUZZI INJECTOR
SUBMERSIBLE AND
TURBINE PUMPS
SALES AND SERVICE

"WHERE TO BUY THEM"
MYERS CO INC 106 S Main --------- 360
JOHNSTON PUMP CO OF NEW MEXICO
108 S Virginia av -- 2800
(See Advertisement This Page)

JOHNSTON PUMPS
JOHNSTON TURBINE PUMPS
- Turbine Pumps
- Rebuilding Old Pumps
- Winter Storage Service
- Tune-up and Repairs
- New Pumps

"WHERE TO BUY THEM"
DISTRIBUTORS
JOHNSTON PUMP CO OF NEW MEXICO
108 S Virginia av -- 2800
Nights Sundays & Holidays call ------ 3192
Nights Sundays & holidays call ------ 3603-M

(Continued Following Column)

THE ANSWER to any buying problem is quickly solved by consulting these pages.

ENGINEERED ...
FOR YOUR REQUIREMENTS
We Repair All Makes and Types of Pumps
Phone **2800**
Nights, Sundays & Holidays Call
3603-M or 3192
Johnston Pump Co.
OF NEW MEXICO
108 S. VIRGINIA AVE

Pumps—(Cont'd)

POMONA DEEP WELL TURBINE PUMPS
IRRIGATION - MUNICIPAL
and INDUSTRIAL
COMPLETE ENGINEERING
Sales and Service

"FOR INFORMATION CALL"
CLOWE & COWAN INC 805 N Virginia av -- 1025
SMITH MACHINERY CO INC 512 E 2d ------ 3980
(See Advertisement This Page)

Pumps—Repairing

STONE MACHINE & WELDING WORKS
214 N Virginia av -- 124

Radiation Detection Devices

STATE TV SERVICE 109 E 7 --------- 1976
(See Advertisement This Page)

Peerless Pumps
OIL OR WATER LUBRICATED

Distributors of:
PEERLESS TURBINES
HI-LIFTS
•
JETS AND CENTRIFUGAL
PUMPS, WATER KINGS
•
DOMESTIC PRESSURE
SYSTEMS

Sales - Service - Parts
PHONE **3980**
(After 6 p.m. Call 2431-J, 1134 or 988)

SMITH MACHINERY CO. INC.
512 EAST 2ND

STATE TV SERVICE

Geiger Counters
Scintillators
Metal Locators
Minelights
Rocks Checked Free
Phone **1976** 109 E. 7th

Radiator Repairing—Automobile
See Automobile Radiators—Repairing

Radio
HALLICRAFTERS—
BLAKESTAD COMMUNICATIONS &
ELECTRONICS 125 W 2 ----- 289

MOTOROLA RADIOS
Exclusive Manufacturers of quality Electronic Products.
Complete line — PROVEN DEPENDABILITY
Home, Auto, Portable, Clock, Short Wave,
AM — FM Radio, Phonographs.

Motorola for Home and Car

"WHERE TO BUY THEM"
BLAKESTAD COMMUNICATIONS &
ELECTRONICS 125 W 2 ----- 289

R C A VICTOR
TELEVISION
RADIO, PHONOGRAPHS
RECORDS
World Leader in Radio.
First in Recorded Music.
First in Television.

"WHERE TO CALL"
DISTRIBUTORS
MIDLAND SPECIALTY CO
425 W San Antonio El Paso Texas
Long Distance---- El Paso 3-2401
DEALERS
ZINKS 322 N Main ----- 2456
THOMSEN'S 1210 E 2 ----- 868
Tiny's Radio Service 1007 S Lea av ----- 2369

ZENITH RADIOS
The complete line of fine radios, backed by Zenith's 35 years of leadership in Radionics. Radio-phonograph combinations feature Zenith's exclusive, true-pitch Cobra-Matic Record Player with Stroboscope.

"WHERE TO BUY THEM"
DEALERS
GINSBERG MUSIC CO 205 N Main ----- 10
PURDY FURNITURE CO 321 N Main ----- 197
UNIVERSAL APPLIANCE CO 123 N Main ----- 895

Radio Broadcasting Companies & Stations
K B I M Radio Station 512 W 2 ----- 4848
K G F L—
THE VOICE
OF THE PECOS VALLEY
MUTUAL and INTERMOUNTAIN
NETWORKS
1400 KC   EST. 1927
1621 N Washington av ----- 2000

NATIONAL BROADCASTING CO AFFILIATE
YOUR
SOUTHWEST STATION
1230 ON EVERY DIAL
NBC Affiliate

"FOR INFORMATION CALL"
K S W S RADIO STATION 1723 W 2 ----- 3737
Executive Offices 1723 W 2 ----- 3737

Radio Communication Equipment
SUPREME RADIO SUPPLY 129 W 2 ----- 148

Radio Communication Service
BLAKESTAD COMMUNICATIONS &
ELECTRONICS 125 W 2 ----- 289

Radio Parts & Supplies—Wholesale
MIDLAND SPECIALTY CO El Paso, Texas
Long Distance-- El Paso-3-2401
Supreme Radio Supply 129 W 2 ----- 148

Radio Repairing
BLAKESTAD COMMUNICATIONS AND ELECTRONICS
(Formerly Falconi Electrical Service)
• RADIO
• TELEVISION
• ELECTRONIC
Sales and Service
Robert B. Blakestad, Reg. Elec. Eng.
125 W 2 ----- 289

Electronic Service Co 1129 S Main ----- 2918
ROSWELL APPLIANCE SERVICE CENTER
Factory Trained Technicians
All Types of Radio and TV
Reasonable Rates
Free Pick-up and Delivery
618 S Main av ----- 4871

STATE TV SERVICE 109 E 7 ----- 1976
Supreme Radio-Television 129 W 2 ----- 4840
TINY'S RADIO SERVICE 1007 S Lea av ----- 2369
WOOLSEY'S 113 S Main ----- 4844
ZINKS 322 N Main ----- 2456

Radio—Wholesale
SYLVANIA RADIOS—
ELECTRICAL & MECHANICAL SUPPLY
CO INC 709 N Virginia av ----- 4078

Railroads
Santa Fe Railway Co
Freight Depot 301 E 5th ----- 24
Freight Depot 301 E 5th ----- 1200
Passenger Depot 301 E 5th ----- 54

Ranches & Farms
Aston Bert South Springs Ranch
  S E of Roswell ----- 019-R3
  S E of Roswell ----- 1676
Beers John Real Estate 701 N Main ----- 318
Clardy's Orchard Park Farm S E of Roswell -- 045-R1
COLE BOB REAL ESTATE 210 W 4 ----- 2710-W
Fuller Ranch Picacho ----- Long Distance
Potter Co J P White B ----- 64
White J P Co J P White B ----- 456
White J P Jr Ranch W of Roswell ----- Long Distance

Ranges & Stoves
CHAMBERS GAS RANGES—
WILMOT HARDWARE CO 113 N Main ----- 634
GIBSON ELECTRIC RANGES—
HERRING APPLIANCE CO 118 W 4th ----- 346
GLENN APPLIANCE CO 111 S Main ----- 2325
HOTPOINT ELECTRIC RANGES—
America's First and Finest in both Standard and 30-inch sizes. New Plug-in Golden Griddle — Lighted Pushbuttons — Super Calrod (R) Unit — Deep Fat Fryer. Super-Oven has Golden Bake Calrod Unit.
Hotpoint Changes Your Viewpoint Automatically.

"WHERE TO BUY THEM"
DEALERS
WOOLSEY'S 113 S Main ----- 4844
KELVINATOR ELECTRIC RANGES—
WILMOT HARDWARE CO 113 N Main ----- 634
ZINKS 322 N Main ----- 2456
KENMORE RANGES & STOVES SALES & SERVICE—
SEARS ROEBUCK AND CO 120 W 3d ----- 3090
NORGE GAS & ELECTRIC RANGES—
ANDERSON & WATKINS APPLIANCE
STORE 127 E 3 ----- 5119
(Continued Following Column)

NEW PRODUCTS? . . . They're listed promptly in the Yellow Pages. Don't overlook this handy business reference.

Ranges & Stoves—(Cont'd)
PHILCO ELECTRIC RANGE SALES AND SERVICE
Only Philco brings you amazing new "Broil-under-Glass" with No Smoke, No Soot, No Stain, and "Built-in Jiffy Griddle"— plus widest oven ever. Buy Philco . . . Famous for Quality the World Over.

"WHERE TO BUY THEM"
DEALERS
FURNITURE MART 109 E 2d ----- 1649
RCA ESTATE RANGES—
Only RCA Estate Ranges have the famous Bar-B-Kewer (separate meat oven) and Hide-Away Grid-All.
Ranges for city gas, bottled gas, and electricity.

"WHERE TO CALL"
DEALERS
WOOLSEY'S 113 S Main ----- 4844
ZINKS 322 N Main ----- 2456
ROPER GAS RANGES—
SACRA BROS CO 1306 E 2 ----- 2200
TAPPAN GAS RANGES—
HERRING APPLIANCE CO 118 W 4th --- 346
THERMADOR BILT-IN ELECTRIC RANGES—
ELECTRICAL & MECHANICAL SUPPLY
CO INC 709 N Virginia av ----- 4078
THOMSEN'S 1210 E 2 ----- 868
WOOLSEY'S 113 S Main ----- 4844
ZINKS 322 N Main ----- 2456

Ranges & Stoves—Repairing
Roswell Appliance Service Center
618 S Main av -- 4871

Look for it in the "Classified."

When the NEED
is URGENT

Whether the situation requires a batteryman, garage, radio repairman, veterinarian or other service

LOOK IN THE

Classified
TELEPHONE DIRECTORY

"THE PLACE TO LOOK IS
IN THE YELLOW PAGES"

for the Firm you wish to Call—
And be sure you tell them you found them in the Classified.

"Where to Buy It" Real–Reducing 73

Real Estate

ADAMS-ALLEN CO INC 310 N Richardson av---2527
ADAMS WAYNE

REAL ESTATE AND INSURANCE
Specializing in
FARMS - HOMES - RANCHES
BUSINESS PROPERTY

WAYNE ADAMS 3503-J
LLOYD PIERCE, Insurance 3428-W

500 N Main 2902

ALLISON REAL ESTATE CO

REAL ESTATE INSURANCE and LOANS
Specializing in
Homes - Ranches - Business Investments
Allison, Claude M. 3242-J
Curtis, Salem 3008
Ernest, Elwyn E. 2317
Lair, Jack 3298

600 W 2---------------------------3500

ASHER BONDED REAL ESTATE 500 E 2------1259
BEERS JOHN REAL ESTATE 701 N Main-------318
 (See Advertisement This Page)
BRANDES FRED REAL ESTATE CO 1005 S Main-5086
Cole Bob Real Estate 210 W 4th--------2710-W
CRANFORD K REAL ESTATE & INSURANCE CO

Specializing in
RANCHES AND FARMS
STATEWIDE AND NATIONWIDE
SERVICE

611 W 2--------------------------3088

FRIENDLY FINANCE CO 104 W 1st---------693
Gardner & Markl Inc 105 W 3----------3060
 (See Advertisement This Page)
GESSERT & THOMPSON 208½ W 4th--------141
GIBBANY ARLINE 407 N Penn------------277
Holland W C 1000 W 2d---------------4169
HOLLAND'S REAL ESTATE 1000 W 2d------4169
Johnson & Allison 410 S Main---------329
KNORR REALTY & BLDG SERVICE
  J P White B--2941-M
Lacer Cliff 407 S Main--------------708
LITTELL MAX

REALTOR
MAX LITTELL
REAL ESTATE — INSURANCE
"To Buy or Sell — See Max Littell"
Res. Call 3354

306 N Richardson av--------------3022

Lodewick S W J P White B-----------1866
(Continued Following Column)

Real Estate—(Cont'd)

MASSEY JOE 701 N Main ---------------318
MATHIS STANLEY H 403 N Richardson av--298
 (See Advertisement This Page)
Matthews C C 1506 N Missouri av-----2632-W
ROGERS W B 701 N Main --------------318
Smith L E 1303 N Richardson av------2889
Snell Jim 600 S Main ---------------5066
STOREY WALTER D REAL ESTATE LOANS

- REAL ESTATE
- MORTGAGE LOANS
- PROPERTY MANAGEMENT

"Ask for Dub"

206 W 3-------------------------2414

Young John C Real Estate 309 N Virginia av---5039
Young & Young Nickson Hotel-------4379
YOUSE JOHN R 402 W 2--------------2673

Look for it in the Classified.

Real Estate Loans
See also Mortgages
ALLISON REAL ESTATE CO 600 W 2--------3500
Davidson Insurance Agency 412 S Main---3340
MATHIS STANLEY H 403 N Richardson av----298
Prudential Insurance Co of America The
  J P White B--3782
RYAN WALTER R 200 W 1st--------------2552

Real Estate Rental Agencies
Gessert & Thompson 208½ W 4-----------141

Recording Equipment & Supplies
BLAKESTAD COMMUNICATIONS &
 ELECTRONICS 125 W 2-----------------289
MAGNECORDER TAPE RECORDERS—
 SUPREME RADIO SUPPLY 129 W 2d------148

Reducing Treatments
Niblack Spot Reducing System 810 W 2----2103
 (See Advertisement This Page)

GARDNER AND MARKL, INC.
REAL ESTATE - INSURANCE
Phone 3060
- T. L. GARDNER, JR.
- JIM MARKL
- FRANK WHITAKER
105 W. 3rd

JOHN BEERS REAL ESTATE
Phone 318
701 N. Main
HOMES — RANCHES FARMS

Real Estate
- Homes
- Farms
- Ranches
- Business Properties
- Complete Insurance Service
- Real Estate Loans
REALTOR
Stanley H. Mathis
403 N. Richardson Av.
Phone 298

NIBLACK
System
The World's Greatest Method of Spot Reducing
"TIP TO TOE BEAUTY"
PHONE 2103
FOR APPOINTMENT
810 W. 2nd

74 Refrigerating-Restaurants — ROSWELL CLASSIFIED TELEPHONE DIRECTORY

Call 80   **Call 80**

Musick's
BIG BOY
Restaurant

Fountain and Curb Service

- Shrimp
- Chicken
- Salads
- Steak Fingers
- Mexican Food

PHONE IN – CARRY OUT

Call 80   **Call 80**

Musick's
FAMOUS DOUBLE DECKER
Big Boy HAMBURGER

Made as only we know how...
two patties of freshly ground round steak, served on a special baked sesame seed bun with or without onions, mustard, lettuce, tomatoes, cheese and French fries.

2000 N. MAIN

Refrigerating Equipment—Commercial

CARRIER REFRIGERATION EQUIPMENT
For every commercial and industrial need—complete line of automatic ice-makers, refrigerating compressors, condensers and cold diffusers. Built for dependable, low-cost service.
"FOR INFORMATION CALL"
WEIBERT EQUIPMENT CO 410½ N Main---145

JENNINGS SHOW CASE & FIXTURE CO
   1008 W Tilden--1768

KELVINATOR COMMERCIAL EQUIPMENT
Get the best in: Sealed and Open-Type Condensing Units—Frozen Food Merchandising Cabinets—Ice Cream Cabinets—Beverage Cooler—Water Coolers—Air Driers. Complete line of parts and supplies—CALL KELVINATOR

"WHERE TO BUY IT"
WILMOT HARDWARE CO 113 N Main------634

McCOMAS SALES CO
  2315 4th NW Albuquerque
  Long Distance--Albuquerque-3-5263

ROBERTS ENGINEERING CO
Distributors and Contractors for
FRICK REFRIGERATION
Wholesale Refrigeration Equipment
2321 Bassett av El Paso Texas
Long Distance------El Paso 3-3745

YORK REFRIGERATING EQUIPMENT
Commercial, Industrial and Ice Making Equipment from the smallest to the largest installation. Sales, Service & Supplies
"HEADQUARTERS FOR MECHANICAL COOLING SINCE 1885"

"WHERE TO BUY IT"
DISTRIBUTORS
BIGGERSTAFF & GOOCH INC
  1630 Myrtle av El Paso Texas
  Long Distance--El Paso 2-5619

Refrigerators

See also Frozen Food Locker Plants; also Freezers-Food Storage Units

COLDSPOT REFRIGERATOR-FREEZER SALES & SERVICE—
  SEARS ROEBUCK AND CO 120 W 3d-----3090

CROSLEY SHELVADOR REFRIGERATORS—
  GLENN APPLIANCE CO 111 S Main-----2325

GIBSON REFRIGERATORS—
  HERRING APPLIANCE CO 118 W 4th------346

HOTPOINT ELECTRIC REFRIGERATORS
See Hotpoint's classic-styled Super-Stor... Completely automatic defrost... Large Capacity Food Freezer... Colored interiors. Every inch of interior cleverly utilized for Specialized conditioning of butter, meats, leftovers, etc. Hotpoint Changes Your Viewpoint Automatically.

"WHERE TO BUY THEM"
DEALERS
WOOLSEY'S 113 S Main----------4844

INTERNATIONAL HARVESTER REFRIGERATORS AND FREEZERS
See the "Femineered" Refrigerators, and I.H. Home Freezers, in sizes and models to fit all families, kitchens, budgets. More features—more value— 5-yr. warranty on "Tight-Wad" Refrigeration unit.

"WHERE TO BUY THEM"
INTERNATIONAL HARVESTER CO
  120 E Walnut--4030
McCORMICK FARM EQUIP STORE
  120 E Walnut--4030

(Continued Following Column)

Refrigerators—(Cont'd)

KELVINATOR REFRIGERATORS
"MAGIC CYCLE" SELF DEFROSTING
NEW Self-Defrosting Kelvinator uses no hot electric elements to melt off frost. Automatic... Faster... Safer... Simpler... more economical.

"WHERE TO BUY THEM"
DEALERS
WILMOT HARDWARE CO 113 N Main------634
ZINKS 322 N Main-------------------2456

NORGE REFRIGERATORS
Fully automatic Jet Self-D-Frosting. Low operating cost, with variety of freezer-chest capacities. For authorized sales of Norge Refrigerators, Home Freezers, Gas Ranges, Electric Ranges, Washers, Dryers, Water Heaters, see below.

"WHERE TO BUY THEM"
ANDERSON & WATKINS APPLIANCE STORE
  127 E 3--5119

PHILCO REFRIGERATOR AND FREEZER SALES AND SERVICE
Philco gives you advance design Refrigerators... easiest to use Home Freezers. Both give greater food protection, space, convenience and economy. Buy Philco... Famous for Quality the World Over.

"WHERE TO BUY THEM"
DEALERS
FURNITURE MART 109 E 2d----------1649
SACRA BROS CO 1306 E 2-----------2200

SERVEL REFRIGERATORS
Servel Refrigerators—"The only refrigerator that makes ice cubes without using trays and puts them in a basket automatically."... Wonderbar Refrigerettes

"WHERE TO BUY THEM"
DEALERS
SACRA BROS CO 1306 E 2-----------2200
ZINKS 322 N Main----------------2456

THOMSEN'S 1210 E 2---------------868
ZINKS 322 N Main----------------2456

Refrigerators—Parts & Supplies—Wholesale

YUCCA WHOLESALERS INC 2220 1 NW
  Albuquerque Long Distance--Albuquerque 2-5901

Refrigerators—Servicing

GRAVES REFRIGERATION CO
  1512 S Michigan av--4466

Research Laboratories

Reynolds James T 211 W 3d---------600

Restaurant Equipment & Supplies

EL PASO HOTEL SUPPLY CO
  2430 Texas El Paso Texas
  Long Distance--El Paso 2-4414
JENNINGS SHOW CASE & FIXTURE CO
  1008 W Tilden--1768

Restaurants

American Cafe 116 W 2d--------------1501
Apache Drive Inn 1129 S Main--------4469-W
ARIAS CAFE 320 S Main---------------4656
  (See Advertisement Following Page)
Barrel The 1012 W 2-----------------2852
BROADWAY CAFE 309½ S Main-----------3770
Capitol Cafe 110 W 4th--------------1631-J
CHEW DEN 1401 SE Main---------------5293
  (See Advertisement Following Page)
Chuck Wagon Cafe 1905 N Main--------3398
COLONIAL CLUB 419 E 2d--------------1267
  (See Advertisement Following Page)
Court Cafe 103 E 5------------------836
DeLuxe Cafe 400 N Main--------------499
EL RANCHO COFFEE SHOP 2100 N Main---2736
  (See Advertisement Following Page)

(Continued Following Page)

Restaurants—(Cont'd)

Heap-A-Burger 105 W Alameda	4611-W
(See Advertisement This Page)	
HELEN'S CAFE 504 N Main	1828
INDIAN GRILL 505 N Main	679
JAN'S A & W ROOT BEER DRIVE-IN	
1003 S Main	521
(See Advertisement Following Page)	
Johnson's Cafe 108 N Main	2849
KATY'S CAFE 118 N Main	637
LaCIMA DINING ROOM N Main	3380
(See Advertisement This Page)	
La Hondo Drive In Cafe 1011 E 2d	4246
LA POSTA	

FINE MEXICAN FOODS
— STEAKS —
"Open 5 P.M. to 8:30 P.M."
"Closed Sundays"

502 W 2d	821

(Continued Following Page)

— Featuring —
STEAKS, CHOPS and CHICKEN
Known for Our Spanish Dishes
Mixed Drinks • Cold Beverages
Raymond and Dorothy Jones
419 E. Second   PHONE 1267

There's a REASON why our steaks are BETTER

1. GRAIN FED BEEF SELECTED ON THE HOOF BY EXPERTS U.S. GOVERNMENT GRADE A-1
2. COOKED AS YOU LIKE IT BY EXPERTS
3. SPEEDILY AND EFFICIENTLY SERVED BY COURTEOUS WAITRESSES

La Cima DINING ROOM
N. MAIN
Phone **3380**
FOR RESERVATIONS
BREAKFAST & LUNCH
SERVING 7 DAYS 6 AM TO 11 PM

Mrs. Arias Cafe

SPECIALIZING IN
MEXICAN FOOD

- Mexican Plate
- Enchiladas
- Tacos
- Chiles Rellenos
- Sopaipillas
- Guacamole Salad
- Steaks
- Sandwiches

Orders to Take Out
ARIAS CAFE

Call 4656

OPEN 7 DAYS A WEEK
4 P.M. TO 10 P.M.

320 S. MAIN

Delicious Food...Delightfully Served
COCKTAIL LOUNGE
Closed Sundays
2100 N. Main   CALL 2736

HEAP-A-BURGER
"The Hamburger That Makes A Meal"

We Specialize in
- BARBEQUE ON A BUN
- BAKED HAM

French Fries & Beverages

RAY RAMSEY
Phone 4611-W   105 W. Alameda
Just Off S. Main & Alameda

GENUINE **ORIENTAL FOODS**
CAFE NEW CHINA

CHOP SUEY
also
AMERICAN DISHES

CATERING HOSTS
FOR
PARTIES-BANQUETS

Orders To Take Out
Open: 5 P.M. to 3 A.M.

400 South Main
Telephone **2681**

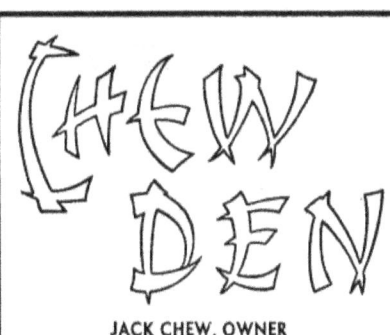

CHEW DEN

JACK CHEW, OWNER

Featuring

Chop Suey
Fried Chicken • Shrimp

For Special Chinese Dishes
Try Us

ALSO...ORDERS TO GO

PHONE 5293

1401 S.E. Main

Open 12 Noon to 3:00 A.M.

JAN'S
A&W ROOT BEER DRIVE-IN

FROSTED ROOT BEER

Sandwiches As You Like Them

Phone 521

and We Will Have Your Order
— Ready —

1003 S. MAIN

CATERERS

Phone **5090**   Phone **5090**

A Complete Personalized Service from 2 to 200

- Churches
- Weddings
- Conventions
- Banquets
- Employee Functions
- Parties
- Barbecues
- Picnics
- Sales Meetings

Phone & Dine

5090   1301 N. Main

Restaurants—(Cont'd)

LaVenetian S of Roswell	7-2416
Manhattan Cafe 105 E Alameda	5072
MUSICK'S BIG BOY RESTAURANT 2000 N Main	80
(See Advertisement Page 74)	
New China Cafe 400 S Main	2681
(See Advertisement Preceding Page)	
NICKSON COFFEE SHOP & DINING ROOMS 123 E 5th	4635
NICKSON HOTEL 123 E 5th	800
PHONE & DINE 1301 N Main	5090
(See Advertisement This Page)	
Pioneer Tavern Kenna	Long Distance
Roswell Inn 301 E Buena Vista	1629
Roswell Truck Terminal Cafe 1800 W 2	1959-W
Royel Cafe 308 S Main	1130
Scotty's Hik-Ry Pit 422 N Main	87
Sunset Cafe 115 E Walnut	413
VALDEZ CAFE Specializing in Mexican Food Mrs Raymond M Valdez, Owner 300 S Main	774
Village Cafe 1501 W 2d	3750
Walt's Drive-In 1209 E 2	951-M
White Kitchen 409 E 2	834-M
Wylie's Drive-In 1310 S E Main	2355
Yucca Cafe 217 W 3d	89

Roofers

HAMILTON ROOFING CO 1704 SE Main — 460
(See Advertisement This Page)

Roofing Materials

BECK LUMBER CO 2211 N Main	398
Graves Roofing Co 1005 E McGaffey	3392
HETTINGA BROS INC 905 W McGaffey	3247
KEMP LUMBER CO 212 E 4th	1136
NEW MEXICO BUILDERS SUPPLY 1007 E McGaffey	1013
NEW MEXICO BUILDING PRODUCTS CO 106 E 10	1046

(Continued Following Column)

Careful buyers use the Yellow Pages.

Roofing Materials—(Cont'd)

PABCO ROOFING MATERIALS
Featuring "California Originals" In The New Western Colors! Asphalt Shingles, Roll Roofing, Felts, Building Papers, Asbestos Shingles & Siding, Gypsum Wallboard, Lath, Asphalt, "Hydroseal." For Other Pabco Products See Pabco Linoleum & Pabco Paint Dealers

"WHERE TO BUY THEM"
DEALERS

KEMP LUMBER CO 212 E 4th	1136
PIRTLE-LIVELY CO 1200 E 2	3730
PECOS VALLEY LUMBER CO 200 S Main	175

Rubber Hose
See Hose

Rubber Stamps
Roswell Stamp Service 206 W 4 — 1637

Rug Cleaners
See Carpets & Rugs—Cleaners

Saddlery
AMONETT SADDLERY 207 W 3 — 410

Safe Depositories
FIRST NATIONAL BANK 226 N Main — 44

Safes

MOSLER SAFE SALES & SERVICE

FIRE-RESISTANT SAFES
FIRE-RESISTANT VAULT DOORS
INSULATED RECORD CONTAINERS
Since 1848
A Complete Line of Office and Home Safes

The Mosler Safe Co.

"WHERE TO BUY THEM"

COBEAN STATIONERY CO 320 N Richardson av	166
Roswell Typewriter Co 408 N Main	674

Safes—Opening & Repairing
WILMOT HARDWARE CO 113 N Main — 634

Salt
Patterson Bros Feed Mill S E of Roswell — 3118

Salvage Companies
Fisher's Floyd Auto Salvage Co 126 E Tilden — 1980-W

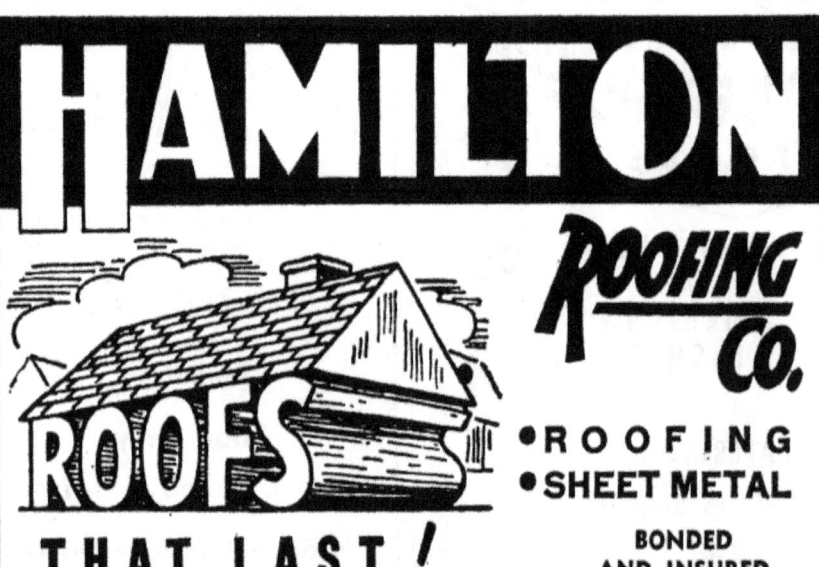

HAMILTON ROOFING CO.
ROOFS THAT LAST!
- ROOFING
- SHEET METAL

BONDED AND INSURED CONTRACTOR

Approved Applicator For All Types of Roofs, Clay-Tile, Asbestos and Composition Shingles. All Types of Built-Up and Gravel Roofs.

Phone 460
FREE ESTIMATES
1704 S.E. MAIN

For faster long distance service—

CALL BY NUMBER

Sand & Gravel

HURFORD J D SAND & GRAVEL
    S W of Roswell---054-R3
MULLINIX AGGREGATE CO

PRODUCERS
OF
SAND
AND
GRAVEL

E of Roswell---083-R2

Pecos Sand Co 913 Davidson dr---4149
    (See Advertisement This Page)
REEVES F M & SONS INC S Sunset av---3244
Roswell Sand & Gravel Co 1000 W Hobbs---2484
STACY F A 207 E 19th---1101

Savings & Loan Associations

See also Building & Loan Associations
FIRST THRIFT & LOAN ASSOCIATION

4% INTEREST PER ANNUM ON SAVINGS - PAID QUARTERLY

Individual Accounts up to $10,000
Earn 5% on 1 Year Time Deposits
Write for Save-by-Mail Plan to
118 2nd St. SW, Albuquerque, N. M.

Long Distance---Albuquerque 3-4576

Saws—Sharpening

Roswell Cycle Shop 120 E 4th---43-W
Tyler J S Key Shop 306 W 3---1707-J

Scalp Treatment

Day House of Beauty 706 W 2d---462
Helen's Beauty Salon 1039 Crescent dr---2013
Lo Marr Beauty Nook 211 E Bland---234

School Supplies—Wholesale

DICKENSON WHOLESALE CO 1615 S Sunset av---992

Schools

See also Specific Kinds, i.e., Art Schools; Business Colleges
CHILD GARDEN 414 N Lea av---1707-W
DeBremond Stadium 1016 N Richardson av---4556
Jack & Jill School 1109 N Kentucky av---3564
Lea's Beauty School 102½ N Main---2841
New Mexico Military Institute North Hill---2700
St Peter's Convent 805 S Main---1625
Schools City
  Public Schools Adm Ofc 200 W Chisum---5550
  Central Library 300 N Kentucky av---503
  Maintenance Office 1411 S Elm av---4025
  City School Nurse
    300 N Kentucky av---584
    500 S Richardson av---425
  Senior High School
    Ofc 400 W Hobbs---5500
    Principal 400 W Hobbs---5349
    Cafeteria 400 W Hobbs---5502
  Junior High School 300 N Kentucky av---561
    (Continued Following Column)

If you need help quickly, the Classified Telephone Directory is the place to look. Roofers, painters, plumbers and thousands of other services and dealers are listed in the Classified Telephone Directory for your quick reference.

Schools—(Cont'd)

Schools City—(Cont'd)
  South Junior High School
    Principal 500 S Richardson av---72
  East Side School 509 E 5---55
  Edgewood School 701 N Garden av---431
  Exceptional Children's School
    711 S Michigan av---3453
  Flora Vista School 1208 E Bland---2342
  Highland School 1000 S Virginia av---1793
  Mark Howell School 508 W College Blvd---990
  Missouri Ave School 700 S Missouri av---982
  Parkview School 1700 W Alameda---2892
  Pecos School 600 E Hobbs---1783
  South Hill School 500 E Bland---1794
  Washington Ave School
    408 N Washington av---794
Schools County
  Supt of Schools Court House---658
  Berrendo School N E of Roswell---08-R4
  East Grand Plains School S E of Roswell---035-J2
  L F D School E of Roswell---032-J2
  Mountain View School S of Roswell---061-J2
  W A F B Elementary School S of Roswell-7-2111
Southwestern Business College 116 W 2---3475

Second Hand Goods

See also Specific Kinds
Irvine Loan Co S of Roswell---7-3322

Seeds & Bulbs

Mitchell Seed & Grain Co 601 N Virginia av---65
ROSWELL SEED CO 115 S Main---92

Seismograph Service

Continental Oil Seismograph 421 E 2---4998

Septic Tanks

Hatley's Reliable Cesspool & Septic Tank Co
    1727 W Alameda---4691
    (See Advertisement This Page)
    (Continued Following Page)

- **SAND**
- **GRAVEL**
- **PLASTER SAND**
- **MORTAR SAND**

CONCRETE AGGREGATE — CHIPS
ROOF GRAVEL
STATEWIDE DELIVERY
ANY AMOUNT — ANYWHERE

PECOS SAND CO.

A. E. "CHINK" BEAVERS, Owner

PHONE 4149   **913 DAVIDSON DR.**

HATLEY'S
RELIABLE SEPTIC TANK CO.
Call 4691

CLEANED - BUILT and REPAIRED

Any Time – Any Place

"LICENSED CONTRACTOR"

CESSPOOLS AND SEPTIC TANKS
BUILT ANY SIZE

Reliable Cesspool & Septic Tank Co.

1727 W. Alameda   **CALL 4691**

MUTUAL SEPTIC TANK CO.

Machine Drilled SEPTIC TANKS and CESSPOOLS — Any Size

☆

SEWER CONSTRUCTION WITH ROOT-PROOF PIPE

☆

WE MANUFACTURE HYGEA ROOT DESTROYER and SEPTIC TANK REJUVENATOR

☆

Let Over 20 Years' Experience be Your Guarantee of Satisfaction

☆

Construction or Cleaning Anywhere in New Mexico

Phone 1549

1712 N. Michigan Av.

JOE BAUMAN
Texaco Service Station

Lubrication — Accessories
Washing & Polishing

———◆———

Firestone Tires and Batteries

———◆———

Phone 525

Pick-up & Delivery Service

W. 2nd & Ohio

Brotherton's

Phillips 66 PRODUCTS   LEE TIRES   BATTERIES

- ROAD SERVICE
  - WASHING
    - LUBRICATION
      - POLISHING

☆

Let Us Call for and Deliver Your Car

☆

PHONE 666

300 W. Second

Septic Tanks—(Cont'd)
MUTUAL SEPTIC TANK CO 1712 N Michigan av-1549
  (See Advertisement This Page)

Service Clubs
ROTARY INTERNATIONAL
  Thursday-12:10 pm-Country Club
    119 E 5th----------------------3000

Service Station Equipment—Repairing
Lowe's Serv Sta Equipment Repairing 609 E 2-3269

Service Stations
Alexander Chevron Service 1301 E 2---------4162
Alexander & Pierce Chevron Service
                    2300 N Main--4890
Bailey's Shamrock Serv Sta 2410 N Main-----4867

BARNETT OIL CO
24 HOUR TRUCK SERVICE
24 HOUR CAFE
Gas - Oil - Lubrication
Road Service

2409 N Main-----------1356
2409 N Main-----------881

Bauman Joe Texaco Serv Sta 811 W 2------525
  (See Advertisement This Page)
Berrendo Phillips 66 Serv Sta N of Roswell----3494
Big T Serv Sta 2000 W 2d---------------1219
BILL & CHARLIE'S CONOCO SERVICE 200 W 2-2164
BROTHERTON'S SIXTY-SIX STATION 300 W 2d-666
  (See Advertisement This Page)
Burrow's V L Serv Sta E of Roswell--------039-R4
CACY'S TEXACO SERV STA 816 S Main------1620
  (See Advertisement Following Page)
CALHOUN'S SERVICE
  At the Airbase Main Gate
    S of Roswell----------------7-9939
Central Serv Sta 600 S Main--------------2017
  (See Advertisement Following Page)

CHEVRON SERVICE STATIONS
"DETERGENT - ACTION"
CHEVRON GASOLINES,
RPM MOTOR OILS
AND LUBRICANTS.
ATLAS TIRES, BATTERIES,
AND ACCESSORIES.
Independent Dealers Selling
These S. O. Products are
Listed Below.

"WHERE TO BUY THEM"
DISTRIBUTORS
STANDARD OIL CO OF TEXAS
        801 N Virginia av--4390
DEALERS
HILL'S SHORTY SERV STA 1901 N Main---529

Commercial Service Station 300 E 2d---------299
COSRAY SERV STA 721 S Main---------------5092
Covey's Service 315 W 2------------------4528
Cross Roads Grocery & Serv Sta
                S E of Roswell--075-J2
Crown Serv Sta S of Roswell--------------7-6671
DENTON BROS SERV STA & STORE
                Kenna--Long Distance
DUNIHO GULF SERV STA 523 N Main---------2513
  (See Advertisement Following Page)
Exchange Serv Sta N of Roswell-----------3096-W

GULF OIL PRODUCTS
Good Gulf and No-Nox Gasoline, Gulflube and Gulf Pride Motor Oils. Complete service for your car at these stations.
"Stop at the Sign of the Orange Disc"

"WHERE TO BUY IT"
DISTRIBUTORS
LEONARD OIL CO 911 N Virginia av---------655
  If no answer call------------------5413
DEALERS
DUNIHO GULF SERV STA 523 N Main------2513
JOE'S GULF SERV STA 1141 S Main-------4938
JOHNSON'S GULF SERV STA 1220 E 2------253
WALT'S GULF SERVICE 915 W 2d----------3495
WISE KENNETH GULF SERV STA
                2600 N Main--3267-W

(Continued Following Page)

Service Stations—(Cont'd)

HARDIN RAYMOND MAGNOLIA SERV STA
    200 N Kentucky av--1583
  (See Advertisement This Page)
HAYES GROCERY & SERV STA 1401 W 2d--2040
High Lonesome Service Station Acme--Long Distance
Hill's Shorty Serv Sta 1901 N Main----------529
Horn Serv Sta 412 W 2d-------------------4226
Howie Magnolia Serv Sta 700 N Main--------482
Joe's Gulf Serv Sta 1141 S Main-----------4938
JOHNSON'S GULF SERV STA
  H L Johnson, Operator
    1220 E 2------------------------253
Jordan Tex Serv Sta 2500 E 2-------------5218
Koglin Bill Sinclair Serv Sta 1403 S E Main---4456
KOTH MAGNOLIA SERV STA

  MAGNOLIA PRODUCTS
  MOBILGAS — MOBILOIL
  Washing and Lubrication
  — We Give Scottie Stamps —

  125 E 2-----------------------------1452

Malco Serv Sta 1415 N Main--------------4520
Manning's Conoco Serv Sta 426 N Main-----847
Meadow's Serv Sta
  Numex Products
    N of Roswell---------------------3267-J
Miles Serv Sta 1429 W 2-----------------2424
Montgomery W H Serv Sta 811 S Atkinson av--3371
P V SERV STA 1221 E 2------------------4746
PHILLIPS JOE E SIXTY-SIX SERV STA
    912 N Main--2064
POOR BOY'S SERV STA
  C H Wagner-Owner
    1402 E 2d------------------------3911
PRICE OIL CO 2408 N Main---------------4223
  (See Advertisement This Page)
Price's Wholesale Gas & Oil E of Roswell----4659
RIO PECOS CO
  Firestone & Inland Tires-Willard &
  Continental Batteries-24 Hour Service
    1205 S Main---------------------3399
Rose Serv Sta 1201 S Main---------------2338
Roswell Service Center 501 N Main---------993
  (See Advertisement This Page)
ROSWELL TRUCK TERMINAL
  Cafe-Service Station-Bunks & Showers
  For Truckers Open 24 Hours
    1800 W 2------------------------1181
SAWEY CHUCK GULF SERV STA 224 W 2d--4290
Scott Serv Sta 710 W 2d------------------359

SHAMROCK PRODUCTS
  CLOUD MASTER
  TRAIL MASTER
  GASOLINES
  SHAMROCK MOTOR OIL
  SHAMROCK 100% PENN
    MOTOR OIL
  SHAMROCK GREASES
  We Honor All Credit Cards
  "WHERE TO BUY THEM"
  WHOLESALE DISTRIBUTORS
TWEEDY OIL CO INC 214 E Alameda------677
  DEALERS
BAILEY'S SHAMROCK SERV STA
    2410 N Main--4867
ROSE SERV STA 1201 S Main------------2338

SINCLAIR PETROLEUM PRODUCTS
  GASOLINE - OIL
  PENN & OPALINE MOTOR OILS
  DIESEL OIL & KEROSENE
  TIRES - BATTERIES &
  ACCESSORIES

  "WHERE TO BUY IT"
  DISTRIBUTORS
BELL RAY OIL CO 105 E 19th-------------3366
  DEALERS
KOGLIN BILL SINCLAIR SERV STA
    1403 S E Main--4456

Sinclair Serv Sta 1426 W 2d---------------3939
Standard Oil Co of Texas 201 N Virginia av---680
SUNSET SERV STA 1304 W 2d-------------3240
SUPER 66 SERV STA 1301 S Main----------5307
Thompson's Texaco Serv Sta 312 W 2------4816
Trailer City Station & Court W of Roswell----3909
Twin Lane Serv Sta S of Roswell-----------2450
VALLEY OIL CO 520 E 2-------------------902
Waggoner Station & Grocery 1520 W 2d--2674-W
Walt's Gulf Service 915 W 2d-------------3495
(Continued Following Page)

 **CACY'S TEXACO SERVICE STATION**

MARFAK LUBRICATION
WASHING & VACUUMING
POLISHING & WAXING

— Call for Appointment —

Free Pick-up & Delivery

CLIFF CACY, Owner

816 S. Main   Phone 1620

Central Service Station

• Washing
• Greasing
• Polishing

TIRES & BATTERIES
—— Pick-up & Delivery ——

Call 2017

600 S. MAIN ST.

RAYMOND HARDIN

Magnolia Service Station

MOBILOIL
MOBILGAS
MOBIL TIRES & BATTERIES

Call 1583

ROAD SERVICE

WASHING - POLISHING - GREASING
TIRE REPAIRS - BATTERIES RECHARGED

200 N. Kentucky Av.

PRICE OIL CO.
Malco

—— 24 Hour Service ——
TIRES — TUBES — BATTERIES
LUBE — ACCESSORIES

Phone 4223
2408 N. MAIN

DUNIHO GULF

SERVICE  STATION

Washing ... Gulflex Lubrication
TIRES – ACCESSORIES
Radiator Back Flush Service
• Gulf Batteries
• Battery Recharging

PICK-UP AND DELIVERY

We Honor Gulf Courtesy Cards

Phone 2513

523 N. MAIN ST.

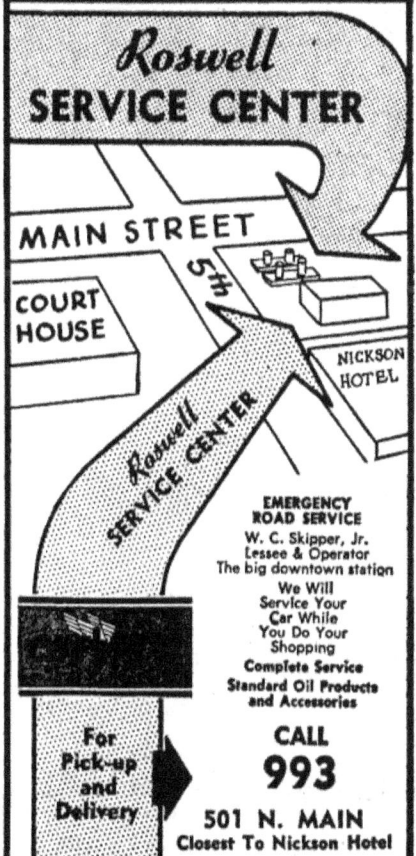

Roswell SERVICE CENTER

EMERGENCY ROAD SERVICE
W. C. Skipper, Jr.
Lessee & Operator
The big downtown station
We Will Service Your Car While You Do Your Shopping
Complete Service
Standard Oil Products and Accessories

CALL 993
501 N. MAIN
Closest To Nickson Hotel

Service Stations—(Cont'd)

Wilson Joe Chevron Serv Sta 611 S Main------2598
Wilson's Texaco Serv Sta
  600 N Main------------------------------102
  1112 N Main-----------------------------5544
Wise Kenneth Gulf Serv Sta 2600 N Main---3267-W

Sewing Machines

A A A Roswell Sewing Machine Service
    223 N Main--1705-W
  (See Advertisement This Page)

CITY SEWING MACHINE EXCHANGE

PFAFF & UNIVERSAL
New Machine Sales

• Servicing All Makes •
• RENTALS •

We Sell All Makes
Used Machines

203 N Missouri av------------3063

NECCHI SEWING MACHINES
Without attachments — blind-stitches hems, sews on buttons, sews zig-zag, makes buttonholes, mends, darns, monograms and embroiders. In console, cabinet and portable models.

"WHERE TO BUY THEM"
WILMOT HARDWARE CO 113 N Main--------634

NEEDLECRAFT SEWING MACHINES—
  ZINKS 322 N Main-------------------2456

PFAFF SEWING MACHINES
PFAFF with the exclusive
DIAL-A-STITCH sews on buttons,
monograms, makes buttonholes,
sews zig-zag, darns —
Without Attachments.
• Lifetime Guarantee
• Nationwide Repair Service
• World Famous Since 1862

"WHERE TO BUY IT"
CITY SEWING MACHINE EXCHANGE
    203 N Missouri av--3063

SINGER SEWING MACHINES
SINGER sells and services its products only through SINGER SEWING CENTERS, never through dealers or department stores. Look for the famous Red S on the window of your nearest SINGER SEWING CENTER.

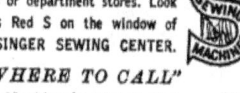

"WHERE TO CALL"
Singer Sewing Machine Co 309 N Main-----2127

Sewing Machines—Repairing

A A A Roswell Sewing Machine Service
    223 N Main--1705-W
City Sewing Machine Exchange
    203 N Missouri av--3063

Shavers—Electric

HERRING APPLIANCE CO
  We Repair All Makes
  118 W 4------------------------------346

Sheep

Roswell Livestock Commission Co
    900 N Garden av--1956

Sheet Metal Work

BURNWORTH & COLL CO 309 N Virginia av----2866
  (See Advertisement This Page)
CARRIGAN PAUL CO 124 E 2d--------------308
CLOWE & COWAN INC

PREFABRICATED DUCTS
Residential and Commercial
Heating and Air Conditioning
Metal Pipe and Fittings
IN-Concrete Pulpboard Tubes
Wholesale Only

805 N Virginia av------------------1025

(Continued Following Page)

NOW FOR THE FIRST TIME IN HISTORY THE ONLY COMPLETELY AUTOMATIC SEWING MACHINE IN THE WORLD!

THE Vigorelli "ROBOT"

"99 YEAR GUARANTEE"

No Dialing Necessary
No Levers to Move

Needs No Attachments to Sew

Sews With 2 Needles Automatically
Makes Buttonholes and Blind Stitches Automatically

FREE ESTIMATES
PICK-UP & DELIVERY

REPAIRS & PARTS FOR ALL MAKES

WE SELL, RENT, SERVICE ALL MAKES OF SEWING MACHINES

"IF IT SEWS, WE HAVE IT"
"IF IT DOESN'T, WE'LL FIX IT"

AAA ROSWELL SEWING MACHINE SERVICE
MEZZANINE OF KESSEL'S VARIETY STORE
223 N. MAIN   PHONE **1705-W**

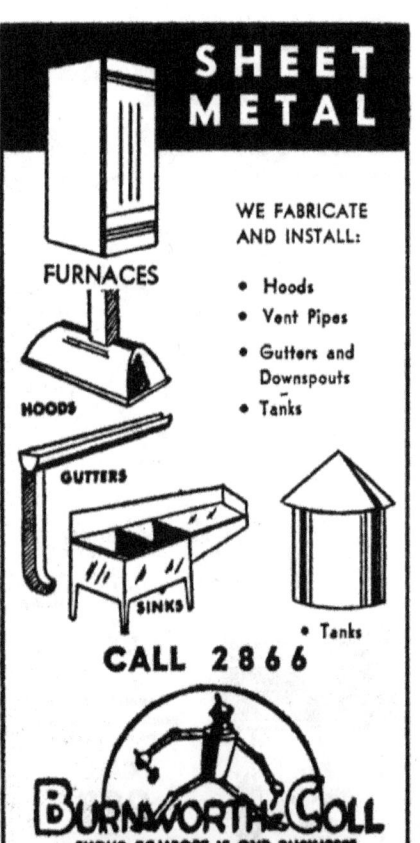

SHEET METAL

WE FABRICATE AND INSTALL:
• Hoods
• Vent Pipes
• Gutters and Downspouts
• Tanks

CALL 2866

Burnworth-Coll
"YOUR COMFORT IS OUR BUSINESS"
309 NORTH VIRGINIA AVE.

All Kinds of
SHEET METAL WORK
Call 460
HAMILTON ROOFING CO.
1704 S.E. MAIN

2-11

Sheet Metal Work—(Cont'd)

ELLIOTT SHEET METAL CO
We Fabricate and Install
HOODS - VENTS - GUTTERS
CHIMNEY EXTENSIONS
VENT PIPES
Cotton Gin and Millwork
111 E Tilden------187
If no answer call------3919-W

HAMILTON ROOFING CO 1704 SE Main------460
(See Advertisement Preceding Page)
LACEY SHEET METAL SHOP 413 E 2d------2555-W

Sheriff
SHERIFF Court House------950

Shoe Repair Equipment & Supplies
McGuffin Shoe Service 414 N Main------470-J

Shoes
Amonett Saddlery
  Custom Made Cowboy Boots
  207 W 3------410
BALL & RAY
  Nunn-Bush and Jarman
  218 N Main------133
Burton Shoe & Boot Shop 105½ E 2d------1705-J

CHILDREN'S FASHION CENTER
America's Choice in Children's Shoes
"LAZY BONES"
"PROPR-BILT"
"TRIMFOOT"
508 W 2------4441

KESSEL'S DEPARTMENT STORE 201 N Main------2520
Kinney G R Shoe Co 206 N Main------1047
Kirby's Shoe Stores 302 N Main------4063
MERRITT'S LADIES STORE 213 N Main------4444
Popular Dry Goods Store 107 N Main------661
Sears Roebuck and Co 120 W 3------2289
Tucker Bros Quality Shoes 209 N Main------888

Shoes—Repairing
AMONETT SADDLERY 207 W 3------410
Boot & Shoe Hospital 102 E 2------3393-W
BURTON SHOE & BOOT SHOP 105½ E 2d------1705-J
(See Advertisement This Page)
TODE'S 207 N Main------2465

Show Card Writing
See Signs

Show Cases
Jennings Show Case & Fixture Co
  1008 W Tilden------1768

Sign Erectors
TESCO NEON SIGNS INC 605 E 2------77

Signs
GREENHAW SIGNS
  Commercial Lettering All Types
  1112 N Lea av------1929
Hi-Glow Neon Sign Co Hwy 285------1323
OWL SIGN CO
  H C Brown & W H Brown
  Commercial Truck Lettering
  122 E 4------5019
PECOS VALLEY ADVERTISING CO INC
  Outdoor Signs-Commercial
  Sign Work-Truck Lettering
  111 N Washington av------755
TESCO NEON SIGNS INC
  Signs of All Kinds Installed-Painted-Repaired
  602 E 2------710
  605 E 2------77
  (See Advertisement This Page)

Silk Screen Processing
Greenhaw Signs 1112 N Lea av------1929

Silverware
Huff's Jewelry Store 222 N Main------40

Skating Rinks
Evans Roller Rink S of Roswell------1145
TIL'S SKATELAND 613 N Virginia av------3094

Slip Covers
Hardcastle Upholstering Shop 111 W Walnut------27-R

Soda Fountains—Supplies
Collier Wholesale Co 118 E Walnut------4352

Sound Systems & Equipment
SUPREME RADIO SUPPLY 129 W 2d------148

Speed Reducers
CLOWE & COWAN INC 805 N Virginia av------1025

Speedometers—Repairing
GENERATOR EXCHANGE OF ROSWELL
  1407 W 2------3003
SPITZER ELECTRICAL CO
  Factory Authorized Service
  216 W 2d------676

Sporting Goods
BURR'S DEPARTMENT STORE 1009 W 2------5237
FIRESTONE STORES 110 W 2d------116
GLENN APPLIANCE CO 111 S Main------2325
MYERS CO INC 106 S Main------360
S & A VARIETY STORE 1135 S Main------1063
WILMOT HARDWARE CO 113 N Main------634
WILSON SPORTING GOODS—
  BILL DEANE 105 S Main------3400
WILSON'S
  • Fishing Tackle
  • Guns - Ammunition
  • Camping Equipment
  412 N Main------363

Sportswear
Knadle's 227 N Main------177

Spraying Equipment & Supplies
DODSON CHEMICAL CO OF NEW MEXICO
  1203 E 2------1553

Springs—Repairing
WHITE O H BLACKSMITH & WELDING SHOP
  401 E 2d------566

Sprinklers—Garden & Lawn
Hill Plumbing & Heating Co 2½ Hillcrest------231
JONES J W PLUMBING & HEATING CO
  311 N Union av------2604

Stamp Dealers
Frontier Saving Stamps 223 W 2------2428

Stapling Machines
MARKWELL STAPLES-TACKERS—
  MARKWELL MFG CO INC
  200 Hudson New York N Y
  Long Distance--BArclay 7-9090

State Offices
See Alphabetical Section under
New Mexico State of

Stationers
Cobean Stationery Co 320 N Richardson av------166

Steamship Agencies
TRAVEL SERVICE EVERYWHERE
  El Fidel Hotel Albuquerque
    Long Distance--Albuquerque 2-6457
  El Fidel Hotel Albuquerque
    Long Distance--Albuquerque 3-5561

Steel
Amarillo Junk-Westex Pipe Co
  4th & Jackson Amarillo Texas
    Long Distance--Amarillo-3-4201
BUILDERS BLOCK & STONE CO
  See Our Ad under Building Materials
  SE of Roswell------3108
General Tank & Steel Corp 1306 E 2------2200
INDUSTRIAL STEEL INC
  2520 1 NW Albuquerque
    Long Distance--Albuquerque 3-3746
(Continued Following Page)

— EXPERT —
SHOE REPAIRING
While You Wait
BURTON
SHOE & BOOT
SHOP
FINE HANDMADE COWBOY
BOOTS
105½ E. Second   Phone 1705-J

"THE HOUSE OF SIGNS"
CALL
Tesco NEON Signs INC.

"WE BUILD THE BEST
AND SERVICE THE
REST"

PHONES
77
OR
710

605 E. 2nd St.

82 Steel–Tax — ROSWELL CLASSIFIED TELEPHONE DIRECTORY

Steel–(Cont'd)

McCORMICK STEEL—
McCORMICK STEEL CO
Plainview hghwy Lubbock Texas
Long Distance--Lubbock-2-8793
SILVER STEEL CO 1801 8 NW Albuquerque
Long Distance--Albuquerque 7-1441

Steel Buildings

Banes Company Inc The
Local Representative
E of Roswell----------------------4604
(See Advertisement This Page)
(Continued Following Column)

IT IS A BUYER'S MARKET IN THE YELLOW PAGES ... Look under the classified heading for what you want.

BUTLER STEEL BUILDINGS
FOR ALL YOUR NEEDS

INDUSTRY — FARM — COMMERCIAL

THE **BANES** *Company* INC.

Free Information – No Obligation
EAST OF ROSWELL
Phone 4604

SWIMMING POOLS
DESIGNED & CONSTRUCTED
FOR YOU — by ...
Esser CONSTRUCTION COMPANY
— Call or Write —
Long Distance Santa Fe 3-4994
428 College   SANTA FE

Steel Buildings–(Cont'd)

BUTLER STEEL BUILDINGS

Durable, Fire-safe, Weather-tight, Butler Steel Buildings are Economical, Quick to Erect!
Adaptable to Any Use — Any Size
Built Better To Last Longer

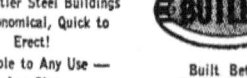

"WHERE TO BUY IT"
Banes Company Inc The
Local Representative
E of Roswell----------------------4604

MARSHALL CO
STRAN-STEEL BUILDINGS
STRAIGHT SIDEWALL
and
QUONSET
Commercial - Industrial
Ranch - Farm
Sizes for Every Purpose
Call Us for Information, Estimates
1201 S Atkinson av----------------4362

STARBILT STEEL BUILDINGS
PREFABRICATED
STEEL BUILDINGS
BUILT TO SUIT
YOUR NEEDS
CALL OR WRITE
Estimates Without Obligation

"FOR INFORMATION CALL"
Star Mfg Co 413 W 4 Amarillo Texas
Long Distance--Amarillo 4-4043

Steel Fabricators

DARBYSHIRE STEEL CO INC 1900 E Paisano dr
El Paso Texas Long Distance--El Paso-3-7511
General Tank & Steel Corp 1306 E 2----2200
RAMSEY STEEL CO INC 4100 Rosa
El Paso Texas Long Distance--El Paso-2-2688

Steel–Structural

TYNER ROY V CO 1023 S Atkinson av----4036

Stenographers

GIBBANY ARLINE 407 N Penn----------277
McCORMICK MARGIE 117½ E 3--------3990
Res Phone----------------------------553

Stock & Bond Brokers

FIRST NEW MEXICO CO
Stocks-Bonds-Mutual Funds-
Investment Securities
419 N Richardson av--------------568

Storage

See also Warehouses; also Cold Storage
AIRLINE VANS 121 E 2d--------------4637
APEX WAREHOUSE CO 209 E 9--------2544
ARMOLD TRANSFER & STORAGE CO
STORAGE
MOVING — TRANSFER
Complete
Warehouse Facilities
Agent for Aero Mayflower
419 N Virginia av------------------23
LUTHER TRANSFER & STORAGE INC 401 E 3--3211
PALACE TRANSFER & STORAGE CO 121 E 3d---451
RAPP TRANSFER & STORAGE 1208 N Grand av--272
ROSWELL MOVING & STORAGE CO
109 N Virginia--4188

The Classified Directory has solved many a buyer's problem.

Store Fixtures

JENNINGS SHOW CASE & FIXTURE CO
1008 W Tilden--1768
SOUTHWESTERN STORE FIXTURES

Designing, Manufacturing, Installing and Other Services.
Fixtures for Banks, Cafes, Clothing, Dep't, Drug, Jewelry and Other Stores

"FOR INFORMATION CALL"
SOUTHWESTERN STORE FIXTURE CO
G C Matthews, Mgr
2501 W 7th Amarillo, Texas
Long Distance--Amarillo-2-1585

Store Fronts

ROSWELL GLASS & MIRROR CO 1421 W 2----1548

Surety Bonds

See Bonding Companies

Surgical Supplies

See also Hospital Equipment & Supplies;
also Physicians' Equipment & Supplies
NASH PHARMACY
Sickroom Supplies, Crutches, Etc.
404½ N Penn av----------------2434
PRESCRIPTION PHARMACY THE 205 W 3d----1164

Surveyors

UNITED ENGINEERING CO 1607 W 2--------3568

Swimming Pool Contractors

CAMPBELL CLINTON CONTRACTOR INC
4215 N 7 Phoenix Long Distance-CRstwd 4-3092
ESSER CONSTRUCTION CO
428 College Santa Fe
Long Distance--Santa Fe 3-4994
(See Advertisement This Page)
FIESTA SWIMMING POOL
1507 N Washington av--4593

Swimming Pool Equipment

CLINTON CAMPBELL EQUIPMENT &
MAINTENANCE CO 4215 N 7 Phoenix
Long Distance--CRstwd 4-3092
DODSON CHEMICAL CO OF NEW MEXICO
1203 E 2--1553
FIESTA SWIMMING POOL
1507 N Washington av--4593
MORESTA SWIMMING POOL EQUIPMENT
CO INC 5810 S Central av Phoenix
Long Distance--BRdwy 6-2101
SOUTHWESTERN EQUIPMENT CO
604 W Albuquerque--1551

Tailors

Alteration Shop 302 W 3------------1416
Tailorfine Shop 104 E 2------------5138

Tanks

BURNWORTH & COLL CO 309 N Virginia av----2866
CARRIGAN PAUL CO 124 E 2d------------308
General Tank & Steel Corp 1306 E 2--------2200
LACEY SHEET METAL SHOP 413 E 2d----2555-W

Tax Matters

See Accountants–Certified Public;
Accountants–Registered Public;
Bookkeeping Service; Lawyers, Tax
Return Preparation

Tax Return Preparation

Allman Earl S 204 W 4------------------3678
Bassett Johnston & Deason 421 N Richardson av--50
Blair Warner 421 N Richardson av--------50
CITTY FLOYD F J P White B--------------159
GIBBANY ARLINE 407 N Penn------------277
HARVEY J G ACCOUNTING & BOOKKEEPING
SERVICE 404 N Penn av--------------490

Taxicabs

City Cab Co 102 W Alameda---------5555
(See Advertisement This Page)

TWO-O-ONE TAXI CO

CALL 201

RADIO CONTROLLED

100 N Richardson av---------------201

SAFETY CAB CO

CALL 2020
OR
YELLOW CAB CO.
CALL 90

506 N Main-----------------------2020

Taxidermists

MELETTI TAXIDERMIST SHOP
3525 Wyoming El Paso
Long Distance--El Paso 2-7162

Telegraph Companies

Western Union Telegraph Co 118 W 2d-------1300

Telephone Companies

MOUNTAIN STATES TEL & TEL CO
Long Distance----------Place call with Operator
For numbers not listed in Directory
                              Ask for Information
For assistance in reaching the number
  you are calling-----------Ask the Operator
To report a telephone out of order
                              Ask for Repair Service
Time of Day---------------------Ask for Time
Business Office 322 N Richardson av------4100
District Mgr 324 N Richardson av---------4118
District Plant Supt 324 N Richardson av---4139
District Traffic Supt 311 N Richardson av-4122
For other information see White Pages 1 to 3
(See Advertisement This Page)

Telephone Secretarial Service

ROSWELL TELEPHONE SECRETARIAL SERVICE
306 S Kentucky av--4754
(See Advertisement This Page)

If you need help quickly, the Classified Telephone Directory is the place to look. Roofers, painters, plumbers and thousands of other services and dealers are listed in the Classified Telephone Directory for your quick reference.

---

your

telephone

so *valuable* in

so many ways

—yet so low

in cost

CITY CAB CO.
"LOOK FOR RED TOPS AND GRAY BODIES"

PROMPT-COURTEOUS SERVICE
2 WAY RADIO EQUIPPED
24 HOUR SERVICE

CALL 5555

LICENSED & INSURED

LOCAL OWNED & OPERATED BY
LILLIARD "PAT" OWEN
OUR DELIVERY SERVICE IS GUARANTEED

102 WEST ALAMEDA
(CORNER ALAMEDA & SOUTH MAIN)

CONCEALED TELEPHONE WIRING

Makes Your Home Modern, Attractive, Convenient.

When planning your home, plan facilities for "Built-in" Telephone Service.

For more details call our Business Office.

THE MOUNTAIN STATES TELEPHONE AND TELEGRAPH COMPANY

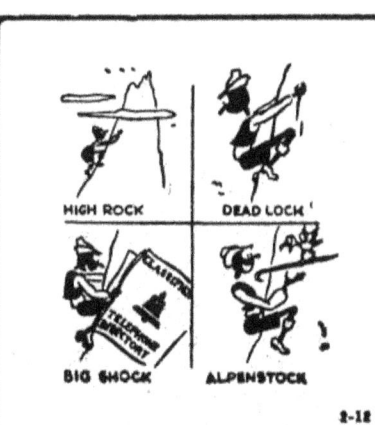

24-Hour
Telephone Answering Service

☆ **We Answer Your Phone**
in Your Name and Make Appointments . . . Also

☆ **Extension Service Available**
From Your Phone to Our Switchboard

☆ **Log Plotting**

☆ **Radio Dispatch**
 • *COURTEOUS*
 • *EFFICIENT*
 • *ECONOMICAL*

SPECIAL ATTENTION TO
MEDICAL PROFESSION

Call 4754

ROSWELL TELEPHONE SECRETARIAL SERVICE
306 S. Kentucky Av.

"Jimmie Rogers" SUPREME RADIO and TELEVISION SERVICE

"15 Years Serving Customers in Roswell"

CALL
4840
DAY OR NIGHT

Experienced Technician
All Makes

SYLVANIA and
PACKARD-BELL
» » TELEVISION « «

TABLE - - CONSOLE
and
RADIO - PHONO
TELEVISION COMBINATIONS

129 W. 2nd

Television

ADMIRAL TELEVISION

World's largest manufacturer of television combinations. Engineered to outperform any set, anywhere, any time. Also television table models and consoles, radios, radio-phonos, Dual-Temp refrigerators, electric ranges.

Admiral "America's Smart Set"

"FOR INFORMATION CALL"
SALES & SERVICE
WOOLSEY'S 113 S Main----------4844

CROSLEY TELEVISION AND RADIO

Crosley Super-V table and consoles. Compact, light-weight. 17" table model actually portable. 21" has up to 30% bigger picture than other 21's. All channel UHF-VHF, or any combination. Full line Table Radios—Clock Radios—Portables—FM/AM High Fidelity Radio-Phonograph.

CROSLEY

"WHERE TO BUY THEM"
DEALERS
GLENN APPLIANCE CO 111 S Main-------2325

GENERAL ELECTRIC TELEVISION

Big as life — clear as life pictures. Big screen viewing, 12 channels, automatic sound, G-E Dynapower speakers, simplified tuning, constant focus, hand-rubbed cabinets.

"WHERE TO BUY THEM"
BILL DEANE 105 S Main---------3400
GINSBERG MUSIC CO 205 N Main----------10
GLENN APPLIANCE CO 111 S Main---------2325

HALLICRAFTERS—
BLAKESTAD COMMUNICATIONS &
ELECTRONICS 125 W 2--------289

HOFFMAN TELEVISION—
DEALERS
HERRING APPLIANCE CO 118 W 4th-------346
M & R T V Sales & Rentals 1120 E 2--------1981

MAGNAVOX TELEVISION SALES

Finest High-Fidelity pictures and sound, Chromatic Optical Filter, Multiple Speakers, Superpowered dependable chassis in wide selection of fine furniture-models. Also High-Fidelity Radio-Phonographs.

Magnavox

"WHERE TO BUY THEM"
Ginsberg Music Co 205 N Main---------10

MOTOROLA TELEVISION

Exclusive Manufacturers of quality Electronic Products.
Television with — PROVEN DEPENDABILITY
Newest developments — Beautiful Cabinetry
Fine Reception — Priced for every budget.

Motorola TV

"WHERE TO BUY THEM"
DEALERS
ANDERSON & WATKINS APPLIANCE STORE
127 E 3--5119
BLAKESTAD COMMUNICATIONS &
ELECTRONICS 125 W 2--------289
McNALLY-HALL MOTOR CO 512 N Main----4400

PACKARD-BELL TELEVISION—
SUPREME RADIO-TELEVISION 129 W 2--4840

PHILCO TELEVISION RADIO AND RADIO-PHONOGRAPH SALES AND SERVICE

Philco gives you bigger, clearer pictures, finer tone, greater performance and more beautiful cabinets at popular prices. Buy Philco … Famous for Quality the World Over.

PHILCO

"WHERE TO BUY THEM"
DEALERS
FURNITURE MART 109 E 2d---------1649
WOOLSEY'S 113 S Main----------4844

(Continued Following Column)

Consult the Yellow Pages before buying. It's one of the quickest ways to locate a local source of supply.

Television—(Cont'd)

R C A VICTOR

TELEVISION
RADIO, PHONOGRAPHS
RECORDS
World Leader in Radio.
First in Recorded Music.
First in Television.

"WHERE TO CALL"
DISTRIBUTORS
MIDLAND SPECIALTY CO
425 W San Antonio El Paso Texas
Long Distance--El Paso 3-2401
DEALERS
ZINKS 322 N Main------------2456

SILVERTONE TELEVISION & RADIO SALES & SERVICE—
SEARS ROEBUCK AND CO
120 W 3-----------------3090

SPARTON RADIO TELEVISION

Famous Sparton Television, Radio, and Combinations — SOLD DIRECT by Sparton to your community dealer. No middleman costs to pay. Check Sparton value, performance — TODAY.

Sparton

"WHERE TO BUY THEM"
DEALERS
GLENN APPLIANCE CO 111 S Main-------2325
WILMOT HARDWARE CO 113 N Main------634
State TV Service 109 E 7-------1976
Supreme Radio-Television 129 W 2------4840
(See Advertisement This Page)

SYLVANIA TELEVISION

Sylvania — electronics pioneer — presents one of the world's finest television sets, featuring exclusive HaloLight for clearer, brighter pictures and greater viewing comfort.

SYLVANIA *with HaloLight*

"WHERE TO BUY IT"
DISTRIBUTORS
ELECTRICAL & MECHANICAL SUPPLY
CO INC 709 N Virginia av----------4078
DEALERS
ANDERSON & WATKINS APPLIANCE STORE
127 E 3--5119
THOMSEN'S 1210 E 2------------868

WESTINGHOUSE TELEVISION—
WILMOT HARDWARE CO 113 N Main----634
WILMOT HARDWARE CO 113 N Main----634

ZENITH TELEVISION

Many of the refinements you look for in today's finer TV were developed by Zenith … out of 35 years of research in Radionics exclusively. You'll find them only in a Zenith!

Zenith THE ROYALTY OF RADIO and TELEVISION

"WHERE TO BUY THEM"
DEALERS
GINSBERG MUSIC CO 205 N Main---------10
PURDY FURNITURE CO 321 N Main-------197
ZINKS 322 N Main------------2456

Television Broadcasting Companies & Stations

K S W S-T V
Executive Offices 1723 W 2-------3737
Studio & Transmitter Commanche Hill-----513

Television Parts & Supplies—Wholesale

SUPREME RADIO SUPPLY 129 W 2-------148
YUCCA WHOLESALERS INC 2220 1 NW
Albuquerque Long Distance--Albuquerque 2-5901

Make it easy for your customers to find you. Representation in the Classified pages does just that.

"Where to Buy It" — Television–Tile 85

Television–Repairing

BLAKESTAD COMMUNICATIONS & ELECTRONICS
(Formerly Falconi Electrical Service)
- TELEVISION
- RADIO
- ELECTRONIC

Sales and Service
Robert B. Blakestad, Reg. Elec. Eng.
125 W 2----------289

ELECTRONIC SERVICE CO
Guaranteed Sales and Service
TV • RADIO • PHONOGRAPHS
Movie Projectors • Tape Recorders
I Am Fully Insured and Licensed by F.C.C.
Louis Angelos, Owner
1129 S Main----------2918

GLENN APPLIANCE CO 111 S Main----------2325
(See Advertisement This Page)
KEN'S RADIO & T V 1139 S Main----------1019
(See Advertisement This Page)

ROSWELL APPLIANCE SERVICE CENTER
Factory Trained Technicians
All Makes and Models of TV
Don't Be Misled
Call the Men Who Know
618 S Main av----------4871

STATE TV SERVICE 109 E 7----------1976
(See Advertisement This Page)
(Continued Following Column)

A complete and up-to-date buyer's guide, the Yellow Pages will save you time and money.

Television–Repairing–(Cont'd)
SUPREME RADIO-TELEVISION 129 W 2----------4840
TINY'S RADIO SERVICE 1007 S Lea av----------2369
WOOLSEY'S 113 S Main----------4844

Termite Control
See also Exterminating & Fumigating

ORKIN TERMITE CONTROL SERVICE
SURETY - BONDED TERMITE CONTROL — Insured by One of America's Leading Bonding Companies.
Convenient Monthly Payments
FREE INSPECTIONS
Scientific Pest Control—Est. 1901
"FOR INFORMATION CALL"
ORKIN EXTERMINATING CO INC
World's Largest Pest Control Co
125 W 4----------4422

Theatres
Capitan Theatre
Roswell's Only Independent Theatre
314 N Main----------251
Jingle-Bob Drive In Theatre
E Country Club rd--060-R1

Tile Contractors & Dealers
NEAL'S BUILDERS' SUPPLY 214 W 3----------2410
NEFF TILE CO 1703 N Delaware av----------4493
(See Advertisement This Page)

NEW MEXICO MARBLE & TILE CO
TILE - MARBLE - TERRAZZO
LINOLEUM
ASPHALT AND RUBBER TILE
ACOUSTICAL TILE
511 E 4----------466-W
(Continued Following Column)

Tile Contractors & Dealers–(Cont'd)

WELCH-ERWIN CORP
ASPHALT - RUBBER TILE
VINYL FLOORING
CORK & CERAMIC TILE
PLASTIC & METAL
WALL TILE
FLOORS - WALLS - BATHS
DRAINBOARDS - KITCHENS
909 N Virginia av----------734

Tile Contractors & Dealers–Wholesale
Biegert F E Co 280 Detroit Denver Colo
Long Distance--FLorida 5-7331

STATE TV AND RADIO SERVICE
Guaranteed
PHONE 1976
Evenings – Sundays – Holidays
- AUTHORIZED SERVICE
- QUALIFIED TECHNICIANS
- ANTENNA INSTALLATIONS

JOHN H. PHIPPS, Owner
109 E. 7th St.
Geiger Counter Sales & Service

Prompt Courteous Service
— All Makes & Models —
TELEVISION & RADIO ANTENNAS INSTALLED
Call 2325
☆ Sparton TV
Glenn Appliance Co.
111 S. Main
BILL GLENN, Owner

TELEVISION SERVICING
For Prompt Courteous Service
Call 1019
24 HOUR ANSWERING SERVICE
GUARANTEED
Service On All Makes
Service Policies Available

Ken's RADIO & T V
1139 SOUTH MAIN

TILE
ALL TYPES OF TILE WORK
Phone 4493
1703 N. Delaware
NEFF TILE CO.
Warehouse - 1005 S. Lea

Tile Contractors' Equipment & Supplies

ELLERBE TILE CO 1811 E Yandell blvd
    El Paso Texas Long Distance--El Paso 3-4681

Tile—Manufacturers & Distributors

ELLERBE TILE CO
WHOLESALE
CERAMIC AND METAL TILE
Distributors for Monarch Tile
Showroom for
Architects - Contractors - Owners
— We Supply Tile Contractors —
1811 E Yandell blvd El Paso Texas
    Long Distance--3-4681

Rocky States Tile Sales 1194 S Bannock
    Denver Colo Long Distance--SPrce 7-1763

Tinners

See also Sheet Metal Work
Carrigan Paul Co 124 E 2d----------308

Tires

ATLAS TIRES
Safer, longer-wearing Atlas Tires, for passenger cars and trucks, sold by Chevron Stations, with unconditional warranty good at 38,000 Atlas Dealers, in U. S. and Canada.

"WHERE TO BUY THEM"
DISTRIBUTORS
STANDARD OIL CO OF TEXAS
    801 N Virginia av--4390
DEALERS
Roswell Service Center 501 N Main----993

Barnett Oil Co 2409 N Main----------881
(Continued Following Column)

Tires—(Cont'd)

BILL DEANE 105 S Main--------------3400
    (See Advertisement This Page)
BROTHERTON'S SIXTY-SIX STATION 300 W 2d--666
Duniho Gulf Serv Sta 523 N Main----2513
FIRESTONE STORES 110 W 2d----------116

GENERAL TIRES
GOES A LONG WAY TO MAKE FRIENDS
"WHERE TO BUY IT"
DISTRIBUTORS
SCHUMPERT GENERAL TIRE CO 615 E 2--3200

GOODRICH B F TIRES
LIFE-SAVER
TUBELESS TIRES
New and Used Tires - Recapping - Tire Service
WHERE TO CALL
VALLEY OIL CO 520 E 2--------------902
DEALERS
BILL & CHARLIE'S CONOCO SERVICE
    200 W 2--2164

GOODYEAR TIRES
More people ride on Goodyear Tires than on any other kind.
Let the Goodyear dealer be your Tire Service Headquarters.
"WHERE TO BUY THEM"
DISTRIBUTORS
BILL DEANE 105 S Main-------------3400
DEALERS
McNALLY-HALL MOTOR CO 512 N Main--4400
(Continued Following Column)

Tires—(Cont'd)

IZARD TIRE CO 126 S Main-----------353
P V SERV STA 1221 E 2-------------4746
Phillips Joe E Sixty-Six Serv Sta 912 N Main--2064
Price Oil Co 2408 N Main----------4223
RIO PECOS CO
    Firestone & Inland Tires-Willard & Continental Batteries-24 Hour Service
    1205 S Main----3399
Roswell Truck Terminal 1800 W 2----1181
SAWEY CHUCK GULF SERV STA 224 W 2d--4290
Schumpert General Tire Co 615 E 2--3200
    (See Advertisement This Page)
Super 66 Serv Sta 1301 S Main------5307

U S ROYAL TIRES
QUALITY TIRES
QUALITY RECAPS
QUALITY REPAIRS
"WHERE TO CALL"
DISTRIBUTORS
IZARD TIRE CO 126 S Main-----------353
VALLEY OIL CO 520 E 2--------------902

Tires—Repairing & Recapping

Firestone Stores 110 W 2d----------116
IZARD TIRE CO 126 S Main-----------353
O K RUBBER WELDERS 400 E 2--------4803
SCHUMPERT GENERAL TIRE CO 615 E 2--3200

Tires—Used

O K Rubber Welders 400 E 2--------4803

Title Companies

CHAVES COUNTY ABSTRACT CO 125 W 4th--169
    125 W 4th------------------------538
Gessert-Sanders Abstract Co 112 E 3d--493

SAVE ON TIRES

GET OUR TRADE-IN DEAL ON
GOODYEAR
TIRES...TUBES
More People Ride on Goodyear Tires than on Any Other Kind

RECAPPING • REPAIRS • BALANCING
— COMPLETE TIRE SERVICE —
USE OUR BUDGET TERMS

Phone 3400
BILL DEANE
105 S. MAIN

Roswell 3200   **Artesia 1099**

GENERAL TIRE
DISTRIBUTORS
▲
KRAFT BALANCED
RECAPPING
▲
NEW NYGEN SQUEEGEE
▲
NEW NYGEN TUBELESS
▲
GENERAL NYGEN TRUCK
TIRES
▲
NYGEN CORD
(Stronger Than Steel Cables)
▲
24-Hour Complete Road Service
MODERN EQUIPMENT

Schumpert General Tire Co.
Call 3200
Nite Phone 2572-W
615 E. 2nd St.

"Where to Buy It" — Tools–Trailers 87

Tools

CLOWE & COWAN INC
Mechanics - Hand & Miscellaneous
805 N Virginia av---------1025

DELTA-MILWAUKEE MACHINE TOOLS
Low-cost, high-production tools, widely used in industry for metalworking and woodworking. Drill presses, circular saws, band saws, grinders, abrasive finishing machines, cut-off machines.

"WHERE TO BUY THEM"
DEALERS
Wilmot Hardware Co 113 N Main---------634

Tools–Electric

CLOWE & COWAN INC
Distributor for Black & Decker
Electric Tools - Wholesale Only
805 N Virginia av---------1025
ELECTRICAL & MECHANICAL SUPPLY CO INC
709 N Virginia av---------4078

Tortillas

ElCharro Tortilla Factory 1705 SE Main------3142
Trujillo Antonio F Res---------2990-W

Tourists' Courts

See Motels

Tours

See also Travel Bureaus
Two-O-One Taxi Co 100 N Richardson av-------201

Towel Supply Service

See Linen Supply Service

Toys

BURR'S DEPARTMENT STORE 1009 W 2------5237
GREENE'S 110 N Main---------644
S & A VARIETY STORE 1135 S Main---------1063
WILMOT HARDWARE CO 113 N Main---------634

Tractors

ALLIS-CHALMERS TRACTORS
- 2 Cycle Diesel Crawler Tractors
- Farm & Industrial Wheel Tractors
- Farm Equipment
- Road Machinery
- Parts & Service

"WHERE TO BUY IT"
SMITH MACHINERY CO INC 512 E 2d------3980

CASE J I TRACTORS—
MITCHELL IMPLEMENT CO
1702 SE Main--1659

FORD TRACTORS
THE MODERN LOW COST
METHOD OF POWER
FARMING
SEE IT - DRIVE IT and
YOU'LL BUY IT
PARTS - SALES and SERVICE

"WHERE TO BUY IT"
FARM EQUIPMENT CO INC
1201 S Atkinson av--4362

Graves Tractor & Equipment Co 208 E 2d-----3210
MASSEY-HARRIS TRACTORS—
FARM EQUIPMENT CO INC
1201 S Atkinson av--4362
McCORMICK FARM EQUIP STORE
120 E Walnut--4030
MYERS CO INC 106 S Main---------360
TRACTOR RENTAL SERVICE
See Our Ad Pipeline Contractors
318 E McGaffey---------3658

Tractors–Rental

TRACTOR RENTAL SERVICE
See Our Ad Pipeline Contractors
318 E McGaffey---------3658

Tractors–Repairing

Box Welding Shop E of Roswell---------507
SMITH MACHINERY CO INC 512 E 2d---------3980

Tractors–Used

MYERS CO INC 106 S Main---------360

Trading Stamp Companies

S & H GREEN STAMPS 109 N Main---------4662

Trailer Courts

Goodnight Trailer Courts S of Roswell---------3161
Mountain View Trailer Court S of Roswell------3079
Pruitt J B Trailer Court N of Roswell---------4688
Shady Camp Trailer Court N of Roswell--------4455
Trailer City Station & Court W of Roswell------3909
Yucca State Trailer Park 2605 N Main---------4472

Trailers–House

MAIN TRAILER SALES 700 S Main---------2983
(See Advertisement This Page)

Trailers–Utility

TYNER ROY V CO 1023 S Atkinson av---------4036

Trailers–Utility–Manufacturers

Ullrich & Denney 1701 E 2d---------3335

Trailers–Utility–Rental

TYNER ROY V CO
TRAILER RENTALS
Luggage and Utility
One Way or Local Use
Any City in the U. S. - To or From
(See Advertisement This Classification)
1023 S Atkinson av---------4036

SPARTAN AIRCRAFT TRAILERCOACHES

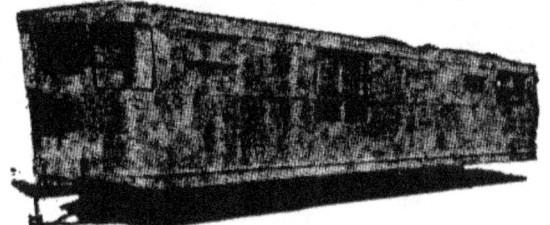

Call **2983** Call

MAIN TRAILER SALES
700 S. MAIN

See us Before You Buy

U - NEEK TRAILER HITCHES
COMPLETE SELECTION OF SIZES and TYPES

¼ DOWN, 5%
5 YEARS TO PAY
BUY — SELL — TRADE — TERMS
SALES • SERVICE • SUPPLIES

"LOOK FOR IT
IN THE

CLASSIFIED

—TELL HIM
YOU SAW IT
IN THE

YELLOW PAGES"

THE MOUNTAIN STATES TELEPHONE
AND TELEGRAPH COMPANY

"RENT IT IN ROSWELL"
LEAVE IT ANYWHERE

ROY V. TYNER CO.
1023 S. Atkinson Ave. • PHONE 4036

Trailers–Utility–Repairing

TYNER ROY V CO 1023 S Atkinson av--------4036

Transfer Business

See also Express Business
AIRLINE VANS 121 E 2--------------4637
APEX WAREHOUSE CO 209 E 9----------2544
LUTHER TRANSFER & STORAGE INC 401 E 3--3211

RAPP TRANSFER & STORAGE
Hauling - Storage - Crating
Private Railroad Siding
Pool Car Distribution
Commercial Storage
New Modern Warehouse
200 Blk. E. 12th (Rear)
1208 N Grand av---------------272

ROSWELL MOVING & STORAGE CO
109 N Virginia--4188

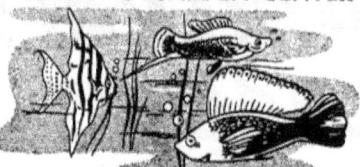

CARPENTER NURSERY & GARDEN CENTER

TROPICAL FISH
LARGE SELECTION
AQUARIUMS - PLANTS
COMPLETE LINE OF ACCESSORIES
PUMPS - FILTERS
HEATERS AND THERMOSTATS
Everything in Aquarium Supplies

301 N. Orchard Ave. Phone 758

TYPEWRITERS & ADDING MACHINES
SOLD • RENTED • REPAIRED

SMITH-CORONA-Typewriters
VICTOR-Adding Machines
CASH REGISTERS
CALCULATING MACHINES

OFFICE SUPPLIES
FOUNTAIN PENS
PHONE 674
DESKS
CHAIRS
FILES
SAFES

ROSWELL TYPEWRITER CO.
408 N. MAIN

Travel Bureaus

TRAVEL SERVICE EVERYWHERE
Successor to Fuller Agency
Official Agency for All Domestic and
International Travel Services
— No Service Charge —
Air - Bus - Rail Tours - Steamship
at Regular Fares — Hotel Reservations
Travelers Checks and Insurance
Long Distance 1118 Main----Lubbock 5-6253
Long Distance El Fidel Hotel----Albuq 2-6457

Tree Service

Carpenter Nursery & Garden Center
301 N Orchard av--758

Trenching Contractors

TRACTOR RENTAL SERVICE
See Our Ad Pipeline Contractors
318 E McGaffey-----------------3658

Tropical Fish

CARPENTER NURSERY & GARDEN CENTER
301 N Orchard av--758
(See Advertisement This Page)

Truck Lines

See Motor Freight Companies

Trucking

See also Movers; also Motor Freight Companies

ARMOLD TRANSFER & STORAGE CO
COMMERCIAL HAULING
TRANSFER-STORAGE-MOVING
● HEAVY HAULING
● HOUSE MOVERS
AERO MAYFLOWER, Agent
Distributors For
ACME FAST FREIGHT INC.
419 N Virginia av-----------23

CURRY & MAXWELL HOUSE MOVERS
See Our Ad under Movers
1413 S Main------------------3006
El Paso-Pecos Valley Truck Lines
See Our Ad Motor Freight Co
102 S Garden av--------------4488
Hill Lines Inc 110 E 9----------718
Quick Way Truck Line 419 N Virginia av------23
VanDoren G E Woodie Trucking Co 511 E 3----3159

Trucks–Industrial

Flournoy E D Co 1224 E Missouri El Paso
Texas Long Distance--El Paso 3-5531

Trucks–Motor

CHEVROLET ADVANCE-DESIGN TRUCKS
Dependable performance!
Low cost per mile!
Wide choice of models!
There's a Chevrolet truck that's just right for your business.

"WHERE TO BUY IT"
DEALERS
McNALLY-HALL MOTOR CO 512 N Main-----4400

DIAMOND T TRUCKS
THE TRUCK OF LOWEST COST

SEE YOUR FRIENDLY DIAMOND T DEALER TODAY
"WHERE TO BUY THEM"
ELLETT MOTOR CO INC 1901 N Main-----2426
(Continued Following Column)

HANDY! These pages tell you where you can buy most anything — quickly, comfortably, by telephone.

Trucks–Motor–(Cont'd)

DODGE JOB-RATED TRUCKS
MEAN...
"A BETTER DEAL FOR THE MAN AT THE WHEEL"
Fit the Job... Save Money
Last Longer
Sales, Service and Factory
Engineered parts

"FOR INFORMATION CALL"
McDONALD MOTORS INC
209 N Richardson av--344
Ellett Motor Co Inc 1901 N Main----------2426

GMC MOTOR TRUCKS
SALES: ½ TON TO 15 TON TRUCKS
GAS & DIESEL MODELS
90 DAY GUARANTEE
COMPLETE SERVICE -
PARTS - ACCESSORIES

"WHERE TO BUY THEM"
RELIABLE PONTIAC & G M C TRUCK SALES
124 E 4th--4076
124 E 4th----------------720

Trucks–Motor–Repairing

ELLETT MOTOR CO INC 1901 N Main--------2426

Typewriters

Allied Business Machines Co
410 N Richardson av--3674

JOHN OFFICE SUPPLY
UNDERWOOD
TYPEWRITERS
UNDERWOOD SUNDSTRAND
ADDING MACHINES
Sales — Service
212½ N Richardson av------------629

REMINGTON RAND TYPEWRITERS—
HENDRIX OFFICE EQUIPMENT CO
206 W 4th--2665
Roswell Typewriter Co 408 N Main--------674
(See Advertisement This Page)

ROYAL TYPEWRITERS
The New ROYAL Typewriter
ROYAL
STANDARD — ELECTRIC — PORTABLE
SPECIAL PURPOSE TYPEWRITERS
Rentals and Repair Service
"WHERE TO CALL"
ALLIED BUSINESS MACHINES CO
410 N Richardson--3674-W

Typewriters–Repairing

ALLIED BUSINESS MACHINES CO
410 N Richardson av--3674
HENDRIX OFFICE EQUIPMENT CO 206 W 4----2665
John Office Supply 212½ N Richardson av-----629

United States Government Offices

See Alphabetical Section under United States Government

Would you like a separate business listing under your own name in the Telephone Directory? Does anyone in your business or home wish a personal listing? The charge for extra listings is small, the convenience often great.

Upholsterers

Hardcastle Upholstering Shop 111 W Walnut---27-R
  (See Advertisement This Page)
MILLER'S RUG & UPHOLSTERY CLEANING
  See Adv Carpets & Rugs-Cleaners
  J P White B----------1012
NEW MEXICO FURNITURE & MATTRESS MFG CO
  812 S Main--4891
ROSWELL BEDDING CO 411 E 2d----------831
  (See Advertisement This Page)
ROSWELL RUG & UPHOLSTERY CLEANERS
  308 E 2--3471
  (See Advertisement This Page)

You can carry your firm's name and advertising into the homes and business represented in the Classified section of the Telephone Directory.

HARDCASTLE UPHOLSTERING SHOP
Custom Built Furniture
Upholstering
Slip Covers
Phone **27-R**
111 WEST WALNUT

FOR PEOPLE WHO VALUE GOOD UPHOLSTERING

UPHOLSTERERS
• Recovering
• Repairing
• Custom Built

BOOTHS FOR RESIDENCE OR COMMERCIAL

Phone **831**

ROSWELL BEDDING CO.
B. C. WARD, Operator   411 E. 2nd

A Handy Man FOR ANY JOB

and perhaps you want him quickly It's easy to find the one nearest you by looking in the

Classified TELEPHONE DIRECTORY

And tell him you found him in the Classified Directory.

Upholstering
W. E. "Bill" Rollins

ROSWELL RUG & UPHOLSTERY CLEANERS

★ RESTYLING   ★ REPAIRING

All Work Guaranteed
"LET BILL DO THE BEST"
26 Years Experience

Before After

Phone 3471
308 E. 2nd St.

Vacuum Cleaners

AIR-WAY VACUUM CLEANERS

The all-purpose cleaner with the "Throw-A-Way" bag. Free home demonstration.

AUTHORIZED SERVICE AND PARTS
for All Air-Way Models

"WHERE TO CALL"

AIRWAY BRANCHES INC 1015 S Lea av------5386

Airway Branches Inc 1015 S Lea av---------5386
Compact Sales 109½ E Forest-------------4483-J

COMPACT VACUUM CLEANERS

"World's Lightest..." with MORE POWER PER POUND than any other cleaner. No dust container to empty.

Replacement or refund of money GUARANTEED BY GOOD HOUSEKEEPING if not as advertised therein.

"WHERE TO BUY IT"

COMPACT SALES 109½ E Forest--------4483-J

ELECTROLUX AUTHORIZED SALES & SERVICE

THE ONLY AUTHORIZED SALES AND SERVICE FOR THE ELECTROLUX CLEANER AND AIR PURIFIER

Ask the Service Man for Identification

"WHERE TO BUY IT"
AUTHORIZED SALES & SERVICE
ELECTROLUX VACUUM CLEANER SALES
& SERVICE 1309 N Kentucky av----3007-W

ELECTROLUX VACUUM CLEANER SALES &
SERVICE 1309 N Kentucky av---------3007-W
(See Advertisement This Page)

GENERAL ELECTRIC VACUUM CLEANERS—
HERRING APPLIANCE CO 118 W 4th-----346

(Continued Following Column)

ELECTROLUX CORPORATION

Manufacturer and Sole Distributor of the Famous

Electrolux*
Cleaner & Air Purifier

- ELECTROLUX HOME MAINTENANCE PRODUCTS
- ELECTROLUX GENUINE PARTS & SERVICE
- ELECTROLUX FLOOR POLISHERS

— Also Ask to See —
"THE CLEANER YOU NEVER HAVE TO EMPTY"
—IT'S AUTOMATIC

Bonded Representative Will Call By Appointment

Mrs. H. D. Blake	Harry D. Blake, Jr.
Call 3007-W	Call 4521
1309 N. Kentucky Av.	708 W. College Blvd.

ELECTROLUX VACUUM CLEANER SALES & SERVICE

*Reg. U.S. Pat. Ofc.

This is the only authorized source in Roswell for Genuine ELECTROLUX Products

---

Vacuum Cleaners—(Cont'd)

KIRBY VACUUM CLEANERS
THE COMPLETE HOME RENOVATION SERVICE

Banishes Messy Bag Emptying with Exclusive SAN-EMTOR Method - No Stooping - With Toe Touch Control - Complete - Convenient - Beautiful

"WHERE TO BUY THEM"
Kirby Vacuum Cleaner Co 513 E 2--------3127

LEWYT SALES AND SERVICE

NO DUST BAG TO EMPTY

It's quiet— no roar! Lewyt picks up more lint, thread, hair — with less rug wear. Filters the air 3 times. You breathe no dusty odors.

FREE HOME DEMONSTRATION

"WHERE TO BUY THEM"
DEALERS

ZINKS 322 N Main-----------------2456

Vacuum Cleaners—Industrial

ELECTROLUX AUTHORIZED SALES & SERVICE

THE ONLY AUTHORIZED SALES AND SERVICE FOR THE ELECTROLUX CLEANER AND AIR PURIFIER

Ask the Service Man for Identification

"WHERE TO BUY IT"
AUTHORIZED SALES & SERVICE
ELECTROLUX VACUUM CLEANER SALES
& SERVICE 1309 N Kentucky av----3007-W

Vacuum Cleaners—Repairing

CITY SEWING MACHINE EXCHANGE
Servicing All Makes-Rentals
203 N Missouri av---------------3063

ELECTROLUX AUTHORIZED SALES & SERVICE
THE ONLY AUTHORIZED SALES AND SERVICE FOR THE ELECTROLUX CLEANER AND AIR PURIFIER
Ask the Service Man for Identification

"WHERE TO BUY IT"
AUTHORIZED SALES & SERVICE
ELECTROLUX VACUUM CLEANER SALES
& SERVICE 1309 N Kentucky av----3007-W

Vacuum Cleaners—Used

Kirby Vacuum Cleaner Co 513 E 2--------3127

Valves—Wholesale

GENERAL CONTROL VALVES—
CLOWE & COWAN INC 805 N Virginia av--1025

Variety Stores

See also Department Stores

Kessel Variety Store 223 N Main--------1714-J
S & A Variety Store 1135 S Main--------1063
Woolworth F W Co 212 N Main----------4212

Vault Doors

See Doors

Vegetables

See Produce

Vending Machines

Acme Cigarette Service of New Mexico Inc
831 E 5--5016
Dollaghan M J 1615 S Michigan av-------4828

Venetian Blinds

BUCK VENETIAN BLIND CO 210 E 5--------2914
NEAL'S BUILDERS' SUPPLY
Wood or Metal-Sales-Installations
214 W 3d------------------2410
PURDY FURNITURE CO 321 N Main----------197
ROSWELL RUG & UPHOLSTERY CLEANERS
308 E 2--3471

Venetian Blinds—Cleaning

BUCK VENETIAN BLIND CO
Complete Repair Service & Supplies
210 E 5------------------2914

Ventilating Equipment

CLOWE & COWAN INC

VENT PIPE
DOUBLE - WALL METAL
A.G.A. and U.L. Approved
With Fittings
Wholesale Only

805 N Virginia av---------------1025

Veterinarians

CITY ANIMAL HOSPITAL 711 N Virginia av-----515
If no answer call------------------5258-W
CROWDER J H 318 E Alameda-------------1577
If no answer call------------------1332-W
ROSWELL ANIMAL HOSPITAL 1002 E 2------2521

Vitamin Products

Adams Wayne Nutrilite Agency SE of Roswell-3503-J

Wall Board

HETTINGA BROS INC 905 W McGaffey-------3247
KEMP LUMBER CO 212 E 4th--------------1136
PECOS VALLEY LUMBER CO 200 S Main------175

Wallpaper Hangers

See Paper Hangers

Wallpapers

DANIEL PAINT & GLASS CO 208 N Richardson av-39
Gurley Paint & Supply Co 405 S Main--------1279
SHERWIN-WILLIAMS CO 107 E 5-----------3394

Warehouses

See also Cold Storage; also Storage

APEX WAREHOUSE CO 209 E 9-------------2544
Armold Transfer & Storage Co 419 N Virginia av--23
Armstrong's Construction Warehouse
200 S Sunset av--743
LUTHER TRANSFER & STORAGE INC 401 E 3--3211
ROSWELL MOVING & STORAGE CO
109 N Virginia--4188

When the NEED is URGENT

Whether the situation requires a batteryman, garage, radio repairman, veterinarian or other service

LOOK IN THE

"THE PLACE TO LOOK IS IN THE YELLOW PAGES"

for the Firm you wish to Call—And be sure you tell them you found them in the Classified.

Washing Machines

BENDIX WASHERS & DRYERS

Your most complete choice of Automatic Laundry Equipment. Duomatic (Washer-Dryer, all-in-one) ... Gas or Electric ... Tumble-Action or Agitator Washers ... Gas or Electric Dryers ... Ironers

"WHERE TO BUY THEM"
DEALERS
GLENN APPLIANCE CO 111 S Main --------- 2325
ZINKS 322 N Main ---------------------- 2456

Bill Deane 105 S Main -------------------- 3400

EASY HOME LAUNDRY EQUIPMENT

• EASY, famous for good Washers and Ironers since 1877, urges you to see the speedy Spindrier that washes while it rinses, damp-dries. Also dependable service by factory trained experts.

"WHERE TO BUY IT"
DEALERS
FURNITURE MART 109 E 2d ------------- 1649

HOTPOINT LAUNDRY EQUIPMENT

Enjoy washday with Hotpoint's Automatic Launduet. Separate washing cycles for dainty or regular fabrics ... WOND-R-DIAL control Automatic Dryer eliminates lint, heat and moisture ... no venting. See Hotpoint's complete appliance line.

"WHERE TO BUY THEM"
DEALERS
WOOLSEY'S 113 S Main ------------------- 4844

KELVINATOR LAUNDRY EQUIPMENT

Automatic Washers
Ringer Type
Ironers
Electric Dryers
Complete Line of
Laundry Equipment

"WHERE TO BUY THEM"
DEALERS
WILMOT HARDWARE CO 113 N Main ------- 634

KENMORE WASHING MACHINE SALES & SERVICE—
SEARS ROEBUCK AND CO 120 W 3d ---- 3090

MAYTAG

All dealers listed below use or offer for sale only genuine Maytag replacement parts for Maytag products; supplied by the Maytag Company.

"WHERE TO BUY IT"
SALES & SERVICE
ZINKS 322 N Main ---------------------- 2456

NORGE WASHERS

Both "Time-Line" Automatic Washers and fast, efficient wringer-type models. For authorized sales of Norge Washers, Dryers, Gas Ranges, Electric Ranges, Refrigerators, Home Freezers, Water Heaters, see below.

"WHERE TO BUY THEM"
ANDERSON & WATKINS APPLIANCE STORE
127 E 3 -- 5119

(Continued Following Column)

If you need help quickly, the Classified Telephone Directory is the place to look. Roofers, painters, plumbers and thousands of other services and dealers are listed in the Classified Telephone Directory for your quick reference.

Washing Machines—(Cont'd)

Roswell Washing Machine Shop 504 E 5 ------ 466-J
(See Advertisement This Page)

THOR WASHERS

AUTOMATIC, SPINNER, AND WRINGER WASHERS.

Get a Complete Demonstration from Your Neighborhood THOR Dealer.

"WHERE TO BUY THEM"
DEALERS
HERRING APPLIANCE CO 118 W 4th ------ 346

WHIRLPOOL HOME LAUNDRY EQUIPMENT

AUTOMATIC WASHERS
WRINGER WASHERS
DRYERS - IRONERS
Made by the famous
WHIRLPOOL CORP., St. Joseph, Mich.

"WHERE TO CALL"
DEALERS
WOOLSEY'S 113 S Main ------------------- 4844
WILMOT HARDWARE CO 113 N Main ------- 634

Washing Machines—Rental

Roswell Washing Machine Shop 504 E 5 ------ 466-J

Washing Machines—Repairing

ROSWELL APPLIANCE SERVICE CENTER

QUALIFIED REPAIRING ON
ALL TYPES OF
WRINGER and AUTOMATIC
WASHERS
Reasonable Rates
Free Pick-up and Delivery
618 S Main av -------------------- 4871

ROSWELL WASHING MACHINE SHOP
All Makes Installed & Repaired
504 E 5 --------------------------------- 466-J

Watches

BOELLNERS 316 N Main -------------------- 701
Crawford Watch Repair Shop 104 W 4th ----- 3337
HUFF'S JEWELRY STORE 222 N Main --------- 40

Watches—Repairing

BOELLNERS 316 N Main -------------------- 701
Bullock's Jewelry Store 215 N Main -------- 436
CRAWFORD WATCH REPAIR SHOP 104 W 4th -- 3337
Fleming Lavell Wm 126 N Main ---------- 2436-J
HUFF'S JEWELRY STORE 222 N Main --------- 40
Morrison's Jewelry Store 402 N Main ------ 1559-W

Water Coolers

CORDLEY ELECTRIC WATER COOLERS—
CRANE-O'FALLON CO 102 S Virginia av --- 3038

Water Heaters

CARR PLUMBING & HEATING CONTRACTORS
409 S Richardson av -- 781
HILL PLUMBING & HEATING CO 2½ Hillcrest --- 231

HOTPOINT ELECTRIC WATER HEATERS

Amazing "Magic Circle" Heat —one of the greatest developments in 15 years. One year warranty plus nine year protection plan. See Hotpoint's complete line of kitchen and laundry appliances.

"WHERE TO BUY THEM"
DEALERS
WOOLSEY'S 113 S Main ------------------- 4844

IMPERIAL PLUMBING & HEATING 106 E Tilden -- 4855
JONES J W PLUMBING & HEATING CO
311 N Union av -- 2604

(Continued Following Column)

Water Heaters—(Cont'd)

RHEEM WATER HEATERS

RELY ON RHEEM for reliable hot water service. Models for every home — including the famous Rheem Coppermatic with a pure copper tank for long life.

"WHERE TO BUY THEM"
WHOLESALE ONLY
CRANE-O'FALLON CO 102 S Virginia av ---- 3038
ELECTRICAL & MECHANICAL SUPPLY CO
INC 709 N Virginia av ----------------- 4078

SMITH A O WATER HEATERS

Automatically, you'll get all the low-cost HOT water you want from a Permaglas or Duraclad. Permaglas, with glass-surfaced steel tanks that CAN'T RUST, now COST NO MORE than ordinary water heaters. Nationally advertised quality in a size for every home.

"WHERE TO BUY THEM"
DEALERS
SACRA BROS CO 1306 E 2 ---------------- 2200
WILMOT HARDWARE CO 113 N Main ------- 634

Water Heaters—Wholesale

CLOWE & COWAN INC

ARROW - LINE
WATER HEATERS
NATURAL GAS - LP GAS
AND ELECTRIC
Wholesale Only
805 N Virginia av -------------------- 1025

Water Main Contractors

See also Excavating; also Trenching Contractors

TRACTOR RENTAL SERVICE
See Our Ad Pipeline Contractors
318 E McGaffey ---------------------- 3658

—Guaranteed—
Washing Machine Repairing

On All Makes

AUTOMATIC, SPINNER
& WRINGER TYPES
Parts, Rolls, Hose, Etc.

WASHERS .. RENTED

Pick-up & Delivery

Roswell Washing Machine Shop

OWEN PHILLIPS

Phone
446-J

504 E. 5th

92 Water–Welding — Roswell Classified Telephone Directory

Culligan Soft Water Service

You can have **soft water** in your home on a service basis for only a few cents a day

The Mark of Modern Living

PHONE 2867

NO FUSS
NO BOTHER
NOTHING TO BUY

408 E. 2nd

CULLIGAN SOFT WATER SERVICE CO.

WELDING

GENERAL PURPOSE
WELDING
BLACKSMITHING

▼

ANY TIME — ANYWHERE

▼

BOX Welding Shop

E. of Roswell
Approx. 3000 Blk. East 2nd

▼

DAY OR NIGHT

Call 507

JACK BOX - Operator

STONE MACHINE AND WELDING WORKS

LIGHT AND HEAVY
WELDING

PORTABLE EQUIPMENT
FABRICATING

Complete Machine Shop Work

SPECIALISTS IN OIL FIELD WELDING

Phone 124

Night Phone 1245-J or 3122-M

214 N. VIRGINIA AV.

Water Softening Equipment

CARR PLUMBING & HEATING CONTRACTORS
PERMUTIT AND DURO
Water Softening Equipment
Complete Installation and Maintenance
We Sell, Install, Repair and Guarantee
409 S Richardson av----------781

CULLIGAN SOFT WATER SERVICE CO 408 E 2-2867
(See Advertisement This Page)

IMPERIAL PLUMBING & HEATING 106 E Tilden-4855

JONES J W PLUMBING & HEATING CO
WATER SOFTENING EQUIPMENT
Domestic and Commercial
311 N Union av----------2604

Servisoft of Roswell Inc 806 S Main----------2579
Southwest Engineering & Supply Co of Roswell
602 W 2--5406
SOUTHWESTERN EQUIPMENT CO
604 W Albuquerque--1551

Water Softening Service

CULLIGAN SOFT WATER SERVICE
THE ORIGINAL TANK-TYPE SERVICE
Provides 100% soft, filtered water from your faucets on a monthly service basis. NO EQUIPMENT TO BUY, NO WORK TO DO. NATIONALLY ADVERTISED.

"FOR SERVICE CALL"
CULLIGAN SOFT WATER SERVICE CO
408 E 2--2867

SERVISOFT OF ROSWELL
WE SOFTEN THE WATER FOR YOU! Like your telephone, there is no equipment to buy. You get dependable, soft water service. Servisoft saves you more than the small service charge.

"WHERE TO GET SERVICE"
SERVISOFT OF ROSWELL INC 806 S Main--2579

Water Supply Systems

CLOWE & COWAN INC 805 N Virginia av------1025

Water Treatment

DODSON CHEMICAL CO OF NEW MEXICO
1203 E 2--1553

Water Works Equipment & Supplies

CLOWE & COWAN INC 805 N Virginia av-----1025

Waterproofing Materials

PECOS VALLEY LUMBER CO 200 S Main------175

Weather Strips

PECOS VALLEY LUMBER CO 200 S Main--------175

Weaving & Mending

HELEN'S REWEAVING SHOP
320 Central av SW Albuquerque
Long Distance--Albuquerque 2-0609

Welding

Box Welding Shop E of Roswell----------507
(See Advertisement This Page)
Buck's Farm Service SE of Roswell----------02-J2
Goode's Welding Shop 403 E McGaffey------3934
(See Advertisement Following Page)
Harman Process Welding Co 1214 Texas
El Paso Texas Long Distance--El Paso-2-8032
(See Advertisement Following Page)

(Continued Following Page)

"Where to Buy It" Welding 93

Welding–(Cont'd)

JACK'S GARAGE N of Roswell	4219
STONE MACHINE & WELDING WORKS 214 N Virginia av	124
(See Advertisement Preceding Page)	
TYNER ROY V CO 1023 S Atkinson av	4036
(See Advertisement This Page)	
ULLRICH & DENNEY 1701 E 2d	3335
Whitcamp Garage 624 S Atkinson av	3281-J
WHITE O H BLACKSMITH & WELDING SHOP 401 E 2d	566

Welding Equipment & Supplies

AIRCO WELDING PRODUCTS

Oxygen • Acetylene
Argon • Helium • Nitrogen
Other Gases • Calcium
Carbide • Oxyacetylene
Welding and Cutting
Apparatus and Supplies
Arc Welding Machines
Electrodes and Accessories.

"WHERE TO BUY THEM"
AUTHORIZED DEALERS

BARBEE WELDING SUPPLY CO 1103 E 2	378
BARBEE WELDING SUPPLY CO 1103 E 2	378
(See Advertisement This Page)	
WELDERS SUPPLY CO 602½ E 2d	319-J
(See Advertisement This Page)	
WESTERN WELDERS SUPPLY CO 1707 SE Main	5178
(See Advertisement This Page)	

Welding Fittings

CLOWE & COWAN INC
Tube Turns
805 N Virginia av --------- 1025

The Classified Directory has solved many a buyer's problem.

General Welding

- Clothes Line Poles
- Trailers
- Children's Swings

LIGHT AND HEAVY WELDING

CALL 3934

Goode's Welding Shop

403 E. McGAFFEY ST.

2-8032 EL PASO, TEXAS 2-8032

HARMAN PROCESS WELDING CO.

Oil Drilling Machinery
The TRIED and PROVEN Patented PROCESS
For REPAIRING All Types...

CRACKED and BROKEN CASTINGS or BLOCKS

In the HARMAN PROCESS – NO HEAT is applied to your block or castings – IT RETAINS ITS TEMPER AND STRENGTH!

Our Work is Guaranteed and Backed by 31 Years' Experience and Reliability

2-8032 1214 TEXAS **2-8032**
EL PASO, TEXAS

WELDING

We Repair
Anything – Anywhere
Anytime – Bar Nothing

AAA-O

ROY V. TYNER CO.

SUPPLIES - AIR BRAKES
FRUEHAUF TRAILERS

1023 S. Atkinson Av.

PHONE 4036

WELDING EQUIPMENT and SUPPLIES

OXYGEN - ACETYLENE
CARBIDE

AIRCO TORCHES

ARC WELDING MACHINES

ACETYLENE GENERATORS

FIRE EXTINGUISHERS

— Sales & Service —

Free Delivery.

Phone 378
Day or Nite

BARBEE WELDING SUPPLY CO.

1103 E. 2

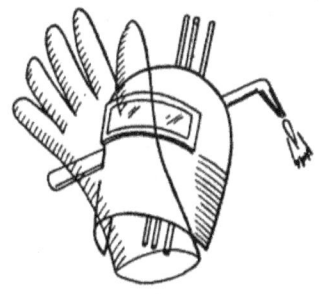

WELDERS SUPPLY CO.

Everything for Welding

- Oxygen - Acetylene - Carbide
- Welding Machines
- Acetylene Torches
- Equipment & Supplies

— Elmer L. Pruit —

602½ E. 2nd

PHONE 319-J

WESTERN WELDERS SUPPLY CO.

Distributors

OXYGEN & ACETYLENE
WELDING SUPPLIES
and EQUIPMENT

A Complete Welding Supply

WELDERZ FREND GEN

G.E. ELECTRODES & MACHINES

MECO - NATIONAL & SMITH
ACETYLENE EQUIPMENT

AUTHORIZED STOODY DEALER

BLACK & DECKER EQUIPMENT

CONE FIRE CUTTING TIPS
FOR ALL TORCHES

Telephones

DAY	NIGHT
5178	**3103-W**

DEAN PIKE, *Owner*

1707 S.E. Main

94 Well-Yeast   ROSWELL CLASSIFIED TELEPHONE DIRECTORY

WATER WELL
Drilling & Repairs
Licensed Well Contractor

Artesian & Domestic WD 37
Cable Tool Drillers

A. H. LEWIS
1206 W. Deming
Phone
2778-R
512 E. 2nd — 3980

Aermotor Windmills - All Types of Water Well Supplies
Pipes - Sucker Rods
General Ranch Hardware

Cylinders
Galvanized
Tanks
& Troughs
Jensen Jacks

Improved Aermotor

STOCKMEN'S WELL & SUPPLY CO.
317 E. 4th ★ Phone 1413
Night 1369

Well Drilling
See also Drilling Contractors
KEYES DRILLING CO 1012 S Penn av----------684
Lewis A H 512 E 2-----------------------------3980
(See Advertisement This Page)

Well Drilling Equipment & Supplies
CLOWE & COWAN INC 805 N Virginia av-----1025

Western Goods
Duvall Jay Men's Wear 122 N Main--------2436-W
TODE'S 207 N Main-------------------------2465

Wheel Chairs
Cathey-Jacobs Prescriptions 225 W 2--------4600
Prescription Pharmacy The 205 W 3d--------1164

Wheels
TYNER ROY V CO 1023 S Atkinson av--------4036

Winches
ARMOLD TRANSFER & STORAGE CO
  Winch Truck Work
    419 N Virginia av----------------------23
CURRY & MAXWELL HOUSE MOVERS
  See Our Ad under Movers
    1413 S Main-------------------------3006
TYNER ROY V CO 1023 S Atkinson av--------4036

Windmills
Stockmen's Well & Supply Co 317 E 4th------1413
(See Advertisement This Page)

Window Cleaners
BAKER WINDOW CLEANING

COMPLETE HOUSE CLEANING
Buildings - Hotels - Offices
Janitorial Service
Floor Waxing - Paint Scraping
P. O. Box 6604
205 W 6-----------------------------4912

RELIABLE HOUSE & WINDOW CLEANING CO
    705 S Kansas av--4560

Windows
See also Metal Windows
PECOS VALLEY LUMBER CO 200 S Main------175

Wines—Wholesale
MALOOF GEORGE J & CO
  Roma-Cresta Blanca-La Boheme
    600 N Railroad av----------------5510
Raton Wholesale Liquor Co 211 E 7th--------2346
STATE DISTRIBUTING CO 100 N Lincoln av---4431
SOUTHWEST DISTRIBUTING CO
    112 S Lincoln av--5540

Wire Rope
CLOWE & COWAN INC 805 N Virginia av-----1025

Wool
Bond Baker Co Inc 211 E 4th----------------1090
Roswell Wool & Mohair Co 205 N Railroad av--1432

Yeast
FLEISCHMANN'S YEAST—
  STANDARD BRANDS INC 609 W 10-----3113

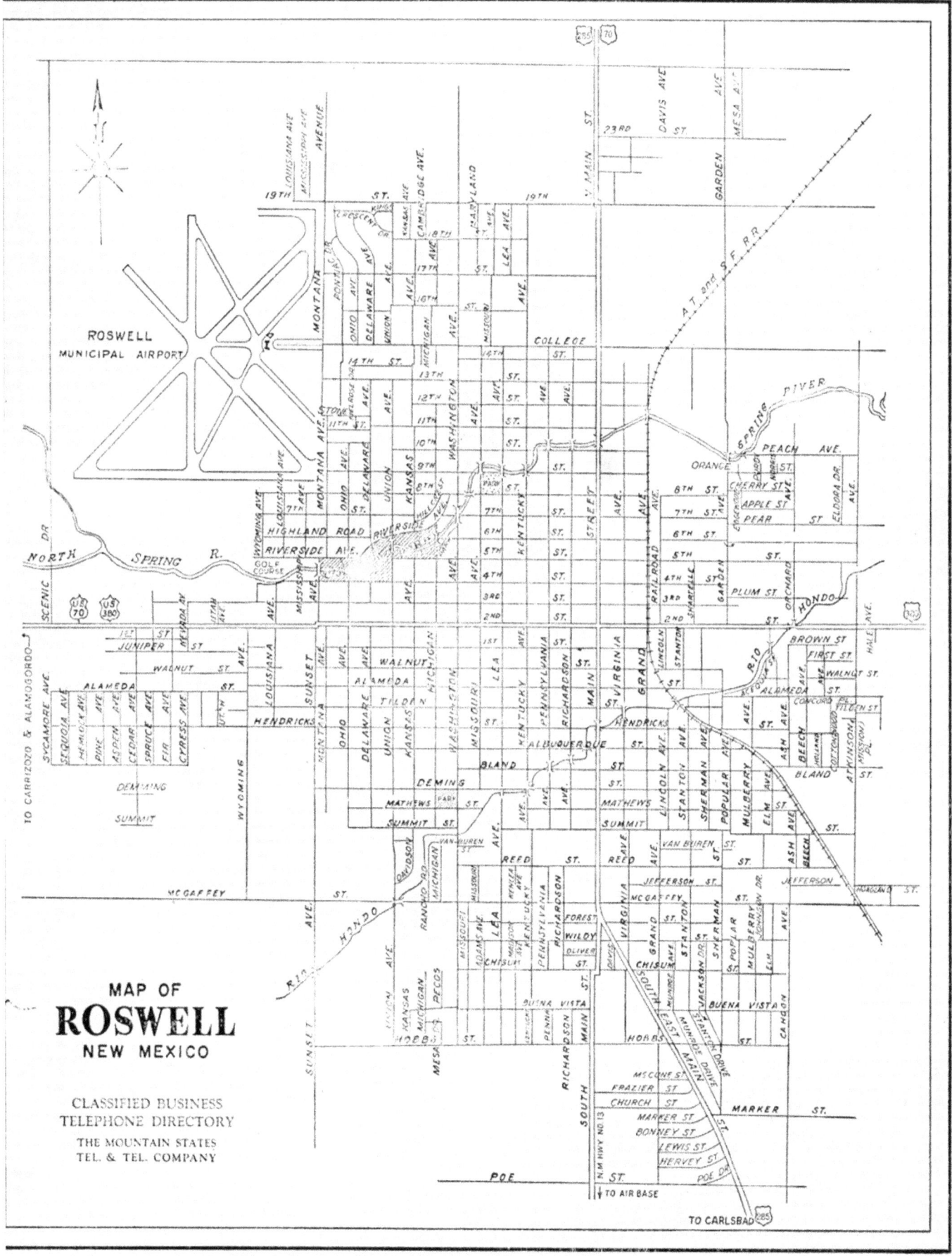

SEE THE "CLASSIFIED"
IN THIS DIRECTORY

YELLOW PAGES

ITS YELLOW PAGES TELL
YOU "WHERE TO BUY IT"